Soziale Interaktion

Heinz Abels

Soziale Interaktion

 Springer VS

Heinz Abels
Fernuniversität in Hagen
Hagen, Deutschland

ISBN 978-3-658-26428-4   ISBN 978-3-658-26429-1   (eBook)
https://doi.org/10.1007/978-3-658-26429-1

Die Deutsche Nationalbibliothek verzeichnet diese Publikation in der Deutschen Nationalbibliografie; detaillierte bibliografische Daten sind im Internet über http://dnb.d-nb.de abrufbar.

Springer VS ist ein Imprint der eingetragenen Gesellschaft Springer Fachmedien Wiesbaden GmbH und ist ein Teil von Springer Nature.
Die Anschrift der Gesellschaft ist: Abraham-Lincoln-Str. 46, 65189 Wiesbaden, Germany

Einführung und Überblick über Themen und Theorien sozialer Interaktion

Soziologisch kann der Mensch nur in Beziehung zu anderen Menschen gedacht werden. Die Beziehung muss weder bewusst noch intendiert sein. Die Verbindung zwischen *Individuen* besteht darin, dass sie in ihrem Denken und Handeln *beeinflusst sind* von dem, was Generationen vorher gedacht, getan und sozial festgeschrieben haben, und *beeinflusst werden* von dem, was Andere heute denken und wie sie sich in konkreten Situationen zueinander verhalten. Die Individuen werden also nicht nur beeinflusst, sondern *bewirken* auch durch ihr Denken und Handeln etwas bei den Anderen. Wegen dieser wechselseitigen Wirkungen wird der Prozess des Handelns auch als *soziale Interaktion* bezeichnet.

Soziale Interaktionen bestehen darin, dass sich Personen face-to-face wahrnehmen, dass sie sich in ihrem Handeln aneinander orientieren und sich durch ihre Reaktionen kontinuierlich aufeinander beziehen. Interaktionen werden in Gang gehalten, indem die Individuen einander beobachten und sich unbewusst in die Rolle des Anderen hineinversetzen, ihr Verhalten wechselseitig interpretieren und aus diesen Interpretationen jeweils Schlüsse zur Organisation ihres nächsten Verhaltens ziehen. Die Individuen zeigen durch ihr Verhalten an, als wer sie angesehen werden wollen und wie sie den Anderen sehen und welche Erwartungen sie hinsichtlich des nächsten gemeinsamen Handelns hegen. Solange sich nichts Ungewöhnliches ereignet, lebt eine Interaktion vom stummen Konsens aller Beteiligten, eine Situation richtig zu deuten, deshalb auch den Anderen zu verstehen und schließlich auch einigermaßen sicher erwarten zu können, wie es weitergeht.

Wegen dieses breiten Spektrums werden im Folgenden auch Theorien zur Sprache kommen, die im engeren Sinn keine Theorien der Interaktion sind, aber als Referenz für diese dienen und mit ihren Fragen und Einwänden Licht in diesen komplexen Prozess der auslösenden Orientierungen, der Definition der

Situation, des kontinuierlichen Entwerfens von Handlungen und der vorläufigen Feststellung von Mustern des normalen Verhaltens bringen.

Die Theorien der sozialen Interaktion reichen in ihren Ursprüngen weit in die Geschichte der Soziologie zurück. Ich werde sie chronologisch abhandeln, denn bei kaum einem anderen Thema der Soziologie ist es so auffällig, dass sich die Theoretiker sukzessive auf ihre Vorgänger beziehen und dabei manchmal weite Bögen schlagen. Wo die Theoretiker das andeuten, werde ich die Theorie der *sozialen Ordnung* skizzieren, von der die jeweilige Theorie der Interaktion ihren Ausgang nimmt. Wo es sich ergibt, werde ich ebenso den Zusammenhang von *Interaktion* und *Identität* und auch die *Strategien,* sich vor Anderen darzustellen, ansprechen.

Am Anfang steht die Aussage des englischen Staatsphilosophen des ausgehenden 17. Jahrhunderts, John Locke, dass wir in unserem Handeln eher dem „law of opinion or reputation" als dem göttlichen oder staatlichen Gesetz folgen. Die schottische Moralphilosophie des 18. Jahrhunderts hat auf die Frage, wie das menschliche Zusammenleben funktioniert, die Antwort gegeben, dass die Menschen gemeinsame Gefühle ausbilden und sich so in die Lage eines Anderen hineinversetzen können. Sie beobachten einander und ziehen aus der Beobachtung Schlüsse, welches Verhalten öffentliche Anerkennung verspricht (Kap. 1).

Die eigentliche soziologische Diskussion setzte dann mit GEORG SIMMEL ein, der die These vertrat, dass die Menschen in *Wechselwirkung* zueinander stehen und sich durch ihr Handeln wechselseitig *vergesellschaften.* Wechselwirkung ist ein Prozess, „der jeden Tag und zu jeder Stunde geschieht; fortwährend knüpft sich von neuem die Vergesellschaftung unter den Menschen, ein ewiges Fließen und Pulsieren, das die Individuen verkettet". Simmel erklärt aber auch, warum der Mensch der Moderne in einem Kampf um Aufmerksamkeit und Anerkennung steht, um in der Masse nicht unterzugehen. Deshalb übertreibt er angebliche Besonderheiten, „um nur überhaupt noch hörbar, auch für sich selbst, zu werden". (Kap. 2)

Nach EMILE DURKHEIM gibt es in jeder Gesellschaft kollektive Vorstellungen des Guten (Werte) und zugleich Vorstellungen des Richtigen (Normen). Sie sind *soziale Tatsachen,* die außerhalb unserer Person existieren. Sie sind im *kollektiven Bewusstsein* verankert und drängen sich einem jeden auf, „er mag wollen oder nicht." Der Begriff des *Kollektivbewusstseins* meint das, was in der Gesellschaft als Vorstellung des *Verbindenden* und *Verbindlichen* existiert und an dem jedes einzelne Bewusstsein teilhat. Das kollektive Bewusstsein wird uns im Prozess der Sozialisation nahegebracht. Es regelt das Handeln der Individuen, ohne dass es in jeder Situation einer expliziten Abstimmung der Gründe und Ziele des Handelns bedürfte. Die Individuen fügen sich den gesellschaftlichen Vorstellungen und Regelungen angemessenen und gebotenen normalen Handelns, weil Konformität die leichteste soziale Anerkennung findet (Kap. 3).

In die frühe soziologische Diskussion in den USA über die Beziehungen der Individuen untereinander spielte auch die Auseinandersetzung mit Simmels Begriffen der Vergesellschaftung und der Wechselwirkung hinein. Vorbereitet wurden Theorien der Interaktion aber auch schon durch Soziologen wie CHARLES HORTON COOLEY mit seiner These, dass der Mensch sein Selbstbild in der Interaktion mit Anderen gewinnt, und WILLIAM ISAAC THOMAS mit der These „Wenn Menschen Situationen als real definieren, sind sie real." (Kap. 4)

Zur deutschen Vorgeschichte der eigentlichen Interaktionstheorien gehört auch MAX WEBERS Theorie sozialen Handelns. Darunter versteht Weber ein Handeln, „das seinem von den Handelnden gemeinten Sinn nach auf das Verhalten anderer bezogen wird und daran in seinem Ablauf orientiert ist". Das so aufeinander eingestellte Verhalten bezeichnet Weber als soziale Beziehung. *Soziales Handeln* ist die gegenseitige Orientierung von Individuen am gemeinten Sinn ihres Verhaltens. Sie können sich verstehen, weil sie sich an durchschnittlichen oder typischen Erwartungen orientieren. Eine *soziale Beziehung* heißt ein fortlaufendes, aufeinander gegenseitig eingestelltes und dadurch orientiertes Sichverhalten mehrerer (Kap. 5).

Die eigentliche Diskussion über Interaktion beginnt dann in den USA mit GEORGE HERBERT MEAD. Er erklärt individuelles Verhalten mit der Orientierung an Zeichen, Gesten und signifikanten Symbolen und der Orientierung am „generalisierten Anderen". „Social relations and interactions" versteht Mead als Kommunikationsprozesse, in denen wir uns fortlaufend in die Rolle des Anderen versetzen. Wir übernehmen quasi seine Rolle *(taking the role of the other),* denken von seiner Situation aus und reflektieren uns dabei selbst. Auf diese Weise *verschränken* sich unsere Perspektiven wechselseitig, und so verständigen wir uns, wie unser gemeinsames Handeln weitergehen soll (Kap. 6).

Nach Meads plötzlichem Tod übernahm sein früherer Schüler und junger Kollege HERBERT BLUMER dessen Vorlesung zur Sozialpsychologie. Blumer gilt als der Begründer des *Symbolischen Interaktionismus.* Die Theorie beruht nach Blumer auf drei einfachen Prämissen: 1) „Menschen handeln Dingen gegenüber auf der Grundlage der Bedeutungen *(meanings),* die diese Dinge für sie besitzen." Zu Dingen zählt alles, was der Mensch in seiner Welt wahrzunehmen vermag (physische Gegenstände wie Tische, andere Menschen, Befehle, soziale Institutionen usw.). 2) „Die zweite Prämisse besagt, dass die Bedeutung solcher Dinge aus der sozialen

Interaktion, die man mit seinen Mitmenschen eingeht, abgeleitet ist oder aus ihr entsteht." 3) „Die dritte Prämisse besagt, dass diese Bedeutungen in einem interpretativen Prozess, den die Person in ihrer Auseinandersetzung mit den ihr begegnenden Dingen benutzt, gehandhabt und abgeändert werden." (Kap. 7)

TALCOTT PARSONS war vor allem an der Frage interessiert, wie soziale Ordnung entsteht und erhalten wird. Die Verbindung zwischen gegebener Ordnung und dem Handeln der Individuen, sah er darin, dass das Individuum im Prozess der *Sozialisation* kontinuierlich auf die Werte und Normen der Gesellschaft zugeführt wird und schließlich so handeln will, wie es handeln soll. Die Frage, wodurch konkretes Handeln bedingt ist, beantwortet Parsons mit einer *normativen Rollentheorie*. Wie sich die konkreten Handlungen der Individuen in einer konkreten Situation zu einem sozialen Ganzen fügen, das erklärt er mit einer Theorie der *sozialen Interaktion*. Seinem Modell zum Gelingen von Interaktion wurde in Deutschland ein anderes entgegengestellt, das auch Fähigkeiten aufzeigte, die man braucht, um eine gelingende Interaktion fortzuführen (Kap. 8).

In einer Studie über den amerikanischen Sozialcharakter kam DAVID RIESMAN zu dem Schluss, dass sich der Mensch der Moderne nicht mehr nach festen Prinzipien selbst durch ein eigenes Leben steuert, sondern „außengeleitet" ist. Er orientiert sich an dem, was alle in seinem sozialen Umfeld denken und tun, steht für jede Volte des Zeitgeistes offen und legt sich nirgendwo fest. Die Interaktionen bleiben oberflächlich, weil der Außengeleitete selten Profil zeigt und sich in kritischen Situationen durchlaviert (Kap. 9).

ALFRED SCHÜTZ hat die Bewusstseinsprozesse nachgezeichnet, die sich in unserem Kopf abspielen, wenn wir der sozialen Welt gewahr werden und gemeinsam handeln. In der ersten Hinsicht geht es um die Frage, wie wir unsere unmittelbar gegebene Welt erleben, wie sich Erlebnisse ablagern und über Bewusstseinsprozesse in Erfahrungen verwandelt werden, über die wir wiederum Sinn in unsere Lebenswelt bringen und Wirklichkeit konstruieren. In der zweiten Hinsicht verfolgt er die *soziologische* Frage, wie der *subjektive* Sinn eines *anderen* sozialen Handelns überhaupt zu verstehen sei und wie sich der Sinn in der Beziehung *zwischen* dem handelnden Subjekt und dem Anderen aufbaut. Soziale Interaktionen funktionieren so, dass sich die Beteiligten aufeinander einstimmen. Ihre inneren Bewusstseinsströme verschränken sich, indem sie ihren Gesten gleiche Bedeutungen beimessen, und ihre Handlungen spielen sich ein (Kap. 10).

Auf Schütz (und auf Mead) haben sich dann PETER L. BERGER und THOMAS LUCKMANN mit ihrer These von der „gesellschaftlichen Konstruktion der Wirklichkeit" bezogen. Zentrales Thema ist das *Wissen*. Wie kommt es zustande, wie organisiert die Gesellschaft unser Wissen, wie stellt es sich als objektives, zweifelsfreies Wissen fest, wie und warum integrieren wir uns in unserem Denken und Handeln in das Wissen der Gesellschaft? Wissen dient der subjektiven Konstruktion der Wirklichkeit. Mit unserem Vorwissen und den daraus resultierenden typischen Erwartungen gehen wir in eine Interaktion hinein, und mit diesem Wissen typisieren und interpretieren wir wechselseitig unser Verhalten. Soziale Interaktionen stellen fortlaufende Konstruktionen gemeinsamer Wirklichkeit dar (Kap. 11).

Im Zentrum der empirischen Untersuchungen, die HAROLD GARFINKEL zu sozialen Interaktionen im Alltag durchgeführt hat, steht nicht die Frage, aus welchen Motiven und mit welchen Absichten Individuen handeln, sondern die schlichte Frage, *wie* sie Interaktionen handhaben, was sie also ganz *praktisch tun.* Nach Garfinkel verwenden sie im Alltag *praktische Methoden,* einander ihre Definitionen der gemeinsamen Wirklichkeit und den Sinn ihres Handelns anzuzeigen und Interaktionen kontinuierlich so zu organisieren, dass sie beiden Seiten als verständlich und *erklärbar* erscheinen. Eine Methode ist z. B., sich gegenseitig ein gemeinsames Wissen von der Welt und den Regeln sozialer Interaktionen zu unterstellen, eine andere, Situationen und Verhalten als Belege typischer Muster zu interpretieren (was beides in den berüchtigten Krisenexperimenten entlarvt wird!), und eine weitere, dass die Individuen im Vollzug ihrer Handlungen fortlaufend plausible Erklärungen für ihr eigenes Handeln und das der Anderen konstruieren und danach handeln (Kap. 12).

Zu den frühen Arbeiten von ERVING GOFFMAN zählen eine empirische Studie über „Communication Conduct" und der Aufsatz „On Face-work", in dem er zeigte, welche Strategien Menschen in Interaktionen einsetzen, um ein bestimmtes Image zu wahren oder zu erzeugen. Im Rückblick auf sein breites opus hat er als durchgängiges Thema sein Interesse an der „Interaction Order" genannt. Die meisten Arbeiten, von denen „The Presentation of Self in Everyday Life" die berühmteste ist und in Deutschland unter dem Titel „Wir alle spielen Theater" erschien, drehen sich um die Frage, was die Menschen durch ihre Darstellung *(performance)* zum Ausdruck zu bringen suchen, und wie sie in sozialen Interaktionen den Eindruck *(impression),* den die Anderen ausweislich ihrer Reaktionen von ihnen bekommen, lenken und kontrollieren. Und es geht um die Frage, wie sie in face-to-face Interaktionen ihre Identität *(self)* vor den Zumutungen und Übergriffen der Anderen schützen (Kap. 13).

ANSELM L. STRAUSS war Schüler von Herbert Blumer und Herausgeber der sozialpsychologischen Schriften von Mead. Sein Ruf als führender Interaktionist wurde durch sein Buch *Mirrors and Masks* begründet, das den Untertitel *The Search for Identity* trug. Die Grundthese lautet, dass wir die Anderen als

Spiegel betrachten, die das Bild, das wir gerne von uns vermitteln möchten, reflektieren. Um dieses Bild von uns in Interaktionen auch gebührend zum Ausdruck zu bringen, treten wir in Masken auf. Es sind Symbole unserer *Identität*. Die Interaktion hängt auch davon ab, welchen biografischen und sozialen *Status* wir einnehmen, wie wir ihn den Anderen anzeigen und welche Erwartungen diese an unser Verhalten haben. Status meint die soziale Identität, die wir durch unsere Masken zum Ausdruck bringen und die uns im Spiegel der Anderen zugewiesen wird. Breiten Raum nimmt auch die Schilderung der totalen Umwandlung einer Identität, z. B. durch Gehirnwäsche und Umerziehung in totalitären Gemeinschaften, ein. Die Umwandlung gelingt nur, wenn der Entwicklungsstand ständig in direkter Interaktion mit einer Gruppe angezeigt und von ihr begutachtet wird (Kap. 14).

Wenn man das überaus komplexe Werk von Niklas Luhmann in wenigen Sätzen auf das Thema Interaktion zuführen will, dann kann man sagen: Auf die selbstgestellte Frage, was das Soziale ist und wie es funktioniert, gab er eine Antwort mit seiner Theorie *sozialer Systeme*. Soziale Systeme entstehen, sobald *Kommunikation* unter Menschen stattfindet. Soziale Systeme dienen dazu, die Komplexität der Welt zu reduzieren und „sinnhafte Beziehungen zwischen Handlungen von Menschen" herzustellen. Als einen der wichtigsten Schwerpunkte soziologischer Theoriebildung sah Luhmann deshalb „die Theorie des Interaktionsverhaltens oder der symbolisch vermittelten Interaktion" an. Dass Menschen überhaupt Beziehungen zueinander aufnehmen können, setzt voraus, dass sie Erwartungen an Verhalten symbolisch generalisieren. Interaktionssysteme kommen dadurch zustande, dass sich Anwesende wechselseitig wahrnehmen. Interaktionen können nur dann in Gang gehalten werden, wenn sich die Teilnehmer auf ein Thema konzentrieren und die Abfolge von Reden und Schweigen synchronisieren (Kap. 15).

Jürgen Habermas wendet gegen Parsons ein, in seiner Theorie hätten Rollen eine quasi dingliche Existenz, Sozialisation würde als normative Integration in vorgegebene Strukturen verstanden und die Funktion des Individuums bestünde letztlich darin, sich in Rollen als Subjekte zu entäußern. Gegen den normenorientierten Handlungsbegriff von Parsons setzt Habermas einen kommunikativen Handlungsbegriff. In seiner „Theorie des kommunikativen Handelns", die stark von der Begrifflichkeit Meads beeinflusst ist, weist Habermas der *Sprache* als Verständigungsmittel eine zentrale Rolle in jeder Interaktion zu. Die Verständigung im kommunikativen Handeln, das man durchaus mit Interaktion gleichsetzen kann, gelingt nur, wenn bestimmte *Geltungsansprüche* an jede sprachliche Äußerung eingehalten werden. Wenn es zu Störungen beim kommunikativen Handeln kommt, müssen alle Beteiligten das Recht haben, aus der Interaktion auszutreten und in einen *Diskurs* über Gründe und Ziele des wechselseitigen Verhaltens einzutreten. Im Diskurs wird eine *ideale, herrschaftsfreie Sprechsituation* hergestellt. An diesem Idealmodell müssen sich alle „Vorstellungen von geglückter Interaktion" in der „mit sich selber zerfallenen Moderne" ausrichten (Kap. 16).

Aus dem breiten Spektrum der Forschungen des französischen Soziologen PIERRE BOURDIEU sind für den Zusammenhang von Interaktion und Identität vor allem zwei Thesen von Belang. Zum einen sagt Bourdieu, dass das Individuum unter dem Einfluss seiner objektiven sozialen Verhältnisse von Anfang an typische Wahrnehmungen, Einstellungen und Handlungsstrategien ausbildet. Diese unbewusste Disposition, die auch das Bewusstsein des Individuums von sich selbst in der Interaktion mit den Anderen bestimmt, nennt Bourdieu „Habitus". Zum anderen behauptet er, dass das Individuum der Gesellschaft *nicht gegenübersteht*, sondern dass es Gesellschaft „verkörpert", Gesellschaft also *ist*. Diese These wirft die Frage auf, wer oder was sind dann die *Individuen*, die – im Sinne aller anderen soziologischen Theorien – in dem ganzen sozialen Geschehen *interagieren?* Um es gleich vorwegzusagen: Beim Begriff des Individuums, genauer: des handelnden Subjekts, hat Bourdieu Zweifel, ob man wegen des strukturellen Zwangs des Habitus und der unausweichlichen Einverleibung der gesellschaftlichen Verhältnisse überhaupt von einem „Subjekt" sprechen könne (Kap. 17).

Inhaltsverzeichnis

1   Sittliche Gefühle, Tugenden, wechselseitige Beobachtung
(Schottische Moralphilosophie)   1

2   Wechselwirkung und Vergesellschaftung (Georg Simmel)   9

3   Solidarität, soziale Tatsachen, Kollektivbewusstsein
(Emile Durkheim)   23

4   Association, mutual influence, Spiegelselbst, Definition der
Situation (Charles H. Cooley, William I. Thomas).   31

5   Soziale Beziehung – aufeinander eingestelltes Verhalten
(Max Weber)   55

6   Rollenübernahme und die Verschränkung der Perspektiven
(George Herbert Mead)   69

7   Symbolische Interaktion (Herbert Blumer)   101

8   Rollen, normative Erwartungen, soziale Interaktion
(Talcott Parsons)   121

9   Außenleitung – die Orientierung an den vielen Anderen
(David Riesman)   145

10   Sinnhafter Aufbau der sozialen Welt, natürliche Einstellungen
in der Lebenswelt des Alltags, Strukturen des Handelns,
Wirkensbeziehung (Alfred Schütz)   157

11   Wissen und Wirklichkeit, Typisierungen, Interaktionen
face-to-face (Peter L. Berger und Thomas Luckmann).   183

12 Praktische Methoden, alltägliche Interaktionen
    in Gang zu halten (Harold Garfinkel)........................ 203

13 Interaktion, Techniken der Präsentation, Gefährdungen
    der Identität (Erving Goffman)............................. 237

14 Spiegel und Masken: Interaktion, Status und die Suche
    nach Identität (Anselm Strauss) 281

15 Interaktionssysteme, Kommunikation, wechselseitige
    Wahrnehmung (Niklas Luhmann) 303

16 Kommunikatives Handeln und Diskurs (Jürgen Habermas)...... 327

17 Theorie der Praxis: Über die Einverleibung eines Habitus
    (Pierre Bourdieu) 351

Sittliche Gefühle, Tugenden, wechselseitige Beobachtung (Schottische Moralphilosophie)

1

Inhaltsverzeichnis

1.1   Hume: Sittliche Gefühle, Nützlichkeit sozialer Tugenden.   1
1.2   Smith: Wechselseitige Beobachtung, Suche nach Anerkennung   4
Literatur.   6

Nach der englischen Aufklärung sind nicht transzendentale Ideen oder der Glaube Quellen der Erkenntnis, sondern allein die *Erfahrungen*. Den damit begründeten Empirismus, der hinfort für jede Wissenschaft zu gelten habe, hat im 18. Jahrhundert die *Schottische Moralphilosophie* auf die Fragen gewandt, wie das menschliche Zusammenleben funktioniert, wie also Gesellschaft möglich ist und sich erhält. Die wichtigsten Antworten haben David Hume und Adam Smith gegeben. In ihren Antworten deuten sich auch schon die Antworten an, die spätere soziologische Theorien auf die Frage geben, was Interaktion ist und wie sie funktioniert.

1.1   Hume: Sittliche Gefühle, Nützlichkeit sozialer Tugenden

DAVID HUME (1711–1776) hat die Ausgangsthese der englischen Aufklärung insofern spezifiziert, als er behauptete, dass jedes Urteil des Verstandes und alle Erfahrung der Welt auf *sinnliche* Wahrnehmungen und Empfindungen zurückgehen. Sinnliche Empfindungen sind auslösendes Motiv des *individuellen* Handelns, und sie sind auch die Basis unserer *sittlichen,* d. h. auf das Zusammenleben mit Anderen gerichteten *Gefühle.* Dazu vertritt Hume in seinem „Traktat über die

© Springer Fachmedien Wiesbaden GmbH, ein Teil von Springer Nature 2020
H. Abels, *Soziale Interaktion,* https://doi.org/10.1007/978-3-658-26429-1_1

1

menschliche Natur" (1739/40), dessen 3. Buch den Titel „Über Moral" trägt, eine entschiedene These: „Wenn es je etwas gab, das (…) natürlich genannt werden könnte, so sind dies unsere sittlichen Gefühle." (Hume 1739/40, S. 216) In jeder Gesellschaft und bei jedem Individuum gibt es natürliche Empfindungen, was das „sittlich Richtige" (Tugend) und das „sittlich Verwerfliche" (Laster) ist. „Sittlichkeit" ist weniger eine Frage eines urteilenden Verstandes, sondern wird „viel mehr gefühlt"; d. h. der Eindruck, den die Tugend hervorruft, wird als angenehm, den das Laster hervorruft, als unangenehm empfunden (Hume 1739/40, S. 212).

Dem Menschen ist von Natur aus ein moralischer Sinn *(moral sense)* eigen, nach dem er Charaktere und Verhalten, aber auch *soziale Regelungen* als gut oder schlecht empfindet. Diese Verbindung zwischen dem Gefühl für das angemessene Verhalten des Einzelnen und dem Gefühl für das sittlich Gute im Sinne Aller erklärt Hume so: Wenn ich das Gefühl habe, dass bestimmte Eigenschaften einer Person für die Verfolgung ihrer Interessen „nützlich" sind, so werden sie „auch von mir (…) als Mittel zu diesem Zweck betrachtet und gefallen mir in dem Maße, als sie diesem Zweck zu dienen geeignet sind." Wie aber kann ich diese Nützlichkeit für das Glück des Anderen überhaupt empfinden? Das kann ich nur vermöge meines natürlichen Mitgefühls *(sympathy),* durch das ich mich in das Glück des Anderen so völlig hineinversetze *(enter so deeply in it),* dass ich es als eigenes nachempfinde und die Mittel, die dieses Glück befördern, auch für mich selbst für nützlich erachte. Von daher ist es ein kleiner Schritt, von der Nützlichkeit bestimmter Tugenden für das Individuum auf die Nützlichkeit für das „Glück der Menschheit", d. h. der Gesellschaft insgesamt zu schließen (vgl. Hume 1739/40, S. 342 f.). *Moralsysteme* entstehen aus *individuellen Gefühlen* für richtig und falsch, aus dem *Mitgefühl für Andere* und aus der *Erfahrung, dass ein bestimmtes Handeln nützlich für alle* ist. Das ist eine Erklärung, wie Gesellschaft möglich wird und wie sie sich erhält.

Es kommt noch eine weitere Erklärung hinzu, in der neben dem Gefühl des moralisch Guten die *Erfahrung des Nützlichen von Gesellschaft* generell als Grund für die Entstehung von Gesellschaft und die Herausbildung gemeinsamer, gerechter Regeln angeführt wird. Hume schreibt: Im Gegensatz zum Tier, das ohne Mithilfe eines Anderen allein überleben kann, mangelt es dem Menschen an vielem und ist zur Befriedigung seiner Bedürfnisse auf Hilfe angewiesen. Durch *Gesellschaft* wird diese Schwäche ausgeglichen: „Wenn jeder einzelne Mensch allein und nur für sich arbeitet, so reicht seine Kraft nicht aus, um irgendein bedeutsames Werk auszuführen", weil sie für viele notwendige Dinge gleichzeitig aufgebraucht wird; „er bringt es in keiner Kunst zur Vollkommenheit"; schließlich sind seine Kräfte nicht immer gleich, und der kleinste Ausfall kann ins Elend führen. „Die Gesellschaft aber sorgt für ein Mittel gegen diese drei Übelstände. Durch die Vermehrung der Kräfte *(conjunction of forces)* wird unsere Leistungsfähigkeit vermehrt; durch Teilung der Arbeit *(partition of employments)* wächst unsere Geschicklichkeit, und gegenseitiger Beistand *(mutual succour)* macht uns weniger abhängig von Glück und Zufall. Durch diese Vermehrung von Kraft, Geschicklichkeit und Sicherheit wird die Gesellschaft nützlich." (Hume 1739/40, S. 228 f.) Aus der Erfahrung der Nützlichkeit von Gesellschaft erwächst das Gefühl, dass ein bestimmtes Verhalten gut und förderlich für das Zusammenleben aller ist und deshalb von allen als sittliche Tugend angesehen werden sollte. Neben die natürliche Tugend der Sympathie für die uns Nahestehenden tritt ein „Mitgefühl für den Vorteil der Gesellschaft". (Hume 1739/40, S. 333) Und daraus wiederum erklärt es sich, dass keine Tugend höher geschätzt wird als die Gerechtigkeit *(justice)* (vgl. Hume 1739/40, S. 330). Basis eines jeden Moralsystems ist nicht die Vernunft, sondern das sittliche Gefühl für das Gute, Zweckmäßige und Gerechte zum Wohle eines jeden und zum Wohle aller (vgl. Hume 1739/40, S. 343).

Der *Erhalt* der sittlichen Ordnung einer Gesellschaft hängt mit der oben schon genannten Fähigkeit des Menschen zusammen, sich in die Gefühle eines Anderen hineinzuversetzen. Dadurch wird jeder zum Beobachter des Anderen, und jeder weiß, dass er beobachtet wird. Nun ist aber nicht zu leugnen, dass die Menschen oft ganz unterschiedliche Standpunkte einnehmen und höchst eigene Interessen verfolgen. Wie ist Verständigung möglich? Hume hat es in seiner „Untersuchung über die Prinzipien der Moral" (1751) so erklärt: Der tägliche Umgang der Menschen besteht ganz wesentlich im Austausch von Gefühlen; dieser „Austausch der Gefühle *(intercourse of sentiments)* in Gesellschaft und Gespräch (wirkt) dahin, dass wir einen allgemeinen, unveränderlichen Maßstab schaffen, vermöge dessen wir Charaktere und Sitten *(manners)* billigen und missbilligen können." Auch wenn sich das Herz mit diesen Allgemeinbegriffen nicht immer anfreunden mag, „so üben diese moralischen Unterscheidungen" *(moral differences)* einen solchen Einfluss aus, dass sie „allen unseren Zwecken, in der Gesellschaft *(company)*, auf der Kanzel, (…) im mündlichen Verkehr *(discours)* und in der Schule" genügen. Und deshalb werden soziale Tugenden *(social virtues)* auch von allen in dergleichen Weise geschätzt (Hume 1751, S. 72 f.).

Die Menschen schätzen soziale Tugenden wie Gerechtigkeit, Ehrlichkeit oder Vertrauen nicht nur, weil sie für die Durchsetzung *eigener* Interessen nützlich sind, sondern weil sie auch ihrem *sozialen, menschenfreundlichen Grundzug* entsprechen. „Es wird deutlich, dass eine Tendenz auf das allgemeine Wohl *(public good)* und auf die Förderung des Friedens, der Eintracht *(harmony)* und der Ordnung innerhalb der Gesellschaft *(order in society)* uns immer für die sozialen Tugenden einnimmt, indem sie an die menschenfreundlichen Grundzüge *(benevolent principles)* unseres Wesens rührt. Und, was eine weitere Bestätigung des

Gesagten ist, es wird deutlich, dass diese Prinzipien der Menschenliebe und Sympathie *(principles of humanity and sympathy)* so tief in alle unsere Gefühle eingreifen und einen so starken Einfluss ausüben, dass sie die stärkste Missbilligung oder Billigung wachzurufen imstande sind." (Hume 1751, S. 75) Dieser Missbilligung will sich niemand aussetzen, im Gegenteil: Jeder strebt danach, von den Anderen *anerkannt* zu werden, und deshalb befleißigt er sich eines tugendhaften Verhaltens.

Aus all diesen Überlegungen zieht Hume den Schluss, dass Moralität durch das Gefühl bestimmt ist *(morality is determined by sentiment)*; sie ist kein Werk des Verstandes oder der Urteilskraft, sondern des Herzens, kurz: sie ist „ein aktives Empfinden oder Gefühl" *(active feeling or sentiment)* (Hume 1751, S. 80 und Anhang I, S. 140 f.). Vielleicht sollte man „active" an dieser Stelle mit „handelnd" oder „wirkend" übersetzen: Gefühle bewirken Handeln und wirken sich im Handeln aus.

Schlagen wir noch einmal den Bogen zurück, wie Gesellschaft möglich wird und was sie ist. Nach Hume beruht die sittliche Ordnung auf einem natürlichen moral sense, auf der Erfahrung, dass Gesellschaft nützlich ist, und auf der vernünftigen Einsicht, dass das Zusammenleben vom tugendhaften *Handeln jedes einzelnen Individuums* abhängt.

1.2   Smith: Wechselseitige Beobachtung, Suche nach Anerkennung

An Humes These, dass Moralität in einem aktiven Gefühl besteht, schließt ADAM SMITH (1723–1790), der bekannteste Vertreter der Schottischen Moralphilosophie, mit seiner „Theory of Moral Sentiments" (1759) unmittelbar an. Im Untertitel bezeichnet Smith seine Theorie der ethischen Gefühle als „Analyse der Prinzipien", nach denen „die Menschen naturgemäß zunächst das Verhalten und den Charakter ihrer Nächsten und sodann auch ihr eigenes Verhalten und ihren eigenen Charakter beurteilen". Die Schottische Moralphilosophie setzt mit ihrer Erklärung, wie Gesellschaft funktioniert, nicht bei irgendwelchen transzendentalen Ideen oder abstrakten Strukturen, sondern konsequent beim *Handeln der Individuen* an. Und um die „sittliche Richtigkeit der Handlungen" geht es denn auch Smith vor allem; er erklärt sie gleich am Anfang im Kapitel „Von der Sympathie" auf eine überraschende Weise: „Mag man den Menschen für noch so egoistisch halten, es liegen doch offenbar gewisse Prinzipien in seiner Natur, die ihn dazu bestimmen, an dem Schicksal Anderer Anteil zu nehmen." (Smith 1759, S. 1) Wir bleiben nicht unberührt vom Kummer eines Anderen, und wir empfinden auch seine Freude mit. Dieses Mitempfinden bezeichnet Smith als „Sympathie", und er benutzt dieses Wort nicht in dem heute üblichen Sinne von Wohlwollen, sondern als jegliche Art von „Mitgefühl mit jeder Art von Affekten". (Smith 1759, S. 4)

Doch wie funktioniert diese Sympathie und was folgt daraus für das Zusammenleben? Smith schreibt: „Da wir keine unmittelbare Erfahrung von den Gefühlen anderer Menschen besitzen, können wir uns nur so ein Bild von der Art und Weise machen, wie eine bestimmte Situation auf sie einwirken mag, dass wir uns vorzustellen suchen, was wir selbst wohl in der gleichen Lage fühlen würden." Wir „versetzen uns in die Lage" eines Anderen und treten „in unserer Phantasie (…) gleichsam in seinen Körper ein und werden gewissermaßen eine Person mit ihm; von diesem Standpunkt aus bilden wir uns eine Vorstellung von seinen Empfindungen und erleben sogar selbst gewisse Gefühle, die (…) den seinigen nicht ganz unähnlich sind." (Smith 1759, S. 2)[1] Diese *unsere* Vorstellung ist aber keineswegs neutral, denn sie beinhaltet immer auch ein Urteil, ob die Gefühle und *Handlungsweisen* eines *konkreten* Anderen der Situation angemessen sind. „Die fortgesetzten Beobachtungen, die wir über das Verhalten anderer Menschen machen", und die Erfahrung, dass die Anderen dieses Verhalten „in dem gleichen Lichte sehen", (…) „bringen uns (dann) unmerklich dazu, dass wir uns gewisse *allgemeine Regeln* darüber bilden, was zu tun oder zu meiden schicklich und angemessen ist." (Smith 1759, S. 238, Klammerzusatz und Hervorhebung H. A.) Aus der wechselseitigen Beobachtung ihres Verhaltens entwickeln die Menschen unmerklich gemeinsame „moral sentiments", die wiederum, ebenso unintendiert, zur Grundlage allgemeiner Regeln werden, wie alle sich verhalten sollen (Smith 1759, S. 241). Aus der Summe der *individuellen* Einfühlungen in das Denken und Handeln der Anderen und dem Urteil darüber entsteht eine *gemeinsame* Vorstellung des Guten und Gebotenen zum Wohle *aller.*

An dieser Stelle muss eine weitere Annahme Smiths über die Natur des Menschen erwähnt werden: Vor der Fähigkeit, am Schicksal Anderer teilzunehmen, steht das *Selbstinteresse.* Es ist der wichtigste Antrieb des Handelns. Neben dem Interesse der Erhaltung des Körpers und dem Interesse, einen gewissen „äußeren Wohlstand" zu erhalten und zu mehren, ist es der Wunsch, von Anderen *anerkannt* und geachtet zu werden. „Dieses Ansehen und diesen Rang unter Unseresgleichen zu verdienen und zu erlangen, das ist vielleicht der stärkste von allen unseren Wünschen." (Smith 1759, S. 360 f.) So hatte Smith schon erklärt, woher der Wetteifer kommt, der überall herrscht, und worin seine Vorteile für

---

[1] Das ist eine frühe Formulierung des von Mead später sogenannten Prinzips „taking the role of the other". Siehe unten Abschn. 6.6 *Rollenübernahme und die Verschränkung der Perspektiven.*

die Verbesserung der gesellschaftlichen Verhältnisse bestehen: „Dass man uns bemerkt, dass man auf uns Acht hat, dass man mit Sympathie, Wohlgefallen und Billigung von uns Kenntnis nimmt, das sind alle Vorteile, die wir daraus zu gewinnen hoffen dürfen." (Smith 1759, S. 71) Deshalb unterlassen wir alle Handlungen, die uns „zum Gegenstand allgemeiner Missbilligung" machen, und befleißigen uns der Handlungen, die bei den Anderen positive Gefühle erwecken (Smith 1759, S. 238 und 240).

Es sind also nicht die Regeln, die uns zu einem tugendhaften Handeln anhalten, und auch nicht das individuelle Gewissen, sondern vor allem die Beobachtung der öffentlichen Meinungen! So hatte es schon der englische Staatsphilosoph John Locke gesehen, der von einem „law of opinion or reputation" bzw. „law of fashion" gesprochen hatte, dem wir mehr gehorchen als dem göttlichen oder staatlichen Gesetz (Locke 1690, II, Kap. 28, § 10 und 12)[2].

Zusammenfassend kann man sagen. Nach Adam Smith kommt soziale Ordnung nicht dadurch zustande, dass sich die Menschen an sittlichen Maximen, die von einer Religion vorgegeben würden, orientieren oder nach staatlichen Vorschriften parieren, sondern ergibt sich aus dem Handeln der Menschen von selbst, indem sie aneinander beobachten, was schicklich und nützlich ist, ihre Interessen auf einen gemeinsamen Nenner bringen und ihre Handlungen aufeinander abstellen. Soziale Ordnung spielt sich *unmerklich* ein. Das bringt Smith in seinem berühmten (und viel diskutierten!) Bild von der *unsichtbaren Hand* zum Ausdruck. „Sie bedeutet bei ihm nicht die Wirksamkeit eines Schicksals, einer überweltlichen oder übergesellschaftlichen Instanz, sondern ist Inbegriff der gesellschaftlichen Selbstregulierungen, die von den Handlungen der Einzelnen her zu begreifen sind." (Jonas 1968, Bd. I, S. 106) Die „unsichtbare Hand" ist gewissermaßen das „Prinzip", das „zum geordneten Ganzen" wirkt und uns jene gesellschaftlichen „Einrichtungen" anempfiehlt, „die bestimmt sind, die *allgemeine* Wohlfahrt zu fördern." (Smith 1759, S. 316 f.; Hervorhebung H. A.)

Literatur

Hume, D. (1739/40). *Ein Traktat über die menschliche Natur. Zwei Bände. Band II, Drittes Buch: Über Moral* (Übers. T. Lipps). Hamburg: Meiner (1978).
Hume, D. (1751). *Untersuchung über die Prinzipien der Moral.* Hamburg: Meiner (1972).

---

[2] Diese Erklärung spielt auch in Riesmans These der Außenleitung in der Moderne eine Rolle. Siehe Kap. 9 *Außenleitung – die Orientierung an den vielen Anderen.*

Jonas, F. (1968/1969). *Geschichte der Soziologie* (Bd. 4). Reinbek: Rowohlt.
Locke, J. (1690). *An essay concerning human understanding*. Oxford: Clarendon Press (1975).
Smith, A. (1759). *Theorie der ethischen Gefühle*. Hamburg: Meiner (1985).

Wechselwirkung und Vergesellschaftung (Georg Simmel)

2

Inhaltsverzeichnis

2.1 Wechselwirkung und Vergesellschaftung. 10
2.2 Verdichtung von Wechselwirkungen zu einer Form 12
2.3 Was Wechselwirkungen auslöst und in Gang hält 13
2.4 Die Ordnung der Dinge – die Rangierung nach Werten 16
2.5 Flüchtige Begegnungen, Blasiertheit, übertriebene Präsentation 18
Literatur. 22

GEORG SIMMEL (1858–1918), der lange in Berlin eine unbezahlte außerordentliche Professur für Philosophie innehatte, wurde mit nachdrücklicher Unterstützung durch Max Weber 1914 auf den Lehrstuhl für Philosophie in Straßburg berufen. Er griff schon früh soziologische Themen auf und war 1909 neben Weber, Tönnies und Sombart eines der Gründungsmitglieder der Deutschen Gesellschaft für Soziologie. Was ihn besonders interessierte war die Frage, wie *soziale Formen* entstehen. Eine seiner Antworten lautete: die Menschen stehen in *Wechselwirkung* zueinander, diese Wechselwirkungen verdichten sich – unabhängig vom Wissen und Wollen der Individuen – zu temporären Formen, die individuelles und gemeinsames Handelns rahmen und eine *prozessuale Ordnung* bewirken. Indem die Individuen in Wechselwirkungen zueinander stehen und agieren, *vergesellschaften* sie sich. Mit diesen Thesen wurde Simmel, dessen weithin berühmte öffentliche Vorlesungen auch amerikanische Soziologen und Philosophen auf ihren Bildungsreisen nach Europa um die Wende zum 20. Jahrhundert besuchten, zum wichtigsten Vorläufer der zunächst in den USA aufkommenden *interaktionistischen* Theorien.

2.1   Wechselwirkung und Vergesellschaftung

Als Simmel seinen großen Aufsatz *Über sociale Differenzierung* (1890) veröffentlichte, tat er es auch in der Absicht, „Sociologie" als besondere Perspektive herauszustellen, die von keiner anderen Wissenschaft geleistet werde.
Und so definierte er die Aufgabe der neuen Wissenschaft, „die Formen des
Zusammenseins von Menschen zu beschreiben und die Regeln zu finden, nach
denen das Individuum, insofern es Mitglied einer Gruppe ist, und die Gruppen
untereinander sich verhalten." (Simmel 1890, S. 118) Ein zweiter Satz gab die
Richtung der nächsten Thesen vor. Er lautete: „Der Begriff der Gesellschaft hat
offenbar nur dann einen Sinn, wenn er in irgend einem Gegensatz gegen die bloße
Summe der Einzelnen steht." (Simmel 1890, S. 126) Das klingt recht trivial,
denn seit Aristoteles wissen wir ja, dass das Ganze mehr ist als die Summe seiner Teile. Spannender wird es aber, wenn man liest, wie Simmel die Einheit der
Teile bestimmt: „Wir bezeichnen jeden Gegenstand in demselben Maße als einheitlich, in dem seine Teile in gegenseitigen dynamischen[1] Beziehungen stehen."
Der Grund der Vereinheitlichung liegt in der „*Wechselwirkung* der Teile." (Simmel 1890, S. 129, Hervorhebung H. A.) Damit ist der Zentralbegriff genannt, auf
den sich die Theorien der *Interaktion*[2] letztlich alle beziehen.

Betrachten wir zunächst, wie Simmel aus dem Prinzip der Wechselwirkung
heraus *Gesellschaft* erklärt. Er nahm an, dass die Ordnung der *Gesellschaft eine
Ordnung im Prozess* ist, und dass in der Welt „Alles mit Allem in irgend einer
Wechselwirkung steht, dass zwischen jedem Punkte der Welt und jedem andern
Kräfte und hin- und hergehende Beziehungen bestehen." (Simmel 1890, S. 130)
Gesellschaft entsteht, indem sich Individuen wechselseitig beeinflussen, also auf-
einander *einwirken* und sich dadurch „*vergesellschaften*". (Simmel 1908, S. 23)
Wechselwirkung ist nur ein anderes Wort für Vergesellschaftung (vgl. Simmel
1894, S. 54).

Blicken wir genauer auf den Begriff der Wechselwirkung und die Gleich-
setzung von Wechselwirkung und Vergesellschaftung. Der Begriff der Wechselwirkung fasst ein komplexes Geschehen des Bewirkens und Bewirktwerdens, des
Tuns und Erleidens, des Verfügens über etwas und des Verfügtseins durch etwas.
Indem sich die Individuen wechselseitig beeinflussen, schaffen sie Bedingungen,

---

[1] Dynamis – griech. Kraft, Einfluss, Wirkung.
[2] Die englische Übersetzung des Begriffs „Wechselwirkung" durch „interaction" trifft es
m. E. ganz gut, denn „action" heißt sowohl „Handlung" wie auch „(Ein)Wirkung)".

die ihr weiteres Verhalten als jetzt „vergesellschaftete Individuen" bestimmen. Sie werden also *bewirkt*. „Individuen geraten in den soziologischen Blick insofern, als sie diese Wechselwirkungen einerseits schaffen und andererseits von ihnen betroffen sind." (Nedelmann 1999, S. 133 f.) „Gesellschaft ist nur der Name für die Summe dieser Wechselwirkungen". (Simmel 1890, S. 131)

„Gesellschaft" ist allerdings nichts Definitives, unveränderlich Feststehendes, sondern wie gesagt ein Prozess, weshalb Simmel gelegentlich den Begriff der Gesellschaft durch den der Vergesellschaftung ersetzt. So sei auch „das einzige Objekt einer Sociologie als besonderer Wissenschaft (…) die Untersuchung der Kräfte, Formen und Entwicklungen der *Vergesellschaftung,* des Mit-, Für- und Nebeneinanderseins der Individuen". (Simmel 1894, S. 57 Anm., Hervorhebung H. A.) Und die Frage, was Gesellschaft ist, wie sie sich ordnet und was gemeinsames Handeln von Individuen bedingt, beantwortet Simmel so: „Gesellschaft in ihrem fortwährend sich realisierenden Leben bedeutet immer, dass die Einzelnen vermöge gegenseitig ausgeübter Beeinflussung und Bestimmung verknüpft sind. Sie ist also eigentlich etwas Funktionelles, etwas, was die Individuen tun und leiden, und ihrem Grundcharakter nach sollte man nicht von Gesellschaft, sondern von Vergesellschaftung sprechen. Gesellschaft ist dann nur der Name für einen Umkreis von Individuen, die durch derartig sich auswirkende Wechselbeziehungen aneinander gebunden sind und die man deshalb als eine Einheit bezeichnet." (Simmel 1917, S. 13 f.) Gesellschaft ist „sozusagen keine Substanz, nichts für sich Konkretes, sondern ein *Geschehen* (…), die Dynamik des Wirkens und Leidens, mit der diese Individuen sich gegenseitig modifizieren". (Simmel 1917, S. 14)

Wenn von Gesellschaft die Rede ist, ist das „kein einheitlich feststehender, sondern ein gradueller Begriff, von dem auch ein Mehr oder Weniger anwendbar ist, je nach der größeren Zahl und Innigkeit der zwischen den gegebenen Personen bestehenden Wechselwirkungen." (Simmel 1890, S. 131) Im Prinzip würden deshalb auch zwei Menschen, die eine flüchtige Beziehung aufnehmen, schon eine Gesellschaft bilden, da sie wechselseitig in jedem von ihnen etwas bewirken. Man darf auch nicht den Fehler machen, solche „geringfügig erscheinenden Beziehungsformen und Wechselwirkungsarten" nicht der (wissenschaftlichen) Rede wert zu halten! Im Gegenteil. Gerade die Tatsache, dass solche „unscheinbaren Sozialformen (…) im allgemeinen noch nicht zu festen, überindividuellen Gebilden verfestigt sind" und deshalb wissenschaftlich nur schwer zu fassen sind, macht sie „für das tiefere Verständnis der Gesellschaft unendlich wichtig", denn sie zeigen die Gesellschaft gleichsam im Zustand ihrer Entstehung. Es ist ein Prozess, „der jeden Tag und zu jeder Stunde geschieht; fortwährend knüpft sich von neuem die Vergesellschaftung unter den Menschen, ein ewiges Fließen und Pulsieren, das die Individuen verkettet[3]." (Simmel 1908, S. 33)

2.2 Verdichtung von Wechselwirkungen zu einer Form

Wechselwirkungen bilden Einheiten. Solche Einheiten können in Personen bestehen, aber „es können auch ganze Gruppen sein, die mit andern zusammen wieder eine Gesellschaft ergeben." Und auch die *Vorstellungen* in einer Gesellschaft wirken als Einheiten (Simmel 1890, S. 131). Die einzelnen Einheiten, gewissermaßen die gesellschaftlichen Verhältnisse, weisen bestimmte *Formen* auf. Mit dem Begriff der Formen bezeichnet Simmel die *Gebilde,* die das Leben *fortwährend* schafft, die eine bestimmte *Geschlossenheit* aufweisen und „einen Anspruch auf Dauer, ja auf Zeitlosigkeit" in sich tragen (Simmel 1918, S. 148). Aber diese Formen sind in Bewegung. Sie werden im Prozess der Vergesellschaftung fortlaufend aktualisiert und modifiziert.

Simmel gibt einige Beispiele für diese ununterbrochene Vergesellschaftung:

„Dass die Menschen sich gegenseitig anblicken, und dass sie aufeinander eifersüchtig sind; dass sie sich Briefe schreiben oder miteinander zu Mittag essen; dass sie sich, ganz jenseits aller greifbaren Interessen, sympathisch oder antipathisch berühren; dass die Dankbarkeit der altruistischen Leistung eine unzerreißbar bindende Weiterwirkung bietet; dass einer den andern nach dem Wege fragt und dass sie sich füreinander anziehen und schmücken – all die tausend, von Person zu Person spielenden, momentanen oder dauernden, bewussten oder unbewussten, vorüberfliegenden oder folgenreichen Beziehungen (…) knüpfen uns unaufhörlich zusammen. In jedem Augenblick spinnen sich solche Fäden, werden fallen gelassen, wieder aufgenommen, durch andre ersetzt, mit andern verwebt. Hier liegen die, nur der psychologischen Mikroskopie zugänglichen Wechselwirkungen zwischen den Atomen der Gesellschaft, die die ganze Zähigkeit und Elastizität, die ganze Buntheit und Einheitlichkeit dieses so deutlichen und so rätselhaften Lebens der Gesellschaft tragen." (Simmel 1908, S. 33)

Doch Simmel versteht sich nicht als Psychologe, sondern als Soziologe, und dem geraten soziale Strukturen, d. h. die *objektiven Gebilde,* die Wechselwirkungen zustande bringen, in den Blick:

---

[3] Den Begriff der „Verkettung" benutzt auch Herbert Blumer, der dem Symbolischen Interaktionismus seinen Namen gegeben hat. Siehe unten Abschn. 7.4.6 *Die Verkettung von Handlungen.*

„Man kann (…) die Grenze des eigentlich sozialen Wesens vielleicht da erblicken, wo die Wechselwirkung der Personen untereinander nicht nur in einem subjektiven Zustand oder Handeln derselben besteht, sondern ein objektives Gebilde zustande bringt, das eine gewisse Unabhängigkeit von den einzelnen daran teilhabenden Persönlichkeiten besitzt. Wo eine Vereinigung stattgefunden hat, deren Formen beharren, wenngleich einzelne Mitglieder ausscheiden und neue eintreten; wo ein gemeinsamer äußerer Besitz existiert, dessen Erwerb und über den die Verfügung nicht Sache eines Einzelnen ist; wo eine Summe von Erkenntnissen und sittlichen Lebensinhalten vorhanden ist, die durch die Teilnahme der Einzelnen weder vermehrt noch vermindert werden, die, gewissermaßen substanziell geworden, für jeden bereit liegen, der daran teilnehmen will; wo Recht, Sitte, Verkehr Formen ausgebildet haben, denen jeder sich fügt und fügen muss, der in ein gewisses räumliches Zusammensein mit andern eintritt – da überall ist Gesellschaft, da hat die Wechselwirkung sich zu einem Körper verdichtet." (Simmel 1890, S. 133 f.)

Beispiele großer objektiver Gebilde sind der Staat, die Familienformen oder die Arbeitsteilung, aber auch der Austausch über Geld. Beispiele scheinbar kleiner und flüchtiger Wechselwirkungen sind die Dankbarkeit, die Freundschaft oder der Streit. Und selbstverständlich verdichten sich alltägliche Interaktionen zu bestimmten Formen.

„Verdichtung" heißt, dass bestimmte „Formen (der Vereinigung) beharren". So entsteht ein „Substantielles", das den Individuen gegenübersteht, und zwar als wechselseitige *Verpflichtung.* Simmel drückt es so aus, dass das, „was in der Mehrzahl der Fälle wirklich geschieht, das typisch soziale Verhalten, für den Einzelnen zum Sollen wird. So ist es bei der Sitte, so ist es auch beim Recht der Fall; denn die Allgemeinheit fixiert dasjenige zum Recht, was tatsächlich in ihr geübt wird, weil es sich als die für sie erforderliche Lebensbedingung herausgestellt hat." (Simmel 1892, S. 84) Das Erforderliche, also Zweckmäßige, ist Substanz, Tatsache, wirklich geworden! Die Formen bilden den Rahmen, der das Handeln der Individuen bedingt und in dem sich die Individuen wechselseitig bewirken.

Die Wechselwirkung kann nie eine definitive Form erreichen, da jedes Handeln eines jeden Individuums fortlaufend wirkt und bewirkt wird. Gesellschaft kann nicht anders als ein permanenter *Prozess,* eben Vergesellschaftung, verstanden werden!

2.3   Was Wechselwirkungen auslöst und in Gang hält

Wie kommt es zu einer *Wechselwirkung zwischen Individuen?* Simmel erklärt es so:

„Diese Wechselwirkung entsteht immer aus bestimmten Trieben heraus oder um
bestimmter Zwecke willen. Erotische, religiöse oder bloß gesellige Triebe, Zwecke der Verteidigung wie des Angriffs, des Spieles wie des Erwerbes, der Hilfe-
leistung wie der Belehrung und unzählige andere bewirken es, dass der Mensch in
ein Zusammensein, ein Füreinander-, Miteinander-, Gegeneinander-Handeln, in eine
Korrelation der Zustände mit Anderen tritt, d. h. Wirkungen auf sie ausübt und Wirkungen von ihnen empfängt. Diese Wechselwirkungen bedeuten, dass aus den individuellen Trägern jener veranlassenden Triebe und Zwecke eine Einheit, eben eine
‚Gesellschaft‘ wird. (…) Jene Einheit oder Vergesellschaftung kann, je nach der Art
und Enge der Wechselwirkung, sehr verschiedene Grade haben – von der epheme-
ren Vereinigung zu einem Spaziergang bis zur Familie, von allen Verhältnissen ‚auf
Kündigung‘ bis zu der Zusammengehörigkeit zu einem Staat, von dem flüchtigen
Zusammen einer Hotelgesellschaft bis zu der innigen Verbundenheit einer mittel-
alterlichen Gilde.“ (Simmel 1908, S. 17 f.)

Das Handeln des Individuums ist also durch etwas motiviert und auf etwas
gerichtet. Zum gesellschaftlichen Ereignis wird die Verfolgung seiner Ziele, wenn
es sich dabei auf andere Individuen bezieht, sei es, dass es sie braucht, um ein
bestimmtes Ziel zu erreichen, sei es, dass sie als Konkurrenten auftreten oder
dass sie einfach nur so – als Beobachter, als Personen, auf die man sich bezieht,
usw. – vorhanden sind. Wegen der unterschiedlichen Interessen und Zwecke vergesellschaften sich die Individuen zu „spezifischen Konfigurationen“. (Simmel
1894, S. 55) Ist dem Menschen zunächst ein „enges Zusammensein mit denjenigen auferlegt, neben die der Zufall der Geburt ihn gestellt hat“, nimmt er mit
fortschreitender Entwicklung Kontakt zu denen auf, die „durch sachliche Gleichheit der Anlagen, Neigungen und Tätigkeiten eine Beziehung zu ihm besitzen“.
Durch diese „Assoziationen“ ergeben sich *objektive Konstellationen,* die Simmel
„soziale Kreise“ nennt (Simmel 1890, S. 237 f.).

Über diesem *strukturellen* Aspekt darf der *Handlungsaspekt* nicht vergessen
werden. Für das konkrete Handeln findet Simmel zwei Erklärungen. Da ist einmal die anthropologische These, dass der Mensch notwendig *egoistisch* und
zugleich *altruistisch* ist. Dann stellt sich aber die Frage, was denn den Menschen
bewegt, mal egoistisch und mal altruistisch zu handeln. Hier nun bringt Simmel
die verblüffende Erklärung, dass wir nur egoistisch handeln können, wenn wir
zugleich altruistisch handeln und umgekehrt. Was sich so widersprüchlich anhört,
kann man leicht erklären, wenn man „egoistisch“ und „altruistisch“ nicht als
moralisch wertende Begriffe versteht, sondern in dem Sinne, dass sie den *Grund
des Handelns* meinen: Ist es am eigenen Interesse oder an den Anderen orientiert? Damit löst sich der scheinbar paradoxe Satz in folgender Erklärung des
Zusammenhangs von Individuum und Gesellschaft so auf:

„Die Festsetzungen des Rechts, der Sitte, der Verkehrsformen jeder Art, die die Allgemeinheit zu ihrem Nutzen, d. h. im sittlichen, der individuellen Selbstsucht entgegengesetzten Interesse geprägt hat, erstrecken sich schließlich soweit in alle Lebensverhältnisse des Einzelnen hinein, dass er in jedem Augenblick von ihnen *Gebrauch machen muss.* Je ausgedehnter und mannigfaltiger meine Beziehungen zu anderen Menschen sind, desto häufiger bin ich genötigt, um meines Vorteils willen für den ihrigen in der Form der Assoziation wie der Zuwendung zu sorgen. Je größer die Kreise sind, in denen der Einzelne steht, ein desto kleinerer Teil jedes derselben kann er nur sein, desto weniger kann er unmittelbar egoistisch verfahren, sondern muss seine eigene Förderung von der der Personen und Kreise erwarten, mit denen er zusammengeschlossen ist. Hierin liegt die wichtige Erkenntnis, dass die bloße quantitative Ausdehnung der Beziehungen, Interessen, Verbindungen rein als solche schon ein Hebel der Sittlichkeit, über den Egoismus hinweg, wird." (Simmel 1892, S. 94 f., Hervorhebung H. A.)

Die „Festsetzungen", das „substantiell" Gewordene, sind soziale Tatsache[4] und zugleich kulturelle Idee. Sie stehen jedem Einzelnen „gegenüber – von ihm getragen und doch von ihm unabhängig. So wenig man zu sagen wüsste, wo denn der Ort[5] der Naturgesetze sei, (…) so wenig ist der Ort dieser ungreifbaren intersubjektiven Substanz zu nennen, die man als Volksseele oder als deren Inhalt bezeichnen könnte. Sie umgibt jeden in jedem Augenblick, sie bietet uns den Lebensinhalt dar, in dessen wechselnden Kombinationen die Individualität zu bestehen pflegt – aber wir wissen niemanden namhaft zu machen, über den sie nicht hinausragte (…)." (Simmel 1890, S. 135)

Es gibt also einen objektiven ideellen Rahmen, in dem und durch den jedes Handeln eines jeden Individuums *fortlaufend wirkt* und *fortlaufend bewirkt wird.*

Kommen wir zu der zweiten Erklärung des Handelns: Indem die Individuen wechselseitig aufeinander einwirken, vergesellschaften sie sich zu *gemeinsamen Handlungsformen.* Deshalb lenkt Simmel den Blick von den objektiven Formen der Wechselwirkung, der Gesellschaft, auf das Pendant, das Individuum, und beschreibt gewissermaßen, was in den Individuen vor sich geht, wenn sie in Wechselwirkung mit Anderen stehen. Konkret nimmt Simmel eine bestimmte Form des *Bewusstseins* als notwendiger Voraussetzung von Vergesellschaftung in den Blick. Er schreibt: „Das Bewusstsein, Gesellschaft zu bilden, ist zwar nicht in

---

[4] Durkheim, der Simmels frühe Arbeiten genau kannte, wird von faits sociaux sprechen. Siehe unten Abschn. 3.2 *Soziale Tatsachen – die Regelung wechselseitiger Beziehungen.*

[5] Eine Anekdote am Rande: Simmel fiel im Habilitationsvortrag durch, weil auf die Frage, wo denn der Ort der Seele sei, antwortete: „Ich kenne keinen"

abstracto dem Einzelnen gegenwärtig, aber immerhin weiß jeder den Andern als mit ihm verbunden." (Simmel 1908, S. 46)

Simmel fragt nun nach den „spezifischen Kategorien", die „der Mensch gleichsam mitbringen muss, damit dieses Bewusstsein" entstehen kann. Dazu stellt er erstens fest, dass „das Bild, das ein Mensch vom andern aus der persönlichen Berührung gewinnt", durch gewisse „Verschiebungen" bedingt ist, die seine reale Beschaffenheit prinzipiell ändern. Konkret ist damit gemeint, dass wir „den Andern in irgend einem Maße verallgemeinert" sehen. Wir sehen ihn als Typus. Zweitens sehen wir den Anderen als den typischen Repräsentanten des sozialen Kreises, in dem wir mit ihm in Wechselwirkung verbunden sind. Wir wissen: „Dieser ist ein Mitglied meines Kreises." (Simmel 1908, S. 47 und 49) Er ist *Mitbewohner* meiner Welt – und deshalb kann ich ihn und er mich verstehen, und so funktioniert auch der Prozess der Vergesellschaftung als soziale Wechselwirkung.

2.4   Die Ordnung der Dinge – die Rangierung nach Werten

Wie ordnen die Mitglieder einer Gesellschaft ihre Welt? Das tun sie, indem sie die Dinge und Phänomene für sich und gemeinsam mit den Anderen *bewerten*.

Wechselwirkungen, hieß es gerade, bilden Einheiten. Solche Einheiten können in Personen bestehen, aber „es können auch ganze Gruppen sein, die mit andern zusammen wieder eine Gesellschaft ergeben", und auch die *Vorstellungen* in einer Gesellschaft wirken als Einheiten (Simmel 1890, S. 131). Hier nun kommt der Begriff der Werte ins Spiel: Werte sind Einheiten, die ideelle und soziale Einheiten und gleichzeitig *Unterschiede* zwischen diesen Einheiten bewirken. Soziologisch bedeutet sich auf Werte zu beziehen, die Dinge und Phänomene der Welt, in der sie mit Anderen leben, nicht als gleichwertig betrachten, sondern in eine Hierarchie bringen. Das tiefste Wesen der Ordnung des Sozialen, heißt es bei Simmel, ist „nicht die Einheit, sondern der Unterschied (…): die Rangierung nach *Werten*." (Simmel 1900, S. 23)

Werte ordnen die Welt und differenzieren sie: „Man macht sich selten klar, dass unser ganzes Leben, seiner Bewusstseinsseite nach, in Wertgefühlen und Wertabwägungen verläuft und überhaupt nur dadurch Sinn und Bedeutung bekommt, dass die mechanisch abrollenden Elemente der Wirklichkeit über ihren Sachgehalt hinaus unendlich mannigfaltige Maße und Arten von Wert für uns besitzen. In dem Augenblick, in dem unsere Seele kein bloßer interesseloser Spiegel der Wirklichkeit ist – was sie vielleicht niemals ist, da selbst das objektive

Erkennen nur aus einer Wertung (…) hervorgehen kann – lebt sie in der Welt der Werte, die die Inhalte der Wirklichkeit in eine völlig autonome Ordnung fasst." (Simmel 1900, S. 25)

Die gerade zitierten Sätze muss man genau lesen, denn Simmel verweist hier auf die subjektive Komponente des *Interesses,* mit dem den Dingen Wert beigemessen wird. Deshalb kann „ein und derselbe Gegenstand in einer Seele den höchsten, in einer anderen den niedrigsten Grad des Wertes besitzen". (Simmel 1900, S. 28) Doch diese Subjektivität vergessen wir leicht und meinen, die Dinge hätten einen Wert an sich. Das ist aber nicht der Fall: „Dass Gegenstände, Gedanken, Geschehnisse wertvoll sind, das ist aus ihrem bloß natürlichen Dasein und Inhalt niemals abzulesen." (Simmel 1900, S. 23) Wertvoll sind sie nur insofern, als wir ihnen eine bestimmte *Bedeutung* beimessen und sie *begehren.* Diese Bedeutung erhalten die Dinge auch erst in dem Augenblick, wo sie dem Subjekt als Objekte *gegenübertreten,* über die es nicht mehr ohne weiteres verfügen kann und die sich einer Erlangung widersetzen: „Erst die Repulsionen, die wir von dem Objekt erfahren, die Schwierigkeiten seiner Erlangung, die Warte- und Arbeitszeit, die sich zwischen Wunsch und Erfüllung schieben, treiben das Ich und das Objekt auseinander" – und wecken Begehren: Wir stellen uns vor, dass uns etwas, was wir nicht haben, nützlich sein könnte oder dass es uns Lust bereiten würde, wenn wir es besäßen (vgl. Simmel 1900, S. 43 und 47).

Es gibt also ein Nebeneinander von *Wert,* der einem Objekt zugeschrieben wird, und *Wirklichkeit* (vgl. Simmel 1900, S. 27). Diese Differenz will der Mensch überwinden. Als ein Wesen, das Bedürfnisse – materieller, sozialer oder geistiger Art – hat und diese Bedürfnisse befriedigen will, bewertet er in dem Augenblick, in dem er einem Objekt eine Bedeutung zur Befriedigung der Bedürfnisse beimisst. Bedeutung beimessen heißt, dass wir nicht unmittelbar die Erfüllung eines Wunsches durchsetzen, sondern von unserem Begehren zurücktreten und nach Möglichkeiten der Befriedigung Ausschau halten. Wir legen also eine Distanz zwischen unser Bedürfnis und die möglichen Objekte, durch die wir es befriedigen wollen. Wo diese Distanz fehlt, ist es im soziologischen Sinne kein Wert, der uns antreibt, sondern – unsoziologisch gewendet – Gier, wo diese Distanz allerdings zu groß ist, verschwindet der Wert, weil er unrealistisch wird. Distanz ist also Voraussetzung für die Bewertung von Möglichkeiten des Handelns. Distanz ist darüber hinaus Antrieb zu handeln, denn „der Sinn jeder Distanzierung ist, dass sie überwunden werde." (Simmel 1900, S. 49)

Damit muss man als weitere Konsequenz denken, dass Wert etwas mit *Balance* zwischen zu viel und zu wenig zu tun hat. Wo keine Anstrengung nötig ist, Befriedigung zu erreichen, weil z. B. die Möglichkeiten der Befriedigung im Übermaß vorhanden sind, verliert jede einzelne Möglichkeit an Wert; wo die

Anstrengungen alles Maß übersteigen würden, löst sich der Wert im Abstrakten auf.

Bewertung heißt, von etwas, das man selbst nicht ist oder hat, eine geringere oder höhere Befriedigung zu erwarten. Da wir nach einer höheren Befriedigung streben, bevorzugen wir eben dieses gegenüber einem anderen. Je häufiger diese Befriedigung eintritt, umso sicherer wird sie erwartet. Je mehr Individuen diese Erwartung teilen, *umso genereller wird der Wert* und *leitet schließlich das Handeln vieler an.*

2.5 Flüchtige Begegnungen, Blasiertheit, übertriebene Präsentation

Bringt man die bisher skizzierten Erklärungen, dass die Individuen Bedürfnisse sozialer oder ideeller Art haben und diese befriedigen wollen, dass sie Dingen und Personen unterschiedliche Werte beimessen, dass Wechselwirkungen aus bestimmten Trieben heraus und zu bestimmten Zwecken ausgelöst und in Gang gehalten werden, noch einmal mit Simmels These, „das einzige Objekt einer Sociologie als besonderer Wissenschaft" könne nur „die Untersuchung der Kräfte, Formen und Entwicklungen der Vergesellschaftung, des Mit-, Für- und Nebeneinanderseins der Individuen" (Simmel 1894, S. 57 Anm.) sein, zusammen, dann wäre es – im Sinne der später sogenannten Interaktionstheorien – reizvoll, sich typische Formen der Wechselwirkung zwischen Individuen in der Moderne anzusehen. Genau das hat Simmel in seinem berühmten Aufsatz über „Die Großstädte und das Geistesleben" (1903) getan. Ich will ihn kurz referieren und dabei das Augenmerk auf die Frage richten, wie flüchtige Beziehungen die *Individualität* tangieren.

Simmel stellt die These auf, dass der „spezifisch moderne" Individualismus die „qualitative Besonderung" (Simmel 1900, S. 493) des Individuums fördert – und fordert! Das allerdings fällt in einer Massengesellschaft, in der für alle Normalitäten und Individualitäten schon Muster parat liegen, schwer, und man muss sich schon etwas einfallen lassen, um in seiner Individualität überhaupt bemerkt zu werden. Das Problem stellt sich vor allem in einer Großstadt wie Berlin, in der Simmel lebte und lehrte und die er genau beobachtet hat. Simmel beginnt seine Überlegungen mit dem Hinweis auf den Dualismus von Individuum und Gesellschaft in der Moderne: „Die tiefsten Probleme des modernen Lebens quellen aus dem Anspruch des Individuums, die Selbstständigkeit und Eigenart seines Daseins gegen die Übermächte der Gesellschaft, des geschichtlich

Ererbten, der äußerlichen Kultur und Technik des Lebens zu bewahren." (Simmel 1903, S. 116)

Diesen Anspruch des Individuums bzw. die – wie sich zeigen wird – „Anpassungen", durch die sich die Persönlichkeit „mit den ihr äußeren Mächten abfindet", verdeutlicht Simmel nun am Typus großstädtischer Individualitäten; deren psychologische Grundlage „ist die *Steigerung des Nervenlebens*, die aus dem raschen und ununterbrochenen Wechsel äußerer und innerer Eindrücke hervorgeht". (Simmel 1903, S. 116) Würde man auf diese ununterbrochenen Eindrücke und Berührungen mit unzähligen Menschen mit so vielen inneren Reaktionen antworten „wie in der kleinen Stadt, in der man fast jeden Begegnenden kennt und zu jedem ein positives Verhältnis hat, so würde man sich innerlich völlig atomisieren und in eine ganz unausdenkbare seelische Verfassung geraten." (Simmel 1903, S. 122 f.) Deshalb hat sich in der Großstadt eine Reaktion, eine psychische Struktur und geistige Haltung, herausgebildet, die Simmel „Blasiertheit" (Simmel 1903, S. 121) nennt. Simmel assoziiert mit diesem Begriff nicht die heutige Vorstellung von Hochnäsigkeit oder Herablassung, sondern gewissermaßen eine Schutzreaktion des Individuums gegen höchst differenzierte Reize:

> „Das Wesen der Blasiertheit ist die Abstumpfung gegen die Unterschiede der Dinge, nicht in dem Sinne, dass sie nicht wahrgenommen würden, wie von dem Stumpfsinnigen, sondern so, dass die Bedeutung und der Wert der Unterschiede der Dinge und damit der Dinge selbst als nichtig empfunden wird. Sie erscheinen dem Blasierten in einer gleichmäßig matten und grauen Tönung, keines wert, dem anderen vorgezogen zu werden." (Simmel 1903, S. 121)

Diese Blasiertheit ist mit einer gewissen „Reserve", ja „leisen Aversion" gepaart, mit der wir auf flüchtige Begegnungen ebenso wie z. B. auf jahrelange Hausnachbarn reagieren (vgl. Simmel 1903, S. 123). Doch gerade diese innere Reserve gewährt dem Individuum der Großstadt „eine Art und ein Maß persönlicher Freiheit" (Simmel 1903, S. 124), wie es sie in einem kleineren sozialen Kreis nicht geben kann. In der Kleinstadt kennt jeder jeden, und der Kreis wacht peinlich „über die Leistungen, die Lebensführung, die Gesinnungen des Individuums". (Simmel 1903, S. 125)

Dieser Kontrolle ist der Großstadtmensch nicht ausgesetzt, aber ist er deshalb wirklich frei? Ist die Form seiner Individualität nicht ebenfalls von außen bestimmt? Simmel sieht es so: Die Arbeitsteilung hat in der Stadt eine neue Form angenommen und verspricht einen neuen Gewinn:

„Genau im Maße ihrer Ausdehnung bietet die Stadt immer mehr die entscheidenden Bedingungen der Arbeitsteilung: einen Kreis, der durch seine Größe für eine höchst mannigfaltige Vielheit von Leistungen aufnahmefähig ist, während zugleich die Zusammendrängung der Individuen und ihr Kampf um den Abnehmer den Einzelnen zu einer Spezialisierung der Leistung zwingt, in der er nicht so leicht durch einen anderen verdrängt werden kann. Das Entscheidende ist, dass das Stadtleben den Kampf für den Nahrungserwerb mit der Natur in einen *Kampf um den Menschen* verwandelt hat, dass der umkämpfte Gewinn hier nicht von der Natur, sondern *vom Menschen gewährt* wird." (Simmel 1903, S. 127 f., Hervorhebungen H. A.)

Es ist ein Kampf um *Aufmerksamkeit* und *Anerkennung*. Auf dem Markt der Waren hat der Verkäufer nur dann Erfolg, wenn er seine Leistung spezialisiert und so eine „nicht leicht ersetzbare Funktion" findet und gleichzeitig „auf Differenzierung, Verfeinerung, Bereicherung der Bedürfnisse des Publikums" drängt; diese Bearbeitung der Bedürfnisse führt für Simmel „ersichtlich zu wachsenden personalen Verschiedenheiten innerhalb dieses Publikums". (Simmel 1903, S. 128)

Diese Erklärung leitet „zu der im engeren Sinne geistigen *Individualisierung seelischer Eigenschaften* über, zu der die Stadt im Verhältnis ihrer Größe Veranlassung gibt". (Simmel 1903, S. 128, Hervorhebung H. A.) Simmel führt dafür eine Reihe von Ursachen an. Da ist einmal die schiere Zahl der vielen, die eine „quantitative Steigerung" der Individualität nicht mehr zulässt. Um die „eigene Persönlichkeit" zum Ausdruck zu bringen, greift das Individuum deshalb zu einer „qualitativen Besonderung" in der Hoffnung, dadurch „das Bewusstsein des sozialen Kreises irgendwie für sich zu gewinnen". (Simmel 1903, S. 128) Das verführt „schließlich zu den tendenziösesten Wunderlichkeiten", wie Simmel es nennt, „zu den spezifisch großstädtischen Extravaganzen des Apartseins, der Kaprice, des Pretiösentums, deren Sinn gar nicht mehr in den Inhalten solchen Benehmens, sondern nur in seiner Form des Andersseins, des Sich-Heraushebens und dadurch Bemerklichwerdens liegt." Es ist für viele „das einzige Mittel, auf dem Umweg über das Bewusstsein der Anderen irgendeine Selbstschätzung und das Bewusstsein, einen Platz auszufüllen, für sich zu retten". (Simmel 1903, S. 128 f.) Individualität lebt nicht aus einem inneren, selbst bestimmten Prinzip heraus, sondern davon, wie man bei den Anderen ankommt!

In demselben Sinne wie die auffällige Präsentation individueller Besonderheit

„wirkt ein unscheinbares, aber seine Wirkungen doch wohl merkbar summierendes Moment: die Kürze und Seltenheit der Begegnungen, die jedem Einzelnen mit dem Anderen – verglichen mit dem Verkehr der kleinen Stadt – gegönnt sind. Denn hierdurch liegt die Versuchung, sich pointiert, zusammengedrängt, möglichst charakteristisch zu geben, außerordentlich viel näher, als wo häufiges und langes Zusammenkommen schon für ein unzweideutiges Bild der Persönlichkeit im Anderen sorgen." (Simmel 1903, S. 129)

Individualität muss in kürzester Zeit und auffällig zum Ausdruck gebracht werden.

„Der tiefste Grund indes", fährt Simmel fort,

„aus dem gerade die Großstadt den Trieb zum individuellsten persönlichen Dasein nahelegt – gleichviel ob immer mit Recht und immer mit Erfolg – scheint mir dieser. Die Entwicklung der modernen Kultur charakterisiert sich durch das Übergewicht dessen, was man den objektiven Geist nennen kann, über den subjektiven. (…) Diese Diskrepanz ist im wesentlichen der Erfolg wachsender Arbeitsteilung; denn eine solche verlangt vom Einzelnen eine immer einseitigere Leistung, deren höchste Steigerung seine Persönlichkeit als ganze oft genug verkümmern lässt. Jedenfalls, dem Überwuchern der objektiven Kultur ist das Individuum weniger und weniger gewachsen." (Simmel 1903, S. 129)

Es ist „zu einer quantité négligeable herabgedrückt, zu einem Staubkorn gegenüber einer ungeheuren Organisation von Dingen und Mächten, die ihm alle Fortschritte, Geistigkeiten, Werte allmählich aus der Hand spielen und sie aus der Form des subjektiven in die eines rein objektiven Lebens überführen". (Simmel 1903, S. 129 f.)

Die Großstadt mit ihren Bauten und Wundern der Technik, mit ihren Formen des Lebens und Institutionen des Staates bietet eine

„so überwältigende Fülle kristallisierten, unpersönlich gewordenen Geistes, dass die Persönlichkeit sich sozusagen dagegen nicht halten kann. Das Leben wird ihr einerseits unendlich leicht gemacht, indem Anregungen, Interessen, Ausfüllungen von Zeit und Bewusstsein sich ihr von allen Seiten anbieten und sie wie in einem Strome tragen, in dem es kaum noch eigener Schwimmbewegungen bedarf. Andererseits aber setzt sich das Leben doch mehr und mehr aus diesen unpersönlichen Inhalten und Darbietungen zusammen, die die eigentlich persönlichen Färbungen und Unvergleichlichkeiten verdrängen wollen; so dass nun gerade, damit dieses Persönlichste sich rette, es ein Äußerstes an Eigenart und Besonderung aufbieten muss; es muss dieses übertreiben, um nur überhaupt noch hörbar, auch für sich selbst, zu werden." (Simmel 1903, S. 130)

Der Spötter Georg Christoph Lichtenberg hat es hundert Jahre vorher schon gewusst, was uns in der Konkurrenz der vielen Gleichen ins Haus steht: „Wenn dein Bißgen an sich nichts Sonderbares ist, so sage es wenigstens ein bißgen sonderbar." (Lichtenberg 1775, E. 243)

Literatur

Lichtenberg, G. C. (1775). *Sudelbücher 1.* (*Lichtenberg: Schriften und Briefe, Erster Bd.*) München: Hanser (1968) (Zweitausendeins, o. J.).

Nedelmann, B. (1999). *Georg Simmel.* In: D. Kaesler (Hrsg.) (1999): *Klassiker der Soziologie,* Bd. 1. München: Beck.

Simmel, G. (1890). *Über sociale Differenzierung.* In: G. Simmel (1989ff.), Bd. 2.

Simmel, G. (1892). *Einleitung in die Moralwissenschaft. Eine Kritik der ethischen Grundbegriffe.* Erster Band. (Simmel 1989ff., Bd. 3).

Simmel, G. (1894). *Das Problem der Sociologie.* In: G. Simmel (1989ff.), Bd. 5.

Simmel, G. (1900). *Philosophie des Geldes.* (G. Simmel 1989ff., Bd. 6).

Simmel, G. (1903). *Die Großstädte und das Geistesleben.* In: G. Simmel (1989ff.), Bd. 7.

Simmel, G. (1908). *Soziologie. Untersuchungen über die Formen der Vergesellschaftung.* (Simmel 1989ff., Bd. 11).

Simmel, G. (1917). *Das Gebiet der Soziologie.* In: G. Simmel (1917): *Grundfragen der Soziologie (Individuum und Gesellschaft).* Berlin: de Gruyter (4. Aufl. 1984).

Simmel, G. (1918). *Der Konflikt der modernen Kultur.* In: G. Simmel (1968): *Das individuelle Gesetz. Philosophische Exkurse.* Hrsg. von Michael Landmann. Frankfurt a. M.: Suhrkamp.

Simmel, G. (1989ff). Georg Simmel Gesamtausgabe. Hrsg. von O. Rammstedt. Frankfurt a. M.: Suhrkamp.

Solidarität, soziale Tatsachen, Kollektivbewusstsein (Emile Durkheim)

3

Inhaltsverzeichnis

3.1   Solidarität – das Gefühl wechselseitiger Verbundenheit   24
3.2   Soziale Tatsachen – die Regelung wechselseitiger Beziehungen   25
3.3   Kollektivbewusstsein – die gemeinsame Vorstellung des Verbindenden
      und des Verbindlichen   27
Literatur.   30

Der französische Soziologe Emile Durkheim (1858–1917), für den die erste Professur für Pädagogik und Sozialwissenschaften in Frankreich in Bordeaux eingerichtet worden war und der zuletzt eine Professur für Pädagogik und Soziologie an der Sorbonne innehatte, wollte eine Theorie des Sozialen entwerfen. Zwei Thesen standen dabei im Mittelpunkt: 1) Gesellschaften werden durch gemeinsame Gefühle und Anschauungen und ein Kollektivbewusstsein zusammengehalten. 2) Es gibt soziale Regelungen, die unabhängig vom Wollen und Handeln der Individuen bestehen und auf deren Denken und Handeln einen Zwang ausüben. Diese objektiven, festgestellten Regelungen bezeichnet Durkheim als soziale Tatsachen. Damit ist im Prinzip auch geklärt, warum „Interaktion", um diesen später aufgekommenen Terminus schon einmal zu benutzen, möglich ist und wie sie in Gang gehalten wird: indem sich Individuen im Vertrauen auf gemeinsame Überzeugungen wechselseitig abstimmen und sich dem Zwang der sozialen Tatsachen willig fügen. Die staatlich organisierte Erziehung hat die Aufgabe, gemeinsame Vorstellungen des Verbindenden und des Verbindlichen in jeder Generation neu zu etablieren und zu festigen.

© Springer Fachmedien Wiesbaden GmbH, ein Teil von Springer Nature 2020
H. Abels, *Soziale Interaktion*, https://doi.org/10.1007/978-3-658-26429-1_3

23

3.1   Solidarität – das Gefühl wechselseitiger Verbundenheit

Durkheim erklärt in seinem Buch „Über soziale Arbeitsteilung. Studie über die Organisation höherer Gesellschaften" (1893) soziale Ordnung aus einem integrativen Prinzip, das er als *Solidarität* bezeichnet. Ganz allgemein heißt Solidarität sich jemandem verbunden zu fühlen. Durkheim hat für dieses Gefühl eine doppelte Erklärung: „Jeder weiß, dass wir den lieben, der uns ähnlich ist, der so denkt und fühlt wie wir. Aber das gegenteilige Phänomen ist nicht weniger häufig. Es kommt sehr oft vor, dass wir uns zu Personen, die uns nicht ähnlich sind, hingezogen fühlen, gerade weil sie uns nicht ähnlich sind." (Durkheim 1893, S. 101) Durkheim nimmt nun besonders die zweite Erklärung für die Hinwendung zu einem Anderen in den Blick und leitet daraus das Prinzip von Gesellschaft ab. Er schreibt: „Wie reich wir auch begabt seien, es fehlt uns immer etwas." (Durkheim 1893, S. 102) Deshalb suchen wir immer jemanden, der etwas kann, was wir nicht können, und werden selbst aus dem gleichen Grund gesucht. So kommt es zu einer Aufteilung von unterschiedlichen, aber aufeinander bezogenen Leistungen. Durkheim nennt es „Aufteilung der Funktionen" oder *Arbeitsteilung*. Die Arbeitsteilung bewirkt etwas zwischen den Menschen; sie stellt zwischen ihnen „ein Gefühl der Solidarität" her (Durkheim 1893, S. 102). *Solidarität* als das Gefühl der wechselseitigen Verbundenheit ist das Prinzip des Sozialen schlechthin.

Seine Form hat sich in der Geschichte der Gesellschaft gewandelt, wobei ein entscheidender Faktor in der Organisation der Arbeit besteht. Im Gegensatz zu früheren, einfachen Gesellschaften *(sociétés primitives),* in denen im Prinzip jeder für seinen gesamten Lebensunterhalt selbst sorgte und jeder seine Tätigkeiten so verrichtete, wie es alle anderen auch taten, ist die moderne Gesellschaft durch eine hohe Arbeitsteilung gekennzeichnet. Keiner tut mehr alles, sondern jeder erfüllt eine bestimmte Aufgabe in einem bestimmten Ausschnitt des gesellschaftlichen Ganzen. In der Summe ergänzen sich alle Leistungen zum Erhalt des Lebens aller.

Arbeitsteilung bedeutet *Differenzierung der Funktionen.* Die einzelnen Mitglieder der Gesellschaft sind nun nicht mehr gleich, sondern unterscheiden sich nach ihrem funktionalen Beitrag für das Ganze. Dadurch entsteht ein Gefühl der *Individualität.* Individualität wird durch Differenzierung begünstigt. Durch die Arbeitsteilung entstehen spezielle Funktionen, die wiederum spezielle Tätigkeiten verlangen. Das aber heißt: Individualität wird zur Voraussetzung der Entwicklung der Gesellschaft.

Mit wachsender Differenzierung werden auch die Vorstellungen, was die einzelnen leisten und was man von einander erwartet, heterogener, d. h. individueller. Der unaufhaltsame Fortschritt zur arbeitsteiligen Gesellschaft und die damit gegebene Ausweitung des Individualbewusstseins könnten also zur Folge haben, dass die sozialen Bande schwächer würden. Dies ist aber nicht der Fall: Die Arbeitsteilung fördert nämlich das Bewusstsein, dass jeder auf jeden angewiesen ist, dass aber auch jeder für das Ganze eine Funktion hat. Die Solidarität, die sich aus der Arbeitsteilung ergibt, nennt Durkheim deshalb *organische Solidarität*.

Wenn Individuen zueinander in Beziehung treten, in moderner Terminologie „interagieren", dann tun sie es auch in dem Bewusstsein, wechselseitig verbunden zu sein.

3.2 Soziale Tatsachen – die Regelung wechselseitiger Beziehungen

Damit stellt sich die doppelte Frage, was dieser Solidarität vorausgehen muss bzw. wie sie in Gang gehalten wird. Es geht also um die Frage, wie „die wechselseitigen Beziehungen der Funktionen", denn in dieser Form stehen sich die Individuen gegenüber, *geregelt* werden (Durkheim 1893, S. 434). Sie von Fall zu Fall zu regeln, scheidet wegen der Vielfalt und Verzweigung aus. Außerdem wäre es unsinnig, Dinge, die immer wieder passieren, jedes Mal neu zu regeln. Zweitens könnte man an Verträge denken, die Standardsituationen reglementieren, aber dagegen wendet Durkheim ein, dass „nicht alle sozialen Beziehungen dieser rechtlichen Form fähig" sind, man denke z. B. an Liebe, Vertrauen oder Hilfe, und außerdem lässt jeder Vertrag Raum „für alle möglichen Reibungen", und die wiederum sind durchaus nicht unnötig im sozialen Leben. Drittens: Da der Mensch von Natur aus egoistisch ist, kann man auch nicht darauf rechnen, dass er von vornherein seine Solidarität empfindet. Ergo: Es muss „die Art und Weise bestimmt sein", wie die Individuen „zusammenwirken müssen, wenn auch nicht bei jeder Art ihres Aufeinandertreffens, so doch für die am häufigsten anzutreffenden Umstände". (Durkheim 1893, S. 434) Und in der Tat gibt es diese Bestimmungen überall, wo Menschen zusammenleben. In jeder Gesellschaft gibt es *kollektive Vorstellungen*, wie Gesellschaft sinnvollerweise geordnet ist und wie man sich deshalb zu verhalten hat. Es sind Vorstellungen des Guten, und insofern sind sie als *Werte* zu verstehen, und zugleich Vorstellungen des Richtigen, und insofern sind sie *Normen*. Es sind *soziale Tatsachen (faits sociaux)*, die vor jeder sozialen Beziehung schon existieren und als *Regeln* unser Verhalten bestimmen.

Wie kommt es zu diesen Tatsachen? Durkheim schreibt: „Damit aber ein soziologischer Tatbestand vorliege, müssen mindestens einige Individuen ihre Tätigkeit vereinigt haben, und aus dieser Verbindung muss ein neues Produkt hervorgegangen sein." (Durkheim 1895, S. 99 f.) Wenn zwei Bergsteiger sich an einer schwierigen Stelle in einer bestimmten Weise geholfen haben, wird diese Regelung auch in künftigen Notfällen eine Rolle spielen. Wo der Verkehr durch eine rote Ampel geregelt wird, hat es jemanden gegeben, der eine zweckmäßige Regelung mit diesem Zeichen zum Ausdruck gebracht hat, und mindestens einen Anderen, der durch sein Handeln bestätigte: Ich habe verstanden. Bis auf Weiteres ist damit *festgestellt,* wie gehandelt werden *soll.* Das „Produkt" des Handelns überdauert also das Handeln der Menschen, wird gewissermaßen objektiv und führt ein Eigenleben.

Stellen wir die Frage, wie diese Regeln zustande kommen, etwas allgemeiner. Durkheim sieht es so: „Es gibt bestimmte Arten, aufeinander zu reagieren, die, weil sie der Natur der Dinge gemäßer sind, sich öfter wiederholen und Gewohnheiten werden. Diese Gewohnheiten verwandeln sich, je stärker sie werden, sodann in Verhaltensregeln." (Durkheim 1893, S. 435) Sie werden verbindliche Verkehrsform und *soziale* Norm. „Eine Regel ist nämlich nicht nur eine gewohnheitsmäßige Form des Handelns, sie ist vor allem eine verpflichtende Form des Handelns, d. h. sie ist in bestimmtem Umfang der individuellen Willkür entzogen." (Durkheim 1893, S. 45)

Und an anderer Stelle führt Durkheim weiter aus, wie diese sozialen Regeln zu Tatsachen werden und warum wir uns ihnen beugen:

> „Wenn ich meine Pflichten als Bruder, Gatte oder Bürger erfülle, oder wenn ich übernommene Verbindlichkeiten einlöse, so gehorche ich damit Pflichten, die außerhalb meiner Person und der Sphäre meines Wissens im Recht und in der Sitte begründet sind. Selbst wenn sie mit meinen persönlichen Gefühlen im Einklang stehen und ich ihre Wirklichkeit im Innersten empfinde, so ist diese doch etwas Objektives. Denn nicht ich habe diese Pflichten geschaffen, ich habe sie vielmehr im Wege der Erziehung übernommen. Wie oft kommt es vor, dass über die Einzelheiten der auferlegten Verpflichtungen Unklarheit herrscht und sich, um sie voll zu erfassen, die Notwendigkeit ergibt, das Gesetz und seine berufenen Interpreten zurate zu ziehen. Ebenso hat der gläubige Mensch die Bräuche und Glaubenssätze seiner Religion bei seiner Geburt fertig vorgefunden. Dass sie vor ihm da waren, setzt voraus, dass sie außerhalb seiner Person existieren. Das Zeichensystem, dessen ich mich bediene, um meine Gedanken auszudrücken, das Münzsystem, in dem ich meine Schulden zahle, die Kreditpapiere, die ich bei meinen geschäftlichen Beziehungen benütze, die Sitten meines Berufes führen ein von dem Gebrauche, den ich von ihnen mache, unabhängiges Leben. Das eben Gesagte kann für jeden einzelnen Aspekt des gesellschaftlichen Lebens wiederholt werden. Wir finden also

besondere Arten des Handelns, Denkens und Fühlens, deren wesentliche Eigentümlichkeit darin besteht, dass sie außerhalb des individuellen Bewusstseins existieren.
Diese Typen des Verhaltens und des Denkens stehen nicht nur außerhalb des Individuums, sie sind auch mit einer gebieterischen Macht ausgestattet, kraft derer sie sich
einem jeden aufdrängen, er mag wollen oder nicht. Freilich, wer sich ihnen willig
und gerne fügt, wird ihren zwingenden Charakter wenig oder gar nicht empfinden,
da Zwang in diesem Falle überflüssig ist. Dennoch ist er aber eine diesen Dingen
immanente Eigenschaft, die bei jedem Versuch des Widerstandes sofort hervortritt. Versuche ich, die Normen des Rechtes zu übertreten, so wenden sie sich wider
mich, um meine Handlung zu verhindern, wenn es noch an der Zeit ist, oder sie als
nichtig aufzuheben und in ihre normale Form zu bringen, wenn sie schon begangen
ist und noch gutgemacht werden kann, oder mich für sie büßen zu lassen, wenn
sie nicht mehr gutzumachen ist. Handelt es sich um rein moralische Gebote? Die
öffentliche Meinung verhindert jeden Akt, der sie verletzt, durch die Aufsicht, die
sie über das Benehmen der Bürger ausübt, und durch die besonderen Strafen, über
die sie verfügt. In anderen Fällen ist der Zwang weniger fühlbar. Allein er besteht
auch da. Wenn ich mich geltenden Konventionen der Gesellschaft nicht füge, etwa
in meiner Kleidung den Gewohnheiten meines Landes und meiner Klasse keine
Rechnung trage, wird die Heiterkeit, die ich errege, und die Distanz, in der man
mich hält, auf sanftere Art denselben Erfolg erzielen wie eine eigentliche Strafe."
(Durkheim 1895, S. 105 f.)

Gewendet auf face-to-face Interaktionen heißt das: jeder von uns wird in seinem Verhalten gegenüber einem Anderen auch durch kollektive Vorstellungen
angemessenen und gebilligten Verhaltens bestimmt.

3.3 Kollektivbewusstsein – die gemeinsame Vorstellung des Verbindenden und des Verbindlichen

In jeder Gesellschaft, hieß es gerade, gibt es kollektive Vorstellungen des Guten
(Werte) und zugleich Vorstellungen des Richtigen (Normen). Sie sind soziale Tatsachen, die außerhalb unserer Person existieren. Sie sind im *kollektiven Bewusstsein* verankert und drängen sich einem jeden auf, „er mag wollen oder nicht."
Durkheim hat den schwierigen Begriff des *Kollektivbewusstseins* häufig interpretiert. Am ehesten kann man ihn so verstehen: Er meint das, was in der Gesellschaft als Vorstellung des *Verbindenden* und *Verbindlichen* existiert und an dem
jedes einzelne Bewusstsein teilhat.

   Das Kollektivbewusstsein bildet gewissermaßen die Klammer, durch die die
Individuen zusammengehalten werden. Es sind Vorstellungen vom richtigen Handeln und Denken, die uns im Prozess der *Sozialisation* als ganz selbstverständlich

nahegebracht werden. Das Kollektivbewusstsein als das mehr oder weniger bewusste Einverständnis über zentrale Werte und Normen regelt das Handeln der Menschen untereinander, ohne dass es in jeder Situation einer expliziten Abstimmung der Gründe und Ziele des Handelns bedürfte. Das Kollektivbewusstsein ist ein Bewusstsein von etwas, das *unabhängig* vom Willen oder der Sympathie eines einzelnen Individuums existiert. Dieses Etwas ist real schon vorhanden, bevor das Subjekt die Bühne des Lebens betritt, und es bestimmt das Denken und Handeln eines jeden Individuums.

Die kollektiven Vorstellungen sind soziale Tatsachen und haben sich als Regelungen in der Gesellschaft *festgestellt*. Deshalb hat Durkheim später einen neuen Begriff für die „faits sociaux" eingeführt. Er schreibt:

> „Es gibt (…) ein Wort, das in geringer Erweiterung seiner gewöhnlichen Bedeutung diese ganz besondere Art des Seins ziemlich gut zum Ausdruck bringt, nämlich das Wort *Institution*. Tatsächlich kann man alle Glaubensvorstellungen und durch die Gesellschaft festgesetzten Verhaltensweisen Institutionen nennen." (Durkheim 1895, S. 100, Hervorhebung H. A.)

Diese sozialen Tatsachen oder Institutionen, die ja letztlich Vorstellungen des richtigen Denkens und Handelns sind, existierten schon, bevor wir auf die Bühne des Lebens traten, und sie werden uns auch überdauern. Sie sind soziale Tatsachen und dauerhaft festgestellt, weshalb Durkheim sie ja auch als „Institutionen" bezeichnet, und *verbindlich*. Institutionen sind Systeme von Normen, die spezifische Prozesse regulieren. Wir kommen nicht an ihnen vorbei, weil in ihnen festgelegt ist, wie „man" sich zu verhalten hat und weil sie mit Sanktionen – von mildem Spott über Missbilligung bis zu Strafen – verbunden sind. Institutionen – das als normal Bestimmte und in Regeln Festgestellte – sind *normativ*.

Die sozialen Tatsachen erfahren wir im täglichen Umgang miteinander und nehmen sie in uns hinein. Diesen Prozess nennt Durkheim *Internalisierung*. So werden die Institutionen zum stetigen Antrieb des „richtigen" Handelns. Als Grund, weshalb wir sie in uns hinein nehmen, hat Durkheim den sozialen Zwang *(contrainte)* genannt, den die sozialen Tatsachen auf uns ausüben. Es gibt aber sozusagen auch noch eine positive Begründung für die Beherzigung der sozialen Tatsachen: Sie sind auch mit Prestige ausgestattet (Durkheim 1895, S. 99). Wir akzeptieren sie, weil Konformität die größte Anerkennung findet – oder mindestens die geringste Missbilligung nach sich zieht. Wir verinnerlichen sie schließlich auch, weil sie uns selbstverständlich zu sein scheinen. Solange Alternativen des Handelns nicht bekannt sind, wird in der Tat mancher den „zwingenden Charakter" der sozialen Tatsachen nicht empfinden. So gewährleistet die Internalisierung der sozialen Tatsachen soziale Integration. Wieder gewendet auf die Frage, wie face-to-face Interaktionen funktionieren: durch die Internalisierung der sozialen Tatsachen entsteht eine gemeinsame Weltsicht, und jeder, der in eine Interaktionssituation eintritt und darin bleiben will, muss durch sein Verhalten zu erkennen geben, dass er diese gemeinsame Weltsicht teilt, und darf erwarten, dass auch der Andere das tut.

Diese integrative Wirkung der alltäglichen Internalisierung und der durch organisierte Erziehung systematisch betriebenen Sozialisation *(socialisation méthodique)* darf nicht übersehen machen, dass damit auch individuelle Interessen und Bedürfnisse eingeschränkt werden. Durkheim vermutet zu Recht, dass sich der Einzelne von niemandem Vorschriften machen lassen würde, wenn nicht eine Autorität dahinter stünde, „die er respektiert und vor der er sich spontan verneigt." Diese mäßigende Rolle kann allein die Gesellschaft spielen! Sie begrenzt durch kollektive Vorstellungen, welche Bedürfnisse legitim und welche Mittel zu ihrer Befriedigung erlaubt sind – und zwar für jeden! Im „sittlichen Bewusstsein der Gesellschaften" gibt es ein Gefühl dafür, was die Dinge wert sind und wie Anstrengungen zu bewerten sind, sie zu erreichen (Durkheim 1897, S. 283). Da die Kollektivordnung, an der die Individuen durch ihr Denken und Handeln teilhaben, alle betrifft, allen dieselben Pflichten abverlangt, aber auch dieselben Rechte einräumt, wird sie „in normalen Zeiten (…) von der großen Mehrheit der ihr Unterworfenen als gerecht angesehen". Werte und Bedürfnisse auf der einen Seite und Normen und Mittel auf der anderen Seite stehen praktisch im Einklang (Durkheim 1897, S. 287).

Durch die objektiven sozialen Tatsachen sind die Individuen in ihrem Bewusstsein miteinander verbunden, und diese sozialen Tatsachen bedingen gemeinsames Handeln. Damit ist im Prinzip auch geklärt, warum „Interaktion", um diesen später aufgekommenen Terminus schon einmal zu benutzen, möglich ist und wie sie in Gang gehalten wird: indem sich Individuen im Vertrauen auf gemeinsame Überzeugungen wechselseitig abstimmen und sich dem Zwang der sozialen Tatsachen willig fügen. Die staatlich organisierte Erziehung hat die Aufgabe, gemeinsame Vorstellungen des Verbindenden und des Verbindlichen in jeder Generation neu zu etablieren und zu festigen, damit in jeder Interaktion von jedem normales Verhalten gezeigt wird und erwartet werden kann.

Literatur

Durkheim, E. (1893). *Über soziale Arbeitsteilung. Studie über die Organisation höherer Gesellschaften*. Frankfurt a. M.: Suhrkamp (1992).

Durkheim, E. (1895). *Die Regeln der soziologischen Methode* (4., revidierte Aufl.). Neuwied: Luchterhand (1976).

Durkheim, E. (1897). *Der Selbstmord* (3. Aufl.). Frankfurt a. M.: Suhrkamp (1990).

Association, mutual influence, Spiegelselbst, Definition der Situation (Charles H. Cooley, William I. Thomas)

4

Inhaltsverzeichnis

4.1 Anschluss an Simmels These, dass Individuen in Wechselwirkung zueinander stehen und sich jeder mit den Anderen verbunden weiß, und die Adaption seiner Begrifflichkeit in den USA 32

4.2 The development of a social nature in the individuals who associate 34

4.3 The social organization of the mind, primary groups, interaction, mutual influence, looking-glass self (Charles H. Cooley) 36

    4.3.1 Primary groups: intimate face-to-face association and cooperation 37

    4.3.2 Interaktionen: wechselseitige Vorstellungen voneinander, wechselseitiger Einfluss, Spiegelselbst 38

4.4 Die Definition der Situation und der Wunsch nach Erwiderung (William Isaac Thomas) 41

    4.4.1 Situationen: objektive Formen und subjektive Vorstellungen 42

    4.4.2 Der Wunsch nach Anerkennung und angemessener Erwiderung des eigenen Verhaltens 43

    4.4.3 Wenn Menschen Situationen als real definieren, sind sie real 46

Literatur 51

In die frühe soziologische Diskussion in den USA über die Beziehung zwischen Individuum und Gesellschaft und die Beziehungen der Individuen untereinander spielte auch die Auseinandersetzung mit Simmels Begriffen der Vergesellschaftung und der Wechselwirkung hinein. Vorbereitet wurden Theorien der Interaktion aber auch schon durch Soziologen, die ohne direkten Bezug auf Simmel zu eigenen Erklärungen, wie sich die soziale Natur des Individuums in der *Assoziation* mit Anderen entwickelt, kamen. Am Übergang zu den späteren Theorien der Interaktion stehen vor allem zwei Soziologen. Da ist einmal Charles Horton Cooley mit seiner berühmten These, dass der Mensch sein Selbstbild in der Interaktion mit Anderen gewinnt. Konkret: er spiegelt sich in den Reaktionen der Anderen. Da ist zum anderen William Isaac Thomas, der behauptete, dass Verhalten und Erwartungen wesentlich vom Wunsch nach Erwiderung angetrieben werden. Außerdem behauptete er, dass soziale Situationen, also Situationen, in denen Menschen gemeinsam handeln, ganz wesentlich von ihren subjektiven Vorstellungen abhängen. Diese Erklärung verdichtete er zu der These, auf die sich der Interaktionismus bis heute beruft: „Wenn Menschen Situationen als real definieren, sind sie real."

4.1 Anschluss an Simmels These, dass Individuen in Wechselwirkung zueinander stehen und sich jeder mit den Anderen verbunden weiß, und die Adaption seiner Begrifflichkeit in den USA

Es wurde oben schon gesagt, dass viele frühe amerikanische Soziologen und Philosophen auf ihren Bildungsreisen nach Europa um die Wende zum 20. Jahrhundert auch mit Simmels Soziologie in Kontakt kamen. Albion W. Small, der Gründer des ersten soziologischen Departments in den USA an der Universität Chicago, hatte 1880 zusammen mit Simmel in Berlin studiert und hielt zu ihm enge kollegiale Beziehungen.[1] Sein Nachfolger, Robert Park, der am meisten zur Verbreitung der Gedanken Simmels beitragen sollte, erinnerte sich später, während seines Studiums bei Simmel „den wesentlichen Gesichtspunkt für die Untersuchung von Gesellschaft" gefunden zu haben. Parks *Introduction to the Science of Sociology,* die er mit seinem jüngeren Kollegen Ernest W. Burgess später herausgab, enthielt zehn ausgewählte Lesestücke Simmels, weitaus mehr als von irgendeinem anderen Soziologen.[2]

Für die Geschichte der Interaktionstheorien ist interessant, dass Simmels grundlegender Aufsatz über „Das Problem der Sociologie" (1894) schon 1895 in den Annals of the American Academy of Political and Social Science erschienen war und in Geist und Begrifflichkeit unmittelbar auf zwei Diskussionen ausstrahlte, die eng miteinander verwoben waren: auf die Diskussion über *Sozialisation,* die als Konstitution der sozialen Natur des Individuums

---

[1] Vgl. zu Simmels Einfluss auf die amerikanische Soziologie Levine, Carter und Miller Gorman 1975/76.

[2] Vgl. Levine et al. 1975/76, S. 47 und 37.

in gesellschaftlichen Kommunikationsprozessen abgehandelt wurde, und die Diskussion über *Interaktion.*

Um den Anschluss der frühen amerikanischen Soziologie gerade an Simmel herzustellen, muss ich kurz wiederholen, was er über den Zusammenhang von *Wechselwirkung* und Vergesellschaftung gesagt und wie er *Gesellschaft* definiert hat. „Gesellschaft im weitesten Sinne ist (…) da vorhanden, wo mehrere Individuen in Wechselwirkung treten", das heißt in ihrem Denken und Handeln Bezug aufeinander nehmen, und „Wechselwirkung" ist nur ein anderes Wort für „Vergesellschaftung". (Simmel 1894, S. 54) Was passiert nun im Prozess der Vergesellschaftung und was folgt aus ihm? Im Prozess der „Vergesellschaftung" oder „Socialisierung" *verähnlichen* sich die Individuen; indem sie ihre Handlungsziele aufeinander abstimmen, *versittlichen* sie sich (vgl. Simmel 1890, S. 163 ff.). Aufgabe der „fortschreitenden Socialisierung" ist es, die Individuen dazu zu bringen, das Soziale, das heißt die objektiven Festsetzungen in einer Gesellschaft und die allgemeinen Vorstellungen des richtigen Verhaltens in sich aufzunehmen und sich daran zu halten (Simmel 1890, S. 166).

Diesen Prozess verdeutlicht Simmel am Beispiel der Wechselwirkung zwischen dem Individuum und der *Gruppe,* der es zum Beispiel durch Geburt zugewiesen ist oder die es selbst wählt. Die Wechselwirkung innerhalb der Gruppe schließt den Einzelnen mit den anderen „zu einem sozialen Ganzen" (Simmel 1890, S. 138) zusammen, und das bedeutet, dass „er von ihr auch Form und Inhalt seines eigenen Wesens empfängt. Freiwillig oder unfreiwillig (vermischt) der Angehörige einer kleinen Gruppe seine Interessen mit denen der Gesamtheit, und so werden nicht nur ihre Interessen die seinen, sondern auch seine Interessen die ihren. Und schon dadurch wird seine Natur gewissermaßen der des Ganzen eingeschmolzen." (Simmel 1890, S. 145 f.) Die Individuen nehmen die „Wissensinhalte der sozialen Gruppe" – ohne dass sie das intendieren – im Prozess der Vergesellschaftung in sich hinein und entwickeln ein „einheitliches soziales Bewusstsein". (Simmel 1890, S. 204 und 248) „Das Bewusstsein, Gesellschaft zu bilden, ist zwar nicht in abstracto dem Einzelnen gegenwärtig, aber immerhin weiß jeder den andern als mit ihm verbunden." (Simmel 1908, S. 46)

Soziale Verähnlichung heißt nicht Gleichmachung, sondern dass die Individuen bei ihrem Handeln von einem „einheitlichen Gesichtspunkt" geleitet werden. Der Einzelne erfährt den Anderen in seiner Gruppe als ähnlich, nämlich nach einem gleichen Prinzip lebend, was zu einer gewissen *Solidarität* mit den Schicksalsgenossen und zu einer *Differenzierung* zu denen, die dieses Schicksal nicht teilen, führt. Socialisierung bewirkt aber nicht nur eine gefühlte Solidarität, sondern bedingt auch das konkrete *Handeln* der Individuen: Jeder muss jedem anderen entgegenkommen und einen Teil egoistischer Bedürfnisse zurückstellen. In dem Maße, wie diese Selbstbeschränkung akzeptiert und auch von den Anderen verlässlich erwartet werden kann, kommt es zu einer „Versittlichung der gesamten sozialen Lebensatmosphäre." (Simmel 1890, S. 165) Sozialisierung heißt, dass *Individuen* ihre Handlungsziele verlässlich aufeinander abstimmen. Das können und das tun sie im Bewusstsein, in einer sozialen Wechselwirkung zu stehen, für die sich objektive Formen ausgebildet haben. Insofern meint Sozialisierung im Simmelschen Sinne den *Prozess,* dass sich Individuen kontinuierlich wechselseitig *vergesellschaften,* und gleichzeitig das *Faktum,* dass sie in allem, was sie denken und tun, schon *vergesellschaftet* sind.

In der amerikanischen Diskussion über Sozialisation, die Mitte der 1890er Jahre einsetzte, hat Simmels These, dass Gesellschaft in sozialer Wechselwirkung besteht und dass die Individuen in sozialer Wechselwirkung ein Bewusstsein von sich selbst und von ihrem Verbundensein mit den Anderen entwickeln, unübersehbar Spuren hinterlassen (vgl. Clausen 1968, S. 22). Dass das auch für die ebenfalls in dieser Zeit einsetzende Diskussion über Interaktion gilt, wird deutlich, wenn man sich ansieht, wie Simmels grundlegender Aufsatz „Das Problem der Sociologie" (1894) in den Annals of the American Academy of Political and Social Science im Jahre 1895 übersetzt wurde. Ich konzentriere mich auf die einschlägige Begrifflichkeit. Gesellschaft existiert dort, wo Individuen in wechselseitiger Beziehung *(reciprocal relationship)* zueinander stehen; wie und womit sich Individuen wechselseitig beeinflussen, das macht „the content or the material (…) of socialization" aus; die „reciprocal influences" sind „kinds and forms of socialization", und deshalb wird Wechselwirkung *(reciprocity)* auch mit „socialization" gleichgesetzt (Simmel 1895a, S. 296 ff.). In späteren Übersetzungen der Arbeiten von Simmel wird der Begriff der Vergesellschaftung auch mit „process of association" übersetzt (vgl. Simmel 1911a, S. 157).

Blicken wir kurz auf die frühe amerikanische Diskussion über Sozialisation.

4.2   The development of a social nature in the individuals who associate

Die frühe amerikanische Rezeption der *formalen Soziologie*[3] von Simmel stellte seinen Begriff der Socialisierung in einen engen Zusammenhang zu der *Formierung* von Gruppen und vor allem zur Entwicklung der „forms of association".

---

[3] Siehe oben Abschn. 2.2 *Verdichtung von Wechselwirkungen zu einer Form.*

(Clausen 1968, S. 22) Die beiden wichtigsten Repräsentanten der Diskussion über Sozialisation waren Edward A. Ross und Franklin H. Giddings. Sie zählen zu den Gründungsvätern der amerikanischen Soziologie und verstanden die Gesellschaft als sozialen Organismus, in dem die einzelnen Teile einander bedingen und sich zu einem harmonischen Ganzen „organisieren". Die Verbindung der Individuen zueinander wurde als „association" (vom lat. associare – sich vereinigen oder verbinden mit jemandem) oder auch „organizing" bzw. „organization" verstanden.

Gleich im ersten Jahrgang des American Journal of Sociology veröffentlichte Edward A. Ross einen Aufsatz mit dem Titel „Social Control". Darin wird Gesellschaft als Prozess der „association" (Ross 1896, S. 513) bezeichnet. Diese Verbindung zwischen Individuen gelingt nur, wenn ihr Verhalten in die richtigen Bahnen gelenkt wird. Das wird einmal durch *äußere* soziale Kontrolle erreicht, indem die Gesellschaft z. B. Recht setzt und explizit über die Einhaltung von Normen wacht, indem aber auch die öffentliche Meinung und die Erwartungen in konkreten Gruppen die Individuen dazu bringen, sich in die Gesellschaft zu integrieren. Doch eine dauerhafte Verbindung bedarf auch einer *inneren* Kontrolle. Auf sie hebt Ross mit dem Begriff des „moulding" (Modellierung, Formung) ab, worunter er „the socialization of the members of the group" versteht (zit. nach Clausen 1968, S. 22). Sozialisation heißt „moulding of the individual's feelings and desires to suit the needs of the group". (Ross 1896, S. 520) Sozialisation besteht in *sozialen Einflüssen (influence, ascendency),* die einen inneren Prozess auslösen: Indem die Individuen die Werte und Erwartungen ihrer Gruppen *verinnerlichen,* werden diese sozialen Vorstellungen Teil der Persönlichkeit. Sozialisation ist Teil des „communicating process", in dem das „social knowledge" in der nachwachsenden Generation verankert wird und in dem die Familie die „leading role of informing" spielt (Ross 1896, S. 516 und 524).

Durch Sozialisation wird aus dem Individuum ein soziales Wesen *(social man)* gemacht (Ross 1896, S. 516). Sozialisation und soziale Kontrolle sind die beiden bestimmenden sozialen Einflüsse, „to shape (the man) to life in society". (Ross 1896, S. 518 ff.) Die Fähigkeit und vor allem die dauerhafte Bereitschaft des Individuums, sich auf die Gesellschaft einzustellen und in ihr sozial zu handeln, ist also Ergebnis eines ständigen soziokulturellen Einflusses und eines fortlaufenden Kommunikationsprozesses.

Franklin H. Giddings, der 1894 den ersten amerikanischen Lehrstuhl für Soziologie an der Columbia University in New York bekam, definierte dann in seiner „Theory of Socialization" (1897) Sozialisation als „the process of getting acquainted with one another, establishing sympathies and friendships, learning to enjoy association and to cooperate with one another in our work." (Giddings 1897, S. 5) Giddings vertrat eine Evolutionstheorie des sozialen Verhaltens: Gesellschaft entwickelt sich, indem an die Stelle des individuellen Existenz-kampfes allmählich ein organisierter, d. h. sozial vereinbarter Verhaltensprozess tritt. Sozialisation wird verstanden als „the development of a social nature or cha-racter – a social state of mind – in the individuals who *associate*." (zit. nach Clausen 1968, S. 22)

4.3 The social organization of the mind, primary groups, interaction, mutual influence, looking-glass self (Charles H. Cooley)

CHARLES H. COOLEY (1864–1929), der Nationalökonomie und Soziologie in Michigan und für einige Zeit in München studiert hatte und ab 1904 in sei-ner Heimatstadt Ann Arbor Soziologie lehrte, ging die Frage, wie Individuen sich zu einer Gemeinschaft verbinden, grundsätzlicher an und ergänzte sie um die Frage, was Gesellschaft letztlich ist. Seine Antwort lautet so: Gesellschaft kommt dadurch zustande, dass sich Personen irgendwo zusammenfinden *(get together)*. Die unmittelbaren sozialen Beziehungen *(social relations)* zwischen ihnen bestehen in Vorstellungen der Personen *(personal ideas)* voneinander und von sich selbst. Nur in diesen Vorstellungen existieren wir füreinander: „My association with you evidently consists in the relation between any idea of you and the rest of my mind. If there is something in you that is wholly beyond this and makes no impression upon me it has no social reality in this relation. The immediate social reality is the personal idea." Gesellschaft, betrachtet unter dem Aspekt direkter Kommunikation, „is a relation among personal ideas (…) in the mind. (…) Society exists in my mind as the contact and reciprocal influence of certain ideas", die Ich *(I)* oder Thomas, Susan usw. heißen, und „(society) exists in your mind as a similar group, and so in every mind." (vgl. Cooley 1902, S. 119) Die Gesellschaft und das Individuum bestehen letztlich in Ideen, die aus sozialen Beziehungen bzw. konkreten sozialen Interaktionen erwachsen sind und immer wieder neu erwachsen.

Vor diesem Hintergrund sind es vor allem zwei Gedanken, mit denen Cooley die Diskussion über den Zusammenhang von Sozialisation und Interaktion auf der einen Seite und der Entwicklung des Selbstbewusstseins der Individuen auf der anderen Seite bereichert hat: 1) Die *soziale Natur* des Menschen wird zunächst und vor allem in sog. Primärgruppen ausgebildet. In diesen Gruppen entwickelt sich im Individuum das Gefühl, zu einem „wir" zu gehören, und dort wird auch das Bewusstsein grundgelegt, ein „Ich" *(I, self)*[4] zu sein. 2) Die Individuen erfahren die Welt und sich selbst in der permanenten Interaktion des Alltags. Indem sie sich durch ihr Denken und Handeln wechselseitig beeinflussen, „organisieren" sich die individuellen Handlungen zu einer generellen Ordnung und ihre Vorstellungen, wer sie selbst sind, zu einem *sozialen Selbst.* Die Vorstellung, ein „Selbst" zu sein, konstituiert sich nicht in Introspektion, sondern in der Spiegelung der Reaktionen und Erwartungen der Anderen.

4.3.1   Primary groups: intimate face-to-face association and cooperation

Wenden wir uns zunächst der Frage zu, wie sich die *soziale Natur des Menschen* ausbildet. Die ersten und entscheidenden sozialen Gebilde, in denen sich der Heranwachsende seiner selbst bewusst wird und zugleich in das kulturelle Bewusstsein seiner Gesellschaft eingeführt wird, nennt Cooley „Primärgruppen". Er schreibt:

> „By primary groups I mean those characterized by intimate face-to-face association and cooperation. They are primary in several senses, but chiefly in that they are fundamental in forming the social nature and ideal of the individual. The result of intimate association, psychologically, is a certain fusion of individualities in a common whole, so that one's very self, for many purposes at least, is the common life and purpose of the group. Perhaps the simplest way of describing this wholeness is by saying that it is a *we;* it involves the sort of sympathy and mutual identification for which *we* is the natural expression. One lives in the feeling of the whole and finds the chief aims of his will in that feeling." (Cooley 1909, S. 23)

Die wichtigsten Primärgruppen sind die Familie, die Nachbarschaft, die Spielgruppe der Kinder und die peer group der Jugendlichen. Primärgruppen sind die „nursery of human nature". Ihre Funktion ist die soziale Organisation der menschlichen Natur zu einem Bewusstsein des „wir", zu einer *gemeinsamen* Vorstellung von „richtig" und „falsch" und zu *gemeinsamen* Gefühlen (vgl. Cooley 1909, S. 24 und 34).

Es sind vor allem fünf Charakteristika, die eine Primärgruppe auszeichnen: die wechselseitige Wahrnehmung und das Zusammenspiel der Reaktionen erfolgt face-to-face; die Personen nehmen sich ganzheitlich und nicht in differenzierten

---

[4] Cooley verwendet die Begriffe I und self synonym (vgl. Cooley 1902, S. 168 f.).

Funktionen wahr; Primärgruppen sind relativ dauerhaft; die Zahl der beteiligten Personen ist überschaubar; im Gegensatz zu Sekundärgruppen, die sich um Interessen formieren und die deshalb im Prinzip nur ein sachlich-unpersönliches Verhalten verlangen, sind die Beziehungen in Primärgruppen relativ intim und durch Zuneigung geprägt.

Mit Blick auf das gleich anstehende Thema Interaktion und Identität, will ich das erste Charakteristikum noch einmal hervorheben, die wechselseitige Wahrnehmung und das Zusammenspiel der Reaktionen. Oben hat Cooley von „sympathy and mutual identification" gesprochen, doch den Begriff Sympathie verwendet er, wie Herbert Blumer[5] es später herausgestellt hat, nicht im Sinne von Zuneigung oder gar Mitleid, sondern er versteht darunter die nur den Menschen auszeichnende *Fähigkeit,* sich gedanklich in die Position *(position, role)* des Anderen zu versetzen und von dieser Position aus dessen Gefühle und Vorstellungen *(state of mind)* nachzuempfinden (vgl. Blumer 1937, S. 167). Darin liegt auch die Erklärung, wie Individuen interagieren und warum sie überhaupt gemeinsam handeln können: sie identifizieren sich wechselseitig als jemand, der in dieser Weise und mit einem bestimmten Sinn so und so handelt. Die Fähigkeit, sich in die Rolle des Anderen zu versetzen und von seiner Position aus zu denken, bildet das Kind zunächst in den Primärgruppen aus. Und dort erfährt es auch, wer es ist und wie sich individuelle Handlungen zu einem gemeinsamen Handeln organisieren. Auf dem Umweg der Übernahme der Rolle des Anderen, so wird es später bei George Herbert Mead, der sich genau mit Cooley befasst hat, heißen[6], nimmt das Kind sich und seine Reaktionen auf das Verhalten der Anderen wahr, und auf diese Weise verschränken sich die Perspektiven aller Beteiligten zu einer generellen Perspektive, wie man sich in der speziellen Gruppe und dann in der Gesellschaft allgemein verhält.

4.3.2 Interaktionen: wechselseitige Vorstellungen voneinander, wechselseitiger Einfluss, Spiegelselbst

Betrachten wir nun den Zusammenhang von Interaktion und Identität etwas genauer. In seinem Buch „Human Nature and the Social Order" bestimmt Cooley,

---

[5] Vgl. unten Abschn. 7.1 *Interpretative Interaktion.*
[6] Vgl. unten Abschn. 6.6 *Rollenübernahme und die Verschränkung der Perspektiven.*

was die *Grundtatsachen (solid facts)* der Gesellschaft sind: Es sind „die Vorstellungen (*imaginations*), die Menschen voreinander haben", und das Hauptziel
der Soziologie müsse sein, „diese Vorstellungen zu untersuchen und zu interpretieren". (Cooley 1902, S. 121) *Soziale Interaktionen* bestehen in wechselseitigen Vorstellungen, das *Ich* besteht in Vorstellungen, die aus der Erfahrung
mit Anderen erwachsen sind, und letztlich besteht auch die *Gesellschaft* in
gemeinsamen Vorstellungen. Das drückt Cooley gleich am Anfang seines Buches
„Social Organization. A Study of the Larger Mind" mit der These aus, dass
unsere Vorstellung von der Gesellschaft untrennbar von unserer Vorstellung von
uns selbst ist: „Self and society are twin-born." (Cooley 1909, S. 5) Sie sind zwei
Seiten derselben Medaille. Das Verbindende und sich wechselseitig Bedingende
zwischen Individuum und Gesellschaft ist der „mind", was man mit „Geist",
„Bewusstsein" oder „Vorstellung" übersetzen kann. „Mind is an organic whole
made upon of cooperating individualities" (Cooley 1909, S. 3), und Gesellschaft
ist entstanden, indem Individuen gemeinsame Vorstellungen von ihrer Welt und
von sich selbst entwickelt haben. Und so auch erhält sich die Gesellschaft: Die
Handlungen und die Vorstellungen der Einzelnen *„organisieren"* sich zu einem
sozialen Ganzen, zu einer gemeinsamen Vorstellung, wie die Dinge zu betrachten
sind und wie gehandelt werden soll: „The unity of the social mind consists not
in agreement but in organization, in the fact of reciprocal influence or causation
among its parts, by virtue of which everything that takes place in it is connected
with everything else, and so is an outcome of the whole." (Cooley 1909, S. 4)

Die Individuen bringen ihre Vorstellungen von sich und den Anderen in ihrem
Handeln gegenüber den Anderen zum Ausdruck und veranlassen diese wiederum
dazu, auf dieses Verhalten zu reagieren. Auf diese Weise sozialisieren sich die
Individuen wechselseitig, und so bildet sich allmählich eine soziale Ordnung des
Denkens und Handelns aus. „Society in its immediate aspect, is a relation among
personal ideas." (Cooley 1902, S. 119)

Schon bei der Darstellung der Funktion der Primärgruppen sollte deutlich
geworden sein, dass das, was wir über uns, die Anderen und die Welt denken,
aus der *Kommunikation* mit Anderen entsteht. Auch unsere Vorstellungen, wie
Beziehungen zu anderen Menschen in Gang kommen und in Gang gehalten werden, sind in direkter Kommunikation entstanden; und die unmittelbaren Interaktionen des Alltags bestehen letztlich in der wechselseitigen Kommunikation
von Vorstellungen.

Kommunikation entspringt spontan aus Zeichen. Zeichen kann nahezu alles
sein – von der Stimme bis zur Geste, vom gedruckten Wort bis zur Eisenbahn.
Indem sich diese Zeichen allmählich aus der Unmittelbarkeit lösen, wir ihnen
also einen allgemeinen Sinn zumessen, verdichten sie sich nach und nach zu

einem „system of standard symbols" und zu kollektiven Vorstellungen. In einer gewissen Weise sind alle Objekte und Handlungen „symbols of the mind". (Cooley 1909, S. 61 f.) Den Sinn der Zeichen und die Symbole, mit denen wir die Welt deuten, erfahren wir in „interaction" und durch „mutual influence". So entsteht ein *soziales Bewusstsein*, und aus der „cooperation" aller *formt* sich ein lebendiges Ganzes (vgl. Cooley 1909, S. 10 f.).

Dass Kommunikation „nicht nur für die Beziehung zu anderen Menschen, sondern auch für die Ausbildung der eigenen Identität" maßgeblich ist, hat Cooley schon am Beispiel des Kindes veranschaulicht, das „lernt, sein eigenes Verhalten durch die Augen anderer, insbesondere der Mutter, zu betrachten. Es lernt, sein eigenes Verhalten zu beobachten, indem es sein Verhalten an den Reaktionen der Anderen kontrolliert." (Schützeichel 2004, S. 89) So funktionieren auch die Interaktionen des Alltags: Indem sich die Individuen durch ihr Verhalten wechselseitig beeinflussen *(reciprocal influence),* wird das Bewusstsein eines jeden in das Bewusstsein seiner Bezugspersonen und damit letztlich in das soziale Bewusstsein der Gesellschaft und ihre Kultur einbezogen. Das hat Konsequenzen für die Vorstellung eines individuellen Selbst: Nach Cooley kann die Vorstellung des Individuums von sich selbst, das „Ich" *(I, self)*[7], nicht losgelöst von seiner Gesellschaft gedacht werden. Das Selbst ist von vornherein und unausweichlich ein *soziales Selbst.* „The social self is simply any idea, or system of ideas, drawn from the communicative life." (Cooley 1902, S. 179)

Die Vorstellung eines „Ich" oder „Selbst" ist keine eigene Erfindung eines schöpferischen ego, sondern die Kreation Anderer (vgl. Rieff 1962, S. XV). So referiert auch Mead den Kerngedanken Cooleys: „Die Entwicklung des Ich hängt völlig von einem anderen Ich oder mehreren anderen ab." Das Ich ist „Resultat von Erfahrungen" und „konstituiert sich erst in seiner Beziehung zu anderen Objekten." (Mead 1930, S. 332)

Der Mensch erkennt sich erst über einen anderen Menschen. So hat Cooley es bei Goethe gelesen, den er auf Deutsch zitiert: „Der Mensch erkennt sich nur im Menschen, nur das Leben lehrt jeden was er sei." (Tasso, 2. Akt. 3. Szene, zit. nach Cooley 1902, S. 181) Das Bewusstsein eines „Ich" spiegelt zweierlei: einmal die tatsächlichen Reaktionen der Anderen auf das Individuum und zum anderen die Vorstellung, die das Individuum von den Vorstellungen der Anderen hat. Genauer: Die Idee, ein Selbst zu sein *(self-idea),* speist sich aus unserer Vorstellung, wie wir vor den Anderen auftreten, und aus der Vorstellung, wie

---

[7] Siehe oben Anmerkung 4.

sie unser Auftreten beurteilen. Dieses Selbst, das in der Interaktion mit Anderen entstanden ist und darin zum Ausdruck kommt, *reflektiert* also die Reaktionen der Anderen. Emerson, ein Dichter der amerikanischen Romantik, hat es so ausgedrückt: „Each to each a looking-glass reflects the other that doth pass." Deshalb bezeichnet Cooley dieses aus der Interaktion erwachsene *social self* auch als *reflected or looking-glass self* (Cooley 1902, S. 184).

Die wechselseitige Spiegelung ist ein kommunikativer Austausch von Vorstellungen. Wenn wir uns im Spiegel der Anderen betrachten, prüfen wir, was sie über uns denken und ob wir ihren Erwartungen entsprechen: „So in imagination we perceive in another's mind some thought of our appearance, manners, aims (etc.)." (Cooley 1902, S. 184) Die „self-idea" setzt sich aus drei Grundelementen zusammen: 1) aus der Vorstellung, wie unsere Erscheinung auf eine andere Person wirkt, 2) aus der Vorstellung, wie diese Person unseren Auftritt beurteilt, und 3) aus einer Art Selbstgefühl, wie z. B. Stolz oder Scham (vgl. Cooley 1902, S. 184). Von entscheidender Bedeutung für das Selbstbild ist die zweite Vorstellung! Indem wir uns wechselseitig in die Urteile der Anderen über unser Verhalten hineindenken, machen wir sie uns zu eigen.

Was wir über uns wissen, spiegelt das wider, was die Anderen von uns halten und was sie früher durch ihr Verhalten uns gegenüber zum Ausdruck gebracht haben und sie aktuell zum Ausdruck bringen. Das Ich erfährt sich über die Perspektive der Anderen. Auf diesen Effekt der Kommunikation oder Interaktion werde ich gleich zurückkommen, wenn ich die These von George Herbert Mead referiere, dass Identität dadurch erfahren wird, dass sich das Individuum mit den Augen der Anderen sieht.

4.4 Die Definition der Situation und der Wunsch nach Erwiderung (William Isaac Thomas)

Ich habe eingangs gesagt, dass am Übergang der frühen amerikanischen Soziologie zu den späteren Interaktionstheorien auch WILLIAM ISAAC THOMAS (1863–1947) steht. Diese Theorien werden in ihrem Ursprung heute vor allem mit der Chicago School of Sociology in Verbindung gebracht, an der Thomas ausgebildet wurde und an der er schließlich auch eine Professur für Soziologie innehatte. Zur gleichen Zeit lehrten auch der Psychologe John B. Watson, der Begründer des Behaviorismus, und der Soziologe George Herbert Mead, der sich als Sozialbehaviorist verstand, in Chicago. Als Thomas gefragt wurde, wer ihn wissenschaftlich beeinflusst habe, nannte er Cooley, Watson und Mead (vgl. Baker 1973, S. 247 und 253).

Werfen wir einen ersten Blick auf das Werk von Thomas, der zunächst klassische und moderne Sprachen, unter anderem in Berlin und Göttingen, studiert hatte und nach seiner Promotion mehrmals nach Europa fuhr, um die Herkunft und die Einstellungen der in die Industriemetropole Chicago immigrierten europäischen Landbevölkerung zu untersuchen.

In die Zeit in Chicago fallen Studien über den Fortbestand der Normen der Primärgruppe und die Definition der Situation, eine erste Formulierung der vier Wünsche, die das Verhalten antreiben, und vor allem die bis heute bahnbrechende riesige empirische Studie „The Polish Peasant in Europe and America" (1918–1920), die Thomas zusammen mit Florian Znaniecki durchgeführt hat. Darin wurde mit biografischen Methoden untersucht, wie die Abertausenden Migranten aus Polen und anderen europäischen Ländern auf die völlig neuen Lebensbedingungen und Herausforderungen in der Industrie reagierten. Ihr Verhalten hing ganz entscheidend davon ab, wie sie die Situation, mit der sie konfrontiert waren, *definierten,* das heißt, ob sie sie für kontrollierbar und sich selbst als jemand ansahen, der sie irgendwie schon meistern würde, oder ob sie in beiden Hinsichten resignierten. Die zahlreichen Studien über den Zusammenhang von Kultur, Persönlichkeit und sozialem Verhalten trugen Thomas, der von 1923 bis 1928 an der New School for Social Research las und ab 1937 als Privatgelehrter an der Ostküste und dann bis zu seinem Tod in Berkeley lebte, den Ruf des Begründers der sozialpsychologischen Handlungsforschung ein. Herbert Blumer hat Thomas als prominenten Vorläufer des Symbolischen Interaktionismus bezeichnet.

4.4.1 Situationen: objektive Formen und subjektive Vorstellungen

Aufgabe der Soziologie, wie Thomas sie verstand, war, menschliches Verhalten zu *verstehen* und darüber *empirisch* nachprüfbare Verallgemeinerungen aufzustellen. Verhalten findet immer unter bestimmten objektiven Bedingungen statt, die er unter dem allgemeinen Begriff der *Situation* fasst. Der soziale Prozess, wie ihn die Menschen in ihrem alltäglichen Leben erfahren, besteht in einer Abfolge von Situationen, die entsprechende *Verhaltensreaktionen* bedingen. Im soziologischen Sinne ist mit Situation „nicht die räumlich-materielle Situation gemeint, sondern die Situation der *sozialen Beziehungen*", wie sie durch Traditionen, Sitten oder Institutionen geregelt sind (Thomas 1931; zit. nach Volkart 1951, S. 19). „Jedes Verhalten einer Gruppe oder eines Einzelnen kann nur innerhalb der Situation verstanden werden, in der es auftritt und für die es eine potenzielle Anpassung ist." (Volkart 1951, S. 19)

Eine Situation kann nicht als völlig objektive gedacht werden, sondern enthält „stets mehr oder weniger *subjektive* Faktoren", und Verhalten kann nur aus der *Gesamtsituation* verstanden werden, „d. h. der Situation, wie sie in nachprüfbaren objektiven Formen besteht *und* wie sie in der Vorstellung der (…) Personen zu bestehen scheint." (Thomas 1928a, S. 19 f.) Die subjektiven Faktoren der Gesamtsituation bestehen darin, dass die Personen unterschiedliche Erfahrungen und Erwartungen mitbringen, die wiederum zu unterschiedlichen *Definitionen der Situation* und zu unterschiedlichem Verhalten führen. Verhalten in einer konkreten Situation zu erklären, heißt zu fragen, wie die Handelnden die Situation auffassen, was sie ihnen *bedeutet* und wie sie sie folglich *definieren* (vgl. Volkart 1951, S. 14). Im Grunde geht es um die Frage, wie die Person mit konkreten Situationen fertig wird, wie sie ihre Handlungsmöglichkeiten einschätzt und wie sie sich an objektive Bedingungen *anpasst*. Die Anpassungsbemühungen bezeichnet Thomas als *Verhalten*. Dieses Verhalten zeigt sich auf der individuellen wie auf der sozialen Ebene. Folglich habe sich die Soziologie „vor allen Dingen mit den Beziehungen von einzelnen zueinander, von einzelnen zu Gruppen und von Gruppen zu anderen Gruppen" zu befassen (Thomas 1937, S. 1; zit. nach Volkart 1951, S. 16). In einem ersten Schritt kann man daraus folgenden Schluss ziehen: Interaktion besteht in sozialen Beziehungen zueinander und in gemeinsamen Anpassungsbemühungen an eine Situation.

Bei diesen ersten Überlegungen über den Zusammenhang von Verhalten und Situation dürfen zwei Dinge nicht übersehen werden: 1) Die Menschen kennen „bei ihren Anpassungsbemühungen niemals ganz die Bedingungen (…), denen sie sich anpassen." Der wirkliche Sachverhalt kann sogar ein ganz anderer sein als sie es vermuten. Doch das tut nach Thomas nichts zur Sache: Das Verhalten vollzieht sich nicht in objektiven Kategorien, sondern „in Kategorien dessen, was als existent *gedacht* wird. Die Menschen handeln, ,als ob' die Bedingungen so wären, wie sie sich diese vorstellen." 2) Anpassung ist kein völlig mechanischer Vorgang, sondern es „tritt die subjektive Erfahrung dazwischen", die Thomas als „Haltung" oder „Wünsche" bezeichnet (Volkart 1951, S. 18; Hervorhebungen H. A.).

4.4.2 Der Wunsch nach Anerkennung und angemessener Erwiderung des eigenen Verhaltens

In einem richtungsweisenden Aufsatz über die Fortwirkung der in der Familie grundgelegten Normen fragt Thomas, was den Menschen antreibt in einer bestimmten Weise zu handeln, und verweist in seiner Antwort auf eine laufende empirische Studie über Einstellungen und Verhalten von polnischen Immigranten. Dort habe er herausgefunden, dass im menschlichen Verhalten im Wesentlichen vier „fundamental types of interests or wishes" zum Ausdruck kommen: „those connected with the desire for new experience, those connected with the desire for mastery, those connected with the desire for recognition, and those connected with the desire for safety or security". (Thomas 1917a, S. 159) Wünsche stellen „den Ausgangspunkt und die Triebkraft der Handlung" dar (Thomas 1917b, S. 196). Diese vier Wünsche kann man auch als grundlegende Einstellungen gegenüber dem Leben betrachten.

Thomas hat die Theorie der vier Wünsche mehrmals überarbeitet. Endgültig hat er sie formuliert im Kapitel „The Wishes" in seiner Studie „The Unadjusted Girl". (Thomas 1923a) Dort tritt der Begriff *response* an die Stelle von *mastery*. Dafür werde ich gleich eine mögliche Erklärung liefern.

Die Theorie der vier Wünsche werde ich nur in dem Ausschnitt behandeln, wo Wünsche sich direkt oder indirekt auf soziale Interaktionen beziehen. Das trifft auf die beiden Wünsche nach Anerkennung *(recognition)* und nach Meisterung *(mastery)* zu. Ich habe gerade gesagt, dass man die Wünsche als grundlegende *Einstellungen* zum Leben betrachten kann. Bei dem Wunsch nach Anerkennung und nach Meisterung kommt noch der Aspekt der *Erwartungen* hinzu, die das Individuum an die Anderen bzw. an sich selbst stellt.

Im soziologischen Sinn bedeutet der Wunsch nach Anerkennung Verlangen nach „sozialer Wertschätzung". (Thomas u. Znaniecki 1918/1920b, S. 159) „Dieser Wunsch äußert sich in dem allgemeinen Streben der Menschen nach einer guten Position in ihrer sozialen Gruppe" und darin, mit welchen Mitteln und Methoden sie versuchen, „einen anerkannten, beneidenswerten und vorteilhaften sozialen Status zu erlangen." (Thomas 1923a, S. 189) Zu den häufigsten Strategien zählt, durch modische Kleidung oder auffälliges Verhalten auf sich aufmerksam zu machen. Das zeigt, dass nur die Gruppe oder die Gesellschaft einen Status verleihen kann. Das Individuum ist in seinem Selbstwertgefühl abhängig von der öffentlichen Meinung. Der Wunsch nach Anerkennung und sozialer Wertschätzung kann aber auch als „Suche nach persönlicher Distinktion" (Knöbl 2001, S. 46) verstanden werden.[8]

---

[8] Der kanadische Sozialphilosoph Charles Taylor hat „das Verlangen nach Anerkennung" als „menschliches Grundbedürfnis" bezeichnet (Taylor 1992, S. 15). Zur Verknüpfung dieser These mit einer Theorie der Identität vgl. Abels (2017) Abschn. 24.1 *Anerkennung*.

Bezogen auf Interaktionen kann man den Wunsch nach Anerkennung so interpretieren: Das Individuum möchte in seinem Verhalten, seinem Status und überhaupt in seiner Identität erkannt und anerkannt werden. Das heißt, dass jeder
Teilnehmer voraussetzt und erwartet, als Person *wahrgenommen* zu werden und
dass die Anderen ihr Verhalten einer *angemessenen Reaktion* würdigen. Wenn
niemand von einem Notiz nimmt oder wenn die Anderen zu allem, was man sagt,
schweigen, kann keine Interaktion auf Dauer funktionieren.

Der Wunsch nach Meisterung *(mastery),* den Thomas auch als „Wille zur
Macht" bezeichnet, heißt, dass der Mensch danach strebt, sein Leben zu meistern und Dinge und Situationen selbst zu bestimmen, im Grunde also: sie zu
beherrschen. In der endgültigen Fassung der vier Wünsche (Thomas 1923a,
S. 165 und 177 ff.) hat Thomas den Begriff mastery fallengelassen und stattdessen von *response* gesprochen. Vermutlich[9] hat er sich dabei, unter dem Einfluss von George Herbert Mead, auf den Grundgedanken der stimulus-response
Theorie des höchst einflussreichen Psychologen James Watson bezogen, wonach
jeder Reiz *(stimulus)* zu einer bestimmten Reaktion *(response)* führt. Wie das
Tier *lernt* auch der Mensch, welche Reaktionen zu welchem Erfolg führen. Und
was die Persönlichkeit des Menschen angeht, so ist sie „nichts anderes als das
Endprodukt unserer Gewohnheitssysteme." (Watson 1930, S. 270) Watson interessierte ausschließlich beobachtbares Verhalten. Was Andere über das sagten,
was in der „black box" – Seele oder Kopf oder irgendetwas Ähnliches – passiert, hielt er für reine Spekulation. Den Glauben an die Existenz eines Bewusstseins *(consciousness)* verwies er in die „alten Zeiten des Aberglaubens und der
Magie." (Watson 1930, S. 36) Deshalb lehnte er auch – wie Mead kritisierte –
einen Begriff wie „Geist" *(mind)* als falsch ab (vgl. Mead 1934, S. 48). Mead
hielt aber gerade die geistigen Aktivitäten als Erklärung für Verhalten für wichtig, und die entscheidenden Reize bestanden für ihn im *Verhalten* der Individuen *zueinander.* Deshalb hat Mead seine Theorie auch als *Sozialbehaviorismus*
bezeichnet (Mead 1934, S. 44). Damit wollte er zum Ausdruck bringen, dass die

---

[9] Meine Vermutung wird auch dadurch gestützt, dass Thomas auf die Frage, wer ihn
wissenschaftlich beeinflusst habe, Watson nennt, ohne dass er dessen Behaviorismus in
toto „akzeptiert" hätte, und Mead (vgl. Baker 1973, S. 247 und 254). Außerdem verweist
er bei der Erklärung des Verlangens nach Erwiderung (response) selbst auf Watsons Ausführungen zum Zusammenhang von Zuneigung der Mutter und erwidernden Reaktionen
des kleinen Kindes (vgl. Thomas 1923b, S. 177).

entscheidenden Reize für das Verhalten des Menschen in ihrem wechselseitigen Verhalten bestehen und dass der Mensch auf diese (und andere) Reize auch nicht bloß reflexhaft *reagiert,* sondern sie erst einmal *deutet.*[10] Diese Erklärung passt genau zu Thomas' These der „Definition der Situation", die ich gleich behandeln werde!

Doch zurück zu meiner Vermutung, dass Thomas mit dem Wechsel vom Begriff *mastery* zum Begriff *response* Watsons Grundgedanken vor Augen hatte. Wenn dem so ist, dann bringt der Begriff response nicht etwas völlig anderes zum Ausdruck, sondern übersetzt mastery in die Sprache der von Mead entwickelten Sozialpsychologie. Response heißt dann, dass die Teilnehmer an einer Interaktion in Wechselwirkung zueinander stehen und ihre Aktionen und Reaktionen gegenseitig erwidern. Aber es gilt auch, was eben über die mit dem Wunsch nach Anerkennung verbundenen Erwartungen gesagt wurde: Das Individuum will in seinem Verhalten wie jeder Andere auch anerkannt werden. Das ist natürlich eine Frage der *Macht,* die konkrete Situation zu definieren und Verhalten zu bewerten. Aber es ist auch eine Frage der *Kompetenz,* sich durch entsprechendes Verhalten ins Spiel zu bringen. Wer in einer Interaktion unbeteiligt am Rande steht und nicht ansatzweise zeigt, was er will und kann und wer er ist, hat keine Chance, sozial wertgeschätzt zu werden. Wer auf keine Erwartung der Anderen eingeht oder immer unangemessen reagiert, fliegt raus. Wer eine Situation einfach hinnimmt und keine Anstrengungen unternimmt, sie *für sich* und damit auch *für die Anderen* zu definieren, darf sich über die Folgen, die das hat, nicht wundern!

4.4.3 Wenn Menschen Situationen als real definieren, sind sie real

Der soziale Prozess ist eine Abfolge von Situationen, in denen Menschen in einer bestimmten Weise handeln. Eine Situation kommt für den Menschen erst dadurch zustande, dass er sie als solche definiert. Erst dann wird sie für sein nächstes Verhalten relevant. „Every concrete activity is the solution of a situation." (Thomas und Znaniecki 1918/1920a, S. 68) Vor jedem Versuch, sich an eine gegebene Situation anzupassen *(adjust),* heißt es bei Thomas, steht die Entscheidung, nach einer bestimmten Linie zu handeln oder auch nicht zu handeln, und vor dieser

---

[10] Auf die theoretischen Gemeinsamkeiten und Unterschiede zwischen dem Behavioristen Watson und der Sozialpsychologie des Sozialbehavioristen Mead komme ich in Kap. 6 *Rollenübernahme und die Verschränkung der Perspektiven* zu sprechen.

Entscheidung wiederum steht die *Definition der Situation,* die so etwas wie eine *Interpretation* oder *Perspektive (point of view)* ist und letztlich als Handlungsstrategie *(policy)* und Handlungsmuster *(behavior pattern)* zu verstehen ist. Auf diese Weise werden an jedem Punkt im Ablauf des Alltags schnelle Urteile und Entscheidungen getroffen (vgl. Thomas 1937, S. 8).

Die Frage ist allerdings, worauf die Definition der Situation, die ja eine Selektion darstellt, beruht und – noch grundsätzlicher – wie der Einzelne die soziale Realität überhaupt wahrnimmt. Thomas und Znaniecki sehen es in der *Methodologischen Vorbemerkung* zu ihrer Studie über den polnischen Bauern in Amerika so: „Die Bekanntschaft des Einzelnen mit der sozialen Realität", heißt es dort, „ist stets begrenzt und stellt nur einen kleinen Teil der ganzen Komplexität sozialer Tatsachen dar." Äußerlich ist sie begrenzt, weil der Mensch nur in einem Ausschnitt seiner Gesellschaft lebt, innerlich, weil „ein großer, vielleicht sogar der größere Teil unbemerkt bleibt." Auch die Tatsache, dass jemand in einer konkreten Situation durchaus erfolgreich handelt, heißt nicht, „dass er die Beziehungen zwischen den einzelnen sozialen Phänomenen (…) auch wirklich kennt." (Thomas und Znaniecki 1918/1920b, S. 65 f.)

Der Erfolg der Anpassung des Verhaltens an eine Situation ist relativ und vor allem subjektiv: Der eine kontrolliert die Situation tatsächlich mit großem Erfolg, der andere hat von vornherein geringere Ansprüche. Wenn die Soziologie über die Kenntnis des Einzelnen von seiner Umgebung redet, dann kann nur die Kenntnis als *real* angesehen werden, wie sie sich *für ihn* in seinem erfolgreichen Handeln zeigt (vgl. Thomas und Znaniecki 1918/1920b, S. 66).

Bei der Untersuchung der Frage, wie der Mensch Bekanntschaft mit seiner sozialen Umwelt macht, müssen „zwei grundlegende praktische Probleme" bedacht werden, 1) „das Problem der Abhängigkeit des Einzelnen von der sozialen Organisation (sprich: gesellschaftlichen Regeln und Institutionen, Ergänzung H. A.) und Kultur und 2) das Problem der Abhängigkeit der sozialen Organisation und Kultur von dem einzelnen." (Thomas und Znaniecki 1918/1920a, S. 20; 1918/1920b, S. 74) Diese wechselseitige Abhängigkeit hatte Thomas schon früher ventiliert, als er einen Zusammenhang zwischen der Entwicklung des Einzelbewusstseins und dem Bewusstsein einer ethnischen Gruppe behauptete und der Sozialpsychologie die folgende Aufgabe zugewiesen hatte: „The province of social psychology is the examination of the interaction of individual consciousness and society, and the effect of the interaction on individual consciousness on the one hand and on society on the other." (Thomas 1905, S. 445 f.)

Jede Gesellschaft, schreibt Thomas, hat das große gemeinsame Ziel, dass die Menschen solidarisch bleiben, und bildet deshalb einen „code of behavior" aus. Der Code ist das Urteil, das die Gesellschaft über das Verhalten ihrer

Mitglieder trifft und der auch die Grenzen diktiert, in denen die vier Wünsche zum Ausdruck gebracht werden können. Der code of behavior besteht im unausgesprochenen gesellschaftlichen Konsens, wie ständig wiederkehrende Situationen zu verstehen sind. Die Methode, mit der sich der code of behavior entwickelt, bezeichnet Thomas als „the definition of the situation". (vgl. Thomas 1917a, S. 167 f.) In Anlehnung an die von Cooley angestoßene Diskussion über die Bedeutung der Primärgruppen schreibt Thomas: „Dieses Definieren der Situation wird von den Eltern begonnen, indem sie befehlen, verbieten und lehren, es wird von der Gemeinschaft mit Lob und Tadel fortgeführt und wird formal repräsentiert durch die Schule, das Gesetz, die Kirche." (Thomas 1917b, S. 22) Im Prozess der „Sozialisierung will die Gruppe erreichen, dass der einzelne ihre Definitionen verinnerlicht, sie zum Bestandteil seiner Gewohnheiten macht (und dass) sein Verhalten den sozialen Normen entspricht. (…) In den meisten Fällen hat die Gruppe Erfolg. Der einzelne definiert die Situation fast immer in Übereinstimmung mit der Gruppennorm." (Volkart 1951, S. 22)

Auf der *sozialen* Ebene sind die Definitionen der Situation und die Verhaltensmuster, die durch sie in Gang gesetzt werden, repräsentiert in moralischen Codes und rechtlichen Regeln, aber sie gründen auch in der Sprache der Gesellschaft, im Klatsch, in den impliziten Erklärungen des normalen Alltags, in offenen Konflikten usw (vgl. Thomas 1937, S. 8). Die Kultur besteht nach Thomas aus Definitionen der Situation, „die sich durch den Konsens der Erwachsenen im Laufe der Zeit verfestigt haben. Als Produkt des Zusammenlebens sind diese Definitionen in Regeln, Vorschriften, Richtlinien, Traditionen und standardisierten Sozialbeziehungen verkörpert." (Volkart 1951, S. 21) Die Definitionen existieren außerhalb der Individuen und üben eine gewisse Kontrolle über sie aus. In dieser Hinsicht sind sie vergleichbar mit den sozialen Tatsachen oder Institutionen in der Theorie von Durkheim.[11] Doch in einem Punkt unterscheidet sich Thomas von Durkheim erheblich: Wenn wir das Verhalten der Personen in einer bestimmten Situation betrachten oder auch hören oder lesen, wie sie die Situation beobachten und beschreiben, dann ist es unübersehbar, dass die *Tatsachen* „keine einheitliche Existenz außerhalb der (…) Personen besitzen. ‚Reale' Tatsachen sind nichts anderes als die Art und Weise, in der verschiedene Menschen Situationen erleben und definieren." (Volkart 1951, S. 50) Überspitzt kann man sagen: zu sozialen Tatsachen werden soziale Tatsachen erst, wenn die Menschen sie als soziale Tatsachen *für sich* definiert haben!

---

[11] Vgl. oben Abschn. 3.2 *Soziale Tatsachen – die Regelung wechselseitiger Beziehungen.*

Anders als Durkheim, der mit seiner These von der systematisch zu betreibenden Sozialisation durch die Gesellschaft erreichen wollte, dass sich die Individuen in den gesellschaftlichen Konsens, der sich unabhängig vom Wollen der Individuen als Tatsache festgestellt hat, integrieren, stellt Thomas die *subjektive* Seite der Situationsdefinitionen heraus. Die Persönlichkeit ist kein reines Produkt ihrer Kultur. Im Gegenteil: Die Menschen sind bereits bei der Geburt verschieden, machen unterschiedliche Erfahrungen und messen den Dingen unterschiedliche Bedeutungen zu; sie nehmen Situationen in Nuancen anders wahr, entwickeln eigene Strategien, sie zu bewältigen, bringen unterschiedliche physiologische Bedingungen wie Freude oder Gelassenheit oder Erregung mit und definieren Situationen deshalb auch abweichend von Gruppendefinitionen. Gerade in Krisensituationen kann es durchaus dazu kommen, dass die Person konsensuelle Erklärungen hinterfragt, mit alten Gewohnheiten bricht, Situationen für sich neu definiert und eigene Handlungsstrategien entwirft.

Um diese Entscheidung zu erklären, werfen Thomas und Znaniecki einen kurzen Blick auf den *Vorgang* des individuellen Bewusstseins. Sie unterscheiden zwischen sozialen Werten *(social values)* und individuellen Einstellungen *(attitudes)*. Unter einem *sozialen Wert* verstehen sie die *Bedeutung,* die eine Gruppe einem Objekt der Handlung beimisst und von der auch das individuelle Bewusstsein mehr oder weniger geprägt ist, unter einer *Einstellung* den Vorgang des Bewusstseins, der eine reale oder mögliche Handlung bestimmt. „The attitude is (…) the individual counterpart of the social value; activity, in whatever form, is the bond between them." Einstellungen und Werte werden verbunden durch die tatsächliche Handlung in einer konkreten Situation (vgl. Thomas und Znaniecki 1918/1920a, S. 22; 1918/1920b, S. 75 f.).

Jeder Einzelne kommt mit unterschiedlichen Erfahrungen und Erwartungen, Einstellungen und Wertvorstellungen in die Situation und definiert sie aus *seiner* Perspektive, auch wenn diese stets auch durch kulturelle Muster beeinflusst ist. „Der Begriff der Definition der Situation ist eine notwendige Ergänzung zum Begriff der Situation selbst. (…) Die Definition der Situation ist das Bindeglied, durch welches Erfahrung und Anpassungsverhalten mit der Situation verknüpft werden." (Volkart 1951, S. 20)

Die Definition der Situation ist neben den objektiven, sozusagen materiellen Bedingungen und den subjektiven Bedingungen in Form von Wünschen die entscheidende Erklärung für Verhalten.

Jede Definition der Situation, die keineswegs bewusst erfolgen muss, hat reale Folgen. Das ist mit dem berühmten Satz gemeint: „Wenn Menschen Situationen als real definieren, sind sie real." (Thomas 1928a, S. 114)

Was dieses in der Literatur sogenannte *Thomas-Theorem* für konkrete Inter-
aktionssituationen besagt, will ich an zwei Beispielen demonstrieren: Wenn ich
mir vorstelle, mündliche Prüfungen seien darauf angelegt, den Kandidaten beim
geringsten Fehler in die Pfanne zu hauen, werde ich anders in eine Prüfung gehen
als wenn ich unterstelle, dass kein Prüfer erwartet, dass jemand alles wissen kann,
sondern Wert auf eine intelligente Diskussion legt. Wenn jemand in eine Situation
mit wildfremden Menschen gerät, die sich kennen und angeregt über ein brisantes
gesellschaftliches Thema diskutieren, wird er sich, wenn er es sich zutraut, nach
und nach in das Gespräch einklinken und mit eigenen Ansichten die Situation
mitdefinieren; traut er sich das nicht zu, mit seinen Ansichten in den Fokus der
Aufmerksamkeit zu geraten, wird er den Dingen ihren Lauf lassen und höchstens
mit gelegentlichen unverfänglichen Äußerungen den Geist der von den Anderen
definierten Situation bestärken. Wenn man es genau nimmt, dann sind die Definitionen einer Situation Stellungnahmen, wie man handeln wird. Sie schaffen
objektive Handlungsbedingungen für einen selbst und strukturieren die weiteren
Interaktionen.

Thomas und Znaniecki fassen ihre Erklärung, woraus eine Situation besteht,
wie Wertvorstellungen und Einstellungen ineinanderspielen und wie Verhalten
zustande kommt, so zusammen: „The situation is the set of values and attitudes
with which the individual or the group has to deal in a process of activity and
with regard to which this activity is planned and its results appreciated." Eine
Situation besteht aus drei aufeinander bezogenen Teilen oder Bereichen: 1) „The
objective conditions under which the individual or society has to act, that is, the
totality of values – economic, social, religious, intellectual, etc. which at the given
moment affect directly or indirectly the conscious status of the individual or the
group." 2) „The *pre-existing attitudes* of the individual or the group which at the
given moment have an actual influence upon his behavior." Und jetzt kommt das
Entscheidende: 3) „The *definition of the situation,* that is, the more or less clear
conception of the conditions and consciousness of the attitudes. And the definition of the situation is a necessary preliminary to any act of the will, for in given
conditions and with a given set of attitudes an indefinite plurality of actions is
possible, and one definite action can appear only if these conditions are selected,
interpreted, and combined in a determined way and if a certain systematization of
these attitudes is reached, so that one of them becomes predominant and subordi-
nates the others." Natürlich kann es vorkommen, dass sich ein bestimmter Wert
spontan und unreflektiert aufdrängt und sofort in eine Handlung übergeht oder
dass eine Einstellung, sobald sie auftaucht, alle anderen Einstellungen verdrängt
und ohne Verzögerung ein bestimmtes, z. B. instinktives Verhalten auslöst. „But
usually there is a process of reflection, after which either a ready social definition

is applied or a new personal definition worked out." (Thomas und Znaniecki 1918/1920a, S. 68 f.)

Später haben Thomas und Znaniecki *reflection* sogar als Bedingung der Definition einer Situation genannt. Um sich an die Forderungen einer Situation anzupassen, muss die soziale Persönlichkeit erstens die Bedeutungen kennen, die die Gesellschaft oder Gruppe dieser Situation beimisst, und zweitens lernen, „diese Bedeutungen für seine persönlichen Ziele zu kontrollieren". Letzteres gelingt nicht, wenn die Person nur instinktiv, reflexhaft auf die an sie gestellten Forderungen reagiert; sie muss lernen, ihr Verhalten „reflexiv zu organisieren". (Thomas und Znaniecki 1918/1920b, S. 213) Um neue Erfahrungen in eine Ordnung zu bringen, bedarf es der Reflexion, „denn ohne ein bewusstes Interpretieren (…) eines Gegenstandes, einer Bewegung, eines Wortes kann man nicht einmal erkennen, ob eine bestimmte Erfahrung sozial neu oder alt ist und welche soziale Bedeutung sie besitzt." Soziale Situationen wiederholen sich nicht, „jede Situation ist mehr oder weniger neu, denn jede enthält eine neue Kombination menschlicher Handlungen." (Thomas und Znaniecki 1918/1920b, S. 214; 1918/1920a, S. 1852)

Um eine Situation wirklich zu kontrollieren, reicht es nicht, Routinen und Gewohnheiten zu aktivieren. „Jede neue Situation ist stets vage, und ihre Definition verlangt nicht nur eine intellektuelle Analyse der objektiven Gegebenheiten", sondern auch der *Einstellungen,* die man aus früheren Erfahrungen mit ähnlichen Situationen mitbringt (vgl. Thomas und Znaniecki 1918/1920b, S. 232). Die reflexive Organisation des Verhaltens muss einhergehen mit einer reflexiven Organisation des Denkens.

Jede Interaktion besteht in jedem Augenblick in einer Definition der Situation, d. h. in der mehr oder weniger bewussten Reflexion der objektiven Umstände, des Verhaltens aller Beteiligten einschließlich der vermuteten Intentionen und sozialen Bedeutungen – und der Reflexion des eigenen Denkens und Handelns.

Literatur

Abels, H. (2017). *Identität. Über die Entstehung des Gedankens, dass der Mensch ein Individuum ist, den nicht leicht zu verwirklichenden Anspruch auf Individualität und Kompetenzen, Identität in einer riskanten Moderne zu finden und zu wahren.* Wiesbaden: Springer VS (3., aktualisierte und erweiterte Aufl.).
Baker, P. J. (1973). *Die Lebensgeschichten von W. I. Thomas und R. E. Park.* In: W. Lepenies (Hrsg.) (1981): *Geschichte der Soziologie, Bd. 1.* Frankfurt a. M.: Suhrkamp.
Blumer, H. (1937). *Social Psychology.* In: E. P. Schmidt (Hrsg.) (1937): *Man and society: A substantive introduction to the social science.* New York: Prentice-Hall (https://brocku.ca/MeadProject/Blumer).

Clausen, J. A. (1968). *A historical and comparative view of socialization theory and research*. In: J. A. Clausen (Hrsg.) (1968): *Socialization and Society*. Boston: Little, Brown and Company.

Cooley, C. H. (1902). *Human nature and the social order*. New Brunswick: Transaction Books, rev. edition 1922 (www.brocku.ca/meadProject/Cooley).

Cooley, C. H. (1909). *Social organization. A study of the larger mind*. New York: Schocken Books (2nd edition 1963).

Giddings, F. H. (1897). *Theory of socialization. A syllabus of sociological principles*. New York: The Macmillan Company (https://archive.org).

Knöbl, W. (2001). *Spielräume der Modernisierung. Das Ende der Eindeutigkeit*. Weilerswist: Velbrück Wissenschaft.

Levine, D. N., Carter, E. B., Miller Gorman, E. (1975/76). *Simmel's influence on American sociology*. In: American Journal of Sociology Vol. 81 (deutsch in: W. Lepenies (Hrsg.) (1981). *Geschichte der Soziologie, Bd. 4*. Frankfurt a. M.: Suhrkamp.

Mead, G. H. (1930). *Cooleys Beitrag zum soziologischen Denken in Amerika*. In: G. H. Mead. *Gesammelte Aufsätze, Bd. 1*. Frankfurt a. M.: Suhrkamp (1980).

Mead, G. H. (1934). *Geist, Identität und Gesellschaft*. Frankfurt a. M.: Suhrkamp (1973).

Rieff, Ph. (1962). *Introduction*. In: Cooley (1909).

Ross, E. A. (1896). *Social Control*. In: American Journal of Sociology, 1 (5), 513–535 (https://archive.org).

Schützeichel, R. (2004). *Soziologische Kommunikationstheorien*. Konstanz: UVK.

Simmel, G. (1890). *Über sociale Differenzierung*. In: G. Simmel (1989ff.), Bd. 2.

Simmel, G. (1894). *Das Problem der Sociologie*. In: G. Simmel (1989ff.), Bd. 5.

Simmel, G. (1895a). *The problem of sociology*. In: Annals of the Academy of Political and Social Science, 6 (3), 412–423. (Nachdruck in American Journal of Sociology, 15 (3), 289–320) (https://archive.org).

Simmel, G. (1908). *Soziologie. Untersuchungen über die Formen der Vergesellschaftung*. (Simmel 1989ff., Bd. 11).

Simmel, G. (1911a). *The sociology of sociability* (Übersetzung von „Soziologie der Geselligkeit", Eröffnungsvortrag auf dem 1. Deutschen Soziologentag, 1910). In: Parsons, et al. (Hrsg.) (1961). *Theories of Society*. New York: The Free Press (1965).

Simmel, G. (1989ff). Georg Simmel Gesamtausgabe. Hrsg. von O. Rammstedt. Frankfurt a. M.: Suhrkamp.

Taylor, C. (1992). *Die Politik der Anerkennung*. In: C. Taylor (1997). *Multikulturalismus und die Politik der Anerkennung*. Frankfurt a. M.: Fischer Taschenbuch.

Thomas, W. I. (1905). *The province of social psychology*. In: American Journal of Sociology, 10 (brocku.ca/meadproject/thomas/thomas_1905).

Thomas, W. I. (1917a). *The persistence of primary-group norms in present-day society and their influence in our educational system*. (brocku.ca/meadproject/thomas/thomas_1917) (1917b: deutsch in Auszügen in: W. I. Thomas 1951b).

Thomas, W. I. (1923a). *The unadjusted girl*. Boston: Little, Brown and Company (1923b: deutsch in Auszügen in: W. I. Thomas 1951b).

Thomas, W. I. (1928a). *Das Kind in Amerika*. In: W. I. Thomas (1951b).

Thomas, W. I. (1928b). *The four wishes and the definition of the situation*. In: Parsons et al. (Hrsg.) (1961). *Theories of society*. New York: The Free Press, One Volume Edition (1965).

Thomas, W. I. (1931): The relation of research to the social process. Zitiert in: Volkart, E. H. (1951).

Thomas, W. I. (1937). *Primitive Behavior.* New York: McGraw-Hill (archive.org/details/).

Thomas, W. I. (1951a). *Social Behavior and Personality.* Hrsg. Von E. H. Volkart. New York: Social Science Research Council. (deutsch 1951b. *Person und Sozialverhalten.* Neuwied: Luchterhand (1965).

Thomas, W. I.; Znaniecki, F. (1918/1920a). *The Polish Peasant in Europe and America.* Chicago: Chicago University Press (brocku.ca/meadproject/thomas/thomas_1918) (1918/1920b. Deutsch in Auszügen in: W. I. Thomas 1951b).

Volkart, E. H. (1951). *Einführung. Soziales Verhalten und Definition der Situation.* In: W. I. Thomas (1951b). *Person und Sozialverhalten.* Neuwied: Luchterhand (1965).

Watson, J. B. (1930). *Behaviorismus.* Köln: Kiepenheuer & Witsch (1968).

Soziale Beziehung – aufeinander eingestelltes Verhalten (Max Weber)

5

Inhaltsverzeichnis

5.1 Soziales Handeln: dem gemeinten Sinn nach auf das Verhalten Anderer
    bezogen und daran in seinem Ablauf orientiert 56
5.2 Bestimmungsgründe des Handelns: zweckrational, wertrational, affektuell,
    traditional 60
5.3 Soziale Beziehung – aufeinander eingestelltes Verhalten 61
5.4 Vergemeinschaftung und Vergesellschaftung. 63
5.5 Soziales Handeln und soziale Beziehung unter der Vorstellung einer geltenden
    Ordnung 65
Literatur. 68

Zur deutschen Vorgeschichte der eigentlichen Interaktionstheorien gehört, neben den Arbeiten von Georg Simmel, zweifellos auch die Theorie des *sozialen Handelns* von MAX WEBER (1864–1920). Weber, eines der Gründungsmitglieder der Deutschen Gesellschaft für Soziologie, war von Hause aus Jurist und National-ökonom, wandte sich aber schon früh auch soziologischen Themen zu. Zu sei-nen bekanntesten Werken gehören „Die Protestantische Ethik und der ‚Geist' des Kapitalismus", umfangreiche religionssoziologische Studien, Aufsätze zu Kate-gorien der verstehenden Soziologie und zum Sinn der Wertfreiheit und vor allem das monumentale Werk „Wirtschaft und Gesellschaft", das erst nach seinem Tode erschien. In diesem Werk liefert Weber, neben vielem anderen, praktisch einen Abriss der gesamten Soziologie. Berühmt ist das Einleitungskapitel über „Soziologische Grundbegriffe", in dem der „Begriff des sozialen Handelns" einen breiten Raum einnimmt. Ich werde den Begriff auch deshalb etwas ausführlicher darstellen, damit nicht der Eindruck entsteht, in Theorien der Interaktion ginge

© Springer Fachmedien Wiesbaden GmbH, ein Teil von Springer Nature 2020
H. Abels, *Soziale Interaktion*, https://doi.org/10.1007/978-3-658-26429-1_5

55

es um etwas völlig anderes als in Theorien des Handelns. Es ist vielmehr so, dass sich diese Theorien manchmal explizit auf Theorien des Handelns beziehen, sich von ihnen aber auch absetzen, weil sie dortige Erklärungen ablehnen oder blinde Flecken identifizieren, oder frühere Diskussionen einfach unter neuen Etiketten weiterführen. Die engste Verbindung zu den späteren Interaktionstheorien lässt sich in Webers Definition *sozialen Handelns* finden, „das seinem von den Handelnden gemeinten Sinn nach auf das Verhalten anderer bezogen wird und daran in seinem Ablauf orientiert ist", und in seiner Definition *sozialer Beziehung,* worunter er aufeinander eingestelltes Verhalten versteht.

5.1 Soziales Handeln: dem gemeinten Sinn nach auf das Verhalten Anderer bezogen und daran in seinem Ablauf orientiert

Wie Simmel oder Durkheim interessierte auch Weber die Frage, wie gesellschaftliche Ordnung entsteht und was sie zusammenhält. Seine Antwort erhellt aus der Definition der Wissenschaft von den „gesellschaftlichen Zusammenhängen": „Jede Wissenschaft von geistigen oder gesellschaftlichen Zusammenhängen ist eine Wissenschaft vom *menschlichen* Sichverhalten (wobei in diesem Fall jeder geistige Denkakt und jeder psychische Habitus mit unter diesen Begriff fällt). Sie will dies Sichverhalten ‚verstehen' und kraft dessen seinen Ablauf ‚erklärend deuten'." (Weber 1917, S. 387; Klammer im Original) Anders als Durkheim, der Soziologie als Wissenschaft von den sozialen Tatsachen, also den Institutionen, versteht, erhebt Weber das „Sichverhalten" von Individuen zum Thema: Die von ihm so bezeichnete *verstehende Soziologie* behandelt „das Individuum und sein *Handeln* als unterste Einheit, als ihr ‚Atom'." (Weber 1913, S. 287, Hervorhebung H. A.)

Ich habe das Wort *Handeln* hervorgehoben, um auf Webers berühmte Definition von Soziologie hinzuleiten: „Soziologie (im hier verstandenen Sinn dieses sehr vieldeutig gebrauchten Wortes) soll heißen: eine Wissenschaft, welche soziales Handeln deutend verstehen und dadurch in seinem Ablauf und seinen Wirkungen ursächlich erklären will. ‚Handeln' soll dabei ein menschliches Verhalten (einerlei ob äußeres oder innerliches Tun, Unterlassen oder Dulden) heißen, wenn und insofern als der oder die Handelnden mit ihm einen subjektiven Sinn verbinden. ‚Soziales' Handeln aber soll ein solches Handeln heißen, welches seinem von dem oder den Handelnden gemeinten Sinn nach auf das Verhalten anderer bezogen wird und daran in seinem Ablauf orientiert ist." (Weber 1920, S. 653, Klammerzusätze im Original)

Betrachten wir diese Unterscheidung genauer: Nur wenn wir mit *unserem* Verhalten irgendeinen Sinn verbinden, sprechen wir von „Handeln", und nur wenn Menschen irgendeinen Sinn mit dem Verhalten *untereinander* verbinden, sprechen wir von „sozialem Handeln". Wenn ich vor Müdigkeit vom Fahrrad falle, ist es kein Handeln, aber wenn ich vom Fahrrad springe, weil sich plötzlich die Straße vor mir auftut, ist es Handeln. Es macht Sinn für mich. Wenn ich in die Hände klatsche, weil ich mich freue, ist es Handeln, aber kein soziales Handeln, aber wenn ich in die Hände klatsche, um mit den Fans unsere Mannschaft anzufeuern, dann ist es soziales Handeln. Es macht Sinn, und zwar für uns. *Sinn* heißt, dass es eine *rationale* Erklärung für das Handeln gibt, dass wir also mit unserem Handeln etwas Bestimmtes *meinen* und das dem Anderen gegenüber zum Ausdruck bringen und dass wir meinen, auch der Andere habe mit seinem Handeln etwas ganz Bestimmtes *gemeint*. An diesem wechselseitig „gemeinten Sinn" ist soziales Handeln orientiert.

Weber betont, dass es beim so definierten sozialen Handeln nicht um irgendeinen objektiv „richtigen" oder einen metaphysisch begründeten „wahren" Sinn (Weber 1920, S. 654), sondern um den subjektiv „gemeinten" Sinn geht. Nach dieser wichtigen Klarstellung bestimmt Weber den Begriff des sozialen Handelns genauer:

1. „Soziales Handeln (einschließlich des Unterlassens oder Duldens) kann orientiert werden am vergangenen, gegenwärtigen oder für künftig erwarteten Verhalten Anderer (Rache für frühere Angriffe, Abwehr gegenwärtigen Angriffs, Verteidigungsmaßregeln gegen künftige Angriffe). Die ‚Anderen' können Einzelne und Bekannte oder unbestimmte Viele und ganz Unbekannte sein. (‚Geld' z. B. bedeutet ein Tauschgut, welches der Handelnde beim Tausch deshalb annimmt, weil er sein Handeln an der Erwartung orientiert, dass sehr zahlreiche, aber unbekannte und unbestimmt viele Andere es ihrerseits künftig in Tausch zu nehmen bereit sein werden)." (Weber 1920, S. 670 f.)
2. „Nicht jede Art von Handeln – auch von äußerlichem Handeln – ist ‚soziales' Handeln im hier festgehaltenen Wortsinn. Äußeres Handeln dann nicht, wenn es sich lediglich an den Erwartungen des Verhaltens sachlicher Objekte orientiert. Das innere Sichverhalten ist soziales Handeln nur dann, wenn es sich am Verhalten anderer orientiert." (Weber 1920, S. 671) Das einsame Gebet ist kein soziales Handeln, und wirtschaftliches Handeln ist nur dann soziales Handeln, wenn es das Verhalten anderer in Betracht zieht.
3. „Nicht jede Art von Berührung von Menschen ist sozialen Charakters, sondern nur ein sinnhaft am Verhalten des Anderen orientiertes eigenes Verhalten. Ein Zusammenprall zweier Radfahrer z. B. ist ein bloßes Ereignis wie ein

Naturgeschehen. Wohl aber wären ihr Versuch, dem Anderen auszuweichen, und die auf den Zusammenprall folgende Schimpferei, Prügelei oder friedliche Erörterung ‚soziales Handeln‘." (Weber 1920, S. 671)

4. Soziales Handeln darf weder mit „einem *gleichmäßigen* Handeln mehrerer" noch „mit jedem durch das Verhalten anderer *beeinflussten* Handeln" gleichgesetzt werden: a) „Wenn auf der Straße eine Menge Menschen beim Beginn eines Regens gleichzeitig den Regenschirm aufspannen, so ist (normalerweise) das Handeln des einen nicht an dem des andern orientiert, sondern das Handeln aller gleichartig an dem Bedürfnis nach Schutz gegen die Nässe. b) Es ist bekannt, dass das Handeln des einzelnen durch die bloße Tatsache, dass er sich innerhalb einer örtlich zusammengedrängten ‚Masse' befindet, stark beeinflusst wird (…): massen*bedingtes* Handeln." (Weber 1920, S. 671 f.)

Ich will einige Erläuterungen zu diesen vier Differenzierungen des sozialen Handelns geben.

(ad 1) Die zeitliche Dimension des sozialen Handelns (Orientierung am vergangenen, gegenwärtigen oder erwarteten Verhalten Anderer) ist evident.

(ad 2) Die zweite Differenzierung kann man sich an einem Beispiel klar machen. Wenn ich beim Mikadospiel auf die Tücke der wackligen Stäbchen reagiere, dann ist das kein soziales Handeln. Wenn ich aber einen Zusammenbruch des Haufens herbeiführe in der Hoffnung, dass dann einige Stäbchen zur Seite rollen und meine Tochter sich über einen gewonnen Punkt freut, dann ist es soziales Handeln.

(ad 3) Die dritte Differenzierung hat Weber selbst wieder erläutert. Ich will sie noch weiter kommentieren, weil daran deutlich wird, warum ich später Webers Begriff des *sozialen* Handelns unter der Prämisse, dass die Handlungssituation das erste, am Sinn des Handelns eines Anderen orientierte Handeln überdauert und eine Reaktion eines zweiten erfolgt, auf den – von ihm natürlich noch nicht benutzten! – Begriff der Interaktion zuführe.[1] Ich schmücke Webers Beispiel mit dem Zusammenstoß zweier Radfahrer aus. Wenn die zwei Radfahrer ineinanderknallen, dann ist das im soziologischen Sinn ein Ereignis, das nichts mit Handeln zu tun hat. Auch die Tatsache, dass an diesem bedauerlichen Ereignis zwei Individuen beteiligt sind, macht das Ereignis nicht zum sozialen Handeln. Wenn aber, so malt Weber die Kollision aus, beide sich anschließend prügeln, dann sprechen

---

[1] Siehe unten Abschn. 5.3 *Soziale Beziehung – aufeinander eingestelltes Verhalten*.

wir von „sozialem Handeln", denn das Handeln des einen ist an dem Sinn des Handelns des Anderen orientiert. Selbst wenn wir den unwahrscheinlichen Fall nehmen, dass der eine dem anderen eine runterhaut und der so Gezüchtigte ergeben stillhält, wäre das soziales Handeln, denn er reagiert ja, wenn auch in ungewöhnlicher Form. Aber eigentlich reichte es schon, wenn einer dem anderen eine Ohrfeige gibt, um von *sozialem* Handeln zu sprechen, denn Weber hatte ja definiert, dass Handeln „seinem von dem (…) Handelnden gemeinten Sinn nach auf das Verhalten anderer bezogen" sein müsse (Weber 1920, S. 653). Im konkreten Fall hat A den Sinn des Ereignisses sofort verstanden: B ist ein rücksichtsloser Rowdy und verdient deshalb eine Ohrfeige. Das wär's dann von seiner Seite. Das Handeln von B ist in seinem Ablauf natürlich umgekehrt an dem gemeinten Sinn des Handelns von A orientiert: Meint jener, dass er schuld und dieser im Recht ist, hält er still; meint er, dass der andere sich unverhältnismäßig aufplustert, schlägt er zurück.

(ad 4) Bei der vierten Differenzierung helfen vielleicht folgende Beispiele: Wenn ich einen Regenschirm aufspanne, um mich wie alle Anderen auch vor Nässe zu schützen, ist es kein soziales Handeln. Wenn ich aber keinen Regenschirm aufspanne, weil bestimmte Leute, an denen ich mich orientiere, das auch nicht tun (in einem bestimmten Alter ist das wohl so), dann ist das soziales Handeln. Oder: Wenn zwei Leute den Regenschirm aufspannen, um damit zugleich den Abstand zwischen sich zu vergrößern, dann ist es soziales Handeln. Und: Wenn nur einer den Regenschirm aufspannt in der Hoffnung, dass die Andere sich unterhakt, ist es ebenfalls soziales Handeln. Den letzten Fall des durch Andere *beeinflussten* Verhaltens kann man sich schließlich an folgendem Beispiel klar machen: Wenn ich nach einiger Zeit merke, dass ich wie alle anderen Zuschauer meine Fußballmannschaft mit einem Schlachtgesang anfeuere, ist es kein soziales Handeln. Ich habe mich unbewusst anstecken lassen, ohne darüber nachzudenken. Wenn ich aber nach reiflicher Überlegung zu dem Ergebnis komme, dass ich durch Mitsingen mein Scherflein dazu beitragen könnte, drohendes Unheil von meiner Mannschaft abzuwenden, dann ist es soziales Handeln. Ich orientiere mich nämlich an dem Sinn des Handelns der Anderen. Und als Beispiel für ein Handeln, das durch die Masse *bedingt* ist, nenne ich die Situation, wo der Pulk Sie in die Disco schiebt, obwohl Sie gerade beschlossen hatten, nach Hause zu gehen: Wenn Sie sich mitschieben lassen, ist es kein soziales Handeln, wenn Sie den Rückwärtsgang einlegen, schon.

Der Unterschied zwischen Handeln und sozialem Handeln ist, dass letzteres immer seinem Sinn nach auf das Verhalten Anderer bezogen ist. Natürlich, sagt Weber, sind die Übergänge fließend.

5.2   Bestimmungsgründe des Handelns: zweckrational, wertrational, affektuell, traditional

Die Erklärung, dass soziales Handeln auf das Verhalten Anderer bezogen und daran in seinem Ablauf orientiert ist, darf die Frage nicht übersehen machen, was uns denn überhaupt veranlasst, in einer bestimmten Weise *gegenüber* den Anderen und mit ihnen *gemeinsam* zu handeln. Webers Antwort ist nicht überraschend: Exakt kann man es in der Regel nicht sagen. Gleichwohl kann man grobe Unterscheidungen der *Motive* des Handelns vornehmen. Weber nennt sie „Bestimmungsgründe sozialen Handelns". Es sind in Reinform vier: „Wie jedes Handeln kann auch das soziale Handeln bestimmt sein 1. *zweckrational:* durch Erwartungen des Verhaltens von Gegenständen der Außenwelt und von andren Menschen und unter Benutzung dieser Erwartungen als ‚Bedingungen' oder als ‚Mittel' für rational, als Erfolg, erstrebte und abgewogene eigne *Zwecke,* 2. *wertrational:* durch bewussten Glauben an den – ethischen, ästhetischen, religiösen oder wie immer sonst zu deutenden – unbedingten *Eigen*wert eines bestimmten Sichverhaltens rein als solchen und unabhängig vom Erfolg, 3. *affektuell,* insbesondere emotional: durch aktuelle Affekte und Gefühlslagen, 4. *traditional:* durch eingelebte Gewohnheit." (Weber 1920, S. 673)

Gehen wir auch die Bestimmungsgründe des sozialen Handelns einzeln durch. Das soziale Handeln kann erstens *zweckrational* bestimmt sein, d. h. es werden gezielt bestimmte Mittel eingesetzt, um bestimmte Zwecke zu erreichen. „Zweckrational handelt, wer sein Handeln nach Zweck, Mittel und Nebenfolgen orientiert und dabei sowohl die Mittel gegen die Zwecke, wie die Zwecke gegen die Nebenfolgen, wie endlich auch die verschiedenen möglichen Zwecke gegeneinander rational abwägt." (Weber 1920, S. 675)

Zweitens kann soziales Handeln *wertrational* bestimmt sein. „Rein wertrational handelt, wer ohne Rücksicht auf die vorauszusehenden Folgen handelt im Dienst seiner Überzeugung." Es ist ein „Handeln nach ‚Geboten' oder gemäß ‚Forderungen', die der Handelnde an sich gestellt glaubt." (Weber 1920, S. 674) Dieses Handeln ist häufig mit unbedingtem Gehorsam verbunden. Beispiele finden wir in religiösem Verhalten und im Verhalten unter bestimmten Vorstellungen von Disziplin und verbindlichen Aufgaben. Das Handeln fundamentalistischer Bewegungen ist so begründet, aber auch das Handeln von Offizieren, die sich einem bestimmten Ehrencodex verpflichtet fühlen. Die ökologische Bewegung handelt nach bestimmten Werten, und eine konsequente christliche Nächstenliebe fühlt sich bestimmten Werten verpflichtet. Aber auch ganz andere

Überzeugungsgemeinschaften können nach bestimmten Werten handeln. Für alle gilt, dass für die Ziele des Handelns erst in zweiter Linie Zustimmung nach Logik und Rationalität, sondern in erster Linie Zustimmung nach Gefühl und Überzeugung gesucht wird. Selbst wo die Ziele des Handelns objektiv von irrational gesetzten Wertungen bestimmt sein mögen, ist das Handeln, in diesem Fall die Verfolgung der Ziele, in der Regel rational, d. h. konsequent. Beispiele für diese Vermischung wertrationalen und zweckrationalen Handelns ist das Selbstopfer der christlichen Märtyrer ebenso wie das Selbstopfer mancher politisch entschiedener Überzeugungstäter der Neuzeit.

Die dritte Orientierung nennt Weber *affektuell,* insbesondere emotional. Das Handeln kann eine hemmungslose Reaktion auf einen äußeren Reiz oder ein Ausbruch mächtiger Gefühle sein. Im strengen Sinn, wo dieses Handeln also ohne Reflexion, also Rationalisierung, erfolgt, steht das affektuelle Handeln „an der Grenze und oft jenseits dessen, was bewusst ‚sinnhaft‘ orientiert ist". (Weber 1920, S. 674)

Viertens kann das soziale Handeln *traditional* bestimmt sein. Insofern es „sehr oft nur ein dumpfes in der Richtung der einmal eingelebten Einstellung ablaufendes Reagieren auf gewohnte Reize" ist, steht auch dieses Handeln im strengen Sinn „ganz und gar an der Grenze und oft jenseits dessen, was man ein ‚sinnhaft‘ orientiertes Handeln überhaupt nennen kann". Und Weber fährt fort: „Die Masse alles eingelebten Alltagshandelns nähert sich diesem Typus." (Weber 1920, S. 673 f.) Beim traditionalen Handeln resultieren Ziele und Verlauf des Handelns aus der Gewohnheit, ohne dass viel darüber nachgedacht wird.

Diese Differenzierung hat natürlich nur heuristischen Wert und dient nur dazu, die *vorrangige* oder *auffällige* Orientierung zu bezeichnen, denn soziales Handeln ist selten „*nur* in der einen *oder* der andren Art orientiert." (Weber 1920, S. 675)

5.3 Soziale Beziehung – aufeinander eingestelltes Verhalten

Für Weber, ich wiederhole es, soll Soziologie eine Wissenschaft heißen, „welche soziales Handeln deutend verstehen und dadurch in seinem Ablauf und seinen Wirkungen ursächlich erklären will", und „*soziales* Handeln" soll ein solches Handeln heißen, „welches seinem von den Handelnden *gemeinten* Sinn nach auf das Verhalten *Anderer*" bezogen ist (Weber 1920, S. 653). Streng logisch muss die Formulierung „gemeinter" Sinn als Versuch verstanden werden, Ordnung in das nächste, *gemeinsame* Handeln zu bringen.

Um den Begriff des *gemeinsamen* sozialen Handelns auf den – von Weber natürlich noch nicht benutzten – Begriff der Inter-Aktion hinzuführen, rufe ich auch noch einmal kurz in Erinnerung, was das „Soziale" am sozialen Handeln ausmacht, woran es also orientiert ist. Das soziale Handeln kann „orientiert werden am vergangenen, gegenwärtigen oder für künftig erwarteten Verhalten Anderer", wobei die Anderen „Einzelne und Bekannte oder unbestimmte Viele und ganz Unbekannte sein" können und auch abstrakte Symbole, wie z. B. Geld, umfassen, von denen wir erwarten, dass sie für die Anderen das Gleiche wie für uns bedeuten (vgl. Weber 1920, S. 670 f.). Wenn man auf den *Prozess* des sozialen Handelns und darauf abhebt, dass auf das erste, am gemeinten Sinn des Handelns eines Anderen orientierte Handeln eine Reaktion dieses Anderen erfolgt, woran sich wiederum das Handeln des ersten orientiert, usw., dann liegen die Begriffe „soziales Handeln" und „Interaktion" durchaus eng zusammen. Wenn man aber stärker auf die *Form* der fortdauernden Wechselseitigkeit des Handelns abhebt, liegt der schon genannte Begriff der *sozialen Beziehung* noch näher.

Aus Webers Formulierung, dass das Handeln sich dem „Sinn nach auf das Verhalten *Anderer*" bezieht und „daran in seinem Ablauf orientiert ist", muss man schließen, dass das soziale Handeln *beiderseitig* etwas bewirkt und so Bedingungen des weiteren *gemeinsamen* Handelns schafft. Auf die so entstehende, das aktuelle Handeln überdauernde Form des wechselseitigen Handelns zielt der Begriff der *sozialen Beziehung*. Weber definiert ihn so: „Soziale ‚Beziehung' soll ein seinem Sinngehalt nach aufeinander *gegenseitig eingestelltes* und *dadurch orientiertes* Sich-Verhalten mehrerer heißen." (Weber 1920, S. 676, Hervorhebungen H. A.) Damit steht Webers Theorie der sozialen Beziehung ganz in der Nähe zu Simmels These von der *Wechselwirkung*.[2]

Soziale Beziehung ist also kein Zustand, sondern ein Prozess „*beider*seitigen (…) *aufeinander*" bezogenen sozialen Handelns, wobei jeder Beteiligte eine bestimmte Einstellung beim Anderen ihm gegenüber voraussetzt und „an diesen Erwartungen sein eigenes Handeln orientiert". (Weber 1920, S. 676 f., Hervorhebungen im Original) An dieser letzten Formulierung ist die Bewegungsrichtung des Handelns interessant: Der Handelnde *setzt voraus,* dass der Andere ihm gegenüber bestimmte Einstellungen hat (sicher ist er natürlich nicht), tut dann aber gleich schon so, als ob sie ganz sicher vorhanden sind, somit tatsächliche *Erwartungen* sind, an denen er sich dann orientiert und auf die er „entsprechend" reagiert! Hier drängt sich natürlich die Frage auf, wie zu erklären ist, dass wir wechselseitig bestimmte Einstellungen und Erwartungen annehmen und dass wir

---

[2] Siehe oben Abschn. 2.1 *Wechselwirkung und Vergesellschaftung.*

überhaupt den „gemeinten Sinn" des Verhaltens Anderer „verstehen" können: Weber erklärt es so, dass es in einer bestimmten Kultur *durchschnittliche* oder *typische* Erwartungen an das Verhalten eines jeden Individuums gibt (vgl. Weber 1920, S. 677)[3].

Ich fasse Webers Ausführungen zum sozialen Handeln und zur sozialen Beziehung zusammen: *Soziales Handeln* ist die gegenseitige Orientierung von Individuen am gemeinten Sinn ihres Verhaltens. Sie können sich verstehen, weil sie sich an durchschnittlichen oder typischen Erwartungen orientieren. Eine *soziale Beziehung* heißt ein fortlaufendes, aufeinander gegenseitig eingestelltes und dadurch orientiertes Sichverhalten mehrerer.

Weber wendet sich nun den zwei Formen oder besser gesagt: der Qualität und dem Sinn sozialer Beziehungen zu.

5.4 Vergemeinschaftung und Vergesellschaftung

Soziale Beziehung, habe ich Weber gerade zitiert, „soll ein seinem Sinngehalt nach *aufeinander gegenseitig eingestelltes* und dadurch orientiertes Sichverhalten mehrer heißen", und er fährt fort: „Die soziale Beziehung *besteht* also durchaus und ganz ausschließlich: in der *Chance,* dass in einer (sinnhaft) angebbaren Art sozial gehandelt wird, einerlei zunächst: worauf diese Chance beruht." (Weber 1920, S. 676)

Soziale Beziehungen sind temporäre Ordnungen. Sie *„existieren"* nicht an sich, sondern „nur als menschliches *Handeln* bestimmten Sinngehalts." (Weber 1920, S. 693) Auch Formen sozialer Beziehungen, die seit je festzustehen scheinen, sind nur Formen auf Zeit. Deshalb betont Weber ausdrücklich: „Die soziale Beziehung *besteht,* auch wenn es sich um sogenannte ‚soziale Gebilde' wie ‚Staat', ‚Kirche', ‚Genossenschaft', ‚Ehe' usw. handelt, ausschließlich und lediglich in der Chance, dass ein seinem Sinngehalt nach in angebbarer Art aufeinander eingestelltes Handeln stattfand, stattfindet oder stattfinden wird. Dies ist immer festzuhalten, um eine ‚substantielle' Auffassung dieser Begriffe zu vermeiden. Ein ‚Staat' hört z. B. soziologisch zu ‚existieren' dann auf, sobald die Chance, dass bestimmte Arten von sinnhaft orientiertem sozialem Handeln ablaufen, geschwunden ist." (Weber 1920, S. 676 f.) Ein Staat, in dem nur noch

---

[3] Ich werde in Kap. 12 *Praktische Methoden, alltägliche Interaktionen in Gang zu halten* zeigen, dass genau diese Annahme der sozusagen normalen Erwartungen und des entsprechend „selbstverständlichen" Handelns der Ethnomethodologie zugrunde liegt – und wie böse Überraschungen man in dieser Hinsicht erleben kann.

eine Person vorhanden wäre, wäre keiner mehr, und einer, in dem sich keiner am Verhalten irgendeines Anderen orientierte, wäre noch keiner.

Begriffe für soziale Gebilde bezeichnen also nichts „Substantielles", das unabhängig vom Handeln beteiligter Individuen bestünde, sondern sagen etwas aus über den *Sinngehalt* bestimmter sozialer Beziehungen und die Chancen des Handelns, das durch die Tatsache des Eingestellt-Seins objektiv möglich ist. Der Sinngehalt einer Ehe bestand in der deutschen Gesellschaft bis vor kurzem darin, dass eine Frau und ein Mann die Chance haben, über längere Zeit zusammenzuleben und untereinander sexuelle Beziehungen zu haben. Ob sie die Chance nutzen oder nicht, ändert nichts an der Tatsache, dass es solche *durchschnittlichen* Erwartungen in dieser Gesellschaft gibt. Wo diese Chancen eines bestimmten sozialen Handelns nicht gegeben sind, handelt es sich nicht um die soziale Beziehung ‚Ehe'. Der Sinngehalt „konstituiert" eine soziale Beziehung (vgl. Weber 1920, S. 678).

Weber betrachtet nun zwei Formen der sozialen Beziehung. Die eine nennt er *Vergemeinschaftung,* die andere *Vergesellschaftung.*

„Vergemeinschaftung soll eine soziale Beziehung heißen, wenn und soweit die Einstellung des sozialen Handelns (…) auf subjektiv *gefühlter* (affektueller oder traditionaler) *Zusammengehörigkeit* der Beteiligten beruht." (Weber 1920, S. 694 f.) Typische Beispiele einer Vergemeinschaftung sind eine nationale Gemeinschaft, die Freundschaft oder die Familie. Dabei ist zu beachten, dass das *Gefühl* der Zusammengehörigkeit allein nicht reicht, um von einer sozialen Beziehung zu sprechen, sondern die Einzelindividuen müssen „auf Grund dieses Gefühls ihr Verhalten irgendwie *an*einander *orientieren.*" (Weber 1920, S. 697) Vergemeinschaftung als bestimmte Form der Ordnung sozialen Handelns besteht also im wechselseitigen, sozialen Handeln und nur so lange. Der Kampf ist denn auch der radikalste Gegensatz zur Vergemeinschaftung (vgl. Weber 1920, S. 696).

Kommen wir zu der zweiten Form der Ordnung sozialer Beziehungen, die Weber *Vergesellschaftung* nennt. Er schreibt: „Vergesellschaftung soll eine soziale Beziehung heißen, wenn und soweit die Einstellung des sozialen Handelns auf rational (wert- oder zweckrational) motiviertem Interessen*ausgleich* oder auf ebenso motivierter Interessen*verbindung* beruht." (Weber 1920, S. 695) Typische Beispiele dieser sozialen Beziehung sind der *Tausch* auf dem Markt, der nichts mit Gefühlen zu tun hat, sondern rein nach dem zweckrationalen Prinzip des Ausgleichs sachlicher Interessen funktioniert, der *Zweckverein, z. B.* der Verein zur Aufklärung über die Verschwendung von Steuergeldern, in dem sich Individuen zusammentun, um gemeinsame Interessen durchzusetzen, oder der *Gesinnungsverein, z. B.* der Club der inneren Erleuchtung, in dem die Mitglieder aus wertrationaler Motivation handeln.

An den genannten Beispielen dürfte schon deutlich geworden sein, dass die Grenze zwischen Vergemeinschaftung und Vergesellschaftung nicht trennscharf ist. „Die große Mehrzahl sozialer Beziehungen (…) hat *teils* den Charakter der Vergemeinschaftung, *teils* den der Vergesellschaftung." (Weber 1920, S. 695) Wo man jeden Tag bei der gleichen Verkäuferin seinen € gegen Brötchen tauscht, wird im Laufe der Zeit eine freundliche Zuneigung wachsen, die einem vielleicht irgendwann sogar (gegen alle Zweckrationalität) ein Brötchen extra einträgt. Und umgekehrt kann sich in eine Ehe im Laufe der Zeit immer mehr das zweckrationale Prinzip des Austauschs gegenseitiger Dienste einschleichen.

5.5 Soziales Handeln und soziale Beziehung unter der Vorstellung einer geltenden Ordnung

Schlagen wir zum Schluss von Webers Theorie sozialer Beziehung einen virtuellen Bogen zu den später aufkommenden eigentlichen Interaktionstheorien.

Der prozessuale Begriff der sozialen Beziehung darf nicht übersehen machen, dass jede soziale Beziehung auch eine bestimmte *dauerhafte Form* darstellt, die nur ein ganz bestimmtes Handeln ermöglicht oder aber verlangt. Nach dieser Form ist auch der Kreis der Handelnden bestimmt. Das bringt Weber mit der Unterscheidung zwischen *offenen* und *geschlossenen* sozialen Beziehungen zum Ausdruck. In einer *offenen* sozialen Beziehung wird niemandem „die Teilnahme an dem an ihrem Sinngehalt orientierten gegenseitigen sozialen Handeln" (Weber 1920, S. 698) verwehrt, der nach der geltenden Ordnung zu handeln bereit und in der Lage ist. Ein Beispiel ins Große und eins ins Kleine gedacht: Der Markt steht jedem offen, der etwas zu bieten hat; offen ist auch der Kirchenchor für jeden, der mit einer schönen Stimme Gott loben möchte. Als *geschlossen* bezeichnet Weber soziale Beziehungen, wenn „ihr Sinngehalt oder ihre geltenden Ordnungen die Teilnahme ausschließen oder beschränken oder an Bedingungen knüpfen." (Weber 1920, S. 698) Wieder zwei Beispiele: Geschlossen ist die Gewerkschaft für Arbeitgeber; geschlossen ist auch eine Freundschaft für einen Dritten, bevor er nicht bewiesen hat, dass er diese intime Verbindung nicht nur nicht stört, sondern sogar noch bereichert.

Der Sinngehalt einer sozialen Beziehung kann in einer *gesatzten* Ordnung codifiziert sein. Das ist z. B. bei einem Autokauf der Fall, aber auch der Staat basiert auf einem im Grundgesetz festgehaltenen gemeinsamen Sinn. Der von allen Beteiligten gemeinte Sinn kann aber auch in *Versprechungen* oder sogar unausgesprochen in *Annahmen* des richtigen Handelns zum Ausdruck kommen. Die stillschweigende Bereitschaft zu einem solchen Handeln nennt Weber *Einverständnis*. In der gegenseitigen Annahme dieses Einverständnisses bilden sich Erwartungen heraus, dass ein Handeln erfolgen wird, „als ob" (vgl. Weber 1913, S. 290 f.) es einer gemeinsam gemeinten Ordnung folgte. Der ganz überwiegende Teil des Gemeinschaftshandelns erfolgt nach dem Prinzip des stillschweigenden Einverständnisses, aber auch Vergesellschaftung basiert in erheblichen Teilen auf dieser Annahme. Die gleichen Gründe, die als Motivierung des Handelns angenommen werden können, gelten auch für die Annahme der Motive des Einverständnisses. Dabei ist wichtig festzuhalten, dass dieses Handeln „als ob" nur aus einem bestimmten, *von beiden Seiten gemeinten Sinngehalt* einer sozialen Beziehung heraus möglich ist und verstanden werden kann!

Eine soziale Beziehung wird dadurch konstituiert, dass die Beteiligten an einen gemeinsamen Sinn der Beziehung glauben und wechselseitig voneinander annehmen, dass sie einem rational nachvollziehbaren Prinzip, also einer aktuell und für beide Seiten geltenden, objektiven Ordnung folgen. Damit will ich aber nicht sagen, dass die Beteiligten das „bewusst" tun. Angesichts „steigender Kompliziertheit der Ordnung und fortschreitender Differenzierung des gesellschaftlichen Lebens" ist das ohnehin nicht mehr anzunehmen. „Die empirische ,Geltung' *gerade* einer ,rationalen' Ordnung", heißt es bei Weber, „ruht (…) dem Schwerpunkt nach (…) auf dem Einverständnis der Fügsamkeit in das Gewohnte, Eingelebte, Anerzogene, immer sich Wiederholende. Auf seine subjektive Struktur hin angesehen, hat das Verhalten oft sogar überwiegend den Typus eines mehr oder minder annähernd gleichmäßigen Massenhandelns ohne jede Sinnbezogenheit." Paradoxerweise kennen wahrscheinlich gerade diejenigen „den empirisch geltenden Sinn von gesatzten Ordnungen" am besten, die sie verletzen oder umgehen wollen! (vgl. Weber 1913, S. 311 f.).

„Der Fortschritt der gesellschaftlichen Differenzierung und Rationalisierung" bedeutet also nicht, dass wir uns der sozialen Bedingungen unserer Existenz umso bewusster wären. Im Gegenteil. Was dem Denken und Handeln des Menschen in der Moderne in dieser Hinsicht eine „spezifisch ,rationale' Note gibt, (…) ist vielmehr: 1. der generell eingelebte Glaube daran, dass die Bedingungen seines Alltagslebens, heißen sie nun: Trambahn oder Lift oder Geld oder Gericht oder Militär oder Medizin, *prinzipiell* rationalen Wesens, d. h. der rationalen Kenntnis, Schaffung und Kontrolle zugängliche menschliche Artefakte seien (…), 2. die Zuversicht darauf, dass sie rational, d. h. nach bekannten Regeln und nicht (…) irrational funktionieren, dass man, im Prinzip wenigstens, mit ihnen ,rechnen', ihr Verhalten ,*kalkulieren*', sein eigenes Handeln an eindeutigen, durch sie geschaffenen Erwartungen orientieren könne." (Weber 1913, S. 312 f.) Es gibt, um Webers Theorie sozialer Beziehungen mit einer Theorie sozialer Ordnung zu verbinden, keine Ordnung an sich, sondern jede Ordnung besteht nur in der *Vorstellung* von der Rationalität des sozialen Handelns aller Beteiligten an einer sozialen Beziehung. Weber drückt das so aus: „Für die Soziologie aber ,ist' eben lediglich jene Chance der Orientierung an dieser *Vorstellung* ,die' geltende Ordnung." (Weber 1920, S. 685)

Eine soziale Beziehung ist an der *Geltung* einer bestimmten Ordnung orientiert. Geltung bedeutet mehr als bloße, eingelebte Regelmäßigkeit des Handelns, sondern Vorstellung, wie etwas sein *soll*. Dieses „soll" hängt eng zusammen mit der Vorstellung der oben genannten rationalen Gründe einer sozialen Beziehung oder wie Weber sagt: ihrer *legitimen* Geltung. Da es nicht um Geltung an sich geht, sondern immer nur um die Geltung für ein bestimmtes Handeln, differenziert Weber diese Vorstellungen der legitimen Geltung in der gleichen Weise, wie er die Bestimmungsgründe des Handelns unterschieden hat: „Legitime Geltung kann einer Ordnung von den Handelnden zugeschrieben werden: a) kraft *Tradition:* Geltung des immer Gewesenen; b) kraft *affektuellen* (insbesondere: emotionalen) Glaubens (…); c) kraft *wertrationalen* Glaubens (…), d) kraft positiver Satzung, an deren *Legalität* geglaubt wird." (Weber 1920, S. 689)

Aus allen vier Begründungen der Geltung kann erwartet werden, dass die Beteiligten an einer so geregelten sozialen Beziehung der Ordnung *zustimmen:* sie erkennen die Gründe *willig* an, weil sie ihren Vorstellungen einer vernünftigen Ordnung entsprechen. Die Geschichte hat auch gelehrt, dass eine Ordnung auf Dauer keinen Bestand hat, die nicht auf gewollte Zustimmung zählen kann. Die Geschichte der *Moderne* hat außerdem gezeigt, dass das letzte Prinzip, der Glaube an die *Legalität* einer Ordnung, die anderen Begründungen mehr und mehr ersetzt hat. Legalität heißt, dass definierte Zwecke und dazu passende Mittel klar gesetzt sind, die Geltung dieser Beziehung alle betrifft und von allen nachvollzogen wird und dass die Einhaltung der Geltung von allen auch kontrolliert werden kann.

Ich fasse Webers Ausführungen zum sozialen Handeln und zur sozialen Beziehung zusammen: *Soziales Handeln* ist die gegenseitige Orientierung von Individuen am gemeinten Sinn ihres Verhaltens. Sie können sich verstehen, weil sie sich an durchschnittlichen oder typischen Erwartungen orientieren. Eine *soziale Beziehung* heißt ein fortlaufendes, aufeinander gegenseitig eingestelltes und dadurch orientiertes Sichverhalten mehrerer. Die späteren soziologischen Interaktionstheorien werden diese Bestimmung übernehmen!

Literatur

Weber, M. (1913). *Über einige Kategorien der verstehenden Soziologie.* In: M. Weber (2002).

Weber, M. (1917). *Der Sinn der „Wertfreiheit" der soziologischen und ökonomischen Wissenschaften.* In: M. Weber (2002).

Weber, M. (1920b). *Soziologische Grundbegriffe.* In: M. Weber (2002).

Weber, M. (2002). *Schriften 1894–1922.* Ausgewählt von D. Kaesler. Stuttgart: Kröner.

Rollenübernahme und die Verschränkung der Perspektiven (George Herbert Mead)

6

Inhaltsverzeichnis

6.1 Geistiger Hintergrund – Pragmatismus und Behaviorismus 70
6.2 Die Orientierung an Zeichen, Gesten und signifikanten Symbolen. 73
6.3 Symbolisierung von Erfahrungen, Generalisierung von Erwartungen,
   Sprache und Denken 77
6.4 Play und game: Die Beobachtung und Imitation signifikanter Anderer
   und die Orientierung am generalisierten Anderen. 79
6.5 Institutionen: Gemeinsame Reaktion *aller* in typischen Situationen und
   generalisierte Haltung einer Gemeinschaft 84
6.6 Rollenübernahme und die Verschränkung der Perspektiven 89
6.7 „Me", „I" und „self" – soziale Identität, soziale Kreativität emergenter
   Reaktionen des Organismus, reflexives Bewusstsein der eigenen Individualität
   und der Intentionen und Konsequenzen sozialen Handelns. 92
Literatur. 98

Der Sozialpsychologe GEORGE HERBERT MEAD (1863–1931) wuchs in einem puritanischen Elternhaus in Massachusetts auf und schrieb sich 1879 in einem theologischen College und nach kurzer Berufstätigkeit 1887 am Department of Philosophy in Harvard ein. Im Studium wurde ihm eine Geschichtsphilosophie vermittelt, „die das Reich Gottes als geschichtliche Verwirklichung einer Gemeinschaft aller Menschen durch umfassende *Verständigung* interpretierte". (Joas 1999, S. 171) Ende der 1880er Jahre war Mead in Deutschland und lernte in Leipzig die Arbeiten des Psychologen Wilhelm Wundt, von dem er den Begriff der *Geste* übernahm, und in Berlin die Überlegungen des Philosophen Wilhelm Dilthey zu einer *verstehenden* Psychologie kennen. In Ann Arbor tritt er 1891 eine Dozentur im Fach Psychologie an und lernt dort John Dewey und Charles Horton Cooley kennen. Dewey nimmt ihn 1894 als Assistent mit nach Chicago,

© Springer Fachmedien Wiesbaden GmbH, ein Teil von Springer Nature 2020
H. Abels, *Soziale Interaktion,* https://doi.org/10.1007/978-3-658-26429-1_6

wo sich später Mead und William I. Thomas wechselseitig beeinflussen. Als ordentlicher Professor unterrichtete Mead in Chicago bis zu seinem Tod Philosophie und Psychologie. Dass er häufig als Ahnherr des Interaktionismus bezeichnet wird, hängt mit seiner berühmten Vorlesung zur Sozialpsychologie zusammen, die erst nach seinem Tod als Mitschrift seiner Studenten veröffentlicht wurde. Dort taucht der Begriff „interaction" nur an wenigen Stellen auf, wo er von „social relations and interactions" (z. B. Mead 1934b, S. 273) spricht. Den zentralen Gedanken dieses Buches kann man so zusammenfassen: Im Prozess der Kommunikation versetzen wir uns fortlaufend in die Rolle des Anderen. Wir übernehmen quasi seine Rolle *(taking the role of the other)*, denken von seiner Situation aus und reflektieren uns dabei selbst. Auf diese Weise *verschränken* sich unsere Perspektiven wechselseitig, und so verständigen wir uns, wie unser gemeinsames Handeln weitergehen soll. Wegen dieser fortlaufenden, wechselseitigen Effekte kann man den Begriff der Kommunikation auch mit *sozialer Interaktion* gleichsetzen.

6.1   Geistiger Hintergrund – Pragmatismus und Behaviorismus

Das ausgehende 19. und beginnende 20. Jahrhundert war in Amerika eine Zeit des ökonomischen und technischen Umbruchs. Das und der große Zustrom europäischer Einwanderer zogen einen *kulturellen Umbruch* und große soziale Probleme nach sich. Allein die Frage, wie sich Menschen unterschiedlicher Sprachen und Kulturen verständigen können, bewegte Sozialpolitiker und Wissenschaftler. In dieser Zeit entstand die intellektuelle Strömung des Pragmatismus. Diese sozialphilosophische Lehre, die vor allem mit den Namen von Charles S. Peirce, William James und John Dewey verbunden ist, erkannte das Wesen des Menschen in seinem Handeln (griech. pragma – Handlung). Ein zentrales Thema des Pragmatismus war der Zusammenhang zwischen Bewusstsein und Handeln, zwischen Denken, Erfahrung und Wirklichkeit, ein anderes, welche praktischen Wirkungen die begriffliche Fassung, also die Bezeichnung der Welt und der handelnden Personen hat, wie real also Dinge und Personen durch unsere Definitionen werden, und ein drittes, wie „wahr" der Konsens ist, den die Individuen durch ihr Denken und Handeln faktisch herstellen. In dieser letzteren Hinsicht verzichtet der Pragmatismus auf den Anspruch einer absoluten Wahrheit und bemisst den Wert eines *prozessualen* Konsenses an Nützlichkeit und praktischem Erfolg.

Das Zentrum dieser geistigen Strömung war Chicago, eine Stadt, in der die schlimmen Folgen einer ungezügelten Industrialisierung mit Forderungen praktischer Sozialreformen, in denen sich auch Mead[1] engagierte, zusammentrafen. Chicago war damals auch ein Zentrum der amerikanischen Soziologie, und Mead, der im Nachbardepartment lehrte, scheint zumindest über seinen Kurs der Sozialpsychologie, der ab 1900 Pflicht für alle Soziologiestudenten war, Einfluss auf die Soziologie gehabt zu haben.

Zum geistigen Hintergrund Meads gehört zweifellos auch die seinerzeit vorherrschende psychologische Theorie des *Behaviorismus,* die sein Freund und Kollege John Watson vertrat. Worin sich Meads Sozialpsychologie von Watsons Lerntheorie unterschied, kann man sich so klarmachen: Für Watson war Verhalten konsequente Reaktion auf äußere Reize und insofern auch regulierbar, wenn man eben die äußeren Bedingungen veränderte. Er vertrat die These, dass Verhalten durch äußere Reize ausgelöst wird. Dieses Verhalten nannte er Reaktion. Wie das Tier *lernt* auch der Mensch, welche Reaktionen zu welchem Erfolg führen. Fest davon überzeugt, man könne mit einem gezielten Arrangement von Reizen jeglichen Lernerfolg erzielen, gab Watson ein berühmtes Versprechen ab:

„Gebt mir ein Dutzend gesunder, wohlgebildeter Kinder und meine eigene Umwelt, in der ich sie erziehe, und ich garantiere, dass ich jedes nach dem Zufall auswähle und zu einem Spezialisten in irgendeinem Beruf erziehe, zum Arzt, Richter, Künstler, Kaufmann oder zum Bettler und Dieb, ohne Rücksicht auf seine Begabungen, Neigungen, Fähigkeiten, Anlagen und die Herkunft seiner Vorfahren. (…) Persönlichkeit ist nichts anderes als das Endprodukt unserer Gewohnheitssysteme." (Watson 1930, S. 123, 270)

Watson interessierte ausschließlich beobachtbares Verhalten. Was Andere über das sagten, was in der „black box" – Seele oder Kopf oder irgendetwas Ähnliches – passiert, hielt er für reine Spekulation. Den Glauben an die Existenz eines Bewusstseins *(consciousness)* verwies er in die „alten Zeiten des Aberglaubens und der Magie." (Watson 1930, S. 36) Deshalb lehnte er auch – wie Mead kritisierte – einen Begriff wie „Geist" *(mind)* als falsch ab (vgl. Mead 1934a, S. 48).

Mead hielt aber gerade die geistigen Aktivitäten als Erklärung für Verhalten für wichtig, und die entscheidenden Reize bestanden für ihn im *Verhalten* der Individuen *zueinander.* Deshalb hat Mead seine Theorie auch als *Sozialbehaviorismus* bezeichnet (Mead 1934a, S. 44). Damit wollte er zum

---

[1] Vgl. zu Meads sozialreformerischen Aktivitäten: Joas (1980, S. 27–33).

Ausdruck bringen, dass die entscheidenden Reize für das Verhalten des Menschen in ihrem wechselseitigen Verhalten, den *Gesten (gestures),* bestehen und dass der Mensch auf diese (und andere) Reize auch nicht bloß reflexhaft *reagiert,* sondern sie erst einmal *deutet.* Das kann er, weil er aus der Erfahrung des Verhaltens Anderer und seines Verhaltens darauf ein Bewusstsein typischer Situationen und typischer Handlungen entwickelt. Sieht er sich nun mit einer konkreten Situation und konkreten Gesten konfrontiert, wird dieses Bewusstsein aktiv. Im Gegensatz zum Tier kann der Mensch seine Reaktion *verzögern* und erst einmal überlegen, was nach seinen bisherigen Erfahrungen der Andere durch sein Verhalten wohl zum Ausdruck bringt. Aus der Interpretation der Gesten der Anderen ziehen die Individuen ihre Schlüsse, organisieren danach ihr nächstes Verhalten und werden durch ihr Verhalten somit zum neuen Reiz für die Anderen usw. usw. Die Individuen entwickeln aus der – natürlich nicht vollbewussten! – Erfahrung des Verhaltens Anderer und ihres Verhaltens darauf ein Bewusstsein von sich selbst, typischen Anderen und typischen Situationen. Aus diesem *eigenen* Bewusstsein heraus handeln sie *aktiv* und *organisieren* ihre soziale Umwelt *selbst.*

Mit seiner Theorie des Sozialbehaviorismus verteidigte Mead sozusagen ein Stück Freiheit des Menschen: während im strengen Behaviorismus ein passives Individuum unter dem Diktat seiner Umwelt steht, rückte Mead das aktiv handelnde und vernunftbegabte Subjekt in den Vordergrund. Mead erklärt die tätige Auseinandersetzung des Menschen mit seiner Welt mit einer spezifisch menschlichen Fähigkeit, die er *Geist* nennt. Sie besteht darin, signifikante Symbole zu schaffen und zu verwenden. Diese Fähigkeit, die das Verhalten steuert, ist in sozialen Prozessen entstanden und wird in sozialen Prozessen immer wieder bestätigt. Das werde ich gleich weiter ausführen.

Mit dem Begriff Sozialbehaviorismus wollte sich Mead aber noch von der zweiten großen psychologischen Theorie seiner Zeit abgrenzen, von der Psychoanalyse. Obwohl er nur an einer Stelle explizit Kritik andeutet, indem er von der „mehr oder weniger fantastischen Psychologie der Schule Freuds" (Mead 1934a, S. 255) spricht, kann man vermuten, dass sein Vorbehalt gegen alles Spekulative auch damit zusammenhängt, dass er auch von dieser Seite her versuchte, dem Individuum ein Stück Freiheit zu erhalten: Mead sah das Individuum eben nicht determiniert durch unbewusste seelische Vorgänge, die in der frühesten Kindheit abliefen und dann nur noch Variationen eines festliegenden Grundthemas zuließen. Wo er den Begriff des Bewusstseins oder der inneren Erfahrung benutzt, band er ihn an ein objektiv sichtbares Verhalten in konkreten sozialen Prozessen und nicht an eine innere, subjektive Welt (vgl. Mead 1934a, S. 43). Deshalb legte er auch so großen Wert auf die Beobachtung des Verhaltens.

6.2   Die Orientierung an Zeichen, Gesten und signifikanten Symbolen

Wie Watson betrachtete Mead den Menschen zunächst einmal als ein biologisches Wesen, das auf *Reize* aus seiner Umwelt *reagiert.* Anders aber als das Tier, das auf seine artspezifische Umwelt *instinktiv* reagiert, erschließt sich der Mensch seine Welt über *symbolische Bedeutungen* und bewältigt sie durch sein Handeln. Diesen Gedanken entwickelt Mead im Rahmen einer anthropologischen Theorie der *Kommunikation,* mit der er die Grundzüge menschlicher Sozialität freizulegen sucht. Dabei unterscheidet er zwischen Zeichen, Gesten und Symbolen.

a) Zeichen

Die einfachsten natürlichen Zeichen sind Sinnesreize, die instinktive Reaktionen auslösen. Man hört z. B. den Donner und zuckt unwillkürlich zusammen. Tiere und Menschen reagieren auf diese Zeichen in ähnlicher Weise. Es sind Reaktionen, die von jeder sozialen Beziehung unabhängig sind. Und doch gibt es schon in der Reaktion auf äußere Zeichen einen wichtigen Unterschied zwischen Mensch und Tier: für ihn steht die Umwelt, hier ein lauter Krach, nicht fest, sondern er kann solche Zeichen sogar bewusst herbeiführen und damit bestimmte Reaktionen bei sich auslösen. Nehmen wir z. B. die Knallerei zu Silvester. Während der unerfahrene Hund bei jedem lauten Knall instinktiv unters Sofa flüchtet, kann es dem erfahrenen Mann in der Silvesternacht nicht laut genug sein. Letzterer hat aus langen Erfahrungen ein *Bewusstsein* typischer Situationen und typischer Reaktionen entwickelt. Er verbindet mit diesem Krach Freude auf das Neue Jahr, weiß sich in dieser Freude eins mit den Anderen, die es ebenfalls knallen lassen, und wird im nächsten Jahre diese Umwelt seines Handelns wieder genauso „organisieren". Das Tier ist auf seine Umwelt festgelegt und reagiert auf sie in instinktiver Weise; der Mensch reagiert auf Reize in *reflexiver* Weise und entscheidet selbst, wie er reagieren wird. Gegen den strengen Behaviorismus, der den Menschen mehr oder weniger als passives Produkt seiner Umwelt ansah, wendet Mead deshalb ein, dass die Umwelt nicht feststeht, sondern „in gewissem Sinne als Hypothese" besteht: Der Mensch kann sich seine Umwelt selbst aussuchen, und er kann seine Umwelt „organisieren", also selbst schaffen (Mead 1934a, S. 293).

b) Gesten

Der Gedanke der reflexiven Reaktion ist besonders wichtig, wenn wir die Reize betrachten, die in *wechselseitigen Beziehungen* eine zentrale Rolle spielen. Es ist das gezeigte und wahrgenommene *Verhalten.* Mead nennt es *Geste (gesture).* Den Begriff der Geste hat Mead von dem deutschen Psychologen Wilhelm Wundt übernommen, dessen Vorlesungen er in Leipzig besucht hatte. Die Geste bringt eine spezifische Haltung *(attitude)* auf der einen Seite zum Ausdruck, die in der Kommunikation als spezifischer Reiz *(specific stimulus)* auf ein Gegenüber wirkt (Mead 1934a, S. 53, 52, Anm. 9). Das erläutert Mead am Beispiel von zwei kämpfenden Hunden: „Die Handlung jedes der beiden Hunde wird zum Reiz, der die Reaktion des Anderen beeinflusst." (Mead 1934a, S. 81)

Gesten lösen nicht beliebiges Verhalten, sondern eine ganz bestimmte Reaktion aus. So zeigen sich die beiden Hunde durch ihr Knurren an, zu welcher Aggression sie gegebenenfalls bereit sind. Diese Geste wird vom andern auch so verstanden und löst eine bestimmte Reaktion aus. Beim einen sträubt sich das Fell, der andere legt die Ohren an. Jeder reagiert instinktiv auf das Verhalten des anderen und zeigt das in einer neuen Geste an, was wiederum neue Reaktionen und Gesten auslöst. Immer aber reagiert das Tier automatisch, d. h. es kann sich nicht zwischen möglichen Reaktionen entscheiden und es kann auch nicht seine Reaktionen verschieben, sondern es muss so reagieren, wie es von Natur aus bedingt ist. Gesten erfüllen die Funktion, bestimmte Reaktionen hervorzurufen, auf die wiederum eine bedingte Reaktion erfolgt usw. usw.

Diese Funktion haben Gesten in der Kommunikation zwischen Menschen im Prinzip auch. Doch Mead zeigt, dass in der Reaktion auf Gesten ein entscheidender Unterschied zwischen Tier und Mensch liegt. Ein Tier reagiert auf eine Geste sofort und in festgelegter, instinktiver Weise, während der Mensch, sobald sich das Bewusstsein ausbildet, in der Lage ist, seine Reaktion zu *verzögern,* und erst einmal *nachdenkt.* Das *Denken* zeichnet den Menschen gegenüber dem Tier aus. Während der Hund auf die angelegten Ohren des anderen Hundes mit drohendem Knurren reagiert, überlegen wir, ob die sanfte Art unseres Gegenübers echt oder nur eine raffinierte Strategie ist, uns in Sicherheit zu wiegen.

Im Falle der verzögerten Reaktion auf eine bestimmte Geste bedeutet Denken, dass der Mensch von der sichtbaren Geste abstrahiert und überlegt, welcher *Sinn* in ihr in der konkreten Situation möglicherweise zum Ausdruck kommt. Wenn z. B. jemand in der Diskothek vor unseren Augen die Faust ballt, kann das den Beginn eines Streites bedeuten. Wenn jemand das in einem Hörsaal tut, verstehen wir es als körperbetonte Didaktik, mit der uns der Dozent etwas eindringlich nahe bringen will. Wir verstehen es so, weil wir unsere bisherigen Erfahrungen heranziehen und sie mit der neuen Situation vergleichen. Dass ein Professor seine Studenten verprügelt, haben wir noch nie gehört, und dass man sich in einer Diskothek manchmal prügelt, weiß jeder.

An diesem Beispiel wird zweierlei deutlich: Sinn ist die Verbindung einer Geste mit einer Handlung, die stattgefunden hat und die sie repräsentiert, oder einer Handlung, die von ihr ausgelöst wird (Mead 1934a, S. 120, 121 Anm. 15). Gesten verweisen also auf etwas vor oder nach der konkreten Situation. Zweitens ist der Mensch in der Lage, Gesten zu *interpretieren*. Das macht den *Geist (mind)* oder den Verstand des Menschen aus, dass er die konkrete Situation verallgemeinert und nach der Idee fragt, die mit der Geste zum Ausdruck gebracht werden soll (vgl. Mead 1934a, S. 86). Geist heißt, „eine Situation in einen ideellen Rahmen" (Mead 1934a, S. 224) bringen. Die Idee ist der Sinn, der einer Situation beigelegt wird.

Bis hierher haben wir Gesten vor allem als Auslöser von *Reaktionen* betrachtet. Wenden wir uns nun der Frage zu, welche Bedeutung ihnen für *Aktionen* und für die *Organisation gemeinsamen Handelns* zukommt. Bezogen auf die Ingangsetzung und Fortführung gemeinsamen Handelns will ich den Begriff der Geste etwas konkretisieren: Unter einer Geste kann man alles wahrnehmbare *Verhalten* wie Körperhaltung, Positionierung im Raum, Sprechen oder Schweigen, Mimik etc. verstehen. In Gesten kommen Haltungen *(attitudes)* zum Ausdruck, weshalb Mead sie auch als „Anfänge sozialer Handlungen" und Teil der *Organisation* einer sozialen Handlung bezeichnet (Mead 1934a, S. 82 f.). Nach Mead sind Gesten der grundlegende Mechanismus *(basic mechanism)*, der eine *soziale Handlung (social act)* auslöst und, indem er *passende Reaktionen (appropriate responses)* des einen auf das Verhalten des Anderen ermöglicht, den *sozialen Prozess (social process)* in Gang hält (vgl. Mead 1934a, S. 52, b, S. 14).

Gesten bringen einen bestimmten *Sinn (meaning)* zum Ausdruck, bedeuten also etwas ganz Bestimmtes. Ihre soziale Funktion ist, beim Anderen *passende* Reaktionen hervorzurufen. Diese Reaktionen werden wiederum zum Reiz „für eine neuerliche Anpassung" der darauf erfolgenden Gegenreaktion, „bis schließlich die endgültige soziale Handlung zustande kommt". (Mead 1934a, S. 83) Im Zusammenspiel *(interaction, interplay)* der Reaktionen bildet sich schließlich die angemessene, gemeinsame soziale Handlung heraus. Es wird eine situative Ordnung hergestellt.

c) Signifikante Symbole

Gerade wurde schon gesagt, dass Gesten einen bestimmten *Sinn (meaning)* zum Ausdruck bringen. Sie bedeuten etwas. Wie kommt es zu der Vorstellung, dass sie etwas bedeuten und was sie bedeuten? Mead erklärt es so: Indem wir die Erfahrung machen, dass eine bestimmte Geste in ganz bestimmten Situationen immer wieder erfolgt, wird sie uns zur *typischen* Geste. Wir verallgemeinern also die Umstände und gehen davon aus, dass auch in Zukunft der Sinn ähnlicher Situationen durch diese Geste zum Ausdruck gebracht wird. Genauso verallgemeinern wir auch immer wiederkehrende Zeichen oder Objekte. Wir bringen sie sozusagen auf den Begriff oder, wie Mead sagt: sie werden zum *Symbol.* „Wir verweisen auf den Sinn einer Sache, wenn wir ein Symbol verwenden. Symbole stehen für den Sinn jener Dinge oder Objekte, die einen solchen Sinn haben; es handelt sich bei ihnen um Teile der Erfahrung, die andere Teile der Erfahrung aufzeigen oder repräsentieren, die gegenwärtig oder in der gegebenen Situation nicht direkt vorhanden, aber alle in der Situation präsent sind." (Mead 1934a, S. 162 f. Anm. 29) Als ein Beispiel nenne ich den Handschlag zwischen Politikern. Wird er herzlich oder nur nebenher gegeben, zieht einer den Anderen dabei an seinen Körper heran oder schütteln sie sich die Hand über einer (tatsächlich auf dem Boden markierten oder gedachten) Trennungslinie? Symbole bringen den Sinn eines Handlungszusammenhangs zum Ausdruck, und zugleich verweisen sie auf seine Vorgeschichte, seine Randbedingungen und seine mögliche Zukunft.

Nun ist es im ganz normalen Alltag nicht ausgeschlossen, dass die Individuen ein und dieselbe Situation und die sie repräsentierenden Symbole ganz unterschiedlich interpretieren. Wie ist Kommunikation dann möglich, was ist eine Bedingung, dass sich Individuen mit unterschiedlichsten Erfahrungen letztlich doch verständigen? Das ist möglich, weil sich im Laufe der Zeit in jeder Gesellschaft *signifikante Symbole* herausbilden. Mead spricht dann von einem signifikanten Symbol, wenn eine Geste von allen Beteiligten als Ausdruck einer gemeinsamen Idee verstanden wird (Mead 1934a, S. 85). Hebt man auf die Handlungsrelevanz eines signifikanten Symbols für alle Beteiligten ab, kann man den Begriff so präzisieren: Von einem signifikanten Symbol kann man dann sprechen, wenn ein Zeichen oder eine symbolische Geste beim anderen Individuum die gleiche Vorstellung über die dahinter liegende Bedeutung hervorruft wie im Erzeuger und somit die gleiche Reaktion auslöst (vgl. Mead 1934a, S. 188 f.).

6.3 Symbolisierung von Erfahrungen, Generalisierung von Erwartungen, Sprache und Denken

„An dem Punkt, an dem eine Geste" bei *allen* die gleiche Bedeutung hervorruft und als signifikantes Symbol im kollektiven Erfahrungsschatz festgestellt ist, „wird sie zu dem, was wir *Sprache* nennen." (Mead 1934a, S. 85) In der Sprache sind die kollektiven Erfahrungen einer Gesellschaft gespeichert. Sie ist Träger intersubjektiv geteilten Wissens und versorgt uns mit den Erklärungen für Situationen, wie wir sie normalerweise erleben.

Sprache kann „das Hier und Jetzt überspringen" und ist „fähig, eine Fülle von Phänomenen zu vergegenwärtigen, die räumlich, zeitlich und gesellschaftlich vom Hier und Jetzt abwesend sind. Genauso kann sie weite Bereiche subjektiver Erfahrung und subjektiv gemeinten Sinnes objektivieren im Hier und Jetzt. Kurz gesagt, durch die Sprache kann eine ganze Welt in einem Augenblick ‚vorhanden' sein." (Berger und Luckmann 1966, S. 39, 41) Die Sprache ist das Symbolsystem par excellence.

Wie hat man sich den Zusammenhang von Sprache und Erfahrungen vorzustellen? Zur Beantwortung dieser Frage muss ich kurz referieren, wie nach Mead individuelle Erfahrungen zustande kommen. Danach werden äußere Erfahrungen sinnvoll zu „inneren Erfahrungen" verarbeitet. Diese inneren Erfahrungen bezeichnet Mead, wie gesagt, als „Haltungen" *(attitudes),* und die wiederum sind „Anfänge von Handlungen". (Mead 1934a, S. 43) Nachdem ich dreimal erlebt habe, dass man bösen Buben im Sandkasten nicht mit Argumenten kommen kann, nehme ich mir für künftigen Streit eine robustere Strategie vor. Erfahrungen werden also zu einer individuellen Haltung „organisiert", in einer bestimmten Situation in einer sinnvollen Weise zu handeln. Mit kollektiven Erfahrungen verhält es sich genauso. Auch sie organisieren sich zu einer gemeinsamen Vorstellung, wie „man" in einer bestimmten Situation handelt; aus dieser Vorstellung ergeben sich generelle Erwartung, dass „man", d. h. jeder in dieser Gesellschaft, sich auch so verhält. Erfahrungen, die sich aus Reaktionen ergeben haben, die alle Beteiligten als erfolgreich angesehen haben, wurden im Laufe der Zeit „symbolisiert" (Mead 1934a, S. 52 Anm. 9) und als Erwartungen „generalisiert". Kollektive Erfahrungen und generelle Erwartungen kommen im Symbolsystem Sprache zum Ausdruck.

Symbole sind die typische Sprache, in der sich Individuen über die Ordnung ihrer Gesellschaft und die Organisation der Interaktionen verständigen. Symbole stehen für organisiertes Verhalten, und sie lösen organisiertes Verhalten immer wieder aus.

In dem Augenblick, wo das Individuum Symbole verwendet und sich der möglichen Bedingungen und Konsequenzen seines eigenen und des Verhaltens des Anderen bewusst wird, zeigt sich, dass es zur „reflexiven Intelligenz" fähig ist und über „Geist" verfügt (Mead 1934a, S. 159). Bezogen auf die Interaktion bedeutet Geist die Fähigkeit des Menschen, den Sinn einer Handlungssituation zu reflektieren, d. h. ihre Voraussetzungen und Konsequenzen zu bedenken, und erwartbares Verhalten zu antizipieren. Darauf stellt der Mensch sein Verhalten ab, organisiert es unter eigener Absicht und bringt den reflektierten Sinn einer Geste oder Situation in der Kommunikation mit dem Anderen zum Ausdruck. Der Geist ist dem Menschen also nicht vorab gegeben, sondern aus *sozialen* Erfahrungen entstanden, die er mit *Anderen* gemacht hat.

Die gemeinsame Sprache ist ein Fundus kollektiven Wissens, wie man sich in typischen Situationen verhält. Das Einleben in das Symbolsystem Sprache erlaubt, dass wir bestimmte Erfahrungen gar nicht mehr selbst machen müssen. Mit der Sprache übernehmen wir kollektive Deutungen der Welt, und wenn wir die gemeinsame Sprache verwenden, dann unterstellen wir, dass auch alle Anderen unsere Welt genauso deuten.

Über das, was als selbstverständlich angenommen wird, braucht man eigentlich nicht zu sprechen, zumindest nicht hörbar. Und in der Tat ist es so, dass in Interaktionen neben oder anstelle von hörbarem Sprechen eine symbolische Aktivität erfolgt, die Mead *Denken* nennt. Und auch diese Auszeichnung des Menschen gegenüber dem Tier ist wie die Sprache Ergebnis und Form sozialer Interaktion: Denken ist ein verinnerlichtes *(internalized)* oder implizites Gespräch des Individuums mit sich selbst und konkreten oder gedachten Anderen mithilfe signifikanter Symbole (Mead 1934b, S. 47). Denken heißt, dass wir mittels Sprachsymbolen jederzeit über Eindrücke, Erfahrungen und Erwartungen verfügen können. Im Grunde sind Symbole nichts anderes als abkürzende Sprache. Indem wir diese *gemeinsame* Sprache sprechen, unterstellen wir, dass wir alle auch die gleichen Erwartungen normalen Verhaltens hegen. So wird Verhalten wechselseitig antizipierbar. Die situative *Ordnung* der Interaktion wird stillschweigend auf eine virtuelle Ordnung bis auf Weiteres umgestellt.

Von der Auszeichnung des Menschen, denken zu können, hängt eine andere Fähigkeit ab: Es ist die Fähigkeit, in Gedanken die Rolle eines konkreten Anderen einzunehmen *(taking the role of the other)* (Mead 1934a, S. 113). Damit ist gemeint, dass ich mich, bevor ich handele, in die Rolle des Anderen hineinversetze. Deshalb ist die Fähigkeit der Rollenübernahme auch als Empathie bezeichnet worden (vgl. Rose 1962, S. 7). Nach Mead bedeutet, in Gedanken die

Rolle eines konkreten Anderen zu übernehmen, noch mehr: Ich stelle mir auch vor, wie er auf mein Verhalten reagieren wird, d. h. ich denke über mein Verhalten und seine Reaktion von seinem Standpunkt aus nach! Das kann ich, weil wir beide in dergleichen Gesellschaft sozialisiert worden sind. Eben deshalb kann ich auch unterstellen, dass sich der Andere ähnliche Gedanken macht. Er weiß, dass ich mich in seine Rolle versetze und deshalb mein Verhalten in eine ganz bestimmte Richtung lenken werde. Und er weiß, dass ich weiß, dass er das weiß usw. usw. Auf diese Weise *verschränken* sich unsere Perspektiven, und so stellen wir uns in unserem Handeln aufeinander ein. Das werde ich später noch weiter ausführen.

Der Prozess der Rollenübernahme und der Verschränkung der Perspektiven dient dazu, „den Einzelnen und seine Handlungen im Hinblick auf den organisierten gesellschaftlichen Erfahrungs- und Verhaltensprozess zu integrieren." (Mead 1934a, S. 300 f.) Das darf aber nicht als normative Zurichtung des Denkens und Handelns der Individuen missverstanden werden. Mead verbindet nämlich mit der Erklärung, dass sich die Individuen durch ihr wechselseitiges, aufeinander bezogenes und sich gegenseitig bedingendes Verhalten zu einer Ordnung der Gesellschaft und konkreter Interaktionen integrieren, eine unmissverständliche Forderung, was Gesellschaft ist und wie sie zu sein hat: Die Gesellschaft ist ein *universe of discourse* (Mead 1934b, S. 89 f., 156). Als „ideal" kann sie dann gelten, wenn jedes rationale Wesen den *Symbolen,* in denen sich die Gesellschaft verständigt, zustimmen kann; als legitim, wenn „eine vom moralischen Standpunkt aus gute Sache (…) für jedermann unter den gleichen Voraussetzungen gut" ist (Mead 1934a, S. 316, 432). Die „ideale Gesellschaft" ist ein „universeller Diskurs", ein „Ideal der Kommunikation". (Mead 1934b, S. 317, 327)

6.4 Play und game: Die Beobachtung und Imitation signifikanter Anderer und die Orientierung am generalisierten Anderen

Eine erste Antwort auf die Frage, was Individuen in ihrer Gesellschaft verbindet und gemeinsames Handeln ermöglicht und ausmacht, hat Mead damit gegeben, dass sie sich an Zeichen, Gesten und signifikanten Symbolen orientieren. Mit dieser Erklärung hing eine zweite zusammen: Die Individuen symbolisieren kollektive Erfahrungen, reflektieren ihr wechselseitiges Verhalten, indem sie denken, und kommunizieren in einer gemeinsamen Sprache.

Eine dritte Erklärung gibt Mead, indem er die Entwicklungsphasen nachzeichnet, in denen das Kind *lernt,* zuerst die Haltungen *signifikanter*

Bezugspersonen und dann des von Mead so genannten *generalisierten Anderen* einzunehmen. In der ersten Phase, die Mead die Phase des *play* nennt, identifiziert es sich mit einzelnen, konkreten Personen aus seinem nahen Umfeld, imitiert ihr Verhalten und spielt an ihrer statt und nur für sich ihre Rollen durch. In der zweiten Phase gerät es nach und nach in Situationen, in denen mehrere Kinder nach bestimmten Regeln zusammenspielen. Solche Spiele nennt Mead *game*. Um teilnehmen zu können, muss das Kind nicht nur den Sinn des Spiels erfassen und das Prinzip verstehen, nach dem die einzelnen Rollen aufeinander bezogen sind, sondern auch die typische Haltung aller Beteiligten einnehmen. Diese prinzipielle Haltung, die *alle* Individuen in einer *bestimmten* sozialen Situation verbindet, nennt Mead den *generalisierten Anderen*. Interaktion ist nur möglich und nur so funktioniert sie, indem sich Individuen in typischen sozialen Situationen wechselseitig an ihrem konkreten Verhalten *und* am generalisierten Anderen, der sozusagen das *signifikante Symbol* bestimmten Verhaltens ist, orientieren.

Sowohl im play als auch im game lernt das Kind, wer es in der Interaktion mit konkreten oder gedachten Anderen ist *(Identität)*, was in der Gesellschaft als „gut" oder „schlecht" *(Werte)*, „richtig" oder „falsch" *(Normen)* gilt und als normales Verhalten erwartet wird und wie sich die Handlungen der einzelnen Individuen zu einem gemeinsamen Verhalten organisieren *(Interaktion)*. Betrachten wir die beiden Entwicklungsphasen genauer.

a) Play

Mit *play* bezeichnet Mead das Rollenspiel des Kindes. Das Kind spielt die strafende Mutter, den nervösen Vater oder den helfenden Arzt. Im Fantasiespiel übernimmt es Rollen von wichtigen Bezugspersonen. In der Meadschen Tradition werden sie auch *signifikante Andere* genannt. Im Rollenspiel denkt und handelt das Kind von ihrem Standpunkt aus. Deshalb kann man auch nicht sagen, es *tut* so, *als ob* es der Andere wäre, sondern es *ist* der Andere in diesem Augenblick. „Das Kind sagt etwas in einer Eigenschaft und reagiert in einer anderen, worauf dann seine Reaktion in der zweiten Eigenschaft ein Reiz für es selbst in der ersteren Rolle ist, und so geht der Austausch weiter. So entwickelt sich in ihm und in seiner anderen, antwortenden Identität eine organisierte Struktur. Beide Identitäten pflegen einen Dialog mit Hilfe von Gesten." (Mead 1934a, S. 193)

Im play versetzt sich das Kind abwechselnd in die eigene Rolle und die der signifikanten Anderen, verwickelt sie in einen Dialog, spielt sie im Verhältnis zu sich selbst durch, tritt sich in diesen selbst gegenüber. Im freien Spiel lernt das Kind sich auf andere Identitäten einzulassen. Auf diese Weise bekommt es nicht nur ein Gefühl für die Rolle der Anderen, sondern auch ein Gefühl für sich selbst, denn es vergewissert sich der Reaktionen der Anderen auf sein Verhalten und seiner eigenen Reaktion auf das Verhalten der Anderen. Indem sich das Kind mit signifikanten Anderen identifiziert, bildet es für sich eine plausible *Identität* aus, aber es ist eine Identität, die die Haltungen dieser Anderen spiegelt: „Der Mensch wird, was seine signifikanten Anderen in ihn hineingelegt haben". Die subjektive Aneignung der Identität durch Spiegelung und Verarbeitung der Haltungen, die Andere zu einem einnehmen, ist aber nur die eine Seite der Medaille. Auf der anderen Seite steht, „dass der Einzelne nicht nur Rollen und Einstellungen Anderer, sondern in ein und demselben Vorgang auch ihre Welt übernimmt. (…) Die subjektive Aneignung der eigenen Identität und die subjektive Aneignung der sozialen Welt sind nur verschiedene Aspekte ein und desselben Internalisierungsprozesses, der durch dieselben signifikanten Anderen vermittelt wird." (Berger und Luckmann 1966, S. 142 f.)

Im play zieht das Kind die Rollen signifikanter Anderer an sich heran. Indem es sich in ihre Rolle hineinversetzt und aus ihrer Sicht denkt und redet, verinnerlicht es auch ihre typischen Reaktionen und die Haltungen, die dahinter stehen. Dadurch übernimmt es fremde *Werte,* die über seine eigenen hinausgehen und sie allmählich überformen. Es macht also Erfahrungen, wie „man" in seiner kleinen Welt denkt und handelt.

Unter diesem Gesichtspunkt der sozialen Reaktion auf Verhalten kann man auch die Entstehung von *Normen* so nachzeichnen: In der Phase des „play" antizipiert das Kind konkrete Reaktionen konkreter Anderer auf konkretes Verhalten. „Bei zerrissenen Hosen ist mit schimpfenden Eltern zu rechnen. Zwischen richtigem und falschem Verhalten, zwischen ,gut' und ,böse' kann deshalb nur anhand der erwartbaren Folgen unterschieden werden. ,Richtig' ist, was angenehme (oder zumindest neutrale) Reaktionen auslöst, ,falsch' ist, was zu unangenehmen Reaktionen führt." (Schneider 2002, Band 1, S. 215) Ein moralisches Bewusstsein existiert noch nicht, es sei denn, dem Kind wird eingeredet, die zerrissene Hose sei auch etwas Verwerfliches, das ein gutes Kind nicht tut und das die Mama betrübt.

Zurück zum – hoffentlich – normalen Fall der Orientierung an den Reaktionen der Anderen kann man sagen, dass das Kind in der Phase des „play" normative Erwartungen nur bei einem individuellen Gegenüber und nur als *konkrete* Erwartungen in einer spezifischen Situation wahrnimmt. Zu einer generellen Beurteilung normativer Erwartungen eines *generalisierten* Anderen ist es deshalb noch nicht in der Lage, „weil dazu *mehrere Perspektiven voneinander differenziert und miteinander koordiniert* werden müssen." (Schneider 2002,

Band 1, S. 216) Zu dieser kognitiven Leistung ist das kleine Kind noch nicht fähig, und deshalb tut es etwas „Gutes" nicht, weil es an einen abstrakten Wert glaubt, sondern weil es angenehme Reaktionen auslöst, und es unterlässt das „Falsche" nicht, weil es nach einer abstrakten Wertvorstellung „böse" ist, sondern weil es unangenehme Reaktionen gewärtigt.[2]

b) Game
Das play, so könnte man verkürzend sagen, bleibt strukturell im sozialen Nahbereich, weil es sich an signifikanten Anderen orientiert, die dem Kind vertraut sind. Im Rollenspiel imitiert es, was ihm aus Erfahrung vertraut ist. Niemand kontrolliert sein Verhalten, und es kann sein Spiel jederzeit in eine ganz andere Richtung lenken. Das alles ändert sich, wenn das Kind in ein organisiertes Spiel eintritt. Ein solches geregeltes Gruppenspiel nennt Mead *game*.
Der Unterschied zwischen dem game und dem play liegt zunächst einmal darin, dass das Kind sich im game mit einem Gruppenziel identifizieren muss. Zweitens: während im play einzelne Rollen und nur nacheinander übernommen werden, tritt es im game in mehreren Rollen zugleich auf. Außerdem sieht es sich mit mehreren konkreten Mitspielern und ggf. ebenso konkreten Gegenspielern konfrontiert, von deren Verhalten das eigene beeinflusst wird und deren Verhalten es selbst auch beeinflusst. Um im Spiel zu bleiben, muss es wissen, wer wann was tut oder tun soll und wie wer auf was reagiert. Nehmen wir das Beispiel des Fußballspiels: um ein Tor zu erzielen, muss ich wissen, dass es neben mir noch andere Spieler gibt, die das wollen und die mich unterstützen, vielleicht aber auch Konkurrenten sind. Ich muss wissen, dass es viele Andere gibt, die diesen Erfolg verhindern wollen. Ich muss wissen, dass das Ziel, ein Tor zu machen, nur ein Ziel ist. Ein anderes ist, dass die eigene Mannschaft kein Tor kassiert. Also muss ich bei meinem Verhalten auch sehen, wie es mit dem Verhalten der Anderen zusammenpasst, die z. B. verteidigen. Kurz: ich muss in jedem Augenblick meines Handelns die Gründe und Konsequenzen des Handelns aller Anderen oder vieler Anderen im Kopf haben.
Was das für die Organisation des eigenen Verhaltens bedeutet, beschreibt Mead so: Im Wettkampf mit mehreren Personen „muss das Kind, das eine

---

[2] Nur vernünftige Eltern erwarten, dass Kinder bei einem Konflikt „etwas einsehen". Die aber folgen klugerweise nur dem Gesetz des Stärkeren oder strecken sich nach der Decke der geringsten Sanktion!

Rolle übernimmt, die Rolle aller anderen Kinder übernehmen können. Macht es (beim Baseball) einen bestimmten Wurf, so muss es die Reaktionen jeder betroffenen Position in seiner eigenen Position angelegt haben. Es muss wissen, was alle Anderen tun werden, um sein eigenes Spiel erfolgreich spielen zu können. Es muss alle diese Rollen einnehmen. Sie müssen zwar nicht alle gleichzeitig im Bewusstsein präsent sein, doch muss es zu gewissen Zeitpunkten" die möglichen Reaktionen und die generelle Haltung von verschiedenen Spieler gleichzeitig „in der eigenen Haltung präsent haben". (Mead 1934a, S. 193)

Im nächsten Schritt muss es die vielen Haltungen der Anderen und seine Haltung ihnen gegenüber zu einem Ganzen organisieren. Das gelingt nur, wenn es von dem konkreten Handeln der Einzelnen abstrahiert und sich das Prinzip oder die Idee des Handelns eines *jeden* in der gemeinsamen sozialen Situation klar macht. Dabei stößt es auf die Tatsache, dass es eine generelle „Organisation der Haltungen aller jener Personen" gibt, „die in den gleichen Prozess eingeschaltet sind." Diese Organisation aller Haltungen aller Beteiligten zu einer *generellen* Haltung wird von Mead „*der (das) verallgemeinerte Andere*" genannt (Mead 1934a, S. 196). Die Organisation einer generellen Haltung beinhaltet natürlich auch die Organisation typischer *Erwartungen* an das richtige Verhalten aller Beteiligten, und deshalb kann man das verallgemeinerte Andere auch als Summe aller Erwartungen verstehen. Der Begriff des *generalized other* kann auch für die Vorstellung der Haltung eines *typischen Jeden* in einer typischen Situation stehen. In dieser Hinsicht nimmt der Begriff Simmels Erklärung auf, wie wir unser Bild vom Anderen gewinnen: Wir sehen ihn „in irgendeinem Maße verallgemeinert". (Simmel 1908, S. 47)

Bleibt noch die Frage, was die *Identität* des Individuums in der Interaktion mit den vielen konkreten Anderen im game und in der Orientierung am generalisierten Anderen ausmacht. Im play, habe ich referiert, denkt und handelt das Kind vom Standpunkt signifikanter Anderer aus; es tut nicht so, als ob es dieser signifikante Andere wäre, sondern es *ist* in diesem Augenblick dieser Andere. Und wenn es auf diesen signifikanten Anderen antwortet, dann antwortet es in einer anderen, nämlich *seiner* Identität. „Beide Identitäten pflegen einen Dialog mit Hilfe von Gesten." (Mead 1934a, S. 193) Für diese Interaktion ist typisch, dass sich das Kind weder dieser Identitäten noch der wechselseitigen Reaktionen bewusst wird. Das ist im game anders. Hier erfährt es ziemlich schnell, dass Rollen rasch wechseln können, dass mit ihnen bestimmte Erwartungen verbunden sind und dass die Teilnehmer sie mit mehr oder weniger Geschick ausfüllen. Und anders als im play, in dem es von keinem beobachtet und schon gar nicht kontrolliert wird, ob es die Rollen auch

richtig spielt, steht das Kind im game unter sozialer Beobachtung. Seine Leistungen werden kontrolliert. Die gestischen oder sprachlichen Reaktionen der
Anderen auf sein Verhalten machen ihm klar, dass es in einer bestimmten
Weise angesehen wird. Dieses Bild wird allmählich Teil des Bewusstseins
des Kindes von sich selbst. Seine Identität, um schon auf Meads spätere
Erklärungen vorzugreifen, ist Teil und Ergebnis der „gesellschaftlichen Organisation des Menschen". (Mead 1934a, S. 299)

6.5   Institutionen: Gemeinsame Reaktion *aller* in typischen Situationen und generalisierte Haltung einer Gemeinschaft

Meads oben zitierte These, dass Kommunikation „das Grundprinzip der
gesellschaftlichen Organisation des Menschen" (Mead 1934a, S. 299) ist, wirft
die Frage auf, wie diese Organisation im ganz normalen Alltag erfolgt und
worin sie zum Ausdruck kommt. Eine erste Antwort hat Mead mit der Erklärung
geben, dass wir uns wechselseitig an konkreten Gesten und signifikanten Symbolen orientieren. Eine zweite Antwort bestand in der These, dass wir kollektive Erfahrungen in einer gemeinsamen Sprache symbolisieren und uns in dieser
Sprache über den Sinn einer bestimmten Situation und die Erwartungen, die sich
daraus für alle Beteiligten ergeben, verständigen. Eine dritte Antwort gibt Mead
mit einer *Theorie der Institution*. Sie ist für die Erklärung, warum Interaktionen
in Gang kommen und den ersten Augenblick überdauern, äußerst wichtig. Um es
schon vorab zu sagen: Institutionen haben die Funktion, die Individuen in einen
„organisierten gesellschaftlichen Erfahrungs- und Verhaltensprozess" zu integrieren (Mead 1934a, S. 300 f.).

Wie diese Integration erfolgt, haben wir gerade am Beispiel des game
gesehen. Dort wurde das Kind mit typischen Regeln des Verhaltens und typischen
Haltungen und Erwartungen aller Beteiligten konfrontiert. Die Organisation aller
Haltungen zu einer generellen Haltung wird, wie gesagt, von Mead als der oder
das „verallgemeinerte Andere" bezeichnet (Mead 1934a, S. 196).

Diese Erklärung, wie Interaktion in einer *Gruppe* erfolgt, darf nicht zu dem
falschen Schluss verleiten, im generalisierten Anderen käme nur der Geist dieses
einen Spiels oder dieser einen Gruppe zum Ausdruck. Es ist vielmehr so, dass
die Teilnehmer bei der Orientierung am generalisierten Anderen auch eine Vorstellung von einer generellen Regelung des Verhaltens aller bekommen, denen sie
in anderen, ähnlichen Situationen begegnen. Konkret: Ob sich das Individuum in
diesem oder jenem Mannschaftssport engagiert, ob es dieser oder jener Gruppe

angehört, immer wird es auf etwas stoßen, das alle verbindet und das Verhalten in diesen Gemeinschaften regelt. Übertragen wir diesen letzten Gedanken auf die Gesellschaft als Ganzes und fragen, wie gesellschaftliche Regelungen die Haltungen der vielen Individuen zu einer kollektiven Haltung organisieren.

Als Einstieg zitiere ich Meads These, worum es in der Sozialpsychologie geht und wie man das Verhalten eines Individuums verstehen muss. „Die Sozialpsychologie untersucht (…) das Verhalten des Individuums, so wie es in den gesellschaftlichen Prozess eingebettet ist; das Verhalten eines Individuum kann nur in Verbindung mit dem Verhalten der ganzen gesellschaftlichen Gruppe verstanden werden, dessen Mitglied es ist, denn seine individuellen Handlungen sind in größeren, gesellschaftlichen Handlungen eingeschlossen, die über den Einzelnen hinausreichen und andere Mitglieder dieser Gruppe ebenfalls betreffen." (Mead 1934a, S. 45)

Betrachten wir den Prozess der Einbettung individuellen Verhaltens in gesellschaftliche Handlungen genauer und fragen, wie das heranwachsende Individuum erfährt, dass etwas Allgemeines, Generelles sein Verhalten und das aller Anderen bestimmt. Ich will es so sagen: Je mehr sich sein Bewusstsein entwickelt, umso mehr merkt es, dass das Verhalten der Anderen offensichtlich bestimmten Mustern folgt und dass sie alle anscheinend eine bestimmte *generelle Haltung* zu Dingen und Situationen verbindet. Diese generelle Haltung ist aber mehr als nur eine typische Einstellung zu typischen Situationen, sie ist verbindliche *Regelung* des Verhaltens aller.

Wie ist es zu diesen generellen Haltungen bei den Mitgliedern einer Gesellschaft gekommen? Nach Meads sozialbehavioristischer Sicht resultieren generelle Haltungen aus der gemeinsamen Erfahrung, dass bestimmte soziale Reaktionen erfolgreich waren, das Interesse aller am besten abbildeten und deshalb im Konsens und als Prinzip weiteren Handelns beibehalten wurden. Erfahrungen wurden so „symbolisiert" und als Erwartungen „generalisiert". Diese abstrakte, gemeinsame Haltung einer Gemeinschaft oder sozialen Gruppe hat Mead, wie gerade gesagt, deshalb auch den „generalisierten Anderen" genannt (vgl. Mead 1934a, S. 196). Im Grunde ist der „generalisierte Andere" der gedachte Horizont der Vorstellungen, was „man" in einer bestimmten Situation gewöhnlich so tut und was man deshalb auch von allen Beteiligten mit Fug und Recht erwarten kann. In diesem Sinne setzt Habermas den „generalisierten Anderen" auch mit dem „Kollektivbewusstsein" in der Theorie von Durkheim[3] gleich (Habermas 1981, Band 2, S. 73).

---

[3] Siehe oben Abschn. 3.3 *Kollektivbewusstsein – die gemeinsame Vorstellung des Verbindenden und des Verbindlichen.*

Meads These ist nun, dass in den normalen Interaktionen die kollektiven Haltungen und sozialen Regelungen verinnerlicht werden; sie werden zum Antrieb des Handelns und in der Interaktion wechselseitig bestätigt. Auf diese Weise werden die Handlungen der einzelnen Individuen zu einem *gemeinsamen* Verhalten „organisiert". Organisiertes Verhalten meint natürlich mehr als das prinzipielle Verhalten konkreter Individuen in konkreten Situationen. Es meint die grundsätzliche Regelung des Verhaltens *aller* in *bestimmten* sozialen Situationen. Die so entstandene „Ordnung des Verhaltens" bezeichnet Mead als *Institution:* „Die Institution ist eine gemeinsame Reaktion seitens aller Mitglieder der Gemeinschaft auf eine bestimmte Situation." Lösen wir diese gemeinsame Haltung in uns aus, „so nehmen wir die Haltung des *verallgemeinerten Anderen* ein. Diese organisierten Reaktionen sind aufeinander bezogen; wenn man eine von ihnen auslöst, löst man indirekt auch die anderen aus." (Mead 1934a, S. 308)

Organisierte Reaktionen sind aus Handlungen hervorgegangen und bestimmen weiteres Handeln: „Somit sind die Institutionen der Gesellschaft organisierte Formen der Tätigkeit der Gruppe oder der Gesellschaft – und zwar so organisiert, dass das einzelne Mitglied der Gesellschaft adäquat und gruppenkonform handeln kann, indem es die Haltung Anderer zu dieser Tätigkeit einnimmt." (Mead 1934a, S. 308)

Da ich bei den theoretischen Erklärungen, wie Interaktion funktioniert und was sie bewirkt, immer auch das Thema Identität in den Blick nehme, will ich an dieser Stelle zwei Missverständnissen vorbeugen. Das erste bestünde in der Annahme, „adäquat und gruppenkonform" mit Anpassung und Ausschaltung von Identität oder Individualität gleichzusetzen. Das zweite bestünde in der Annahme, Identität äußere sich nur oder vor allem im Gegensatz zu einer Institution. Zur Widerlegung dieser Missverständnisse referiere ich Mead selbst, der sich im Gestus eines Appells an eine allgemeine *fortschrittliche* Entwicklung – von Institution und Identität – äußert.

Gegen das erste Missverständnis: Mead räumt ein, dass es zwar „oppressive, stereotype und ultrakonservative gesellschaftliche Institutionen wie die Kirche" gebe, „die durch ihre mehr oder weniger starre und unbewegliche Fortschrittsfeindlichkeit unsere Individualität zerstören oder jeden persönlichen oder originellen Ausdruck der Gedanken und des Verhaltens der einzelnen (…) Persönlichkeiten entmutigen", doch eine solche Entwicklung müssten Institutionen keineswegs von Natur aus nehmen: Es gibt gar keinen unüberwindlichen Grund dafür, warum gesellschaftliche Institutionen „nicht vielmehr, wie das ja für viele auch zutrifft, flexibel und fortschrittlich sein und die Individualität fördern sollten." (Mead 1934a, S. 308 f.) Institutionen dürfen niemals als endgültige Regelungen gesehen werden, und es ist auch nicht ihre Aufgabe, „starre und spezifische Handlungsmuster" zu definieren, „die in jeder gegebenen Situation das Verhalten aller intelligenten und gesellschaftlich verantwortlichen Individuen" bestimmen. „Ganz im Gegenteil, sie brauchen (diese) Verhaltensweisen nur sehr flexibel und allgemein zu definieren, sodass sie der Originalität, Flexibilität und Vielfalt dieses Verhaltens genug Raum" geben (Mead 1934a, S. 309). In Institutionen werden also *keine Muster festgestellt,* auf die dann Individuen mustergültig zu reagieren haben, sondern sie stecken einen flexiblen Rahmen ab, in dem die Individuen ihr Verhalten im Prozess der Interaktion abstimmen.

Kommen wir zu dem zweiten möglichen Missverständnis, Institution und Identität als Gegensätze zu verstehen. Hier ist die Position Meads eindeutig, indem er Institutionen sogar zur Voraussetzung von Identität macht. Er schreibt: „Auf jeden Fall könnte es ohne gesellschaftliche Institutionen (…) überhaupt keine wirklich reife Identität oder Persönlichkeit geben. Die in den allgemeinen gesellschaftlichen Lebensprozess eingeschalteten Individuen, deren organisierte Manifestationen die gesellschaftlichen Institutionen sind, können nämlich nur insoweit eine wirklich ausgereifte Persönlichkeit entwickeln (…), als jedes von ihnen in seiner individuellen Erfahrung die organisierten gesellschaftlichen Haltungen oder Tätigkeiten spiegelt oder erfasst, die die gesellschaftlichen Institutionen verkörpern oder repräsentieren." (Mead 1934a, S. 309)

Die Erklärung für diese These erfolgt etwas später, und sie nimmt Bezug auf das Prinzip der *Rollenübernahme*[4] als Bedingung von Interaktion und Gesellschaft überhaupt: Weil es Institutionen gibt, an die sich der Einzelne halten kann, ist es ihm auch möglich, „in sich selbst nicht nur eine einzige Reaktion des Anderen auszulösen, sondern sozusagen eine Reaktion der Gemeinschaft als Ganzer. Das ist es, was das Individuum zum geistigen Wesen macht." (Mead 1934a, S. 315) Das Individuum wird sich seiner Identität und seiner Sozialität bewusst in der Übernahme der Rolle des generalisierten Anderen. Und auch das darf nicht mit Anpassung verwechselt werden. Im Gegenteil, weil sich die Individuen ihrer Sozialität *und* Identität bewusst sind, kann man auch erwarten, dass sie die organisierten Verhaltensmuster nicht einfach zum Muster ihrer Identität nehmen, sondern durch ihre Identität der „Struktur oder Organisation der Gesellschaft" ihren Stempel aufdrücken und „so in gewissem Ausmaß die allgemeinen Verhaltensweisen (…) modifizieren." (Mead 1934a, S. 310 Anm. 10) Das klang schon bei Durkheim an, der Individualität sogar zur Voraussetzung der Entwicklung der Gesellschaft gemacht hat![5]

---

[4] Was damit gemeint ist, werde ich gleich erklären.

[5] Siehe oben Abschn. 3.1 *Solidarität – das Gefühl wechselseitiger Verbundenheit.*

Zurück zum Thema, dass Institutionen organisierte Formen der Tätigkeit der Gruppe oder der Gesellschaft sind und einen *Rahmen* für Handlungen darstellen. Indem die Individuen in ihren Handlungen die prinzipielle Haltung des „generalisierten Anderen" einnehmen, also ihre Rollen nach normalen Erwartungen spielen, heben sie den *Sinn* der Institutionen für sich und die Anderen hervor und bestätigen ihn (vgl. Mead 1934a, S. 315). Die Kommunikation erfolgt über signifikante Gesten, vor allem aber über die Sprache. Weil wir uns der gemeinsamen Sprache der Gesellschaft bedienen, sind wir uns auch in der Regel sicher, dass wir „richtig" handeln und die Anderen darauf „richtig" reagieren.

Institutionen als organisierte, kollektive Handlungsformen sind nicht statisch, sondern dynamisch. Das versteht Mead nun aber nicht in dem Sinne, dass sich eben alles im Laufe der Zeit wandelt, sondern er nennt den Maßstab, an dem man nicht nur das Funktionieren einer Gesellschaft insgesamt, sondern auch ihrer Institutionen rational überprüfen muss: wie im oben genannten Fall der Geltung von signifikanten Symbolen muss auch jeder den Institutionen zustimmen können, und diese Zustimmung muss in der „idealen Kommunikation" einer wahrhaft demokratischen Gesellschaft permanent diskursiv hergestellt werden (vgl. Mead 1934b, S. 317, 327). Institutionen sind spezifische Diskurse, die spezifisches Handeln aller organisieren.

Zur Vorbereitung auf das jetzt anstehende Thema der *Rollenübernahme* will ich noch einmal kurz den Zusammenhang zwischen dem generalisierten Anderen, Institutionen und der Integration des Individuums in die kollektiven Haltungen der Gesellschaft darstellen. Im play schlüpft das Kind in die Rolle eines signifikanten Anderen, spielt auf dieser Stufe des Bewusstseins schon etwas durch, das außerhalb von ihm selbst existiert. Im game erfährt das Kind, dass es ein Prinzip des Handelns für alle in dieser Situation gibt. Um im Spiel zu bleiben, reicht es nicht aus, sich in die Rolle einiger gerade präsenter Anderer hineinzuversetzen, sondern es muss die Haltung eines generellen Anderen einnehmen und nach dieser generellen Regelung handeln. Aus dieser Sicht kann man gut nachvollziehen, wie Natanson den Begriff des generalisierten Anderen dargestellt hat: „Mead beschreibt, wie sich das Kind in seiner Geschichte entwickelt, ein Erwachsener und ein Teil der sozialen Welt wird und entlang dessen handelt, was ihm von seiner rollenmäßigen Entwicklung her vorgezeichnet ist. Die Endstufe dieser Entwicklung ist nach Mead dann erreicht, wenn das Individuum die Rolle, den Standpunkt, die Perspektive nicht nur eines Mitmenschen, einer konkreten Person, sondern letztlich auch einer Körperschaft, Organisation, Institution wie Staat, Gesetz, Gemeinschaft, einnehmen kann. Und dann, sagt Mead, sehe ich, wie ich auf ein gegebenes Ereignis oder auf eine gegebene Situation nicht als ich selber reagiere, sondern so, als wäre ich konfrontiert mit den Bedürfnissen,

Erfordernissen, Forderungen der Gemeinschaft, der Familie, des Gesetzes, der Firma, in der ich arbeite, des Krankenhauses, schließlich des Staates und weiter noch der Weltgemeinschaft." (Natanson 1979, S. 80)

Der generalisierte Andere ist die Summe der generellen Erwartungen an das Verhalten aller in einer bestimmten Situation; die gesellschaftliche Organisation der gemeinsamen Reaktion aller auf eine bestimmte Situation nennt Mead Institution. Die Gesellschaft ist der gedachte umfassende, generalisierte Andere, die Institutionen sind Objektivationen der Perspektiven, die in der Gesellschaft in typischen Situationen eingenommen werden.

Mit der Annahme eines generalisierten Anderen und der Erklärung, wie Institutionen zustande kommen und was sie bewirken, sind zwei Bedingungen genannt, dass Interaktionen möglich werden. Mit der nun folgenden These der Rollenübernahme und der Verschränkung der Perspektiven erklärt Mead, wie Interaktionen in Gang gehalten werden.

6.6 Rollenübernahme und die Verschränkung der Perspektiven

Im Rollenspiel des *play,* hieß es oben, schlüpft das Kind in die Rolle *signifikanter Anderer* und denkt und handelt von ihrem Standpunkt aus. Im organisierten Regelspiel des *game,* in dem im Prinzip jedes Verhalten des einen durch jedes Verhalten der Anderen bedingt wird, muss das Kind in die Rollen aller Beteiligten schlüpfen und von ihrem Standpunkt aus denken. Im Prinzip funktionieren auch die Interaktionen im ganz normalen Alltag so: ohne dass wir uns dessen bewusst sein müssen, versetzen wir uns ununterbrochen in die Rolle des Anderen und spielen in Gedanken kurz dessen Verhalten durch. Diese Fähigkeit, von der Position eines Anderen aus zu denken und virtuell zu handeln, nennt Mead *Rollenübernahme (taking the role of the other)* (Mead 1934a, S. 113). Die Rolle des Anderen zu übernehmen impliziert, dass wir uns von *seinem* Standpunkt aus den Zweck *seines* Verhaltens vorstellen, aber auch seine Reaktionen auf *unser* Verhalten antizipieren.

Wie können wir uns überhaupt in die Rolle eines Anderen hineindenken? Wir können es, weil wir in derselben Gesellschaft sozialisiert worden sind, uns an den gleichen signifikanten Symbolen orientieren, uns im Rahmen der gleichen Institutionen bewegen und – vor allem – weil wir eine *gemeinsame Sprache* sprechen. Sprache ist *die* Bedingung und Form menschlicher Kommunikation. Indem wir in der gleichen Sprache kommunizieren, unterstellen wir, dass wir alle auch die gleichen Symbole verwenden, in denen das gesellschaftliche Wissen und die Regeln des normalen Verhaltens zum Ausdruck kommen. Aus der wiederholten Erfahrung, dass aus der Orientierung an typischen (signifikanten) Symbolen nicht irgendein, sondern ein typisches Verhalten erfolgt, entspringt bei allen, die die gleiche Sprache sprechen, die Erwartung, dass sich alle auch in typischer, sprich: bekannter, Weise verhalten. Die Sprache ist der Speicher der *kollektiven Erfahrungen* einer Gesellschaft und der daraus entstandenen *kollektiven Erwartungen,* wie in dieser Gesellschaft gehandelt werden *soll.* Sie ist, wie ich es oben formuliert habe, Träger intersubjektiv geteilten Wissens und versorgt uns mit den Erklärungen für Situationen, wie wir sie normalerweise erleben. Wir gehen deshalb davon aus, dass wir einander *verstehen.*

Wie ist nun die Verbindung zwischen der Sprache als dem Speicher kollektiver Erfahrungen und dem *gemeinsamen* Handeln der Individuen zu denken? Blicken wir zunächst auf das Individuum, wie es in eine Interaktion hineingeht. Bevor der Mensch handelt, stellt er sich vor, worum es in einer konkreten Situation geht, was der Sinn ist und mit wem er es zu tun hat. Diese Fähigkeit, ich wiederhole es, bezeichnet Mead als *Denken.* Denken als Ergebnis und Form sozialer Interaktion ist ein „nach innen verlegtes Gespräch" des Individuums mit sich selbst und konkreten (aber auch gedachten) Anderen mit Hilfe typischer Gesten und signifikanter Symbole. „Dieses Hereinnehmen-in-unsere-Erfahrung dieser äußerlichen Übermittlung von Gesten, die wir mit anderen in den gesellschaftlichen Prozess eingeschalteten Menschen ausführen, macht das Wesen des Denkens aus. Die so nach innen genommenen Gesten sind signifikante Symbole, weil sie für alle Mitglieder einer gegebenen Gesellschaft oder gesellschaftlichen Gruppe den gleichen Sinn haben" und bei allen „die gleichen Haltungen auslösen". (Mead 1934a, S. 86 f.)

Denken heißt, dass wir mittels Sprachsymbolen jederzeit über Eindrücke, Erfahrungen und Erwartungen verfügen können. Im Grunde, ich wiederhole es, sind Symbole nichts anderes als abkürzende Sprache. Indem wir diese gemeinsame Sprache sprechen, unterstellen wir, dass wir alle auch die gleichen Erwartungen normalen Verhaltens hegen. Denken ist das Durchspielen einer Handlung, und zwar einer *gemeinsamen* Handlung. Im Denken, das meist gar nicht bewusst ist, kommen die Ideen zum Ausdruck, die wir durch unser Handeln auszuführen beabsichtigen bzw. die im Handeln ausgeführt worden sind. Beides, das *Denken* und das *Handeln,* macht die Interaktion aus.

Blicken wir jetzt darauf, wie Interaktionen in Gang gehalten werden. Durch die fortlaufende Rollenübernahme kommt es zu einer *Verschränkung der Perspektiven.* Sie ist gewissermaßen der Motor der Interaktion. Indem die Individuen sich wechselseitig beobachten und ihr Verhalten interpretieren, deuten sie sich gegenseitig an, wie es weitergehen soll. Diese Interaktion beinhaltet eine doppelte *Konstruktion:* ego versetzt sich nicht in „die" Rolle alters, sondern in eine Rolle, wie ego sie aufgrund seiner Erfahrung *vermutet,* und ego deutet nach der Interpretation der Reaktionen alters zum Zwecke der nächsten Interaktion nicht irgendeine eigene Rolle an, sondern die, die ego hier und jetzt spielen *will.* Aber ego und alter schreiben einander auch nicht irgendeine Rolle zu, sondern eine, die der Andere spielen *soll.* Der Prozess des role-taking ist immer auch einer des wechselseitigen „role-making". (Turner 1962, S. 216) Interaktion ist *Reaktion* und *Entwurf* zugleich.

Verbindet man nun die Vorstellung, dass ego und alter in einer konkreten Inter-aktion wechselseitig die Rolle des Anderen übernehmen, mit der begründeten Annahme, dass sie Gesten und Symbole in dergleichen Weise interpretieren und sich damit auf das beziehen, was als organisiertes Verhalten typisch für eine soziale Gruppe oder Gemeinschaft ist, dann wird klar, warum die Übernahme der Rolle des Anderen immer auch eine Form der sozialen Integration ist! Indem ego und alter nämlich ihre möglichen Reaktionen ins Kalkül ziehen, unterziehen sie ihr Verhalten einer *sozialen* Kontrolle. Sie revidieren vielleicht ihre Handlungs-absichten oder bestärken sie und lösen ein bestimmtes Handeln in sich aus, das dann wieder das Handeln des Anderen beeinflusst. Der Mechanismus der Über-nahme der Rolle des Anderen und der Verschränkung der Perspektiven dient dazu, „den Einzelnen und seine Handlungen im Hinblick auf den organisierten sozialen Erfahrungs- und Verhaltensprozess zu integrieren." (Mead 1934a, S. 301) Solange die stillschweigende Unterstellung gleicher Sprache, gleicher Sym-bole und gleicher Haltungen nicht enttäuscht wird, bleibt Interaktion über eine konkrete Situation hinaus möglich! Indem sich die Handelnden durch ihre Aktio-nen und Reaktionen zu verstehen geben, was in dieser Situation gilt und welchen Sinn sie ihrem wechselseitigen Handeln beimessen, kommt es zu einer kommuni-kativen *Verständigung* über Gründe und Ziele des Handelns.

Die bis hierher diskutierte Erklärung, dass wir deshalb einander verstehen und miteinander interagieren können, weil wir in dergleichen Gesellschaft und in der-gleichen Sprache sozialisiert wurden, hat ja etwas mit unserer gemeinsamen *Ver-gangenheit* zu tun. Neben diese Erklärung muss man deshalb eine zweite stellen, die die *Zukunft* unseres Handelns betrifft. Nach Mead werden äußere Erfahrungen sinnvoll zu „inneren *Erfahrungen"* verarbeitet. Diese inneren Erfahrungen bezeichnet er als „Haltungen" *(attitudes),* und die wiederum sind, wie gesagt, „Anfänge von Handlungen"; damit ist gemeint, dass die Organisation unserer Erfahrungen nicht nur das, „was unmittelbar abläuft, sondern auch die späte-ren Phasen" umfasst (Mead 1934a, S. 43, 50). Geht man auf eine Situation zu, dann denken wir – bewusst oder unbewusst – auch schon darüber nach, was wir dort tun wollen oder sollen. Auf eine Beerdigung stelle ich mich innerlich und durch mein ganzes Verhalten anders ein, als wenn ich auf meine Hochzeit gehe (wenigstens im Prinzip). Mead führt seinen Gedanken konsequent weiter und sagt, dass in der aktuellen Handlung schon die späteren Phasen der Handlung enthalten sind. Da also unsere Erfahrungen Teil sozialer Erfahrungen und innere Erfahrungen Anfänge von Handlungen sind und in ihnen wiederum weitere Handlungen beschlossen sind, wissen wir, was im nächsten Augenblick mit hoher Wahrscheinlichkeit passieren wird und wie sich alle an der Interaktion Beteiligten verhalten werden. Ego und alter bleiben gewissermaßen füreinander berechenbar und verlässlich. Die Ordnung der Interaktion bleibt möglich!

Indem sich im Prozess der Rollenübernahme die Individuen in die Position des Anderen hineinversetzen und sich im stummen Konsens über die nächsten Schritte verständigen, *verschränken* sich ihre Haltungen und Perspektiven.

Diese Verständigung über das, was gerade passiert und gleich passieren soll und welche Rolle die Individuen einander zurechnen, spielt sich aber nicht nur zwischen den Individuen, sondern auch innerhalb des Individuums ab, denn „sagt eine Person etwas, so sagt sie zu sich selbst, was sie zu den Anderen sagt". (Mead 1934a, S. 189) Dieses innere Gespräch, das in jeder Interaktion immer mitläuft, zielt nicht nur darauf ab, sich einem Anderen verständlich zu machen, sondern es dient auch dazu, dass sich das Individuum seiner selbst bewusst wird. Indem es die mögliche Reaktion der Anderen auf sein Verhalten antizipiert, wird es befähigt, sein weiteres – womöglich fehlerhaftes – Verhalten mit Rücksicht auf seine Partner zu regulieren. Das Individuum wird erst in der Reflexion der Interaktion mit den Anderen des Sinns seiner eigenen Handlungen gewahr, was bei Mead der Ursprung des Selbstbewusstseins ist. Darum geht es nun unter dem Stichwort „Identität".

6.7   „Me", „I" und „self" – soziale Identität, soziale Kreativität emergenter Reaktionen des Organismus, reflexives Bewusstsein der eigenen Individualität und der Intentionen und Konsequenzen sozialen Handelns

Am Ende des Kapitels über die Beobachtung und Imitation signifikanter Anderer im *play* und die Orientierung am generalisierten Anderen im *game* habe ich Meads These referiert, dass *unser Bewusstsein von uns selbst* ganz wesentlich in der Interaktion zwischen uns und den Anderen entsteht. Dieses Bewusstsein bezeichnet Mead als *self,* was in der deutschen Mead-Rezeption mit „Identität" oder „Ich-Identität" übersetzt wurde: Identität ist Teil und Ergebnis der

„gesellschaftlichen Organisation des Menschen". (Mead 1934a, S. 299) Das self ist aber mehr als das Bewusstsein eines eigenen Ich in der Reflektion der Bilder der Anderen von uns; es ist auch das Bewusstsein von den sozialen Bedingungen und Möglichkeiten und den Zielen des eigenen Handelns. Diese Fähigkeit des self ist die Voraussetzung für die Organisation des eigenen Handelns und für die aktive Teilnahme am Interaktionsprozess.

Betrachten wir das self zunächst unter dieser ersten Perspektive der *sozialen Konstitution der Identität*. Dazu muss ich kurz wiederholen, was Cooley[6] über den Zusammenhang von Interaktion und Bewusstsein von uns selbst und was Mead über die spezifisch menschlichen Fähigkeiten der *Rollenübernahme* und des *Denkens* gesagt haben. Nach Cooley speist sich die Idee, ein Selbst zu sein *(self-idea)*, aus unserer Vorstellung, wie wir vor den Anderen auftreten, und aus der Vorstellung, wie sie unser Auftreten beurteilen. Dieses Selbst, das in der Inter-aktion mit Anderen entstanden ist und darin zum Ausdruck kommt, *reflektiert* also die Reaktionen der Anderen. Deshalb bezeichnete Cooley dieses *social self* auch als *reflected or looking-glass self* (Cooley 1902, S. 184). Mead hebt stärker auf die Rolle des *Denkens* im Prozess der Rollenübernahme ab: Die Rolle eines Anderen zu übernehmen bedeutet nicht nur, dass wir von *seinem* Standpunkt aus den Zweck *seines* Verhaltens reflektieren, sondern dabei auch *unser* Verhalten bedenken, auf das er reagiert. Denken ist ein inneres Gespräch des Individuums mit konkreten oder gedachten Anderen – und mit sich selbst! Was es zu einem Anderen sagt (oder durch sein Verhalten ihm gegenüber zum Ausdruck bringt), sagt es auch zu sich selbst. Darauf komme ich noch einmal zurück.

Identität und Interaktion spielen ständig ineinander. Bei der Erklärung die-ses integrativen Prozesses lenkt Mead nun den Blick auf die beiden Seiten des *Ich,* die in der Interaktion aufscheinen und über die sich eine spezifische Identi-tät konstituiert. Das eine Ich ist dadurch entstanden, dass das Individuum die Identifikationen durch Andere übernimmt und dieses soziale Selbstbild in seinem Denken und Handeln zum Ausdruck bringt. Dieses in Interaktionen gewonnene soziale Ich, das gewissermaßen das spiegelt, wie Andere mich sehen, nennt Mead das „me". Dieser Begriff bezeichnet die *soziale Identität* des Individuums. Das „me" steht für die Summe der Spiegelungen der Reaktionen der Anderen auf mein Verhalten. Insofern ich die Vorstellung, dass die Anderen sich von mir ein bestimmtes Bild gemacht haben, in mein Bild von mir selbst hineinnehme und

---

[6] Siehe oben Abschn. 4.3.2 *Interaktionen: wechselseitige Vorstellungen voneinander, wechselseitiger Einfluss, Spiegelselbst.*

entsprechend handele, festigt sich meine soziale Identität. Das „me" verdankt sich der Reaktion des Individuums auf die Reaktionen der Anderen.

Die Diskussion der sozialen Grundlagen der (sozialen) Identität darf nicht übersehen machen, „dass die Identität nicht nur als Organisation sozialer Haltungen" existiert; sondern es gibt ein Ich, das auf diese soziale Identität, die sich durch die Übernahme der Haltungen Anderer entwickelt, und auf die Haltungen der Anderen in konkreten Interaktionen reagiert (vgl. Mead 1934a, S. 216 f.). Dieses Ich bezeichnet Mead als „I"[7] Das „I" hat eine vorsoziale, *biologische Basis* und ist eine „Reaktion des Organismus". (Mead 1934a, S. 218) Im Gegensatz zum „me" als dem reaktiven, sozialen Ich ist das „I" ein impulsives Ich. In ihm kommen sinnliche und körperliche Bedürfnisse spontan zum Ausdruck. Seine Reaktionen sind mehr oder weniger unbestimmt und lassen sich auch nicht voraussagen (vgl. Mead 1934a, S. 219 f.). Die Funktion des „I" für das Bewusstsein einer eigenen Identität besteht darin, dass es „das Gefühl der Freiheit, der Initiative" liefert (Mead 1934a, S. 221). Die Funktion des „I" für die Organisation der Interaktion besteht darin, eben diese Initiative zu ergreifen, um neue, gemeinsame Möglichkeiten und Perspektiven auszuloten. Mead spricht von der „sozialen Kreativität" und „emergenten" Reaktionen des Ich (Mead 1934b, S. 214). Damit ist gemeint, dass aus einer spontanen Aktivität eine ganz neue Qualität der sozialen Interaktion erwächst. Die Evolution hat gezeigt, wie Lebewesen durch ihre Umgebung geformt werden, aber sie hat auch gezeigt, dass der Mensch bewusst auf seine Umwelt reagiert und sie selbst gestaltet: „In solchen Reaktionen des Einzelnen, des I, gegenüber der Situation, in der er sich befindet, vollziehen sich die wichtigen gesellschaftlichen Veränderungen." (Mead 1934a, S. 261)

Die Unterscheidung zwischen „I" und „me" darf man sich nicht so vorstellen, als ob hier zwei getrennte Instanzen am Werk wären. Es sind vielmehr „zwei korrespondierende Seiten des Ich einander gegenübergestellt." (Strauss 1956, S. 30) Das Verhältnis beider Instanzen kann man so verstehen: das spontane Ich reagiert auf die vielen reflektierten (im Sinne von gespiegelten!) Ichs widerständig und verändernd; die reflektierten Ichs sind eine permanente soziale Kontrolle des spontanen Ichs. Das „I" kommt nur in der Einzahl, das „me" im Prinzip nur in der Mehrzahl vor.

---

[7] Nach der höchst unglücklichen Übersetzung des Begriffs des „I" in der deutschen Ausgabe von *Mind, Self and Society* belassen es die meisten bei dem englischen Begriff.

Kommen wir nun auf Meads eben zitierte Erklärung des Zusammenhangs von Rollenübernahme und *Denken* zurück: Denken ist ein inneres Gespräch des Individuums mit den Anderen und sich selbst. Indem es überlegt, wie es wohl handeln würde, wenn es an der Stelle des Anderen stünde, macht es sich dessen Haltungen klar, löst durch sein nächstes Verhalten die Haltungen bei sich selbst aus und reflektiert (diesmal im Sinne reflexiven Bewusstseins!) die Auslöser des eigenen Handelns. Durch die Übernahme der Rolle des Anderen besinnt sich der Einzelne auf sich selbst und lenkt so seine eigene Kommunikation (vgl. Mead 1934a, S. 399). „Die unmittelbare Wirkung dieser Übernahme einer Rolle liegt in der Kontrolle, die der Einzelne über seine eigenen Reaktionen ausüben kann." (Mead 1934a, S. 300 f.)

Diesen Umweg über den Anderen auf dem Weg, sich der eigenen Identität bewusst zu werden, erklärt Mead so: „Für die Identität *(self)* ist es notwendig, dass die Person auf sich selbst reagiert. Dieses soziale Verhalten *(social conduct)* schafft die Bedingung für ein Verhalten *(provides behavior),* in dem Identität auftritt. Außer dem sprachlichen kenne ich kein Verhalten, in dem der Einzelne sich selbst Objekt ist, und soweit ich sehen kann, ist der Einzelne solange keine Identität im reflexiven Sinn *(reflexive sense),* als er nicht sich selbst Objekt ist. Diese Tatsache gibt der Kommunikation entscheidende Bedeutung, da sie ein Verhalten ist, bei dem der Einzelne in dieser Weise auf sich selbst reagiert." (Mead 1934a, S. 184; Korrektur H. A.) Erst durch den Bezug auf Andere vermag ich eine Vorstellung von mir selbst, ein Selbstbewusstsein *(self-consciousness),* zu gewinnen.

Denken bedeutet, dass das Individuum die Einschätzungen und Erwartungen der Anderen nicht einfach hinnimmt, sondern selbst aktiv an der Konstruktion seiner sozialen Identität mitarbeitet. In der wechselseitigen Spiegelung ihres Verhaltens verinnerlichen die Individuen zwar, was sie voneinander erwarten und wie ihr Verhalten bewertet wird, aber sie machen sich auch Gedanken darüber, als wer und wie sie in ihrer sozialen Identität auftreten (können) und wie sie sich selbst in ihrer Reaktion auf konkrete oder gedachte Andere und auf symbolisierte, kollektive Erwartungen, den generalisierten Anderen, ins Spiel bringen (können).

Wie kann man sich erklären, dass sich das Individuum gerade in sozialen Interaktionen seiner selbst bewusst wird? Mead sieht es so: Das Individuum tritt in einer Interaktion nicht völlig unbedarft auf, sondern mit all seinen Erfahrungen, wie es früher in solchen Situationen gehandelt hat. Dieser individuellen Vorgeschichte hat sich Mead in seinem Beitrag über „Die soziale Identität" gewidmet und gefragt, was dem Menschen eigentlich gegenübertritt, wenn er sich an sein früheres Handeln erinnert. Seine Antwort lautet: Das Ich, wie es früher gehandelt hat, also ein *Subjekt,* und das Ich, auf das Andere seinerzeit reagiert haben, also ein *Objekt* (vgl. Mead 1913, S. 241). Woraus sich das Erinnerungsbild einer sozialen Identität zusammensetzt, kann man sich am besten mit drei Fragen klarmachen: Wie haben mich Andere gesehen, wie haben sie deshalb auf mich reagiert, und welchen Schluss habe ich daraus gezogen, um mein weiteres Verhalten so zu organisieren, dass ich weiter mit ihnen auskam?

Das Individuum kann solange kein Bewusstsein seiner Identität gewinnen, als es nicht sich selbst zum *Objekt* seiner Wahrnehmung macht. Das kann es und das tut es in einer nur dem Menschen möglichen und zukommenden Weise: Es *denkt*. Indem es denkt, thematisiert es sich gleichsam selbst. Es schaut sich selbst zu. Es ist gleichzeitig *Subjekt* des Handelns als auch sein eigenes Objekt. Es beobachtet sich aus der Sicht der Anderen und in Reaktion auf diese Sicht der Anderen. Es steht gewissermaßen im Mittelpunkt wie außerhalb dieses Kreises. Das ist eine wesentliche Fähigkeit, durch die sich der Mensch vom Tier unterscheidet. Das Tier kann sich nicht zuschauen, wie es sich verhält. Es kann auch nicht reflektieren, warum es sich so verhält und schon gar nicht, welches andere Verhalten möglich gewesen wäre. Diese Fähigkeit der Reflexion ist aber die Voraussetzung, sich der *eigenen* Identität gegenüber der sozialen Identität bewusst zu werden.

Betrachten wir nun das self unter der zweiten Perspektive, dass sich das Individuum, indem es sich zum Objekt macht und sich der sozialen Konstitution seiner Identität bewusst wird, sich zugleich auch als *Subjekt* seines Denkens und Handelns erfährt. Das self besteht auch in der Fähigkeit, die Möglichkeiten des Handelns auszuloten und das Handeln in der Interaktion mit Anderen selbst zu organisieren. Auf diesen *Handlungsaspekt* des self, der bei Mead (vielleicht auch nur in den Mitschriften seiner Zuhörer?!) nicht systematisch verfolgt wird, hat Herbert Blumer, der Meads Vorlesung zur Sozialpsychologie nach dessen plötzlichem Tod übernommen hatte und später dessen verstreute Ansätze in das Fundament des Symbolischen Interaktionismus[8] eingebaut hat, besonders hingewiesen. Das will ich kurz referieren.

Nach Blumer besteht Meads zentraler Beitrag zur Erklärung der menschlichen Natur darin, dass er dem Menschen ein self attestiert. Ein self zu *haben* (und, so muss man hier schon ergänzen, zu *sein*), bedeutet, dass der Mensch Objekt seiner eigenen Aktionen sein kann und sich selbst gegenüber so handeln kann wie er gegenüber Anderen handelt. Diese Fähigkeit „ist der zentrale Mechanismus, mit der der Mensch seine Welt betrachtet und behandelt. Er zeigt sich an, welche Bedeutung die Dinge in seiner Umgebung für ihn haben, und organisiert dadurch

---

[8] Auf Blumers Theorie der symbolischen Interaktion gehe ich im nächsten Kapitel ein.

sein eigenes Handeln." (vgl. Blumer 1962, S. 79 f.) Im Akt der Selbst-Anzeige *(self-identification)* der Bedeutungen *(meanings)* tritt der Mensch der Welt aktiv gegenüber und *konstruiert* sie für sich (vgl. Blumer 1962, S. 81). Dieses Sich-selbst-Anzeigen-von-Bedeutungen findet in einem sozialen Kontext statt, womit zweierlei gemeint ist: die Bedeutungen sind entstanden aus der Orientierung an den Anderen und den gesellschaftlichen Symbolen, und an die Anderen sind sie auch adressiert. Letzteres heißt, dass der Mensch das Verhalten der Anderen mit-hilfe seiner Bedeutungen *interpretiert* und beeinflusst (vgl. Blumer 1962, S. 82). Vereinfacht ausgedrückt, schreibt Blumer an anderer Stelle, besteht symbolische Interaktion nach Mead in der wechselseitigen *Interpretation* und *Definition* des Handelns (vgl. Blumer 1966, S. 68).

Wenn wir nun noch einmal Meads These aufgreifen, dass das Individuum sich seiner selbst, seiner Identität, erst bewusst werden kann, wenn es auf *sich selbst* reagiert, dann muss jetzt hinzugefügt werden: es muss auch auf sich selbst als *Konstrukteur seines Handelns* und des *Handelns der Anderen* reagieren. Nimmt man beides zusammen, das reflexive Bewusstsein der eigenen Individualität und das reflexive Bewusstsein der Intentionen und Konsequenzen des eigenen Han-delns, dann kann man den Begriff self auch mit *Ich-Identität* übersetzen.

Im Laufe des Lebens macht das Individuum immer neue soziale Erfahrungen, was auch bedeutet, dass es neue Identifikationen durch Andere erfährt und selbst neue Identifikationen vornimmt. Es nimmt zahllose Standpunkte vieler Ande-rer ein, was auch Standpunkte zu sich selbst einschließt. Die die Erwartungen Anderer reflektierenden Ichs werden aber nicht nur zahlreicher, sondern sie differenzieren sich auch immer mehr, manche widersprechen sich sogar. Die Klassenkameraden sehen einen anders als die Eltern, der Freund erwartet Ande-res von mir als mein Chef, die Nachbarn behandeln mich auf ihre Weise, und mit meinen Enkeln gehe ich auf meine Weise um. All das zeigt, dass das Sys-tem der gespiegelten Ichs keineswegs festgefügt und homogen, sondern stän-dig in Bewegung ist. Die Spiegelung der vielen Perspektiven in immer anderen Situationen setzt Reflexivität immer aufs Neue in Gang und verlangt dem Indi-viduum einiges ab: Die verschiedenen sozialen Ichs „müssen, wenn konsistentes Verhalten überhaupt möglich sein soll, zu einem einheitlichen Selbstbild synthe-tisiert werden. Gelingt diese Synthetisierung, dann entsteht das self." (Joas 1991, S. 139) Vor dem Hintergrund, dass die soziale Identität sich in Interaktionen konstituiert, kann man den Begriff des self mit der Überzeugung des Individuums gleichsetzen, in seinem Denken und Handeln eine gewisse Konstanz aufzuweisen.

Diese Vorstellung einer durchgängigen Handlungslinie muss sich natür-lich in den Interaktionen des Alltags bewähren, und auch das Bewusstsein einer unverwechselbaren Individualität wird ständig durch die Reaktionen der

Anderen herausgefordert. Identität ist ein ständiger Dialog, in welchem das Individuum mit sich selbst, d. h. mit seinem spontanen Ich, und mit den vielen, die Reaktionen der Anderen reflektierenden und durch sie reflektierten Ichs steht. Von einer gelungenen Identität sprechen wir, wenn beide Seiten des Ich in einer gleichgewichtigen Spannung zueinander stehen und in einer typischen Weise dauerhaft zum Ausdruck gebracht werden. Auch das self ist ein interaktiver Prozess.

Literatur

Berger, P. L.; Luckmann, T. (1966b). *Die gesellschaftliche Konstruktion der Wirklichkeit.* Frankfurt a. M.: Fischer (20. Aufl. 2004).

Blumer, H. (1962). *Society as symbolic interaction.* In: H. Blumer (1969a).

Blumer, H. (1966). *Sociological implications of the thought of G. H. Mead.* In: H. Blumer (1969a).

Blumer, H. (1969a). *Symbolic interactionism. Perspective and method.* Englewood Cliffs: Prentice-Hall (1969).

Cooley, C. H. (1902). *Human nature and the social order (rev. edition 1922).* New Brunswick: Transaction Books (1983).

Habermas, J. (1981). *Theorie des kommunikativen Handelns, 2 Bde.* Frankfurt a. M.: Suhrkamp.

Joas, H. (1980). *Praktische Intersubjektivität. Die Entwicklung des Werkes von G. H. Mead.* Frankfurt a. M.: Suhrkamp.

Joas, H. (1991). *Rollen- und Interaktionstheorien in der Sozialisationsforschung.* In: K. Hurrelmann & D. Ulich (Hrsg.) (1991). *Neues Handbuch der Sozialisationsforschung.* Weinheim: Beltz (4., völlig neubearbeitete Aufl.).

Joas, H. (1999). *George Herbert Mead.* In: D. Kaesler (Hrsg.) (1999): *Klassiker der Soziologie, Bd. 1.* München: Beck.

Mead, G. H. (1913). *Die soziale Identität.* In: G. H. Mead (1980).

Mead, G. H. (1930). *Cooleys Beitrag zum soziologischen Denken in Amerika.* In: G. H. Mead (1980).

Mead, G. H. (1934). *Geist, Identität und Gesellschaft.* Frankfurt a. M.: Suhrkamp (1973).

Mead, G. H. (1934a). *Mind, self, and society. From the standpoint of a social behaviorist.* Hrsg. von C. W. Morris. Chicago: The University of Chicago Press (17th Impression 1970).

Mead, G. H. (1956). *Sozialpsychologie.* Eingeleitet und hrsg. von A. Strauss. Neuwied: Luchterhand (1969).

Mead, G. H. (1969). *Philosophie der Sozialität. Aufsätze zur Erkenntnisanthropologie.* Frankfurt a. M.: Suhrkamp.

Mead, G. H. (1980). *Gesammelte Aufsätze, Bd. 1.* Hrsg. von H. Joas. Frankfurt a. M.: Suhrkamp.

Natanson, M. (1979). *Das Problem der Anonymität im Denken von Alfred Schütz.* In: M. Sprondel & R. Grathoff (Hrsg.) (1979). *Alfred Schütz und die Idee des Alltags in den Sozialwissenschaften.* Stuttgart: Enke.

Rose, A. M. (1962). *Human behavior and social processes.* Boston: Houghton Mifflin.

Schneider, W. L. (2002). *Grundlagen der soziologischen Theorie. Bd. 1: Weber, Parsons, Mead, Schütz.* Wiesbaden: Westdeutscher Verlag.

Simmel, G. (1908). *Soziologie. Untersuchungen über die Formen der Vergesellschaftung.* (Georg Simmel Gesamtausgabe. Hrsg. von O. Rammstedt, Bd. 11) Frankfurt a. M.: Suhrkamp (1992).

Strauss, A. (1956). *Einleitung.* In: G. H. Mead (1956).

Turner, R. H. (1962). *Rollenübernahme: Prozess versus Konformität.* In: M. Auwärter, et al. (Hrsg.) (1976). *Kommunikation, Interaktion, Identität.* Frankfurt a. M.: Suhrkamp.

Watson, J. B. (1930). *Behaviorismus.* Köln: Kiepenheuer & Witsch (1968).

Symbolische Interaktion (Herbert Blumer)

7

Inhaltsverzeichnis

7.1 Interpretative Interaktion 103
7.2 Zwischenbemerkung: normatives vs. interpretatives Paradigma............... 107
7.3 Drei einfache Prämissen über Bedeutungen, Interaktion und Interpretation...... 108
7.4 Kernannahmen, auf denen der Symbolische Interaktionismus beruht........... 111
  7.4.1 Die Natur der menschlichen Gesellschaft und des Gruppenlebens....... 111
  7.4.2 Die Natur sozialer Interaktion 112
  7.4.3 Die Natur von Objekten... 113
  7.4.4 Der Mensch als ein handelnder Organismus 114
  7.4.5 Die Natur menschlichen Handelns................................. 114
  7.4.6 Die Verkettung von Handlungen 116
Literatur. 119

Als George Herbert Mead 1931 plötzlich verstarb, übernahm sein ehemaliger Schüler und junger Kollege HERBERT BLUMER (1900–1987) seine Vorlesung zur Sozialpsychologie. Blumer, der bis Anfang der 1950er Jahre in Chicago lehrte, knüpfte bewusst an das Erbe Meads an und wurde rasch „zu einer Art intellektuellen Leitfigur" in Chicago und weit darüber hinaus. Sein Einfluss hing auch damit zusammen, dass er zwischen 1941 und 1952 das American Journal of Sociology, die einflussreichste soziologische Zeitschrift in den USA, herausgab (vgl. Joas und Knöbl 2004, S. 193). Blumer ging 1952 an die Universität in Berkeley, wo er maßgeblich daran beteiligt war, Erving Goffman, Anselm Strauss und Harold Garfinkel an die University of California zu berufen. Arnold M. Rose bezeichnete Blumer im Jahr 1962 als „probably the leading living exponent of the symbolic interactionist approach." (Rose 1962b, S. 179)

© Springer Fachmedien Wiesbaden GmbH, ein Teil von Springer Nature 2020
H. Abels, *Soziale Interaktion*, https://doi.org/10.1007/978-3-658-26429-1_7

Worauf Blumers Theorie des Symbolischen Interaktionismus hinausläuft,
will ich vorab so zusammenfassen: Im Gegensatz zu den Auffassungen von den
Bedingungen und Formen des *Handelns* in anderen[1] Theorien, die das Handeln der Menschen damit erklären, dass sie die im Sozialisationsprozess ver-
innerlichten Werte und Symbole der Gesellschaft eins zu eins umsetzen und
im Normalfall ihre gesellschaftlich vorgegebenen Rollen spielen, behauptet der
Symbolische Interaktionismus, dass die Menschen die Bedingungen ihres Handelns und die Formen gemeinsamen Handelns *in der Interaktion* mit Anderen
selbst schaffen. 1) Menschen handeln auf der Grundlage der *Bedeutungen,* die
sie Dingen, Situationen und vor allem dem Verhalten der Personen, mit denen
sie es zu tun haben, beimessen. 2) Durch die wiederholte Zuschreibung von
Bedeutungen verdichten sich die Bedeutungen zu *individuellen Symbolen.* 3)
Mittels dieser Symbole *definieren* die Menschen Situationen und Verhalten. 4)
Der Prozess der *Interaktion* ist dadurch gekennzeichnet, dass sie ihr Verhalten
wechselseitig *interpretieren* und sich durch ihr Verhalten anzeigen, wie sie eine
konkrete Situation definieren, welche Bedeutung sie ihrem eigenen Handeln und
dem der Anderen aktuell beimessen und welche *Erwartungen* sie hinsichtlich
Form und Ziel der Interaktion hegen. 5) Durch ihre Aktionen und Reaktionen
bilden sich *gemeinsame Symbole* aus, an denen sie sich in einem stummen Konsens bis auf Weiteres orientieren. Die Individuen sind also jederzeit Herr des
Verfahrens!

Bevor nun Blumers Theorie des *Symbolischen Interaktionismus* vorgestellt
wird, bedarf es einer Klarstellung zur Vorbeugung eines Missverständnisses.
Wie oben gezeigt, wurde mit dem Begriff „interaction" in der frühen amerikanischen Soziologie und dann vor allem bei Mead, der von „social relations or
interactions" sprach, Simmels Begriff der „Wechselwirkung" übersetzt. Bei Mead
kam aber schon der Gedanke auf, dass Interaktion nicht einfach so passiert, sondern in der „*Wechselseitigkeit* des *Handelns*" besteht. Der Mensch ist von Anfang
an in das Handeln Anderer eingebunden, und ihnen gegenüber bringt er sich
selbst als Handelnder ins Spiel. Blumer wird dann zeigen, was dem Handeln des
Individuums vorausgeht und worin Interaktion genau besteht. Nun zum Begriff
„symbolisch", der nicht missverstanden werden darf: „Gemeint ist damit selbstverständlich nicht, dass Interaktionen nur symbolisch-übertragenen Charakter
hätten, dass sie quasi nicht ‚wirklich' oder ‚real' seien." Gemeint ist vielmehr,

---

[1] Wie sich zeigen wird, argumentiert Blumer vor allem gegen die normative Theorie von
Talcott Parsons, die ich in Abschn. 7.2 *Zwischenbemerkung: normatives vs. interpretatives
Paradigma* kurz anspreche und dann in Abschn. 8.6 *Das soziale System als Interaktions-
system* ausführlich vorstelle.

dass Handeln als über *Symbole vermittelte Interaktion*[2] verstanden wird. (Joas und Knöbl 2004, S. 193) Nach der Theorie des Symbolischen Interaktionismus entstehen *Symbole* dadurch, dass sich wiederholte Erfahrungen der Individuen mit Situationen und Verhalten zu typischen Bedeutungen verdichten. Im Sinne einer Theorie des Handelns stehen Symbole für den *Sinn* von Verhalten, und insofern ist jedes Verhalten selbst ein Symbol.

7.1 Interpretative Interaktion

Der Begriff „symbolic interaction" taucht zum ersten Mal in Blumers großem Handbuchartikel über „Social Psychology" aus dem Jahr 1937 auf, wo er die Schwerpunkte dieser noch jungen Wissenschaft skizziert. Ein Thema sei es vor allem, die Entwicklung der menschlichen Natur, speziell des Kindes, zu erklären. Dabei stehe aktuell eine Theorie im Vordergrund, wonach der Mensch von Natur aus einen komplexen, aber ungeordneten Set von Reflexen mitbringt. Um diese Reflexe auf ein soziales Verhalten zuzuführen, bedürfe es einer systematischen Umleitung *(redirection)* und Organisation der Reflexe. Die deutlichste Ausformung dieser Diskussion erfolgte in der seinerzeit höchst populären stimulus-response Theorie von Watson, mit der sich auch Mead auseinandergesetzt hatte[3] (Blumer 1937, S. 151 f.). Gegenüber dieser Perspektive habe sich eine andere etabliert, die zwar auch von einem vagen und unorganisierten Status kindlicher Impulse ausgeht, die Entwicklung der *sozialen* Natur aber mit dem *Einfluss der sozialen Gruppen,* in denen es aufwächst, der Formung durch *wechselseitige Aktivitäten (forming organized or concerted activity)* von allen Beteiligten und mit der *aktiven* Natur des Kindes in diesem Prozess erklärt. Das sei die Perspektive von Sozialpsychologen, die Blumer als „symbolic interactionists" bezeichnet (vgl. Blumer 1937, S. 153).

Warum Blumer diesen Begriff, nach eigenem Bekunden eine „barbarische Wortschöpfung", die er damals „so nebenbei" (Blumer 1969b, S. 144) vorgenommen habe, erfunden hat, wird deutlich, wenn er die Entwicklung der sozialen Natur des Menschen mit der *Natur sozialer Gruppen* zusammenbringt. Das Leben einer sozialen Gruppe besteht nicht einfach darin, dass sich die Mitglieder in individueller Weise nebeneinander verhalten, sondern in einer „Kultur *gemeinsamer Symbole*

---

[2] So hat Habermas Meads Übergang von der gestenvermittelten zur „symbolvermittelten Interaktion" bezeichnet. (Habermas 1981, Band 2, S. 10).

[3] Vgl. oben Abschn. 6.1 *Geistiger Hintergrund – Pragmatismus und Behaviorismus.*

(common symbols), die von allen geteilt werden". Es gibt ein gemeinsames Bewusstsein *(common understanding)* und gemeinsame Erwartungen *(common expectations)*, was geschieht und was zu tun ist. Dies alles macht es erst möglich, dass Individuen zusammen handeln *(cooperate)* (Blumer 1937, S. 158 f.). Und so bilden sich auch organisierte Formen des Verhaltens heraus.

Damit steht für Blumer die Frage an, wie in der Wechselwirkung *(interplay)* zwischen den organisierten Formen des Gruppenlebens auf der einen Seite und unorganisiertem Verhalten und Impulsen des Kindes auf der anderen Seite das Kind auf die etablierten Formen sozialen Verhaltens zugeführt wird. Eine Erklärung lautet, dass das Kind für richtiges Verhalten gelobt wird und dieses Verhalten deshalb immer wiederholt. So werden die vagen Impulse des Kindes sozial organisiert und auf erwünschte Reaktionen kanalisiert (Blumer 1937, S. 164 f.). Kritisch kann man gegen diese Erklärung, die mehr oder weniger die behavioristische Lerntheorie von Watson spiegelt und nur auf *Reaktionen* abhebt, einwenden, dass das Kind in diesem Prozess im Grunde keine aktive Rolle spielt! Deshalb kann Blumer einer anderen Erklärung, die er als *Definition der Situation* bezeichnet, mehr abgewinnen: dem Kind (wie jedem anderen Individuum auch) wird angezeigt *(indication)*, als wer es in einer bestimmten Situation angesehen wird, wie es diese Situation zu verstehen hat und welches Verhalten von ihm erwartet wird. Diese dreifache Definition – der Person, der Situation und der Verhaltenserwartungen – hängt natürlich eng mit den eben genannten gemeinsamen Symbolen, Bedeutungen und Erwartungen zusammen.

Blumer bringt ein Beispiel für den Mechanismus der Definition der Situation im interplay zwischen dem Kind und den etablierten sozialen Formen. Die Mutter definiert mit den Worten „nein, nein" die Situation und welches Verhalten nicht richtig ist. Wenn sie nachschiebt „du bist doch kein Baby mehr", definiert sie seinen Status als Handelnder und die Erwartungen, die mit diesem Status verbunden sind. Zusammenfassend kann man zu dieser Erklärung der sozialen Natur des Kindes sagen: Durch die Definition einer Situation werden Einstellungen *(attitudes)*, soziale Bedeutungen *(means)* und Erwartungen der Gruppe in das Denken und Handeln des Kindes transportiert (vgl. Blumer 1937, S. 165). Indem es typische soziale Bedeutungen übernimmt, wächst es allmählich in den corpus *kultureller Symbole* hinein, die für die unmittelbaren Bezugspersonen, die Gruppe und letztlich für die Gesellschaft insgesamt von Bedeutung sind.

Um nicht den Eindruck aufkommen zu lassen, das Kind ließe diesen Prozess nur passiv über sich ergehen, betont Blumer, dass das Individuum seine *kulturelle Natur* in „*interaction* with other beings" ausformt (Blumer 1937, S. 166, Hervorhebung H. A.). Damit ist gemeint, dass das Individuum von Anfang an *aktiv* an

der Organisation seines Denkens und Handelns beteiligt ist. Diesen Gedanken
sieht Blumer vor allem bei Cooley[4] entwickelt, den er deshalb auch ausführlich
refereriert und dessen Erklärung ich kurz wiederholen will. Nach Cooley bildet
sich die *soziale Natur des Menschen* zunächst und vor allem in Gruppen aus, die
durch „intimate face-to-face association and cooperation" charakterisiert sind
(Cooley 1909, S. 23). Die wichtigsten dieser sog. Primärgruppen sind die Familie, die kindliche Spielgruppe und später die peer group der Heranwachsenden.
Der Effekt der „intimate association" besteht in einer Art Verschmelzung individueller Eigenheiten *(fusion of individualities)* zu einem gemeinsamen Ganzen,
zu einem Wir-Gefühl. Primärgruppen zeichnen sich durch ein unmittelbares und
andauerndes Zusammenspiel von Aktionen und Reaktionen aller Beteiligten
aus. Wie sieht dieses Zusammenspiel genau aus? Cooley beschreibt es mit den
Begriffen „sympathy and mutual identification" (Cooley 1909, S. 23). Den
Begriff Sympathie verwendet Cooley, wie Blumer betont, nicht im Sinne von
Zuneigung oder gar Mitleid, sondern er versteht darunter die nur den Menschen auszeichnende *Fähigkeit,* sich gedanklich in die Position *(position, role)*
des Anderen zu versetzen und von dieser Position aus dessen Gefühle und Vorstellungen *(state of mind)* nachzuempfinden (vgl. Blumer 1937, S. 167). Darin
liegt auch die Erklärung, wie Individuen interagieren und warum sie überhaupt
gemeinsam handeln können: sie identifizieren sich wechselseitig als jemand, der
in dieser Weise und mit einem bestimmten Sinn so und so handelt. Die Fähigkeit,
sich in die Rolle des Anderen zu versetzen und von seiner Position aus zu denken, bildet das Kind zunächst in den Primärgruppen aus. Und dort erfährt es auch,
wer es ist und wie sich individuelle Handlungen zu einem gemeinsamen Handeln
organisieren. Auf dem Umweg der Übernahme der Rolle des Anderen, so hieß es
dann bei Mead[5], der sich genau mit Cooley befasst hat, nimmt das Kind sich und
seine Reaktionen auf das Verhalten der Anderen wahr, und auf diese Weise verschränken sich die Perspektiven aller Beteiligten zu einer generellen Perspektive,
wie man sich in der speziellen Gruppe und dann in der Gesellschaft allgemein
verhält.

Vor diesem theoretischen Hintergrund wendet sich Blumer nun der Frage zu,
worin die Natur *sozialer Interaktion* besteht und liefert gleich eine bemerkens-
werte Antwort, mit der er sich ausdrücklich von der stimulus-response Theorie
des Behaviorismus absetzt:

---

[4] Siehe oben Abschn. 4.3.1 *Primary groups: intimate face-to-face association and cooperation.*
[5] Siehe oben Abschn. 6.6 *Rollenübernahme und die Verschränkung der Perspektiven.*

„The symbolic interactionists view social interaction as primarily a *communicative* process in which people share experience, rather than a mere play back and forth of stimulation and response. They hold that a person responds not to what another individual says or does, but to the *meaning* of what he says or does. Their view, consequently, might be regarded as inserting a middle term of *interpretation* into the stimulus-response couplet so that it becomes stimulus-interpretation-response. What is chiefly important is that the *interaction* is believed by them to be carried on by *symbols or meanings*. Thus A acts; B perceives this action and seeks to ascertain its meaning, that is, seeks to ascertain A's intention; B responds according to what meaning or interpretation he has attached to A's act; in turn, A responds according to the meaning which he sees in B's response. One might think of social interaction as a shuttling process and liken it to a game of tennis, with the understanding that each of the participants is responding to what he *judges* to be the meaning or intention of the other person's actions. Since each participant responds on this basis, he must, in some sense, be *viewing this action from the point of view of the person* who is engaging in the action. In this way, he comes to share this individual's perspective. This is what is meant by the statement that human interaction involves the sharing of experience, and is not merely a series of adjective responses." (Blumer 1937, S. 171 f., Hervorhebungen H. A.)

Diese Definition atmet natürlich den Geist Meads, weshalb ich auch nur wenige Anmerkungen machen möchte. Die wichtigste ist, dass Interaktion ein *kommunikativer* Prozess ist, in dem die Beteiligten nicht direkt auf sichtbares Verhalten, sondern auf eine *symbolische Bedeutung* dieses Verhaltens reagieren. Ich sage „eine" Bedeutung, denn es gibt nicht „die", von allen geteilte Bedeutung eines Verhaltens, sondern zunächst nur die Bedeutung, die das Individuum von sich aus und vor dem Horizont früherer Erfahrungen annimmt. Die soziale Interaktion beginnt denn auch mit einer individuellen *Interpretation,* und sie setzt sich fort, indem die Beteiligten ihre Interpretationen wechselseitig aneinander abarbeiten. Das wiederum beinhaltet, dass sie sich wechselseitig in die *Perspektive des Anderen* hineindenken und in ihrem Handeln zum Ausdruck bringen, wie sie die gemeinsame Situation und ihr wechselseitiges Handeln deuten. Jeder bringt in eine Interaktion ein Bündel von Erfahrungen mit, wie er in früheren, ähnlichen Situationen gehandelt hat. Diese Erfahrungen haben sich zu einer Haltung *(attitude)* oder Tendenz des Handelns verdichtet (vgl. Blumer 1937, S. 177). Bevor wir handeln, werden diese Haltungen gedanklich durchgespielt. Mittels Denken, wie schon bei Mead zu lesen war, werden Handlungen entworfen und Interaktionen in Gang gehalten.

Fassen wir diesen ersten Entwurf einer Theorie der symbolischen Interaktion mit den Worten Blumers zusammen. Im Gegensatz zur stimulus-response Theorie, die vor allem an *Reaktionen* interessiert ist, rückt der symbolische Interaktionismus die *Aktion* des *Individuums* in den Vordergrund. Aktivitäten werden nach der behavioristischen Lerntheorie durch *externe* Impulse, nach der interaktionistischen Theorie durch *innere* Impulse ausgelöst (vgl. Blumer 1937, S. 192). Mit inneren Impulsen sind die konstruktiven Aktivitäten wie Denken, situative Organisation von Haltungen und Einstellungen, vor allem aber die reflexive Tätigkeit, sich in die Rolle eines Anderen hineinzudenken, gemeint. Schließlich stellt Blumer heraus, dass Menschen gegenüber Situationen und Objekten danach handeln, welche Bedeutungen *(meanings)* sie ihnen beimessen (vgl. Blumer 1937, S. 195).

Diese letzte Annahme wird am Anfang des großen Aufsatzes stehen, in dem Blumer drei Jahrzehnte später seine Theorie des Symbolischen Interaktionismus in eine letzte Fassung brachte und auch im Diskurs der Theorien neu verortete. Nachdem er sich in seiner Arbeit von 1937 vom damals vorherrschenden psychologischen Behaviorismus abgesetzt hatte, richtet sich Blumers Kritik in seinem Aufsatz von 1969 implizit gegen die seit längerem dominierende soziologische Theorie von Talcott Parsons. Da ich – gemäß der chronologischen Diskussion der Theorien – auf Parsons erst im nächsten Kapitel zu sprechen komme und um auch Blumers Anspielungen verständlich zu machen, muss ich eine Zwischenbemerkung einschieben.

7.2 Zwischenbemerkung: normatives vs. interpretatives Paradigma

Nach der Theorie von Parsons bestimmen soziale Normen das Handeln der Individuen. Diese Normen haben sie, ebenso wie die ihnen zugrunde liegenden Werte, im Prozess der Sozialisation erfahren und so verinnerlicht, dass sie ihnen ohne viel nachzudenken quasi automatisch folgen. Nach diesem von Thomas Wilson so benannten *normativen Paradigma* bringen die Handelnden in den Interaktionsprozess sozial erworbene Einstellungen mit und sehen sich mit sozial etablierten Rollenerwartungen konfrontiert (vgl. Wilson 1970, S. 55). Dass Interaktionen funktionieren, wird damit erklärt, dass die Handelnden „ein gemeinsames System von Symbolen und Bedeutungen teilen, eingeschlossen Sprache und Gestik, – ein System, das als allgemein zugängliches kommunikatives Medium für die Interaktion dient." (Wilson 1970, S. 56) In Theorien, die sich diesem normativen Paradigma verpflichtet fühlen, wird unterstellt, dass es in konkreten Interaktionen (wie auch in der Gesellschaft im Großen und Ganzen) einen „kognitiven Konsens" gibt und dass die Handelnden Ereignisse und Verhaltensweisen als Beispielsfälle standardisierter Muster und geltender Normen betrachten (vgl. Wilson 1970, S. 57). Dissense gelten nach diesen Theorien als Ergebnis individueller oder sozial bedingter Fehlentwicklungen, die die gesellschaftliche Ordnung stören.

Das sehen Blumer und die Vertreter des gerade mit seinem Namen verbundenen *interpretativen Paradigmas* ganz anders. Nicht die Normativität von Gesellschaft, Handlungsmustern oder Rollen, sondern das Individuum und seine Fähigkeit, die Bedingungen seines Handelns *selbst zu gestalten,* stehen im Mittelpunkt soziologischer Analyse. Nach dem interpretativen Paradigma bilden Werte und Normen nämlich keineswegs ein starres System, das von allen Mitgliedern der Gesellschaft als unumstößlich und strikt verbindlich angesehen würde. Die Handlungen der Individuen bestehen auch nicht in der Exekution standardisierter Rollen, sondern darin, dass die Individuen in einer konkreten Situation wechselseitig ihre Absichten, Haltungen und Reaktionen interpretieren und sich durch ihr Handeln fortlaufend anzeigen, wie sie die Situation des gemeinsamen Handelns *definieren,* welche Regelungen gelten sollen und auch, wie sie von den Anderen wahrgenommen werden wollen. Diese interpretativen Prozesse erfolgen, wie schon bei Meads Erklärung der wechselseitigen Rollenübernahme deutlich wurde, stillschweigend und unbewusst. Was den Fortgang der Interaktion anbetrifft, so sind die Bedeutungen, die die Individuen „dem Handeln des Anderen (geben), immer nur vorläufig, und sie unterliegen der ständigen Revision im Lichte nachfolgender Ereignisse im Ablauf der Interaktion." (Wilson 1970, S. 59) Die Bedeutungen einer Situation oder eines Verhaltens stehen also ebenso wenig fest wie soziale Symbole und Rollen, sondern werden im Interaktionsprozess ausgehandelt. Aus den fortlaufenden Interaktionen ergibt sich schließlich ein flexibler Konsens über die aktuelle Regelung der Interaktion, über soziale Institutionen und soziale Strukturen, der sich allerdings nur solange erhält, wie Individuen in ihren wechselseitigen Interpretationen übereinstimmen.

Wenden wir uns nun Blumers Aufsatz von 1969 zu, in dem er die Summe seiner eigenen jahrzehntelangen sozialpsychologischen Studien gezogen hat. In Deutschland erschien er unter dem Titel „Der methodologische Standort des Symbolischen Interaktionismus" (Blumer 1969b). Ich werde mich auf die wichtigsten Aussagen dieses späten Gründungsdokuments des Symbolischen Interaktionismus konzentrieren.

7.3   Drei einfache Prämissen über Bedeutungen, Interaktion und Interpretation

Nach Blumer beruht der symbolische Interaktionismus letztlich auf drei einfachen Prämissen:

„Die erste Prämisse besagt, dass Menschen ‚Dingen' gegenüber auf der Grundlage der Bedeutungen *(meanings)* handeln, die diese Dinge für sie besitzen. Unter
‚Dingen' wird hier alles gefasst, was der Mensch in seiner Welt wahrzunehmen
vermag – physische Gegenstände, wie Bäume oder Stühle; andere Menschen, wie
eine Mutter oder einen Verkäufer; Kategorien von Menschen, wie Freunde oder
Feinde; Institutionen, wie eine Schule oder eine Regierung; Leitideale wie individuelle Unabhängigkeit oder Ehrlichkeit; Handlungen anderer Personen, wie ihre
Befehle oder Wünsche; und solche Situationen, wie sie dem Individuum in seinem täglichen Leben begegnen. Die zweite Prämisse besagt, dass die Bedeutung
solcher Dinge aus der sozialen Interaktion, die man mit seinen Mitmenschen eingeht, abgeleitet ist oder aus ihr entsteht. Die dritte Prämisse besagt, dass diese
Bedeutungen in einem interpretativen Prozess, den die Person in ihrer Auseinandersetzung mit den ihr begegnenden Dingen benutzt, gehandhabt und abgeändert werden." (Blumer 1969b, S. 81)

Schon in der ersten Prämisse wird ein wichtiger Unterschied zwischen dem
Symbolischen Interaktionismus und der normativen Theorie von Parsons deutlich. Nach der Theorie von Parsons zeichnet die Ordnung einer Gesellschaft
ein stabiler Konsens über Werte aus. Werte sind im weitesten Sinne sozial festgestellte Bedeutungen. Im Prozess der Sozialisation werden soziale Werte und
Bedeutungen so verbindlich gemacht, dass sich die Menschen im Großen und
Ganzen konform verhalten. Nach der Theorie des Symbolischen Interaktionismus
sind aber für die Erklärung des Handelns der Menschen nicht diese allgemeinen
Bedeutungen entscheidend, sondern die Bedeutungen, die Dinge *für sie* und *in
einer konkreten Situation* haben. Wenn man diesen ersten Auslöser des Handelns
übersieht, übersieht man die aktive und konstruktive Leistung des Individuums
bei der Organisation seiner Welt, konkret: der sozialen Interaktion. Man kann das
Handeln eines Individuums nur verstehen, wenn man seine Bedeutungen versteht.
    Die zweite Prämisse hebt darauf ab, dass die Bedeutungen, die Menschen
Situationen oder Verhalten, eigenem wie dem der Anderen, beimessen, aus der
Interaktion mit Anderen hervorgehen: Die Bedeutung, die ein Ding für eine Person hat, „ergibt sich aus der Art und Weise, in der andere Personen ihr gegenüber
in Bezug auf dieses Ding handeln." Ihr Handeln dient nämlich dazu, ein Ding
für eine andere Person zu *definieren*. Nach der Theorie des Symbolischen Interaktionismus sind Bedeutungen daher soziale Produkte *(social products)*. Sie sind
Schöpfungen *(creation)*, die in einem wechselseitigen Definitionsprozess in der
Interaktion geschaffen wurden (vgl. Blumer 1969b, S. 83).
    Die dritte Prämisse besagt dann weiter, dass der Gebrauch von Bedeutungen
in einem *Prozess der Interpretation* und in zwei Schritten erfolgt. In dem einen
Schritt zeigt die Person *sich selbst* die *Dinge* an *(indication)*, auf die sie ihr

Handeln ausrichtet, und die *Bedeutung,* die *sie* ihnen beimisst. Dieser Prozess des Sich-selbst-etwas-Anzeigens ist ein innerer, nicht bewusster *sozialer* Prozess, eine Interaktion, in der das Individuum mit sich selbst kommuniziert. Ein sozialer Prozess ist es deshalb, weil die Person in diesem *inneren,* die Bedeutung der Dinge *interpretierenden* Dialog natürlich auch auf die in vorherigen Interaktionen produzierten Bedeutungen reagiert. In einem zweiten Schritt beginnt sich der Prozess der Interpretation der Bedeutungen und ihrer sozialen Produktion zu der Frage der *Handhabung* der Bedeutungen zu weiten. Die Interaktion der Person mit sich selbst über die Bedeutung der Dinge wird zum Auslöser und wesentlichen Bestandteil des *Handelns.* Ausgelöst wird das Handeln, indem die Person, im Blick auf die konkreten Bedingungen der Situation und die beabsichtigten Ziele und Richtungen des eigenen Handelns, Bedeutungen *interpretiert,* prüft und verwirft, sie neu ordnet und ggf. umformt. Nach der Theorie des Symbolischen Interaktionismus dürfen Interpretationen „nicht als eine rein automatische Anwendung sozial etablierter Bedeutungen (kleiner Seitenhieb gegen Parsons! Ergänzung H. A.) verstanden werden, sondern sie stellen einen Prozess der Formung *(formative process)* dar, in dessen Verlauf Bedeutungen als Mittel zur Steuerung und Organisation des Handelns benutzt und revidiert werden." (Blumer 1969b, S. 84)

Zu dieser These der inneren, *sozialen* Interaktion des Individuums mit sich selbst will ich noch einmal daran erinnern, was Mead, auf den sich Blumer durchgängig beruft, über den Prozess des Denkens und seine Funktion im Prozess der Rollenübernahme gesagt hat: Denken ist ein inneres Gespräch des Individuums mit den Anderen und sich selbst. Die innere Kommunikation eines jeden Beteiligten an der Interaktion ist Reaktion auf die innere Kommunikation jedes anderen Beteiligten. Fassen wir Blumers These über die Bedingungen und Formen des Handelns zusammen: Es sind nicht soziale Normen, die das Handeln der Menschen bestimmen, sondern die Bedeutungen, mit denen sie Situationen und ihr Verhalten wechselseitig interpretieren und *definieren.*

Hier drängt sich natürlich die berühmte These von William I. Thomas auf, den Blumer in einem anderen Zusammenhang als prominenten Vorläufer des Symbolischen Interaktionismus bezeichnet hat: „Wenn Menschen Situationen als real definieren, sind auch ihre Folgen real." (Thomas 1928a, S. 114)[6] Zwei Beispiele: wenn ein Lehrer ein Kind als aufgeweckt und begabt definiert, wird er es anders herausfordern und motivieren, als wenn er es als lustlos und schwierig

---

[6] Siehe oben Abschn. 4.4.3 *Wenn Menschen Situationen als real definieren, sind sie real.*

definiert; wenn mir jemand in der Diskussion zu verstehen gibt, dass ich von bestimmten Dingen keine Ahnung habe, werde ich mich mit meinen Meinungen zurückhalten oder mich im Gegenteil zu abenteuerlichen Repliken hinreißen lassen. Kurz: Definitionen schaffen objektive Handlungsbedingungen und strukturieren die weiteren Interaktionen. In der Interaktion definiert jeder Handelnde die Situation, sagt also explizit oder deutet durch sein Verhalten an, wie er die Situation (inklusive das Verhalten des Anderen) verstehen will und was deshalb gelten soll. Das wiederum wird von dem Anderen interpretiert und mit der eigenen Situationsdefinition zusammengebracht. Dieser Prozess, der nur selten bewusst wird und noch weniger laut besprochen wird, führt allmählich zu einer gemeinsamen *Definition der Situation*.

7.4 Kernannahmen, auf denen der Symbolische Interaktionismus beruht

Vor dem Hintergrund dieser „einfachen Prämissen" skizziert Blumer nun sechs Kernvorstellungen des Symbolischen Interaktionismus und deutet damit auch an, was der methodologische Standpunkt dieser Theorie als einer *empirischen* Wissenschaft ist: Der Symbolische Interaktionismus versteht sich nämlich als eine Wissenschaft, die die *Natur der empirischen Welt* in den Blick rückt (vgl. Blumer 1969a, S. 48).

7.4.1 Die Natur der menschlichen Gesellschaft und des Gruppenlebens

Die erste Kernvorstellung heißt, „dass menschliche Gruppen aus handelnden Personen bestehen", genauer: „dass menschliche Gruppen und Gesellschaften im Grunde nur *in der Handlung bestehen*" (Blumer 1969b, S. 85). Mit dieser Annahme wendet sich der Symbolische Interaktionismus gegen zwei prominente soziologische Auffassungen von Gesellschaft, gegen das Konzept, sie als *Kultur,* und gegen das Konzept, sie als *Struktur* zu verstehen. Gegen die *kulturelle* Erklärung wendet er ein: „Gleichgültig, ob man Kultur als Konzept nun als Brauch, Tradition, Norm, Wert, Regel oder ähnliches definiert, sie ist eindeutig abgeleitet von dem, was die Menschen tun." Gegen die, vor allem von Parsons vertretene, *strukturelle* Theorie von Gesellschaft wird angeführt, dass sich die „soziale Struktur in jedem ihrer Aspekte, wie sie durch solche Begriffe wie soziale Position, Status, Rolle, Autorität und Ansehen wiedergegeben werden, auf

Beziehungen, die aus der Art der Interaktion zwischen verschiedenen Personen abgeleitet sind", bezieht (Blumer 1969b, S. 86). Gruppen und die Gesellschaft insgesamt sind dadurch entstanden, dass sich Individuen durch ihr Handeln auf gemeinsame symbolische Bedeutungen ihres Handelns verständigt haben, und sie haben in ihren Formen nur so lange Bestand, wie sie durch entsprechendes Handeln der Individuen bestätigt werden.

Um den Zusammenhang zwischen Handeln, Zusammenschluss zu gemeinsamem Handeln, dem Leben der Gruppe und den Formen der Gesellschaft zu verdeutlichen und die Implikationen für seine empirische Erforschung zu benennen, erinnert Blumer noch einmal an zentrale Annahmen des Symbolischen Interaktionismus. 1) Menschen handeln, individuell und kollektiv, auf der Grundlage der Bedeutungen, die sie den Objekten geben, die ihre Welt ausmachen. 2) Die Interaktion besteht darin, dass sie sich durch ihr Verhalten gegenseitig anzeigen, wie sie eine konkrete Situation definieren. 3) Soziale Handlungen werden in einem Prozess der Interpretation und Bewertung *(assess)* einer Situation entworfen *(constructed)*. 4) Durch ihre Aktionen und Reaktionen bilden sich gemeinsame Symbole aus, an denen sie sich in einem stummen Konsens bis auf Weiteres orientieren. 5) Organisationen, Institutionen, Arbeitsteilung, Netzwerke oder ähnliches sind bewegliche Formen und keine statischen Verhältnisse (vgl. Blumer 1969a, S. 50 und 1969b, S. 133).

7.4.2   Die Natur sozialer Interaktion

Blumer geht von einer soziologischen Grundannahme aus, ohne die Gesellschaft nicht zu denken wäre: „Das Zusammenleben in Gruppen setzt notwendigerweise Interaktion zwischen den Gruppenmitgliedern voraus; oder, anders ausgedrückt: eine Gesellschaft besteht aus Individuen, die miteinander interagieren." (Blumer 1969b, S. 86) Dies wird zwar auch in anderen Definitionen von Gesellschaft unterstellt, aber Interaktion ist dort eher etwas, das aus Normen, Werten, Sanktionen oder Rollen folgt, ohne selbst eine eigene Bedeutung zu haben. Dagegen misst der Symbolische Interaktionismus der sozialen Interaktion eine zentrale Bedeutung eigener Art zu. Interaktion ist kein Rahmen, in dem soziologische Determinanten von Verhalten zum Ausdruck kommen, sondern besteht in wechselseitigem *Verhalten* zwischen Handelnden. Deshalb ist Interaktion auch ein Prozess, der menschliches Verhalten formt. „Einfach ausgedrückt, müssen Menschen, die miteinander interagieren, darauf achtgeben, was der jeweils andere tut oder tun will." (Blumer 1969b, S. 87)

Wie Mead gezeigt hat, erfolgt das durch wechselseitige Rollenübernahme und die gegenseitige Anzeige und Interpretation des Verhaltens. „Solch eine Interaktion in der menschlichen Gesellschaft erfolgt charakteristischerweise und vorwiegend auf der symbolischen Ebene." (Blumer 1969b, S. 89) Die Handelnden definieren sich und ihr gemeinsames Handeln und interpretieren es auf dieser Ebene.

7.4.3   Die Natur von Objekten

Für den Symbolischen Interaktionismus gibt es keine Welt an sich, sondern nur Welten, wie Menschen sie sich und füreinander konstruieren. Diese ‚Welten' sind aus ‚Objekten' zusammengesetzt, die wiederum „das Produkt symbolischer Interaktion sind. Zu den Objekten ist alles zu zählen, was angezeigt werden kann, alles, auf das man hinweisen oder auf das man sich beziehen kann – eine Wolke, ein Buch, eine gesetzgebende Versammlung, ein Bankier, eine religiöse Lehrmeinung, ein Geist und so weiter. Der Einfachheit halber kann man Objekte in drei Kategorien einordnen: a) physikalische Objekte, wie Stühle, Bäume oder Fahrräder; b) soziale Objekte, wie Studenten, Priester, ein Präsident, eine Mutter oder ein Freund; und c) abstrakte Objekte, wie moralische Prinzipien, philosophische Lehrmeinungen, oder Ideen, wie Gerechtigkeit, Ausbeutung oder Mitleid." (Blumer 1969b, S. 90)

Die Bedeutung von Objekten ist für verschiedene Personen höchst unterschiedlich. Für den einen ist das Wasser das Zeichen des Lebens, für den anderen Rohstoff. „Die Bedeutung von Objekten für eine Person entsteht im Wesentlichen aus der Art und Weise, in der diese ihr gegenüber von anderen Personen, mit denen sie interagiert, definiert worden sind." (Blumer 1969b, S. 90) Zu dieser angezeigten Bedeutung verhält sich das Individuum, indem es sie akzeptiert oder neu interpretiert. Die Bedeutung der Objekte liegt nicht in den Objekten selbst, sondern in der Definition, die die Handelnden sich gegenseitig anzeigen. Deshalb darf man nie vergessen, dass Objekte Produkte des Handelns von Menschen sind. „Vom Standpunkt des symbolischen Interaktionismus aus ist, kurz gesagt, das menschliche Zusammenleben ein Prozess, in dem Objekte geschaffen, bestätigt, umgeformt und verworfen werden." (Blumer 1969b, S. 91) Mit diesem Satz will Blumer nicht so sehr an die triviale Tatsache erinnern, dass die objektive Realität unser Handeln bestimmt, sondern die These vorbereiten, dass die Menschen diese „objektive" Realität und damit auch die Bedingungen ihres Handelns selbst verändern.

7.4.4 Der Mensch als ein handelnder Organismus

Der Mensch ist ein Organismus, der nicht wie das Tier auf auslösende Reize nur in festgelegter Weise reagiert, „sondern der anderen etwas anzeigt und der deren Anzeigen interpretiert. Er kann dies, wie Mead eindringlich gezeigt hat, nur aufgrund der Tatsache tun, dass er ein ‚Selbst' besitzt. Mit diesem Ausdruck ist nichts Geheimnisvolles gemeint. Es bedeutet lediglich, dass ein Mensch Gegenstand seiner eigenen Handlung sein kann." (Blumer 1969b, S. 92) Er macht sich selbst zum Objekt, und auch das erfolgt in einem Prozess wechselseitiger Anzeige von Bedeutungen und im Prozess der Rollenübernahme. Mead hat gezeigt, dass eine Person sich von außerhalb ihrer selbst betrachten muss, um für sich selbst zum Objekt werden. Man wird sich seiner selbst bewusst, „indem man sich in die Position anderer hineinversetzt und von dieser Position aus sich selbst betrachtet oder in Bezug auf sich selbst handelt." (Blumer 1969b, S. 92) Es ist ein Interaktionsprozess, in dem die Menschen sich und Anderen etwas über sich selbst anzeigen.

Damit unterscheidet sich der Symbolische Interaktionismus grundsätzlich von anderen Theorien, nach denen der Mensch auf Triebe reagiert, Bedürfnisdispositionen entspricht oder sich Rollen anpasst. Blumer kritisiert, dass in diesen Theorien der Mensch nur in dem Sinne ‚sozial' ist, dass er auf soziale Bedingungen reagiert oder sich so verhält, wie er es in seiner Gruppe gelernt hat. Dagegen versteht er den Menschen in einem viel tiefergehenden Sinn als ‚sozial', im Sinne eines Organismus, der mit sich selbst in einer sozialen Interaktion steht, sich die Objekte anzeigt und sich mit ihnen auseinandersetzt. Er ist es, der die Objekte interpretiert, indem er ihnen eine Bedeutung gibt, und er ist es, der sein Handeln nach dieser Interpretation organisiert. Ähnlich wie bei Mead kommt es auch Blumer darauf an, das Prinzip der Freiheit im eigenen Handeln des Menschen herauszustellen.

7.4.5 Die Natur menschlichen Handelns

Eben wurde gesagt, dass es für den Symbolischen Interaktionismus keine Welt an sich gibt, sondern nur Welten, die die Individuen für sich und füreinander konstruieren. Nur unter der Bedeutung, die die Individuen den Objekten beimessen, werden diese Teil ihrer Umwelt. Dadurch wird eine abstrakte Welt zu einer konkreten Welt, von der aus allein das Handeln des Menschen zu verstehen ist. Der entscheidende Unterschied zum Tier besteht darin, dass der Mensch die Welt nicht einfach hinnimmt, d. h. „vermöge seiner Organisation" auf sie festgelegt reagiert, sondern zu ihr Stellung nimmt. Der Mensch ist in der Lage, den Dingen Bedeutung beizumessen. Das aber heißt, die Umwelt zu interpretieren und dadurch eine symbolische Welt zu schaffen. Will der Mensch handeln, muss er sich und Anderen diese Bedeutung anzeigen.

Mit dieser Unterscheidung zwischen Umwelt und Welt betont Blumer noch einmal, dass der Mensch seiner Umwelt nicht als ein Produkt gegenübersteht, das z. B. im Prozess der Sozialisation oder durch die Entwicklung von Bedürfnisdispositionen in einer bestimmten Weise „organisiert" worden ist und dann nur noch automatisch reagieren kann. Nach der Theorie des Symbolischen Interaktionismus schafft sich der Mensch seine Welt selbst, indem er interpretierend über sie verfügt: „Im Wesentlichen besteht das Handeln eines Menschen darin, dass er verschiedene Dinge, die er wahrnimmt, in Betracht zieht und auf der Grundlage der Interpretation dieser Dinge eine Handlungslinie entwickelt. Die berücksichtigten Dinge erstrecken sich auf solche Sachen wie seine Wünsche und Bedürfnisse, seine Ziele, die verfügbaren Mittel zu ihrer Erreichung, die Handlungen und die antizipierten Handlungen anderer, sein Selbstbild und das wahrscheinliche Ergebnis einer bestimmten Handlungslinie." (Blumer 1969b, S. 95)

Der Mensch begegnet einem ständigen Fluss von Situationen, in jeder muss er handeln, und in jeder Situation muss er die Umstände seines Handelns – von seinen Bedürfnissen bis zu den antizipierten Ergebnissen des gemeinsamen Handelns – interpretieren und definieren. Handeln kann man deshalb auch nicht erklären, indem man nur auf einen auslösenden Faktor sieht, sondern man muss das Zusammenspiel vieler Faktoren und der Interpretationen berücksichtigen, mit denen der Handelnde die Faktoren überhaupt erst ins Spiel bringt. Handeln kann man nur verstehen, wenn man diesen Definitionsprozess des Handelnden erschließt.

Wenn Blumer davon spricht, dass Individuen durch ihre Interpretation und Definition der Dinge Handlungslinien entwickeln, die auch eigene Wünsche und Bedürfnisse und auch das Selbstbild tangieren, so erinnert das wieder einmal an die eingangs referierte These von Thomas zur Kraft der Definition. Thomas hat es so ausgedrückt: „Actually not only concrete acts are dependent on the definition of the situation, but gradually a whole life-policy and the personality of the individual himself follow from a series of such definitions." (Thomas 1928b, S. 743)

Selbstverständlich kann man die Sichtweise menschlichen Handelns als fortlaufender Interpretation und Definition auch auf kollektives Handeln übertragen. Im kollektiven Handeln zeigen die Individuen sich durch ihr Handeln gegenseitig an, welche Bedeutung einem Objekt beigemessen wird oder beigemessen werden soll. Das gilt für eine Fußballmannschaft, die den Sieg will, wie für eine ganze Gesellschaft, die mit Sorge auf das Problem der Arbeitslosigkeit blickt. Immer zeigen sich die Beteiligten an, wie sie die Situation interpretieren. Auch wenn sich die Beteiligten dessen nicht bewusst sein mögen, sie zeigen ihre Interpretationen allein schon durch ihr Handeln an. *Interaktion ist Interpretation.*

7.4.6　Die Verkettung von Handlungen

Aus den bisherigen Kernannahmen folgt, dass eine Interaktion mehr ist als die Summe der einzelnen Handlungen. Sie ist etwas eigenes, das sich ständig verändert und jede einzelne Handlung bedingt. Diese ständige Veränderung übersieht man leicht, wenn man Routinen oder Wiederholungen vor Augen hat. Aber auch dort gilt, dass in jedem Augenblick der Handelnde sich und dem Anderen etwas anzeigt – und sei es, dass die neue Situation mit der alten zu vergleichen ist. Ohne diesen – wieder unbewussten – Prozess der Interpretation würde die alte Situation nicht einmal erinnert werden!

Im Prozess des wechselseitigen Anzeigens werden die einzelnen Handlungen verkettet. Dieser Begriff der *Verkettung*[7] *(interlinkage)* ist durchaus wörtlich zu verstehen, denn eine Handlung greift in die andere, ist Reaktion auf eine Handlung und Bedingung für eine nächste. Verkettung begründet gemeinsames Handeln. Zu dieser Verkettung macht Blumer nun drei Anmerkungen, die sich auf die scheinbare Wiederholung von Handeln, die Ausdehnung, die eine solche Verkettung annehmen kann, und auf die Vorgeschichte der Handlungen beziehen.

Als Erstes betrachtet er jene Fälle gemeinsamen Handelns, die wiederkehrend und stabil sind:

> „Der überwiegende Teil sozialen Handelns in einer menschlichen Gesellschaft, besonders in einer in sich gefestigten Gesellschaft, besteht in der Form sich wiederholender Muster gemeinsamen Handelns. In den meisten Situationen, in denen Menschen in Bezug aufeinander handeln, haben sie im Voraus ein festes Verständnis, wie sie selbst handeln wollen und wie andere handeln werden. Sie haben gemeinsame und vorgefertigte Deutungen dessen, was von der Handlung des Teilnehmers erwartet wird, und dementsprechend ist jeder Teilnehmer in der Lage, sein eigenes Verhalten durch solche Deutungen zu steuern." (Blumer 1969b, S. 97 f.)

Diese wiederkehrenden und vorgefertigten Formen des Handelns haben es der Soziologie seit je angetan, für manche Soziologen sind sie das Eigentliche des

---

[7] Der Begriff der „Verkettung" findet sich schon bei Simmel; vgl. oben Abschn. 2.1 *Wechselwirkung und Vergesellschaftung.*

Sozialen. Dabei begehen sie aber nach Blumer einen folgenschweren Fehler, den ich oben bei seinem Anspruch, die Freiheit des handelnden Individuums zu retten, schon angedeutet habe: „Die meisten soziologischen Entwürfe beruhen auf dem Glauben, dass eine menschliche Gesellschaft in der Form einer festen Lebensordnung besteht, wobei diese Ordnung in die Befolgung von Sets von Regeln, Normen, Werten und Sanktionen aufzulösen ist, die den Menschen genau vorschreiben, wie sie in den verschiedenen Situationen zu handeln haben." (Blumer 1969b, S. 98)

Diese Kritik richtet sich natürlich wieder gegen den Strukturfunktionalismus von Parsons und insbesondere die Rollentheorie, die daraus entwickelt worden ist. Gegen diese funktionalistische Theorie des Handelns, in der Abweichung im Prinzip, d. h. nach einem erfolgreichen Sozialisationsprozess gar nicht vorkommen dürfte, wendet Blumer ein: „Zunächst einmal ist es einfach nicht richtig, dass die volle Breite des Lebens in einer menschlichen Gesellschaft, und zwar in jeder beliebigen Gesellschaft, nur ein Ausdruck vorgefertigter Formen gemeinsamen Handelns ist. Innerhalb des Bereichs menschlichen Zusammenlebens entstehen ständig neue Situationen, die problematisch sind und für die bestehende Regeln sich als unzureichend erweisen." (Blumer 1969b, S. 98)

Es gibt keine Gesellschaft, die frei von Problemen ist, und es gibt keine, in der nicht die Mitglieder deshalb in eine Diskussion ihrer Handlungsmöglichkeiten eintreten müssen. Und selbst, wo es um Routine und Wiederholung geht, gilt, was oben gesagt wurde: dass es ein Zusammenhang ist, dem man durch Wiederholung von Handlungsmöglichkeiten begegnen kann, muss erst einmal festgestellt worden sein. Blumer fasst die erste Anmerkung zum Prozess der Verkettung in einem Satz zusammen, der im diametralen Gegensatz zu Parsons' Erklärung sozialer Ordnung steht:

„Eine unbegründete Übernahme der Konzepte sozialer Normen, sozialer Werte und sozialer Regeln und ähnlichem sollte den Sozialwissenschaftler nicht gegenüber der Tatsache blind machen, dass jedem von ihnen ein sozialer Interaktionsprozess gegenübersteht – ein Prozess, der nicht nur für ihren Wandel, sondern ebenso sehr auch für ihre Erhaltung in einer gegebenen Form notwendig ist. Es ist der soziale Prozess des Zusammenlebens, der die Regeln schafft und aufrechterhält, und es sind nicht umgekehrt die Regeln, die das Zusammenleben schaffen und erhalten." (Blumer 1969b, S. 99)

In seiner zweiten Anmerkung zu der Verkettung, die gemeinsames Handeln begründet, geht Blumer auf die ausgedehnte Verbindung von Handlungen ein. Diese ausgedehnten Verbindungen machen einen großen Teil menschlichen Zusammenlebens aus. Blumer nennt sie *Netzwerke von Handlungen (networks of action)* oder *Institutionen*. Netzwerke beinhalten „eine Verkettung und Interdependenz verschiedener Handlungen von verschiedenen Personen". Eine solche Verkettung ist

„zum Beispiel in der Arbeitsteilung gegeben (…), die sich vom Getreideanbau durch den Bauern bis letztlich zum Verkauf von Brot in einem Laden erstreckt, oder in der sorgsam ausgearbeiteten Kette, die sich von der Festnahme eines Verdächtigen bis letztlich zu seiner Freilassung aus einem Gefängnis erstreckt. Diese Netzwerke mit ihrer geregelten Teilnahme verschiedener Personen mit verschiedenen Handlungen an verschiedenen Punkten liefern ein Bild von Institutionen, die richtigerweise ein wesentliches Interessengebiet von Soziologen gewesen sind." (Blumer 1969b, S. 99) Doch diesem Gebiet wendet sich Blumer auf eine ganz neue Weise zu. Während andere Theorien von der Regelmäßigkeit des Handelns fasziniert sind und die Gründe dafür in den Institutionen suchen oder sogar davon sprechen, dass Institutionen ihrer eigenen Dynamik folgen – ein Gedanke, der in den Systemtheorien durchaus verbreitet ist! – unterstreicht Blumer die Bedeutung des Handelns des Individuums: „Ein Netzwerk oder eine Institution funktioniert nicht automatisch aufgrund irgendeiner inneren Dynamik oder aufgrund von Systemerfordernissen; sie funktionieren, weil Personen in verschiedenen Positionen etwas tun – und zwar ist das, was sie tun, ein Ergebnis der Art und Weise, in der sie die Situation definieren, in der sie handeln müssen." (Blumer 1969b, S. 100)

Die dritte Anmerkung betrifft die Vorgeschichte des Handelns. Blumer macht noch einmal auf die Tatsache aufmerksam, „dass nämlich jeder Fall gemeinsamen Handelns, gleichgültig, ob es erst neu entwickelt war oder schon lange bestand, notwendigerweise aus dem Hintergrund früherer Handlungen der Teilnehmer hervorgeht. Eine neue Art gemeinsamen Handeln entsteht nie unabhängig von einem solchen Hintergrund." (Blumer 1969b, S. 100) Jeder bringt in die Interaktion einen Satz von Bedeutungen und Interpretationen mit, die er im Laufe seines Lebens kennengelernt hat. Jeder Handelnde ist zu jedem Zeitpunkt seines Handelns in seine Biografie eingebunden. Deshalb ist in der Interaktion jeder Handelnde auch in die Biographie aller anderen eingebunden. „Gemeinsames Handeln stellt sozusagen nicht nur eine horizontale Verkettung der Aktivitäten der Teilnehmer dar, sondern auch eine vertikale Verkettung mit vorangegangenem gemeinsamem Handeln." (Blumer 1969b, S. 101) Anselm Strauss, ein Schüler von Blumer, hat diese Verkettung des Handelns mit der Biografie der anderen in folgendem Satz zum Ausdruck gebracht: „Obwohl nur zwei Hauptdarsteller auf der Bühne stehen, sind auch andere, nur dem Publikum oder einem der beiden Akteure sichtbare Spieler anwesend. Somit kann sich jeder Darsteller, indem er sich auf den anderen einstellt, zugleich auf einen unsichtbaren Dritten einstellen, als wäre dieser tatsächlich anwesend." (Strauss 1959b, S. 58)

Literatur

Arbeitsgruppe Bielefelder Soziologen (Hrsg.) (1973). *Alltagswissen, Interaktion und gesellschaftliche Wirklichkeit. Bd. 1: Symbolischer Interaktionismus und Ethno-methodologie, Bd. 2: Ethnotheorie und Ethnographie des Sprechens.* Reinbek: Rowohlt.

Blumer, H. (1937). *Social psychology.* In: E. P. Schmidt (Hrsg.) (1937): *Man and society: A substantive introduction to the social science.* New York: Prentice-Hall (https://brocku.ca/MeadProject/Blumer).

Blumer, H. (1962). *Society as symbolic interaction.* In: H. Blumer (1969a).

Blumer, H. (1969a). *Symbolic interactionism. Perspective and method.* Englewood Cliffs: Prentice-Hall (1969).

Blumer, H. (1969b). *Der methodologische Standort des Symbolischen Interaktionismus.* In: Arbeitsgruppe Bielefelder Soziologen (Hrsg.) (1973), Bd. 1.

Cooley, C. H. (1909). *Social organization. A study of the larger mind.* New York: Schocken Books (2. Aufl. 1963).

Habermas, J. (1981). *Theorie des kommunikativen Handelns, 2 Bde.* Frankfurt a. M.: Suhrkamp.

Joas, H. & Knöbl, W. (2004). *Sozialtheorie. Zwanzig einführende Vorlesungen.* Frankfurt a. M.: Suhrkamp.

Rose, A. M. (1962b). (Introduction zum Erstabdruck von Blumer 1962: Society as symbolic interaction) In: A. M. Rose (Hrsg.) (1962). *Human Behavior and Social Processes.* Boston: Houghton Mifflin.

Strauss, A. (1959b). *Spiegel und Masken.* Frankfurt a. M.: Suhrkamp (1968).

Thomas, W. I. (1928a). *Das Kind in Amerika.* In: W. I. Thomas (1951b). *Person und Sozial-verhalten.* Hrsg. von E. H. Volkart. Neuwied: Luchterhand (1965).

Thomas, W. I. (1928b). *The four wishes and the definition of the situation.* In: T. Parsons et al. (Hrsg.) (1961). *Theories of society.* New York: The Free Press (One Volume Edition, 1965).

Wilson, T. P. (1970). *Theorien der Interaktion und Modelle soziologischer Erklärung.* In: Arbeitsgruppe Bielefelder Soziologen (Hrsg.) (1973), Bd. 1.

Rollen, normative Erwartungen, soziale Interaktion (Talcott Parsons)

8

Inhaltsverzeichnis

8.1 Die Integration von Handlungen in eine soziale Ordnung. 122
8.2 Das allgemeine Handlungssystem und seine Subsysteme. 124
8.3 Vier Funktionen, die ein soziales System erfüllen muss, um Bestand
     zu haben und leistungsfähig zu bleiben. 126
8.4 Sozialisation: Wie das Individuum auf eine Ordnung zugeführt wird. 128
8.5 Rollen: Die Bedingung des Handelns durch normative Erwartungen. 129
8.6 Das soziale System als Interaktionssystem 132
8.7 Über zwei Modelle zum Gelingen von Interaktion und über Fähigkeiten,
     die man braucht, um Interaktionen fortzuführen. 136
Literatur. 142

Für TALCOTT PARSONS (1902–1979), der die soziologische Diskussion in den USA und auch in Deutschland bis in die 1960er Jahre entscheidend geprägt hat, sind vier Fragen besonders wichtig: 1) Wie funktioniert Ordnung auf den verschiedenen Ebenen einer Gesellschaft? Eine Erklärung liefert er mit einer höchst differenzierten *Systemtheorie des Handelns*. 2) Wie wird sichergestellt, dass eine soziale Ordnung unter der Bedingung, dass ständig neue Individuen nachwachsen, Bestand hat? Seine Erklärung lautet, dass die Individuen im Prozess der *Sozialisation* kontinuierlich auf die Werte und Normen der Gesellschaft zugeführt werden. 3) Wodurch wird das Handeln des Individuums bedingt? Eine Antwort gibt Parsons mit seiner *Rollentheorie*. 4) Wie fügen sich die Handlungen der Individuen zu einem sozialen Ganzen? Das erklärt er mit einer Theorie der *sozialen Interaktion*.

© Springer Fachmedien Wiesbaden GmbH, ein Teil von Springer Nature 2020
H. Abels, *Soziale Interaktion*, https://doi.org/10.1007/978-3-658-26429-1_8

8.1   Die Integration von Handlungen in eine soziale Ordnung

Parsons hat wiederholt betont, in seiner Theorie gehe es um „the Hobbesian problem of order" (Parsons 1951, S. 36), aber er hat auch gesagt, dass er Hobbes'
Erklärung, wie Ordnung zustande kommt und vor allem wie sie erhalten wird,
für problematisch hält. Der englische Staatsphilosoph Thomas Hobbes hatte
in seinem Werk „Leviathan" (1651) behauptet, dass der Mensch von Natur aus
böse ist. Er sei nur auf seinen Vorteil bedacht und setze seine Interessen mit
allen Mitteln gegen die seiner Mitmenschen durch. Der deshalb immer drohende
Krieg aller gegen alle könne nur dadurch vermieden werden, dass alle ihre Macht
auf eine zentrale Macht, von Hobbes als Leviathan[1] bezeichnet, übertragen. Es
ist der starke Staat, der die Menschen mit scharfen Drohungen und drastischen
Sanktionen von ihren gefährlichen Begierden abhält und Ordnung erzwingt (vgl.
Hobbes 1651, S. 155). Parsons hielt aber eine Ordnung, die nur durch *Zwang*
zusammengehalten wird, für unsicher, denn irgendwann könnten einer oder aus-
reichend viele doch so stark sein, dem Leviathan zu trotzen, und die Geschichte
habe auch gelehrt, dass jedes Zwangssystem irgendwann zerbricht. Relativ stabil
schien die Ordnung dagegen dort zu sein, wo die Individuen ihr *aus Überzeugung*
zustimmten. Für Parsons stellte sich deshalb die Frage, wie Individuen dazu
gebracht werden können, eine Ordnung *freiwillig* und dauerhaft mitzutragen. Die
Antwort gibt er mit einer Theorie der *Sozialisation* und *Motivation.*

Parsons fragt nicht, wo der Ursprung einer Ordnung schlechthin liegt, sondern wie eine *bestehende Ordnung erhalten* bleibt! Und damit war auch der Vorrang im Verhältnis zwischen Gesellschaft und Individuum geklärt: Während die
schottischen Moralphilosophen[2] die Integration der Gesellschaft ausdrücklich
vom Handeln der Individuen hatten abhängen sehen, heißt für Parsons Integration
nicht mehr Integration von Handlungen *zu* einer gesellschaftlichen Ordnung, sondern umgekehrt Integration von Handlungen *in* eine bestehende Ordnung. Diese
Ordnung weist eine bestimmte Struktur von Werten und Normen auf, und an
diese Ordnung werden die Bedürfnisse, Erwartungen und Kompetenzen der Individuen kontinuierlich unbewusst, aber auch ausdrücklich angepasst (vgl. Parsons
1951, S. 42).

Bevor ich diesen Gedanken entwickele, will ich ganz kurz Parsons' *struktur-
funktionale Systemtheorie* skizzieren, in der er erklärt, was *Gesellschaft ist* und

---

[1] Leviathan, das ist das schreckliche Ungeheuer in der Bibel, dem keiner trotzen kann.
[2] Siehe oben Kap. 1 *Sittliche Gefühle, Tugenden, wechselseitige Beobachtung.*

wie sie *funktioniert.* Parsons übernimmt von dem englischen Soziologen Herbert Spencer den Gedanken, dass die Gesellschaft aus unterschiedlichen Teilen besteht, die voneinander abhängig sind und sich wechselseitig unterstützen. Die dauernde Beziehung der Teile hatte Spencer *Struktur* und die wechselseitige Unterstützung *Funktion* genannt. Den Prozess, in dem sich differenzierte Teile immer wieder zu einem funktionierenden Ganzen fügen, hatte Spencer als *Integration* bezeichnet. Mit Blick auf das *Handeln* von konkreten *Individuen* stellte sich für Parsons dann die Frage, ob es etwas Gemeinsames gibt, an dem sich die Handelnden orientieren. Hier lehnte er sich an Durkheim[3] an, wonach uns die soziale Ordnung in Form *sozialer Tatsachen* entgegentritt. Dazu gehören Werte und Überzeugungen, Vorschriften und Regelungen. Sie sind Teil dessen, was jeder in der Gesellschaft mehr oder weniger über das richtige Verhalten weiß, weshalb Durkheim die Summe der Vorstellungen auch als *kollektives Bewusstsein* bezeichnet hatte. Die Ordnung der Gesellschaft kann nur erhalten werden, wenn die Individuen diese kulturellen Vorgaben als *Normen* fest verinnerlichen.

Einen entscheidenden Einfluss auf Parsons' Erklärung sozialer Ordnung hatte schließlich der *Funktionalismus,* der die These vertrat, dass *jede* Kultur für sich ein sinnvolles *System* ist. Nach Bronislaw Malinowski, einem Begründer des Funktionalismus, dessen Seminar Parsons bei seinem Studium in London besucht hatte, ist *Kultur* als instrumenteller Apparat zu verstehen, durch den der Mensch in die Lage versetzt wird, mit *seiner* Umwelt besser fertig zu werden und *seine* Bedürfnisse zu befriedigen. *Jede* Kultur ist ein in sich stimmiges, angemessenes *System* von Gegenständen, Handlungen, Einstellungen, innerhalb dessen *jeder* Teil als Mittel zu einem Zweck existiert (vgl. Malinowski 1939, S. 21 f.), also eine *Funktion* erfüllt. Diese Erklärung von Kultur sollte nach Parsons auch für die Gesellschaft insgesamt gelten. Auch hier stehen die einzelnen Teile in einem Funktionszusammenhang. Sie bilden eine *Struktur.*

Mit den Begriffen *System, Struktur* und *Funktion* hatte Parsons die Zentralbegriffe seiner Theorie gefunden. In einer ersten Bilanz kann man sie so definieren: *System* bedeutet den Zusammenhang von sozialen Tatsachen, Ereignissen und Prozessen, die wechselseitig aufeinander wirken. Die wechselseitige Einwirkung tendiert zu einem Erhalt des Systems. *Struktur* bezeichnet die Ordnung der Beziehungen zwischen Einheiten. Die Ordnung tendiert zu einem harmonischen Gleichgewicht zwischen den Einheiten. *Funktion* meint die Aufgabe oder den Zweck des Systems (oder eines seiner Teile) und den Beitrag zur Erhaltung

---

[3] Siehe oben Kap. 3 *Solidarität, soziale Tatsachen, Kollektivbewusstsein.*

der Struktur. Je mehr die einzelnen funktionalen Leistungen aufeinander abgestimmt sind, umso stabiler ist das System. Leistungen, die die Struktur stören, sind dysfunktional. Parsons, der die Begriffe *System* und *Struktur* manchmal synonym verwendet, geht vom Vorrang der Struktur vor den Funktionen aus. Deshalb bezeichnet er seine Systemtheorie auch als „strukturfunktionalistische" Theorie (Parsons 1951, S. 19).

Es muss noch etwas zum Begriff des Systems nachgetragen werden, den Parsons nicht nur aus einer funktionalistischen Kulturtheorie übernommen hat. Parsons hatte sich am Anfang seines Studiums zunächst in den biologischen Wissenschaften umgesehen, und von daher war ihm der Gedanke vertraut, dass sich Aktionen und Reaktionen in biologischen Prozessen zu einem System fügen. Diesen Gedanken hat er auf die Beschreibung und Erklärung sozialer Prozesse und Strukturen übertragen: Soziale Systeme bestehen darin und funktionieren dadurch, dass sich Aktivitäten, d. h. *Handlungen* sinnvoll aufeinander beziehen. So erklärt Parsons dann auch, wie Gesellschaft zustande kommt und wie sie als Ganzes und in ihren Teilen funktioniert.

Ganz wichtig ist ein letzter Hinweis: „Man kann niemals ein System, sondern nur einen *Gegenstand als System* erblicken." (Jensen 1976, S. 26) Parsons betrachtet Gesellschaft und Kultur, Gruppen, Individuen und Handlungen unter der Perspektive, dass sie Systeme sind und wie Systeme funktionieren!

8.2   Das allgemeine Handlungssystem und seine Subsysteme

Parsons will eine allgemeine Theorie des Sozialen entwerfen, genauer: erklären, worin das Soziale besteht und wie es funktioniert. Ausgangspunkt seiner „General Theory of Action" ist die Analyse des menschlichen Verhaltens *(behavior),* das er unter vier Aspekten betrachtet: 1) Verhalten ist orientiert an Zielen, es findet 2) in konkreten Situationen statt, ist 3) normativ geregelt und erfordert 4) immer eine bestimmte Motivation, tätig zu werden. Verhalten, das so funktioniert, bezeichnet Parsons als *action* (vgl. Parsons und Shils 1951, S. 53). Dieser Begriff wird in der deutschen Rezeption durchgängig mit *Handlung* übersetzt.

Die Grundannahme, die hinter dieser Theorie steht, kann man so umschreiben: Im Gegensatz zum Tier, das auf das Verhalten eines anderen Tieres instinktiv, unmittelbar und in feststehender Weise *reagiert* und keine Umstände seines Verhaltens „bedenkt" oder weitere Ziele „im Sinn" hat, *agiert* der Mensch, indem er die Umstände seines Handelns reflektiert, Erfahrungen mobilisiert und mit Interessen und Zielen zusammenbringt und schließlich sein Handeln entsprechend organisiert. Der Mensch bringt ein *System* in Dinge, Ereignisse und vor allem: in seine Handlungen. Deshalb sei, stellt Parsons in der „General Theory of Action" nachdrücklich fest, jegliches Verhalten des Menschen „als System zu behandeln". (Parsons 1958, S. 154) Und auch jeder Zusammenhang der Handlungen der Menschen ist als System zu denken. Das werde ich sofort erklären, vorher ist aber eine Zwischenbemerkung vonnöten, die auf das Thema der *sozialen Interaktion* vorgreift.

Parsons will keine abstrakte Theorie des Verhaltens, sondern eine soziologische Theorie des Handelns in *sozialen Systemen* entwickeln, also erklären, wie Handeln im Kontext der Handlungen Anderer funktioniert. Dazu stellt er fest, dass Handlungen „empirisch nicht vereinzelt", sondern „in Konstellationen" auftreten (Parsons und Shils 1951, S. 54). Das heißt, Handlungen stehen immer in einer Beziehung zu anderen Handlungen, werden durch diese bewirkt und bewirken sie wiederum. Die wechselseitige Beziehung bezeichnet Parsons als *interaction*. Worin besteht sie? Ganz kurz: Interaktion besteht in *komplementären Erwartungen*, die ego und alter aneinander richten und die sich zu einem *Interaktionssystem* fügen (vgl. Parsons et al. 1951, S. 14 f.).

Ich komme zurück auf die These, dass jeder Zusammenhang der Handlungen der Menschen als System zu denken ist. Vor dem gerade skizzierten Hintergrund, dass Handlungen etwas *bewirken* und gleichzeitig durch andere Handlungen bewirkt werden, bezeichnet Parsons mit dem Begriff der *action* auch alles, was sich in der Gesellschaft und auf allen ihren Ebenen ereignet. Jedes Element und jeder Prozess ist Teil eines *allgemeinen Handlungssystems (general action system)*. Mit diesem *abstrakten* Begriff ist gemeint, dass das Soziale insgesamt ein System ist und dass alle seine Teile in Wechselwirkung zueinander stehen; als *empirischer* Begriff steht er für die *Gesellschaft* in ihrer Gesamtheit. Wenn ich im Folgenden vom allgemeinen Handlungssystem spreche, dann immer im Sinne von Gesellschaft. Warum man die beiden Begriffe wenigstens in einem Fall doch auseinanderhalten muss, sollte sich gleich klären.

Das allgemeine Handlungssystem differenziert sich in vier *Teilsysteme:* kulturelles System, Sozialsystem, Persönlichkeitssystem und Organismus. Sie stehen in einer „Hierarchie der Kontrolle", d. h. das kulturelle System kontrolliert die sozialen Systeme, das jeweilige soziale System die Persönlichkeit und die wiederum den Organismus (Parsons 1961b, S. 37 f.). Wegen dieser Kontrollhierarchie spricht Parsons manchmal auch von Subsystemen des allgemeinen Handlungssystems. Jedes Teilsystem stellt ein eigenes Handlungssystem dar, das die Bedingungen und Formen der Handlungen in je spezifischer Weise organisiert. Insgesamt bedingen sie einander und erbringen ihren spezifischen Beitrag für den Erhalt des allgemeinen Handlungssystems.

1. An der Spitze der Kontrollhierarchie steht das *kulturelle System*, das Parsons auch als „shared symbolic system" bezeichnet (Parsons 1951, S. 11). In ihm sind die kollektiven Ideen und Symbole, Werte und Normen versammelt, die von allen geteilt werden bzw. geteilt werden sollten, wenn die Gesellschaft insgesamt funktionieren soll.
2. Unterhalb des kulturellen Systems steht das *Sozialsystem*. So bezeichnet Parsons einmal die Gesellschaft insgesamt (Parsons 1951, S. 21), weist aber gleichzeitig darauf hin, dass sie ein „Sozialsystem innerhalb eines Universums sozialer Systeme" ist (Parsons 1966b, S. 19). In einem allgemeinen Sinn kann man Gesellschaft als überdauernde Gesamtheit aller *sozialen Systeme* bezeichnen. Und um diese sozialen Systeme geht es in Parsons' Handlungstheorie vor allem. Beispiele sozialer Systeme sind die Familie, die Gruppe oder das Verkaufsgespräch, der Streit oder die Begrüßung. Soziale Systeme entstehen „durch die Interaktion menschlicher Individuen". In diesen sozialen Systemen ist jeder Teilnehmer „sowohl *Handelnder*" mit eigenen Ideen, Zielen und Haltungen, als auch „Objekt der Orientierung für andere Handelnde wie für sich selbst". (Parsons 1966a, S. 124; 1966b, S. 17)
3. Das Individuum betrachtet Parsons als *Persönlichkeitssystem*. Persönlichkeit ist die „erlernte Organisation" des Verhaltens, die sich im Sozialisationsprozess herausgebildet hat (Parsons 1966b, S. 24). Die Organisation umfasst auch Wertorientierungen, moralische Standards und Motivationen, Einstellungen und Haltungen, Handlungsziele und Strategien, sie zu erreichen (vgl. Parsons 1951, S. 14).
4. *Organismus:* Darunter versteht Parsons die individuelle physische Konstitution, aber auch die Triebe, die psychischen und körperlichen Bedürfnisse, die unser konkretes Handeln mitbestimmen (vgl. Parsons 1951, S. 4 f.).

Jetzt stellt sich die Frage, wie Systeme denn funktionieren und was sie leisten. Da es hier um das Handeln in sozialen Systemen geht, werde ich mich auf sie konzentrieren.

8.3   Vier Funktionen, die ein soziales System erfüllen muss, um Bestand zu haben und leistungsfähig zu bleiben

Eingangs habe ich gesagt, dass Parsons die Frage interessierte, wie Ordnung sichergestellt werden kann. Neben die externe Erklärung, die er mit seiner Sozialisationstheorie gibt und die ich gleich referieren werde, stellt er eine interne Erklärung, die sich auf den funktionalen Zusammenhang in den Systemen selbst bezieht: Damit ein System auch unter sich wandelnden inneren und äußeren Bedingungen Bestand hat und dauerhaft leistungsfähig bleibt, müssen vier Grundfunktionen erfüllt werden: *adaptation, goal attainment, integration* und *latent pattern maintenance.* Nach den Anfangsbuchstaben der einzelnen Funktionen wird dieses berühmte *Vierfelderschema* der *Systemfunktionen* auch als *AGIL-Schema* bezeichnet.

(A) Ein System muss sich mit seiner Umwelt arrangieren, d. h. sich an äußere Bedingungen anpassen, ggf. aber auch in der Lage sein, die Umwelt in seinem Sinne zu verändern; diese Funktion bezeichnet Parsons als „adaptation". Nehmen wir als Beispiel das Interaktionssystem Kirchenchor. Der muss im Normalfall bereit und in der Lage sein, die frommen Lieder der Altvorderen zu singen. Wenn aber der Nachwuchs ausbleibt, wird er vielleicht versuchen, junge Stimmen mit der Aussicht auf schmissigere Songs zu locken. Das soziale System Kirchenchor muss dazu aber auch seine Umwelt verändern, indem es die Kirchenoberen von diesem neuen Geist überzeugt.

(G) Das System muss sich an bestimmten Zielen orientieren und Mittel bereitstellen, diese Ziele zu realisieren; das nennt Parsons „goal attainment". Unser Kirchenchor muss der Kirchenleitung, vor allem aber den alten und neuen Mitgliedern klar machen, welche Ziele man hat – Erbauung oder Aufrüttelung oder beides. Und natürlich muss er auch geeignete Mittel (neue Liederbücher, neue Instrumente, neue Performance) finden, diese Ziele zu verwirklichen.

(I) Das System muss in der Lage sein, seine einzelnen Elemente (Personen, Interaktionen, Strukturen) so aufeinander abzustimmen, dass sie alle kontinuierlich zur Zielerreichung beitragen; diese Funktion wird als „integration" bezeichnet. Der Kirchenchor muss die altgedienten Stimmen mit dem revolutionären Schwung der Jungen harmonisieren.

(L) Das System muss in der Lage sein, eine spezifische Sinnstruktur aufzubauen und über konkrete Situationen und aktuell beteiligte Personen hinaus zu erhalten; diese Funktion nennt Parsons „pattern maintenance". Um deutlich zu machen, dass es um den Erhalt eines impliziten oder latenten Musters geht, spricht er auch von „latent pattern maintenance" oder „latency". (vgl. Parsons 1961a, S. 172 ff. bzw. 1961b, S. 38 ff.; Jensen 1976, S. 64) Noch einmal das Beispiel des Kirchenchors: Der latente Sinnzusammenhang wird dadurch erhalten, dass sich die Mitglieder regelmäßig treffen, sich in Worten und Taten über Sinn und Zweck ihres Handelns verständigen, den Kirchenboten lesen oder gemeinsam feiern. Auf diese Weise entwickelt sich ein Gruppenbewusstsein, das auch dann bestehen bleibt, wenn man einmal drei Wochen nicht Ohr an Ohr geübt hat.

Vor allem in diesen beiden letzten Systemfunktionen – Integration aller Teile und Erhaltung eines Handlungsmusters – wird der Vorrang der Ordnung, also der Struktur, vor dem Individuum, das in dieser Ordnung eine bestimmte Funktion zu erfüllen hat, deutlich.

8.4   Sozialisation: Wie das Individuum auf eine Ordnung zugeführt wird

Bringt man die Hierarchie der Systeme mit den Systemfunktionen zusammen, stellt sich die Frage, wie es gelingt, dass sich die Individuen in die soziale Ordnung integrieren *(integration)* und die Muster des üblichen Verhaltens *(latent pattern maintenance)* erhalten. Das erklärt Parsons mit einer *Theorie der Sozialisation.*

Als der Begriff Sozialisation zum ersten Mal in einer soziologischen Zeitschrift auftauchte, geschah das in einem interessanten Zusammenhang. Im ersten Heft des American Journal of Sociology veröffentlichte im Jahre 1896 einer der Gründungsväter der amerikanischen Soziologie, Edward A. Ross, einen Beitrag unter dem Titel „Social Control". In diesem Aufsatz werden zwei Mechanismen genannt, durch die die Gesellschaft ihre schwierige Aufgabe bewältigt, „die Gefühle und Wünsche der Individuen so zu formen, dass sie den Bedürfnissen der Gruppe entsprechen": soziale Kontrolle und Sozialisation (Geulen 1991, S. 22; Ross 1896, S. 516 ff.). Parsons ist zweifellos der Soziologe, der in seiner Sozialisationstheorie dieses funktionale Interesse der Gesellschaft an der inneren Formung ihrer Mitglieder am deutlichsten herausgestellt hat.

Ganz allgemein versteht Parsons unter „Sozialisation den gesamten Komplex von Prozessen, durch welche Personen zu Mitgliedern der gesellschaftlichen Gemeinschaft werden und diesen Status beibehalten." (Parsons 1966b, S. 24) Doch aus *gesellschaftlicher* Sicht ist dieser Prozess der Sozialisation immer ein heikles Problem, das sich in jedem Augenblick stellt, wo ein Mensch geboren wird. Parsons wählt ein bezeichnendes Bild für das, womit die *Gesellschaft* permanent rechnen muss und was sie um *ihres* Erhaltes willen deshalb permanent sicherstellen muss: „What has sometimes been called the ‚barbarian invasion' of the stream of new-born infants is, of course, a critical feature of the situation of any society. Along with the lack of biological maturity, the conspicious fact about the child is that he has to learn the patterns of behavior expected of persons in his statuses in his society." (Parsons 1951, S. 208)

Aufgabe der Sozialisation ist es nicht nur, dem Individuum die herrschenden Werte und Normen der Gesellschaft nahezubringen, sondern auch seine

Bedürfnisse, Erwartungen und Kompetenzen kontinuierlich und zuverlässig an die vorgegebene soziale Ordnung anzupassen (vgl. Parsons 1951, S. 42). Bezogen auf sein Handeln besteht das wichtigste Problem im Verhältnis zwischen Gesellschaft und Individuum darin, in ihm „eine adäquate Motivation zur Partizipation an sozial bewerteten und kontrollierten Formen des Handelns" zu entwickeln und zu erhalten (Parsons 1966b, S. 24). Im Individuum soll eine feste *Wertbindung (commitment)* hergestellt werden, und es muss dazu gebracht werden, freiwillig seine Rollen spielen zu *wollen*, wie es sie im Rahmen einer gegebenen sozialen Ordnung spielen *soll*. Wenn Sozialisation im Sinne der Gesellschaft gelingen soll, bedarf es des *willentlichen Engagements*[4] des Individuums. Diese These ist Teil einer *voluntaristischen*[5] Handlungstheorie (vgl. Parsons 1945, S. 55 ff.), wonach „Werte und Normen (…) sich im Handeln nicht von selbst" verwirklichen, sondern „durch die *Anstrengung* des Individuums im Handeln zur Geltung gebracht werden" müssen (Miebach 2006, S. 70).

Die bei weitem wichtigsten Agenturen der Sozialisation und Motivation sind die Familie und die Schule. Die *Familie* ist der primäre Ort der *Enkulturation,* indem dem Kind, vermittelt über das Denken und Handeln seiner Eltern, die *kulturellen Werte* der Gesellschaft nahegebracht werden. In der Familie wird sein Persönlichkeitssystem grundgelegt; in der Familie wird das Kind auch mit den *sozialen Mechanismen* und *Rollen* seiner Gesellschaft vertraut gemacht. In der *Schule* wird die Wertbindung weiter vertieft, indem die kulturellen Werte und Normen expliziert und legitimiert werden. Weiter besteht ihre Sozialisationsfunktion darin, Persönlichkeiten auszubilden, die „der Erfüllung von Erwachsenenrollen motivationsmäßig und technisch gewachsen" sind (Parsons 1959, S. 349).

8.5 Rollen: Die Bedingung des Handelns durch normative Erwartungen

Eine zentrale Frage Parsons', habe ich eingangs gesagt, ist, wodurch das Handeln des Individuums bedingt wird. Eine Antwort gibt er mit seiner *Rollentheorie*. Um den Begriff der Rolle zu erklären, muss ich noch einmal kurz seine Differenzierung des allgemeinen Handlungssystems[6] in Erinnerung rufen. In der Hierarchie

---

[4] Commitment bedeutet im Englischen auch Verpflichtung und Engagement.

[5] Voluntas – lat. Wille.

[6] Siehe oben Abschn. 8.2 *Das allgemeine Handlungssystem und seine Subsysteme.*

des Sozialen steht das *kulturelle System*, das die Werte, Normen und symbolischen Bedeutungen einer Gesellschaft umfasst, obenan. Das System des Handelns, d. h. den strukturierten Zusammenhang der Handlungen aller Beteiligten an einer Situation, nennt Parsons *soziales System*. Das *Persönlichkeitssystem* ist das Ergebnis der Verinnerlichung von Werten, Normen und sozialen Verhaltenserwartungen; in ihm kommen aber auch individuelle psychologische Antriebe und soziale Bedürfnisse zum Ausdruck.

„Die Einheit des sozialen Systems (ist) der Handelnde", und die soziale Struktur eines sozialen Systems ist „ein System von Beziehungsmustern zwischen Handelnden". Allerdings ist nicht zu übersehen, „dass in den meisten Beziehungen der Handelnde nicht als individuelle Ganzheit beteiligt ist, sondern lediglich mit einem bestimmten, differenzierten ‚Ausschnitt' seines gesamten Handelns." Diesen Ausschnitt, „der die Grundeinheit eines Systems sozialer Beziehungen darstellt", bezeichnet Parsons als „Rolle". Wegen dieser ausschnitthaften Beteiligung präzisiert Parsons: „Die soziale Struktur ist ein System von Beziehungsmustern zwischen Handelnden in ihrer Eigenschaft als Rollenträger." Die Rolle verknüpft die Handelnden „mit der eigentlichen *sozialen* Struktur." (Parsons 1945, S. 54 f.)

Rollen wie auch das soziale System, in dem sie zum Ausdruck kommen, werden von „Normen reguliert" und sind „durch Festlegung auf Wertmuster charakterisiert". (Parsons 1966a, S. 140) Die Normativität ergibt sich aus dem kulturellen System, in dem die Werte der Gesellschaft aufgehoben sind. *Werte* versteht Parsons im Sinne des „Mustergültigen". Unter dieser Perspektive und bezogen auf die sozialen Rollen kann man sich das Wertesystem als latenten gesellschaftlichen Konsens vorstellen, wie in einer konkreten Situation idealerweise gehandelt werden soll. *Normen* „haben regulative Bedeutung für soziale Prozesse und Beziehungen" (Parsons 1966a, S. 140), schreiben also konkret vor, wie zu handeln ist. In Rollen kommen Erwartungen eines typischen Verhaltens, die die Gesellschaft an jeden Handelnden in einer bestimmten Situation richtet, zum Ausdruck. Rollen haben eine normative Funktion, indem sie das „*rechte* Verhalten" definieren und „passende Verhaltensmöglichkeiten" aufzeigen (vgl. Parsons 1945, S. 56).

Um die *Funktion* der Rolle für ein soziales System klarzumachen, muss ich kurz noch einmal den Bogen zu Parsons' Theorie der vier Funktionen schlagen, die ein System erfüllen muss, um Bestand zu haben und leistungsfähig zu bleiben. Die erste Funktion *(adaptation)* eines sozialen Systems besteht darin, sich auf seine Umwelt einzustellen. Die zweite *(goal attainment)* sichert, dass ein System seine Ziele mit entsprechenden Mitteln verfolgt. Drittens muss ein System seine Elemente zu einem Ganzen integrieren *(integration)*. Schließlich muss ein

System seine spezifische Sinnstruktur erhalten *(pattern maintenance)*. Die primäre Funktion der Rolle in Sozialsystemen, heißt es bei Parsons, ist *adaptiv*. „Die Fähigkeit (und Bereitschaft der Individuen, Ergänzung H. A.), gesellschaftlich relevante Rollen zu erfüllen, ist die grundlegendste generalisierte adaptive Ressource jeder Gesellschaft." (Parsons 1966a, S. 141)

Kommen wir nach diesem Blick auf die funktionale Bedeutung der Rolle für ein soziales System auf Parsons' gerade referierte These zurück, dass die Rolle die Handelnden „mit der eigentlichen *sozialen* Struktur" verknüpft. Jetzt stellt sich nämlich die grundlegende Frage, was „das Wesen dieses verknüpfenden Bandes" und was „die soziale Struktur, vom Standpunkt des Handelnden aus betrachtet, der in ihr seine Rollen spielt", ist. Der Schlüssel der Antwort auf diese Frage liegt für Parsons „in dem normativ-voluntaristischen[7] Aspekt der Struktur des Handelns. Vom sozialen System her gesehen ist die Rolle ein Element jener allgemeinen Muster, denen das Handeln der beteiligten Individuen folgt. Doch handelt es sich hierbei nicht bloß um einen statistischen ‚Trend'. Es handelt sich um Ziele und Verhaltensmaßstäbe. Vom Standpunkt des Handelnden her gesehen definiert sich seine Rolle durch die normativen Erwartungen der Gruppenmitglieder, die in den sozialen Traditionen zum Ausdruck kommen." Folgt der Handelnde den normativen Erwartungen der Rolle oder nicht, hat das Folgen für ihn: „im einen Fall Anerkennung und Belohnung, im anderen Ablehnung und Bestrafung." (Parsons 1945, S. 55)

Noch wichtiger ist ein anderer Aspekt: Die normativen Erwartungen der Rolle werden nach und nach Teil der Persönlichkeit des Handelnden: „Im Verlauf des Sozialisierungsprozesses nimmt er – in mehr oder weniger starkem Maße – die Verhaltensmaßstäbe und Ideale der Gruppe in sich auf. Auf diese Weise werden sie, unabhängig von äußeren Sanktionen, zu wirksamen Motivierungskräften für sein eigenes Verhalten. So gesehen liegt der wesentliche Aspekt der sozialen Struktur in einem System von Erwartungsstrukturen, die das *rechte* Verhalten für Personen in bestimmten Rollen definieren; ihre Geltung wird sowohl durch die positiven Motive des Rollenträgers selbst, wie auch durch die Sanktionen vonseiten anderer durchgesetzt (…). Vom funktionalen Standpunkt aus stellen die institutionalisierten Rollen Mechanismen dar, mit Hilfe derer die außerordentlich vielfältigen Möglichkeiten der ‚menschlichen Natur' in ein einziges, integriertes System eingefügt werden, das mit allen Situationserfordernissen fertig werden kann, denen sich die Gesellschaft und ihre Mitglieder gegenübersehen." (Parsons 1945, S. 55 f.)

---

[7] Siehe oben Anmerkung 5.

Eigentlich sollten nach dieser Rollentheorie alle Beteiligten grosso modo wissen, wie man sich in einem konkreten System zu verhalten hat und was sie voneinander zu erwarten haben – wenn da nicht das Risiko wäre, dass man Letzteres nun doch nicht so genau weiß. Auf dieses Problem geht Parsons unter dem Stichwort der *sozialen Interaktion* ein.

8.6   Das soziale System als Interaktionssystem

Handlungen sind keine isolierten Ereignisse, sondern bestehen grundsätzlich im „Austausch" *(interchange)* zwischen den einzelnen Elementen eines sozialen Systems (Parsons 1968a, S. 434). Wegen dieser wechselseitigen Beziehung und Bedingung von Handlungen kann man soziale Systeme auch als *Interaktionssysteme* bezeichnen. Sie entstehen aus und bestehen in der „Interaktion menschlicher Individuen". (Parsons 1966b, S. 17) Blicken wir auf die *Elemente* eines sozialen Systems.

1. Die Situation
Da ist zunächst die *Situation.* Sie ist definiert durch die Objekte, an denen sich die Handelnden orientieren. Solche Objekte können physischer, kultureller oder sozialer Natur sein. Ein *physisches Objekt* ist z. B. die Straße, auf die ich mich einstelle, wenn ich sie betrete. Physische Objekte „interagieren" nicht mit uns. Dem Asphaltplatz ist es ziemlich egal, ob wir ihn mit nackten Füßen oder Fußballschuhen traktieren, aber wir selbst werden ganz sicher bei einem Fußballspiel auf der Straße vorsichtiger zu Werke gehen als auf einem Rasenplatz.
Kulturelle Objekte sind „symbolische Elemente der kulturellen Tradition, es sind Ideen oder Überzeugungen, Symbole oder Werte." (Parsons 1951, S. 4) Das hat Durkheim „soziale Tatsachen" genannt. Zu den kulturellen Objekten gehören sowohl die *Ziele,* die man in einer Gesellschaft oder in einer konkreten Interaktion anstreben darf oder soll, als auch die *Mittel,* die dabei angewandt werden dürfen oder sollen. Wo z. B. in unserer Gesellschaft die Maxime gilt, Reichtum zu erwerben, sind die Mittel des Raubes ausgeschlossen. Jede Situation gemeinsamen Handelns ist durch *Normen* des richtigen Verhaltens gekennzeichnet.
Soziale Objekte sind ego und alter. Ihre Teilnahme an der Interaktion kann unter zwei Aspekten betrachtet werden: Da ist einmal der *positionale* Aspekt, wo also die Handelnden im sozialen System und zueinander lokalisiert sind. Wo diese Position in irgendeiner Weise bewertet wird, sprechen wir von einem

„Status". Da ist zum anderen der *prozessuale* Aspekt, unter dem gefragt wird, was die Handelnden in ihren Beziehungen zueinander tun, welche „Rolle" sie also spielen (vgl. Parsons 1951, S. 25). Rolle meint die sozialen Erwartungen an das Handeln. Ich komme darauf zurück.

2. Die Individuen

In der „Inter-Aktion" geht es vor allem um diese *sozialen Objekte.* Deshalb bilden die *Individuen* das zweite Element des sozialen Systems. Sie stehen in einer wechselseitigen Beziehung zueinander, die Parsons als *soziale Interaktion* bezeichnet. Wie kommen die Individuen in dieser sozialen Interaktion vor? Zunächst einmal ist das Individuum als Handelnder zu sehen, der eine bestimmte Motivation hat. Konkret: „Er hat Wünsche, Ziele, internalisierte Wertorientierungen und natürlich Affekte, ‚Gefühle'." Der Handelnde ist aber auch „ein *Objekt von Orientierungen,* und zwar für andere Handelnde wie auch für sich selbst." Und außerdem muss man sagen: „Jedes Individuum ist in *vielfältigen* Interaktionssystemen eingebettet, so dass der Teil seines motivationalen Systems, der jeweils ‚engagiert' ist, von Situation zu Situation verschieden sein wird. Ebenso wird seine Bedeutung als Objekt von Kontext zu Kontext variieren." (Parsons 1968b, S. 73)

Unter dem Gesichtspunkt, dass soziales Handeln „Inter-Aktion" ist, ist besonders der zweite Aspekt wichtig, dass die Handelnden für einander und für sich Objekte der Orientierung sind. 1) „Each actor is *both* acting agent and object of orientation *both* to himself and to the others" und 2) „as acting agent, he orients to himself and to others and, as object, has meaning to himself and to others." (Parsons 1968a, S. 436) Mit anderen Worten: Die Individuen reflektieren in dieser wechselseitigen „dyadischen Interaktion" durch ihr Handeln das Handeln des Anderen und nehmen sich unter dieser Bedingung auch selbst wahr. Das erinnert stark an Meads These der Rollenübernahme und der Verschränkung der Perspektiven[8], und ihn erwähnt Parsons auch ausdrücklich. Der Bezug zu Mead kommt auch in der folgenden Beschreibung, was soziale Interaktion ist und wie sie funktioniert, zum Ausdruck: „Der Handelnde nimmt wahr und ist Objekt der Wahrnehmung, er nutzt instrumentelle Mittel und ist selbst Mittel, er ist den Anderen gefühlsmäßig verbunden und ist selbst Objekt solcher Gefühle, er analysiert und ist Objekt der Analyse, er interpretiert Symbole und ist selbst Symbol." (vgl. Parsons 1968a, S. 436)

---

[8] Siehe oben Abschn. 6.6 *Rollenübernahme und die Verschränkung der Perspektiven.*

3. Die Handlung

Das dritte Element ist die *Handlung.* Wie oben zu lesen war, sieht Parsons eine Handlung dadurch charakterisiert, dass sie in einer konkreten Situation stattfindet, normativ geregelt und an Zielen orientiert ist und dass dahinter eine bestimmte Motivation der Handelnden steht (vgl. Parsons und Shils 1951, S. 53). Und selbstverständlich sind Handlungen auch durch die individuellen Befindlichkeiten (z. B. Freude oder Angst), durch die kulturellen Symbole (rote Karte oder weiße Fahne) und die Formen sozialer Beziehungen (Streit oder Liebesgeflüster) bestimmt.

Nach dem oben gesagten ist dieses Handeln im Prinzip immer „Interaktion", denn es spielt sich in einer *sozialen* Situation ab, ist deshalb sozialer *Austausch,* und da es auf Ziele gerichtet ist, die innerhalb eines konkreten sozialen Systems realisiert werden sollen, ist es auch bedingt durch die dort geltenden *Normen.* Austausch ist das *Handeln* auch insofern, als es wechselseitig ein bestimmtes Folgehandeln auslöst. Handeln hat wechselseitig motivationale Bedeutung (vgl. Parsons 1951, S. 4).

4. Das symbolische System

Das vierte Element des sozialen Systems ist das *symbolische System,* das die Individuen teilen (vgl. Parsons et al. 1951, S. 15 f.). Es ist die „Kultur", die sich in der Kommunikation zwischen den handelnden Personen herausbildet (vgl. Parsons 1951, S. 5). Natürlich wird sie, wie ich bei der Analyse der Situation gezeigt habe, nicht frei erfunden, sondern ist geprägt von den Werten und Normen, nach denen die Gesellschaft insgesamt geregelt ist. „Der Prototyp einer solchen Ordnung ist die Sprache." Jedes soziale System bildet eine typische „Sprache" aus. Sie beinhaltet einen *Code* von Normen, die festlegen, wie man „richtig" spricht, wie Symbole zu verstehen sind und wie man Informationen austauscht (Parsons 1968a, S. 437). Die Sprache ist ein *generalisiertes Medium.* Neben der Sprache gibt es noch andere „generalisierte Medien" der Interaktion, die sozusagen spezialisiertere „Sprachen" sind und das Verhalten in bestimmten Bereichen großer sozialer Systeme „kontrollieren". Solche Medien der Interaktion sind Geld, Macht und Einfluss (vgl. Parsons 1968a, S. 440). Interaktionsmedien sind Mittel, Handlungsabsichten zum Ausdruck zu bringen und komplementäres Verhalten zu erzeugen: Wer fünf € anbietet, kann mit der Herausgabe zumindest einer kleinen Pizza rechnen, wer mit der dicken Keule droht, rechnet mit Unterwerfung, und wer den Mädchen einredet, dass nur die guten Mädchen in den Himmel kommen, hofft, dass sich die bösen, die angeblich überall hinkommen, seinem Einfluss nicht entziehen.

5. Die sozialen Rollen

Das fünfte Element des sozialen Systems sind die *sozialen Rollen*. Die Rolle bildet das Scharnier der sozialen Interaktionen. Ihre Funktion betrachtet Parsons unter zwei grundsätzlichen Aspekten: „On the one hand there is the positional aspect – that of where the actor in question is ,located' in the social system relative to other actors. This is what we will call his *status*, which is his place in the relationship system considered as a structure, that is a patterned system of *parts*.[9] On the other hand there is the processual aspect, that of what the actor does in his relations with others seen in the context of its functional significance for the social system. It is this which we shall call his *role*." (Parsons 1951, S. 25) In seinem *Status* ist der Handelnde Gegenstand der Orientierungen (sprich: Definitionen und Erwartungen) der Anderen; indem er seine *Rolle* spielt, orientiert er sich an den Anderen.

Damit ist aber auch schon das Problem der *sozialen Interaktion* angedeutet: Auch wenn vieles dafür spricht, dass in einer gegebenen Kultur Sozialisationsprozesse das Denken und Handeln der Individuen grosso modo rahmen, so ist doch nicht zu leugnen, dass ihre Erfahrungen, Wertorientierungen und Erwartungen keineswegs einheitlich sind. Kurz: Die Vorstellungen vom „rechten Verhalten" können voneinander abweichen, und deshalb kann der Handelnde auch nicht sicher wissen, wie der Andere reagieren wird. Er kann nur *mögliche* Reaktionen annehmen (vgl. Parsons 1951, S. 5). Erwartungen sind nicht gewiss, sondern *kontingent*. Wegen der wechselseitigen Abhängigkeit des Handelns von den möglichen Erwartungen und dem möglichen Handeln egos und alters ist jeder Interaktion eine *doppelte Kontingenz* inhärent (vgl. Parsons et al. 1951, S. 16).

Dass wir trotz dieser Ungewissheit handeln können, erklärt Parsons damit, dass es im Laufe einer „erfolgreichen" Sozialisation zu einer „strukturellen Verallgemeinerung der Ziele" gekommen ist (Parsons 1945, S. 60). Diese Erklärung muss man allgemeiner verstehen: Nicht nur die *Ziele* sind verallgemeinert worden, sondern auch die sozialen Vorstellungen der angemessenen *Mittel*. Kurz: Im Prozess der Sozialisation werden generelle Muster des Handelns verinnerlicht, und in der sozialen Interaktion wird ausgehandelt, welches konkrete Muster gelten soll, damit die Interaktion weitergeht. Um es an einem konkreten Beispiel deutlich zu machen: Auch die schönsten Fantasien, wie man einen politischen Kontrahenten in einer Talkshow austricksen kann, pendeln sich im Normalfall auf ein allseits akzeptiertes Maß des Möglichen und Schicklichen ein! (Hoffentlich!).

---

[9] Part hier im Sinne der englischen Theatersprache synonym für Rolle.

Parsons hat in seinem späten Aufsatz zusammengefasst, was im Focus des „paradigm of social interaction" steht: Ein soziales System wird geschaffen durch und besteht in Interaktionen zwischen handelnden Individuen. Die Handlungen sind eingebunden in kulturelle Systeme, die generelle Werte und Erwartungen, aber auch die spezifischen Bedeutungen und Handlungsmuster in einem konkreten Kontext symbolisieren. Kulturelle Systeme ordnen und kontrollieren die Handlungsorientierungen der beteiligen Individuen. In diesem Sinne kann man ein soziales System als 1) Interaktion zwischen handelnden Individuen, 2) Regeln oder Codes der Handlungsorientierungen und der Interaktion selbst und 3) dem systematischen Austausch *(systemic interchange)* der Operationen, die sich aus dem System selbst ergeben, verstehen (vgl. Parsons 1968a, S. 434).

Die damit implizit gegebene Erklärung, unter welchen Bedingungen Interaktionen funktionieren und gelingen, ist schon in den späten 1960er Jahren kritisiert worden. Ein prominentes Beispiel im deutschsprachigen Raum ist die Kritik von Lothar Krappmann, der die Diskussion über den damals in Deutschland noch kaum bekannten Symbolischen Interaktionismus maßgeblich beeinflusst hat.

8.7   Über zwei Modelle zum Gelingen von Interaktion und über Fähigkeiten, die man braucht, um Interaktionen fortzuführen

Die bis hierhin referierten Überlegungen Parsons' zu sozialen Systemen, Rolle und Interaktion kann man so zusammenfassen: Soziales System meint die jeweilige Ordnung in den sozialen Beziehungen zwischen Individuen und ihren Handlungen. Die Ordnung ist vorab gegeben und in der Form von *Institutionen,* worunter Parsons alle Regelungen und Vorgaben des kulturellen Systems versteht, festgestellt. Aus dieser Sicht ist die Rolle ein soziales Muster, das unabhängig von konkreten Handlungen der Individuen existiert und ihnen unterschiedslos vorgibt, wie sie handeln sollen. Parsons spricht von „stabilized patterns of interaction". Handeln ist durch Werte, institutionelle Vorgaben und durch „normative Muster" bestimmt, „die die wünschenswerte Richtung des Handelns in der Form von Zielen und Verhaltensmaßstäben" angeben (Parsons 1945, S. 53). „Wünschenswert" heißt natürlich im Sinne des Erhalts eines bestimmten Systems, und insofern kommen den Rollen als Strukturkomponenten des sozialen Systems, ich wiederhole, „in der Hauptsache Anpassungsfunktionen" zu (Parsons 1966a, S. 141, 1971, S. 16).

a) Das konventionelle Rollenmodell

Krappmann hat nun beschrieben, wann nach dieser Rollentheorie Handeln optimal funktionieren müsste, wohlgemerkt: Er *referiert* die impliziten und expliziten
Annahmen der Theorie von Parsons! Krappmann, dessen Forschungsschwer-
punkte Identität und Sozialisation sind, versteht Sozialisation als den Prozess, in
dem „das heranwachsende Kind jene Fähigkeiten erwirbt, die Voraussetzung für
die Teilnahme an Kommunikation und Interaktion in einer sozialen Gruppe sind."
Der Begriff der *sozialen Rolle* dient ihm als analytisches Instrument, die inner-
familiale Interaktion als den Vorgang zu begreifen, „durch den das Kind nach
und nach in das Repertoire an Rollen eingeführt wird, die man als erwachsenes
Mitglied seiner sozialen Gruppe beherrschen muss." (Krappmann 1971, S. 307)
Krappmann akzeptiert also den Begriff der sozialen Rolle, wendet sich aber
gegen das konventionelle Rollenmodell, wie es Parsons vertrete. Dessen Konzept
ziele auf ein „vergleichsweise einfach strukturiertes Modell optimaler Interaktion
in Rollen." Parsons führe zwar aus, dass das *Modell* in der sozialen Wirklichkeit
nicht realisierbar sei, halte es „dennoch für ein nützliches Instrument der Analyse,
weil es den *Idealfall* bezeichne, der die Voraussetzungen ungestört ablaufender
Interaktion erkennen lasse." (Krappmann 1971, S. 309)

Dieses konventionelle Modell stellt Krappmann „anhand von sechs, nicht
immer ganz scharf voneinander getrennten Postulaten über die Bedingungen
erfolgreichen Rollenhandelns" dar (Krappmann 1971, S. 309). Noch einmal: er
referiert die Theorie von Parsons!

1) „Erfolg im Rollenhandeln ist desto sicherer garantiert, je weitergehend
Rollennormen und die Interpretation dieser Normen durch den Inhaber der
Rolle übereinstimmen. Es wird unterstellt, dass die Rolle eindeutige Verhaltens-
anweisungen wenigstens für die zentralen Tätigkeitsbereiche enthält." Empirische Studien hätten aber gezeigt, „dass es für viele Rollen keine eindeutigen
Normen gibt. Diese Unklarheiten werden im Rahmen dieser konventionellen
Rollentheorie stets als Belastung für das Individuum und als Bedrohung für
die Integration des sozialen Systems angesehen." 2) „Damit die nicht zu leug-
nenden Diskrepanzen zwischen den Normen in einer Gesellschaft das Rollenhandeln nicht belasten, wird als optimal angesehen, dass das Individuum sein
Verhalten nur an jeweils einer Rolle orientiert. Sind mehrere, vielleicht sogar
widersprüchliche Rollen in einer Situation angesprochen, muss sich das Individuum zwischen ihnen entscheiden oder Erwartungen aus beiden Rollen kom-
binieren." (…) 3) „Erfolgreiches Rollenhandeln ist desto wahrscheinlicher, je
weitergehend die Rollenpartner im Hinblick auf ihre gegenseitigen Erwartungen
übereinstimmen. Differenzierende Interpretationen werden als erste Anzeichen
von Rollenkonflikt gedeutet (…), der Devianz verursachen und die Stabilität

des sozialen Systems gefährden kann. Es wird also nicht nur behautet, es gebe in bestimmten Fällen so tiefe Diskrepanzen, dass Interaktion unmöglich wird, sondern Interpretationsdifferenzen gelten grundsätzlich als Risiko für den Ablauf der Interaktion." 4) „Erfolgreiches Rollenhandeln setzt voraus, dass die individuellen Bedürfnisse der Handelnden den institutionalisierten Wertvorstellungen der Gesellschaft entsprechen. Die Übereinstimmung von Rollennormen und Bedürfnisdisposition ist das Ergebnis eines gelungenen Sozialisationsprozesses. Optimal für Rollenhandeln wäre folglich, dass es keine Antriebspotenziale (Motivationen, Ergänzung H. A.) im Individuum gibt, die nicht durch die Internalisierung von gesellschaftlichen Werten in die den Rollennormen entsprechenden Bedürfnisstrukturen eingegliedert wurden. Nicht integrierte Antriebspotenziale stellen mögliche Störfaktoren dar, weil sie die konforme Orientierung an den vorgegebenen Normen (d. h. die Ordnung der Interaktion, Ergänzung H. A.) beeinträchtigen können." 5) „Die Orientierung an den vorgegebenen Rollennormen garantiert den Rollenpartnern – im als optimal betrachteten Fall der Übereinstimmung von Werten und Bedürfnissen – die gegenseitige Befriedigung ihrer Bedürfnisse. Unvollständige Bedürfnisbefriedigung wird als Gefahr für den Fortgang von Interaktion betrachtet. Sie muss nicht sofort abbrechen. Jedoch wird das Ausmaß der Bedürfnisbefriedigung als Gradmesser für die Stabilität des Rollensystems angesehen. Eine *private* Motivation, die von den institutionalisierten Werten und den ihnen entsprechenden Bedürfnissen abweicht (…), kann nur als Devianz begriffen werden." 6) „Die Stabilität von Institutionen wird als gewährleistet angesehen, wenn die Individuen die Rollen aufgrund vorangegangener Internalisierungsprozesse gleichsam ‚automatisch' erfüllen, aber dennoch das Bewusstsein haben, aus eigenem Entschluss und Antrieb zu handeln." (Krappmann 1971, S. 309 ff.)

Um auf die Tragweite dieser letzten These hinzuweisen, zitiert Krappmann Parsons und Bales mit den Worten: „Wenn eine Person voll im Interaktionssystem sozialisiert ist, ist es nicht richtig zu sagen, dass eine Rolle etwas ist, was ein Handelnder ‚hat' oder ‚spielt', sondern etwas, was er ist." (Parsons und Bales 1956, S. 107)

Bei diesen, die Auffassung Parsons' wiedergebenden Annahmen fällt auf, dass zwischen den Erwartungen der Handelnden Übereinstimmung unterstellt und als erstrebenswert angesehen wird. In ihrer klassischen Form erklärt diese Rollentheorie erfolgreiches Handeln denn auch über Normenkonformität und Konsens der Handelnden.

b) Das interaktionistische Rollenmodell
Hier nun entwickelt Krappmann seine Kritik am konventionellen Rollenmodell. Er konzediert, dass Parsons die „*vergesellschaftende* Seite des Sozialisationsprozesses"

klar herausgestellt habe, hat aber Zweifel, dass sein Modell in der Lage ist, „den Sozialisationsprozess zugleich als Individuierungsprozess zu begreifen, also als einen Prozess, in dem das Individuum lernt, sich Normen gegenüber reflektierend zu verhalten und Situationen durch Interpretation neue zu definieren." Und ein zentrales Problem gerate Parsons überhaupt nicht in den Blick: Wenn man nämlich „den Regelfall der täglichen Interaktion in Rollen" betrachte, dann ist ganz offensichtlich, „dass die Rollenspieler auf unklare und inkonsistente Erwartungen stoßen, die zudem mit ihren Bedürfnisdispositionen sich keineswegs decken." (Krappmann 1971, S. 314)

Bei seiner Kritik lehnt sich Krappmann an die in der Meadschen Tradition des Symbolischen Interaktionismus[10] stehende Rollentheorie an. Diese „lehnt die oben genannten Grundbedingungen für erfolgreiches Handeln ab oder modifiziert sie. Sie will allerdings (…) die Vorteile des Rollenbegriffs nicht aufgeben." (Krappmann 1971, S. 315)

Krappmann referiert das interaktionistische Rollenmodell so: „Das interaktionistische Rollenmodell postuliert als Grundbedingungen erfolgreichen Rollenhandelns, dass (1) Rollennormen nicht rigide definiert sind, sondern einen gewissen Spielraum für subjektive Interpretation durch die Rollenpartner lassen; dass (2) die Rollenpartner im jeweiligen Interaktionsprozess nicht nur die gerade aktuelle Rolle übernehmen, sondern zugleich verdeutlichen, welche weiteren Rollen sie noch innehaben oder früher innehatten; dass (3) mehr als ein vorläufiger, tentativer und kompromisshafter Konsens der Partner über die Interpretation ihrer Rollen im Regelfall nicht zu erreichen und auch nicht erforderlich ist. (4) Dieses Modell geht ferner gerade davon aus, dass die individuellen Bedürfnisdispositionen den institutionalisierten Wertvorstellungen nicht voll entsprechen. Somit müssen nach diesem Modell (5) die Rollenpartner für die Sicherung des Fortgangs von Interaktion fähig sein, auf die von den eigenen verschiedenen Bedürfnisdispositionen des Anderen einzugehen und auch unter Bedingungen unvollständiger Komplementarität, d. h. nur teilweiser Befriedigung eigener Bedürfnisse, zu interagieren. (6) Nicht Institutionen, deren Mitglieder Normen ‚automatisch' erfüllen, werden als stabil betrachtet, sondern diejenigen, die ihren Mitgliedern ermöglichen, im Rahmen des Interpretationsspielraums, den die vorgegebenen Normen lassen, eigene Bedürfnisse in der Interaktion zu befriedigen." (Krappmann 1971, S. 315)

---

[10] Siehe oben Kap. 6 *Rollenübernahme und die Verschränkung der Perspektiven* und 7 *Symbolische Interaktion*. Betrachten Sie also Krappmanns Skizze der Grundbedingungen erfolgreichen Rollenhandelns nach dem interaktionistischen Modell als knappe Zusammenfassung!

Nach dem interaktionistischen Modell sieht Rollenhandeln dann so aus: Das Individuum definiert eine „Situation" anhand bestimmter „symbolischer Indikatoren" und formuliert damit zugleich „die dieser Situationsdefinition entsprechende Rolle, die es gegenüber seinen möglichen Interaktionspartnern einnehmen möchte. Diese Rolle, die sich in Verhaltenserwartungen niederschlägt, ist also nicht von vornherein eindeutig gegeben." (Krappmann 1971, S. 315)

Die Ethnomethodologie[11], aber auch die Arbeiten von Erving Goffman[12] werden z. B. zeigen, dass das Eis sehr dünn ist, auf dem wir uns beim Alltagshandeln bewegen. Damit es überhaupt funktioniert, müssen die Handelnden sogar darauf verzichten, dass jeder eindeutig klarmacht, was er meint. Und schließlich wissen wir, dass uns Situationen höchst unangenehm sind, die uns bis ins Letzte vorschreiben, was wir zu tun und zu lassen haben. Kurz: es scheint so zu sein, dass wir eine mittlere Unbestimmtheit sogar brauchen, damit wir uns mit unseren Interpretationen selbst ins Spiel bringen können.

Um im normalen Alltag eine Interaktion, in der wechselseitige Interpretationen der Situation und des Handelns des jeweils Anderen vorgenommen werden, aushalten und bewältigen zu können, sind einige Fähigkeiten vonnöten. Krappmann hat als „strukturelle Notwendigkeit eines fortzuführenden Interaktionsprozesses" (Krappmann 1969, S. 132) und zugleich zur *Förderung der Identität* der Handelnden die folgenden vier genannt: 1) Da ist zunächst die Fähigkeit, Rollenerwartungen bis zu einem gewissen Maße infrage zu stellen. Krappmann nennt diese Fähigkeit unter Bezug auf Goffman *Rollendistanz*.[13] Rollendistanz ist „das psychische Korrelat der Interpretationsbedürftigkeit von Rollen." (Krappmann 1971, S. 319) 2) Die zweite Fähigkeit besteht darin, sich in die Situation des Partners hineinzuversetzen, ihn von seinem Standpunkt aus zu verstehen. Das wird als *Empathie* bezeichnet. Das war das Thema bei George Herbert Mead. 3) Drittens muss man auch aushalten können, dass Rollen zweideutig (lat. ambiguus) sind und die Motivationsstrukturen einander widerstreben, weshalb auch nicht alle Bedürfnisse in einer Situation befriedigt werden können. Krappmann bezeichnet diese Fähigkeit als *Ambiguitätstoleranz*. Ambiguitätstoleranz ist „das psychische Korrelat der Normen- und Interpretationsdiskrepanzen sowie der nicht voll komplementären Bedürfnisbefriedigung im Interaktionssystem." (Krappmann 1971, S. 320) 4) Schließlich muss man auch zeigen, wer man ist, was impliziert, dass man ein persönliches

---

[11] Siehe unten Abschn. 12.7.3 *Der vage Kontext des Sprechens oder: Der Alltag verträgt keine Anstrengung des Begriffs.*

[12] Siehe unten Abschn. 13.2.1 *Masken, Fassaden, dramatische Gestaltung.*

[13] Darauf komme ich in Abschn. 13.4 *Rollendistanz* ausführlich zurück.

Profil sowohl gegenüber den Normalitätserwartungen der Anderen als auch in der Kontinuität der eigenen Biografie zeigt. Diese Fähigkeit wird als *Identitätsdarstellung* bezeichnet.

Die Identität, die aus der reflektierten Balance zwischen *persönlicher Identität*, der biografischen Einzigartigkeit des Individuums, und *sozialer Identität*, des Musters der Reaktionen auf tatsächliche oder unterstellte Erwartungen in Interaktionen erfahren wird, nennt Krappmann mit Erik H. Erikson *Ich-Identität* (vgl. Krappmann 1969, S. 79). Ich-Identität ist die Fähigkeit, zu zeigen, wer man ist, was impliziert, dass man ein persönliches Profil sowohl gegenüber den Normalitätserwartungen der Anderen zeigt als auch in der Kontinuität der eigenen Biografie rekonstruiert.

In das Konzept von Krappmann spielen Meads These – ich wiederhole es –, dass das Individuum in der Interaktion Objekt für die Anderen wird, das auch weiß, und dass es Objekt für sich selbst wird, und Goffmans These, dass es sich deshalb vor Anderen darstellt, hinein. In seine Definition von Ich-Identität gehen aber noch zwei weitere Momente ein: die Selbstanforderung, sie immer neu zu schaffen, und ein Moment des Widerstandes. Er schreibt: „Ich-Identität erreicht das Individuum in dem Ausmaß, als es, die Erwartungen der Anderen zugleich akzeptierend und sich von ihnen abstoßend, seine besondere Individualität festhalten und im Medium gemeinsamer Sprache darstellen kann. Diese Ich-Identität ist kein fester Besitz des Individuums. Da sie ein Bestandteil des Interaktionsprozesses selber ist, muss sie in jedem Interaktionsprozess angesichts anderer Erwartungen und einer ständig sich verändernden Lebensgeschichte des Individuums neu formuliert werden." (Krappmann 1969, S. 208)

Man kann Krappmanns Erklärung erfolgreichen Handelns über die vier identitätsfördernden Fähigkeiten nach zwei Seiten lesen: Zum einen schafft und erhält sich jedes Individuum mit genau diesen Fähigkeiten die Freiheit seines Handelns, und es bringt sich damit kompetent selbst ins Spiel. Mead hatte Interaktion über das wechselseitige „role-taking" erklärt. Hier nun zeichnet sich eine Chance ab, dass das Individuum die Rolle auch gestaltet, unter Umständen sogar selbst erst schafft. Deshalb hat Ralph H. Turner, wie gesagt[14], auch von einem komplementären Prozess des „role-making" gesprochen (Turner 1962, S. 117). In der Interaktion erzeugen ego und alter fortlaufend aneinander gerichtete Erwartungen und entwerfen durch ihr Verhalten einen Rahmen des nächsten Verhaltens. An den wechselseitigen Reaktionen wird abgelesen, ob man bei seinem Handlungsentwurf bleiben kann oder nicht. Die Interpretationen in der aktuellen Interaktion

---

[14] Siehe oben Abschn. 6.6 *Rollenübernahme und die Verschränkung der Perspektiven*.

sind also ein ständiger Prozess des Konstatierens, Überprüfens und Korrigierens der Definition der Situation. Natürlich kann nicht die „ganze" Situation begriffen werden, dazu reichte die Zeit nicht, und wir wären auch gar nicht in der Lage, alle Gründe des Handelns herauszufinden. Interpretation ist also immer auch Selektion.

In der Interaktion spielen somit die individuellen Interessen, die reflexiven Fähigkeiten und die konkreten Handlungen zusammen. Sie erklären, warum keine Rolle sozusagen deckungsgleich ausgeführt wird, sondern immer modifiziert wird. „Eine derartige Modifikation findet statt bei der fortwährenden Wechselwirkung zwischen den ein wenig vagen und stets unvollständigen idealen Konzeptionen von Rolle und der Erfahrung, wie sie tatsächlich dann von ego und alter gespielt werden. Da jede Interaktion in bestimmter Hinsicht einzigartig ist, schließt jede Interaktion eine Improvisation über das durch ego- und alter-Rolle gestellte Thema ein. Eben der Akt, in dem der Handelnde in einem neu generierten Akt von Rollenhandeln eine Rolle ausdrückt, befähigt den Handelnden, die Rolle in einem etwas anderen Licht zu sehen. Ähnlich dient die Einzigartigkeit von alters Verhalten und die einzigartige Situation, in der alters Verhalten antizipiert oder interpretiert werden muss, dazu, seine Rolle leicht verschieden zu gestalten." (Turner 1962, S. 127)

Das leitet über zu der zweiten Lesart der Erklärung erfolgreichen Rollenhandelns: jedes Individuum schafft mit den genannten identitätsfördernden Fähigkeiten auch entscheidende Voraussetzungen für die Freiheit des Handelns der Anderen. Sie „wissen" – zumindest ungefähr! –, was der Andere kann und aushält und vor allem: wer er ist. Im Prinzip sind damit die individuellen Voraussetzungen für eine Interaktion zwischen Gleichen geschaffen.

Im normativen Rollenmodell von Parsons ist Gleichheit kein Thema, da er von einem kulturellen Konsens über Regeln oder Codes der Handlungsorientierungen und der Interaktion selbst und von einem fairen Austausch der Operationen, die sich aus dem sozialen System ergeben, ausgeht (vgl. Parsons 1968a, S. 434).

Literatur

Auwärter, M., Kirsch, E., & Schröter, M. (Hrsg.) (1976). *Seminar: Kommunikation, Interaktion, Identität*. Frankfurt a. M.: Suhrkamp.

Geulen, D. (1991). *Die historische Entwicklung sozialisationstheoretischer Ansätze*. In: K. Hurrelmann & D. Ulich (Hrsg.) (1991). *Neues Handbuch der Sozialisationsforschung*. Weinheim: Beltz (4., völlig neubearbeitete Aufl.).

Hobbes, Thomas (1651). *Leviathan*. Stuttgart: Reclam (1980).

Jensen, S. (1976). *Einleitung*. In: S. Jensen (Hrsg.) (1976): *Talcott Parsons. Zur Theorie sozialer Systeme*. Opladen: Westdeutscher Verlag.

Krappmann, L. (1969). *Soziologische Dimensionen der Identität. Strukturelle Bedingungen für die Teilnahme an Interaktionsprozessen.* Stuttgart: Klett (1. Aufl. 1971).

Krappmann, L. (1971). *Neuere Rollenkonzepte als Erklärungsmöglichkeit für Sozialisationsprozesse.* In: M. Auwärter et al. (Hrsg.) (1976).

Malinowski, B. K. (1939). *Die Funktionaltheorie.* In: B. K. Malinowski (1944). *Eine wissenschaftliche Theorie der Kultur.* Frankfurt a. M.: Suhrkamp (3. Aufl. 1988).

Miebach, B. (2006). *Soziologische Handlungstheorie. Eine Einführung.* Wiesbaden: VS Verlag (2., grundlegend überarbeitete und aktualisierte Aufl.).

Parsons, T. (1945). *Systematische Theorie in der Soziologie. Gegenwärtiger Stand und Ausblick.* In: T. Parsons (1964). *Beiträge zur soziologischen Theorie.* Hrsg. von D. Rüschemeyer. Neuwied: Luchterhand.

Parsons, T. (1951a). *The social system.* New York: Free Press (1964).

Parsons, T. (1958a). *Einige Grundzüge der allgemeinen Theorie des Handelns.* In: H. Hartmann (Hrsg.) (1967). *Moderne amerikanische Soziologie.* Stuttgart: Enke (2. Aufl. 1973).

Parsons, T. (1959). *Die Schulklasse als soziales System.* In: C. F. Graumann & H. Heckhausen (Hrsg.) (1973). *Pädagogische Psychologie. Reader zum Funk-Kolleg, Bd. 1: Entwicklung und Sozialisation.* Frankfurt a. M.: Fischer.

Parsons, T. (1961a). *Grundzüge des Sozialsystems.* In: T. Parsons (1976).

Parsons, T. (1961b). *An outline of the social system.* In: T. Parsons et al. (Hrsg.) (1961). *Theories of Society.* New York: The Free Press (One Volume Edition, 1965).

Parsons, T. (1966a). *Der Begriff der Gesellschaft: seine Elemente und ihre Verknüpfungen.* In: T. Parsons (1976).

Parsons, T. (1966b). *Gesellschaften. Evolutionäre und komparative Perspektiven.* Frankfurt a. M.: Suhrkamp (1975).

Parsons, T. (1968a). *Social interaction.* In: D. L. Sills (Hrsg.) (1968): International encyclopedia of the social sciences, Bd. 7. New York: The Free Press (1972).

Parsons, T. (1968b). *Der Stellenwert des Identitätsbegriffs in der allgemeinen Handlungstheorie.* In: H. Döbert, J. Habermas, G. Nunner-Winkler (Hrsg.) (1977). *Entwicklung des Ichs.* Königstein: Athenäum, Hain, Scriptor, Hanstein (2. Aufl. 1980).

Parsons, T. (1971). Das System moderner Gesellschaften. München: Juventa (1972).

Parsons, T. (1976). *Zur Theorie sozialer Systeme.* Hrsg. von S. Jensen. Opladen: Westdeutscher Verlag.

Parsons, T., & R. F. Bales (1956). *Family, socialization and interaction Process.* London: Routledge & Kegan Paul (1968).

Parsons, T.; et al. (1951). *Some fundamental categories of the theory of action: A general statement.* In: T. Parsons & E. A. Shils (Hrsg.) (1951).

Parsons, T., & E. A. Shils (1951). *Values, motives, and systems of action.* In: T. Parsons & E. A. Shils (Hrsg.) (1951).

Parsons, T., & E. A. Shils (Hrsg.) (1951). *Toward a General Theory of Action.* New York: Harper Torchbooks (1962).

Ross, E. A. (1896). *Social control.* In: American Journal of Sociology, 1 (5), 96–107 (https://archive.org).

Turner, R. H. (1962). *Rollenübernahme: Prozess versus Konformität.* In: M. Auwärter et al. (Hrsg.) (1976).

Außenleitung – die Orientierung an den vielen Anderen (David Riesman)

9

Inhaltsverzeichnis

9.1 Traditionsleitung: die Furcht vor Schande. 146
9.2 Innenleitung: Prinzipien halten auf Kurs 146
9.3 Außenleitung: offen und immer im Trend 149
Literatur. 156

Im Jahre 1950 veröffentlichte der Chicagoer Soziologe David Riesman (1909–2002) zusammen mit anderen eine Studie über den amerikanischen Sozialcharakter, die den bezeichnenden Titel „The Lonely Crowd" (Riesman 1950; dt. Die einsame Masse, 1958) trug. In dieser Studie kommt Riesman zu dem Ergebnis, dass sich der Mensch der Moderne in seinem Denken und Handeln weniger von abstrakten Werten und Ideen leiten lässt, sondern sich an dem orientiert, was alle, die ihm wichtig sind – von den engsten Freunden und nächsten Nachbarn bis zu den entferntesten Fans der gleichen Musik und den anonymen Trendsettern weltweit, vor allem aber von den Konsumenten ringsum –, auch tun. Er steuert sich nicht mehr selbst nach festen Prinzipien durch ein eigenes Leben, sondern lässt sich von den Anderen steuern. Der Mensch der Moderne ist „außengeleitet" *(other-directed)*. Er orientiert sich an dem, was alle in seinem sozialen Umfeld denken und tun, steht für jede Volte des Zeitgeistes offen und legt sich nirgendwo fest. Die Interaktionen bleiben oberflächlich, weil der Außengeleitete selten Profil zeigt und sich in kritischen Situationen durchlaviert.

9.1   Traditionsleitung: die Furcht vor Schande

Riesman sieht einen Zusammenhang zwischen Bevölkerungsbewegungen und *Sozialcharakter,* worunter er die typische Verhaltenssteuerung der Menschen in einer bestimmten Epoche versteht. Über Jahrtausende waren die meisten Gesellschaften demografisch durch geringe Siedlungsdichte und einen relativ hohen Bevölkerungsumsatz gekennzeichnet, was bedeutet, dass es kaum zu tief greifenden sozialen Veränderungen gekommen ist. Die Bevölkerung war im Durchschnitt recht jung, und eine Generation löste die andere ab, ohne tiefe Spuren zu hinterlassen (vgl. Riesman 1950, S. 27). Jeder bewältigte sein Leben so, wie es alle anderen seit je getan hatten. Riesman hat diese Verhaltenssteuerung als *Traditionsleitung* bezeichnet: „Der traditionsgeleitete Mensch steht der Kultur wie einer einheitlichen Macht gegenüber, auch wenn ihm diese durch jene spezifische kleine Gruppe von Menschen, mit denen er in täglichem Kontakt steht, nahegebracht wird. Diese erwartet von ihm nicht, dass er sich zu einer bestimmten Persönlichkeit entwickelt, sondern lediglich, dass er sich in der allgemein anerkannten Art und Weise verhalte." (Riesman 1950, S. 40)

Die sozialen Interaktionen liefen in den Bahnen und folgten Mustern, die seit je galten. Die Einhaltung sozialer Regeln bot allen Beteiligten Sicherheit. Jeder wusste, was er erwarten konnte und was von ihm erwartet wurde, und er wusste auch, wovon Anerkennung im Mindesten abhing: von der genauen Beachtung dieser Regeln. Der Traditionsgeleitete wurde von abweichendem Verhalten durch die *Furcht* vor *Schande* abgehalten.

9.2   Innenleitung: Prinzipien halten auf Kurs

In Europa nahm ungefähr seit dem Mittelalter die Bevölkerung rasch zu. Das hing mit verbesserten landwirtschaftlichen Methoden und einer deutlichen Steigerung der Erträge zusammen, was zu mehr Geburten führte. Mit einer Bevölkerungszunahme beginnt nicht nur eine verdichtete Siedlung, was Intensivierung der Kommunikation bedeutet, sondern auch – bedingt durch die Arbeitsteilung – eine Differenzierung der Funktionen der Mitglieder der Gesellschaft. Die im Entstehen begriffene moderne Gesellschaft ist gekennzeichnet durch eine „schnelle Ansammlung von Kapital, die mit umwälzenden technologischen Entwicklungen einhergeht" und eine bis dahin nicht gekannte „soziale Mobilität" nach sich zog, durch die erhebliche Steigerung „der Produktion von Verbrauchsgütern", durch Ausdehnung überregionaler Handelswege und durch die

„Erforschung und Kolonisierung immer neuer Teile der Welt." Mobilität bedeutet Verlassen von vertrauten Kontexten, und Fernhandel bedeutet auch Vermittlung von fremden Erfahrungen. Das Traditionsgefüge lockert sich, unterschiedliche Verhaltensmuster bilden sich heraus, die jedes für sich funktional sinnvoll sind, in der Summe aber konkurrierend wirken. Die Herausforderungen nehmen zu, aber es eröffnen sich auch neue Ziele und neue Chancen. „Die größten Chancen, die diese Gesellschaft zu vergeben hat – und die größte Initiative, die sie denen abverlangt, die mit den neuen Problemen fertig werden wollen –, werden von Charaktertypen verwirklicht, denen es gelingt, ihr Leben in der Gesellschaft ohne strenge und selbstverständliche Traditions-Lenkung zu führen." Diese Charaktertypen bezeichnet Riesman als „innengeleitet". (Riesman 1950, S. 31)

Um klar zu machen, was die Innenleitung *gesellschaftlich* und *individuell* bedeutet, ruft Riesman noch einmal in Erinnerung, wie Traditionsleitung als „Konformitätssicherung" funktionierte: Sie konzentrierte sich auf die Sicherstellung einer *äußeren* Verhaltenskonformität; da „Verhaltensweisen in allen Einzelheiten vorgeschrieben" waren, bedurfte es „keiner stark entwickelten charakterlichen Eigenständigkeit", um gesellschaftlichen Vorschriften und Erwartungen zu folgen (Riesman 1950, S. 31). Mit dem Beginn der Moderne ergeben sich aber immer wieder neue Situationen, „die ein festgelegter Kodex von Regeln nicht im voraus umfassen kann." (Riesman 1950, S. 32) Es bedarf einer neuen Kraft, die das Verhalten des Menschen auch unter sich wandelnden Bedingungen auf Kurs hält. Diese Kraft kommt aus dem Inneren von Charaktertypen, die sich zutrauten, *selbst* zu denken, und die sich nicht mehr sklavisch an starren Traditionen, sondern an *Prinzipien* orientierten, die grundsätzlich, also auch in neuen Situationen gelten. Diese Kraft der Verhaltenssteuerung fällt dem Individuum natürlich nicht einfach zu, sondern „sie wird frühzeitig durch die Eltern in das Kind eingepflanzt" und auf Prinzipien des Denkens und Handelns ausgerichtet, die vom Kind „verinnerlicht" werden (Riesman 1950, S. 31).

Solche Prinzipien bildeten sich in Europa im Humanismus im 15./16. Jahrhundert und in der Reformation heraus.

Diesen Beginn der Moderne will ich ganz kurz[1] beschreiben. Im Humanismus kam der Gedanke auf, dass der Mensch der Schöpfer seiner selbst ist. In der Schrift „Über die Würde des Menschen" von Pico della Mirandola Ende des 15. Jahrhunderts hieß es, Gott habe am Schluss der Schöpfung, nachdem er alle Tiere

---

[1] Ausführlich dazu: Abels (2017): Identität, vor allem Kap. 7 *Humanismus: Der Mensch lernt Zutrauen zu sich selbst* und Kap. 8 *Reformation: Der eigene Weg zum Heil und der Zwang zum Erfolg im Beruf.*

mit bestimmten Eigenschaften ausgestattet und ihnen ihren Platz in der Ordnung der Welt zugewiesen hatte, sein Werk mit der Erschaffung des Menschen krönen wollen. Da musste er feststellen, dass alle Fähigkeiten schon vergeben waren und für den Menschen gar nichts Eigenes mehr blieb. Also gab er ihm einen Anteil von allem, was die anderen Geschöpfe für sich hatten. Gott war zufrieden mit seinem Geschöpf von *unbestimmter* Gestalt, und er wusste auch, wo er ihn hinstellte: in die Mitte der Welt (vgl. Pico della Mirandola 1486, S. 5). Daraufhin sprach er, – wohlgemerkt, es sind Worte, die Pico Gott in den Mund legt! – den Menschen so an: „Wir haben dir keinen festen Wohnsitz gegeben, Adam, kein eigenes Aussehen noch irgendeine besondere Gabe, damit du den Wohnsitz, das Aussehen und die Gaben, die du *selbst* dir aussersiehst, entsprechend *deinem Wunsch und Entschluss* habest und besitzest. Die Natur der übrigen Geschöpfe ist fest bestimmt und wird innerhalb von uns vorgeschriebener Gesetze begrenzt. Du sollst dir deine ohne jede Einschränkung und Enge, nach deinem Ermessen, dem ich dich anvertraut habe, selber bestimmen. Ich habe dich in die Mitte der Welt gestellt, damit du dich von dort aus bequemer umsehen kannst, was es auf der Welt gibt. Weder haben wir dich himmlisch noch irdisch, weder sterblich noch unsterblich geschaffen, damit du wie dein eigener, in Ehre frei entscheidender, schöpferischer Bildhauer dich selbst zu der Gestalt ausformst, die du bevorzugst. Du kannst zum Niedrigeren, zum Tierischen entarten; du kannst aber auch zum Höheren, zum Göttlichen wiedergeboren werden, wenn deine Seele es beschließt." (Pico della Mirandola 1486, S. 5 f., Hervorhebungen H. A.)

Man kann sich vorstellen, dass diese These von der Selbstermächtigung des Menschen von der Kirche sofort verboten wurde. Indem Pico nämlich behauptete, dass Gott den Menschen nicht an einen bestimmten Platz in der Hierarchie der wirklichen Dinge gestellt, sondern ihn so geschaffen habe, dass er sich *entscheiden* kann, wo er stehen will, stellte er schlankweg die *irdische* Ordnung infrage! Und schließlich dürfte die Kirche beunruhigt haben, dass dem Menschen hier die Freiheit zugesprochen, aber auch unter der Hand die Pflicht auferlegt wurde, sich seiner *selbst bewusst* zu werden und selbst zu *entscheiden*.

Ein wichtiger Impuls für die Moderne war dann Luthers These, dass der Mensch den Weg zu Gott selbst suchen muss, vor allem aber die *protestantische Ethik,* in der Riesman entscheidende Merkmale der Innenleitung zusammengefasst sieht (vgl. Riesman 1950, S. 34). Max Weber hat in seiner großen Studie „Die protestantische Ethik und der ‚Geist' des Kapitalismus" (Weber 1905) gezeigt, wie sich in den calvinistischen und puritanischen Ausformungen des Protestantismus, die im Nordwesten Europas ihren Anfang nahmen und sich dann auch in den USA verbreiteten, bestimmte Formen des Denkens und Handelns und auch Charakterstrukturen herausbildeten. Ich will die wichtigsten Thesen zusammenfassen. Der Sinn des Lebens war der Beruf, und der Einzelne hatte sich durch rastlose Berufstätigkeit vor Gott zu bewähren. Die Pflicht zum Beruf war mit der Forderung asketischer Lebensführung verbunden: Weder durfte man sich auf den Früchten der Arbeit ausruhen, noch durfte man sie in Konsum und Luxus verschwenden. Die im Beruf gemachten Erfahrungen wie Rationalisierung und Standardisierung und die verlangten Einstellungen wie Pflichtbewusstsein oder Gehorsam bewirkten auch eine Systematisierung des ganzen Lebens.

Diese neue Verhaltenssteuerung hat Riesman, wie gesagt, *Innenleitung* genannt. Die Prinzipien, die jedem neuen Mitglied der Gesellschaft im Prozess der Sozialisation vermittelt werden und die es verinnerlicht, wirken wie eine Art „seelischer Kreiselkompass", der den Menschen auf Kurs hält. Diesem nach innen verlegten Steuerungsorgan gehorcht er aus Überzeugung, und wenn er von ihm abweicht, „so wird ihn dies mit *Schuldgefühl* erfüllen". (Riesman 1950, S. 40)

Während beim traditionsgeleiteten Handeln soziale Interaktionen im Wesentlichen so abliefen, dass alle Beteiligten sich ohne viel nachzudenken auf die Kontinuität immer gleicher, äußerer Muster verließen, hängen sie beim innengeleiteten Handeln von der unausgesprochenen Unterstellung eines kulturellen Konsenses über Werte, Symbole, Normen und Orientierungen als Handlungsanleitungen ab.

9.3 Außenleitung: offen und immer im Trend

Der Typus des Innengeleiteten wird im 20. Jahrhundert allmählich abgelöst durch einen Charaktertyp, der für Riesman „seit kurzem in dem gehobenen Mittelstand unserer Städte in Erscheinung" (Riesman 1950, S. 35) tritt, dem Typus des *Außengeleiteten*. Wie ist es zu diesem neuen Typus gekommen? Riesman erklärt es so: Technik, Wirtschaft und Handel brachten im 19. Jahrhundert einen relativen Wohlstand für alle. Das führte zu einem Rückgang der Geburten. Die Bevölkerung stagnierte zunächst und schrumpfte im 20. Jahrhundert in den meisten Industrienationen. Wichtiger für die Änderung im sozialen Charakter sind aber die sozialen Konsequenzen des ökonomischen und gesellschaftlichen Wandels, der sich mit der Industrialisierung seit der Mitte des 18. Jahrhunderts beschleunigt hatte.

Mit der zunehmenden Arbeitsteilung begann sich auch die Gesellschaft immer mehr zu differenzieren. Auch die Rollen, die sich damit ergaben, wurden zahlreicher und differenzierter. Politische Entwicklungen garantierten größere individuelle Freiheiten, diese Rollen wahrzunehmen und zu gestalten. Mit der

Anerkennung unterschiedlicher Interessen ließen sich auch für die verschiedensten Verhaltensformen gute Gründe anführen. Die geschlossenen Weltbilder wurden entzaubert oder lösten sich auf, und es kam zu einer Vielfalt von Überzeugungen und Einstellungen. Für die gleichen Situationen stehen heute konkurrierende Muster des Verhaltens zur Verfügung. Die Menschen geraten mit immer mehr fremden Kulturen in Kontakt, was bedeutet, dass sie permanent mit Neuem und Anderem konfrontiert werden. Und sie sehen, dass das Neue und das Andere auch Sinn macht und insofern sogar eine realistische Alternative zum eingelebten Verhalten sein könnte. Die Massenmedien tun ein Übriges, die Alternativen bekannt zu machen, und sie zeigen, dass die Alternativen auch gelebt werden können.

Es kommt noch etwas hinzu: Aufgrund eines allmählich ansteigenden breiten Wohlstands und wachsender Freizeit trat an die Stelle des dauernden „Knappheitsbewusstseins" des innengeleiteten Menschen ein „Überflussbewusstsein", das in ein „Verbrauchsbedürfnis" mündet. Für immer mehr Menschen entwickeln sich die materiellen Bedingungen so, dass sie sich immer mehr von dem leisten können, was ihnen die Konsumindustrie anbietet und die Massenmedien als modernen Lebensstil vor Augen führen.

Die Frage, warum die Menschen der Faszination eines Lebensstils erliegen, der ja von außen erzeugt wird, und ihre Innenleitung nach eigenen Prinzipien aufgeben, ist nicht leicht zu beantworten. Aus Riesmans Schilderungen kann man vielleicht die folgende Erklärung konstruieren: Nach der Erfahrung des bescheidenen Lebens und der Hinnahme des Mangels wächst das Bewusstsein, dass man sich nun etwas leisten kann und man sich auch dadurch etwas Gutes tut, wenn man seinen Lebenserfolg in materiellen Gütern und durch einen bestimmten Lebensstil zum Ausdruck bringt. Im Grunde geht es also um zweierlei: um das Bedürfnis, den eigenen Wert festzustellen, und zweitens um das Bedürfnis, ihn auch durch Andere bestätigt zu finden.

Letzteres hängt mit dem menschlichen Bedürfnis nach sozialer Anerkennung zusammen. Niemand hält Einsamkeit auf Dauer aus, umso weniger, wenn es kein inneres Steuerungszentrum mehr gibt, das auch in einer solchen Situation das Individuum auf dem Kurs des „richtigen" Lebens hält. Da die großen Sinnsysteme und kleinen Prinzipien ihren Geist ganz aufgegeben haben oder sich in zahllose Varianten verflüchtigt haben, beginnt man sich unmerklich an dem zu orientieren, was „man" in bestimmten Kreisen denkt und tut. Es ist sicher beides, was dabei eine Rolle spielt: unbedachte Anpassung, die Zugehörigkeit sichert, und symbolische Annäherung an Menschen, die anscheinend den Kurs des „richtigen" Lebens schon gefunden haben, Diese Steuerung durch Orientierung an den Anderen nennt Riesman „Außenleitung". Interaktionsprozesse zwischen Menschen vergleichbarer sozialer Lage sind immer geprägt durch die Suche nach und die Demonstration von Zugehörigkeit. Damit korrespondiert der tiefe Wunsch nach Anerkennung, die sie durch ihre Anpassung an die Muster des Denkens und Handelns der Anderen zu erreichen hoffen.

Die Außenleitung hat Konsequenzen für die Identität in der Moderne. Die Anderen werden nämlich unter der Hand zum Maßstab des Handelns und des Bildes von einem selbst. Wenn man sich an ihnen orientiert, kann man eigentlich nichts falsch machen, und man darf sicher sein, dass sie die Verdoppelung ihres Denkens und Handelns durch uns anerkennen, denn letztlich bestätigen sie sich dadurch auch ihr eigenes Leben. Und aus dieser Anerkennung, vielleicht auch nur Nicht-Missbilligung unseres Verhaltens, erwächst allmählich ein inneres Selbstbild, dessen Rahmung durch die Anderen uns immer weniger zum Bewusstsein kommt, je mehr wir ihre Vorgaben zu inneren Wünschen machen.

Sehen wir uns nun genauer an, wie und auf welchen Feldern Riesman die Außenleitung wachsen sieht. Da ist einmal der *Geschmack*. Riesman sieht in einer ökonomischen Skizze die Individuen als „Verbrauchergenossenschaft" (Riesman 1950, S. 92) an, in der keiner durch übertriebenen Konsum Neid und Ablehnung provoziert, in der aber auch keiner durch Nicht-Besitz der „richtigen" Gütern die stumme Anerkennung durch die Genossen aufs Spiel setzen möchte. Schon diese symbolische Gruppe hat sich nicht aus eigenem Interesse allein konstituiert, da z. B. die Wirtschaft kontinuierlich für bestimmte Zielgruppen Bedürfnisse weckt und die Werbung in den Massenmedien dies dann als normalen Lebensstil verkauft. Auf diese Weise kommt es zu einer „Sozialisierung des Geschmacks" (Riesman 1950, S. 86), der dann in den Bezugsgruppen, denen sich das Individuum verpflichtet fühlt, auch prompt hochgehalten wird. Um Sicherheit des Geschmacks zu bekommen, muss man sich nur umsehen, was die Anderen anziehen, sagen oder tun, und ganz unproblematisch ist die Suche nach dem „eigenen" Geschmack, wenn man sich die Bilder der Massenmedien vom „richtigen" Leben ansieht. Die inflationäre Ratgeberliteratur für alle Lebenslagen tut in dieser Hinsicht diskret ein Übriges. Wieder gewendet auf Interaktionen im Alltag: In dem, was wir sagen, bringen wir auch zum Ausdruck, welche Ideen, Werte und Lebensstile wir favorisieren.

Ein zweites Feld ist das frühzeitige Erlernen *normalen* Verhaltens. Die Massenmedien, so die These von Riesman, stellen die Verbindung zwischen dem eigenen Ich und der Außenwelt her (vgl. Riesman 1950, S. 37). Dort lernt z. B. das Kind, die Welt mit den Augen „des" Kindes zu sehen, „d. h. mit denen des *anderen* Kindes". (Riesman 1950, S. 109) Da die Bilder – in Wimmelbildern, Kindersendungen, Filmen oder Werbesendungen – mitten aus dem Leben eines ganz normalen Kindes gegriffen zu sein scheinen, überzeugen sie und stiften an, sich genau so zu verhalten. In dem Maße, wie einem das gelingt, wächst auch die Chance, von den Anderen, die sich genau so verhalten, anerkannt zu werden. Nicht nur für Kinder dürfte das Bedürfnis, dazuzugehören, außerordentlich stark sein. In der Anpassung an die Anderen verliert das Individuum viel an Individualität, gewinnt aber eine soziale Identität, die ihm gut tut.

Als dritten Bereich möchte ich die scheinbare Befriedigung des *Bedürfnisses nach Individualität* nennen. Trotz der wohltuenden Erfahrung, dazuzugehören, bleibt der Wunsch nach Individualität natürlich bestehen, doch auch der kann leicht in der Welt der Außenleitung befriedigt werden: Die Konsumindustrie, die ganz gezielt an der „Sozialisierung des Geschmacks" mitarbeitet, tut das in einer Zeit der harten Konkurrenz um Kunden natürlich nicht ins Blaue hinein, sondern differenziert nach Zielgruppen und befriedigt deren latentes Bedürfnis, doch auch ein bisschen anders als die Anderen zu sein, mit einer Differenzierung ihrer Produkte. Sie steigert die soziale Attraktivität der Produkte durch leichte Variationen, die die Homogenität der Zielgruppe und die gewünschte Anstiftung zur wechselseitigen Beobachtung und Anerkennung des richtigen Konsumverhaltens nicht stören, aber das unterschwellige Bedürfnis befriedigen, in der Masse nicht aufzugehen. Es sind oft nur Kleinigkeiten, die natürlich auch ihren Preis haben, die die Unterschiede dann ausmachen. Riesman nennt es „marginal differentiation". (Riesman 1950, S. 61) Es ist zu befürchten, dass diese marginale Differenzierung das Einzige ist, an dem der Außengeleitete seine Identität festmacht!

Ich habe so viel von Konsum und Mode als einer Erklärung für die Form und Macht der Außenleitung gesprochen, dass der Eindruck entstehen könnte, das sei der einzige Faktor, der dafür verantwortlich gemacht werden könnte, und der einzige soziale Bereich, in dem sich Außenleitung abspielt. Das ist aber keineswegs Riesmans These. Er fasst Mode in einem viel weiteren Sinne und rechnet dazu auch die Konjunkturen des Verhaltens in der Freizeit, des Denkens über Politik, wie sie von Anderen gemacht werden sollte oder wie man sich selbst dafür einsetzt, der Vorstellungen von der richtigen Erziehung der Kinder oder der Einstellungen des Individuums zu Sexualität oder Moral und vor allem zu sich selbst. Es geht im Grunde um die Frage, wie das Individuum in einer Gesellschaft, deren Orientierungsmuster sich ständig wandeln, aber unablässig in sein Leben eingreifen und ihm abverlangen, auf der Höhe der Zeit zu bleiben, Schritt hält.

Kommen wir zurück zur Beschreibung der Bedingungen, unter denen Riesman in der amerikanischen Gesellschaft die Außenleitung wachsen sieht. Neben dem Diktat der Mode, das er von der Konsumindustrie und den Massenmedien kontinuierlich erhoben sieht, ist ein zweiseitiger Prozess für die Außenleitung maßgebend: Die Gesellschaft wird auf der einen Seite bürokratisiert, was bedeutet, dass das Verhalten der Menschen untereinander von außen geregelt wird; auf der anderen Seite ist das Individuum in zahlreiche soziale Bezüge gleichzeitig eingebunden und muss mit höchst unterschiedlichen sozialen Erwartungen zurechtkommen. Da ein verbindliches, inneres Prinzip der Verhaltenssteuerung nicht mehr vorhanden ist oder angesichts der Fülle von Möglichkeiten und Erwartungen nur noch schwach funktioniert, beginnt der moderne Mensch sich an dem zu orientieren, was ihm die wichtigsten Bezugspersonen vorleben – oder wovon er denkt, dass sie so leben.

Diese Orientierung nennt Riesman, wie gesagt, *Außenleitung*: „Das gemeinsame Merkmal der *außengeleiteten* Menschen besteht darin, dass das Verhalten des Einzelnen durch die Zeitgenossen gesteuert wird; entweder von denjenigen, die er persönlich kennt, oder von jenen Anderen, mit denen er indirekt durch Freunde oder durch die Massenunterhaltungsmittel bekannt ist. Diese Steuerungsquelle ist selbstverständlich auch hier ‚verinnerlicht‘, und zwar insofern, als das Abhängigkeitsgefühl von dieser dem Kind frühzeitig eingepflanzt wird. Die von den außengeleiteten Menschen angestrebten Ziele verändern sich jeweils mit der sich verändernden Steuerung durch die von außen empfangenen Signale. Unverändert bleibt lediglich diese Einstellung selbst und die genaue Beobachtung, die den von den Anderen abgegebenen Signalen gezollt wird." (Riesman 1950, S. 38)

Diese Erklärung des Handelns hatte der schottische Moralphilosoph John Locke als „law of opinion or reputation" (1690b, Buch II, Kap. 28, § 10 und 12) bezeichnet.[2] Ihm gehorchen wir mehr als dem göttlichen oder staatlichen Gesetz!

Der außengeleitete Mensch lernt

> „Signale von einem sehr viel weiteren als dem durch seine Eltern abgesteckten Kreis aufzunehmen. Die Familie stellt nicht mehr jene eng miteinander verbundene Einheit dar, mit der er sich identifiziert, sondern lediglich einen Teil einer weiterreichenden sozialen Umgebung, an die er sich frühzeitig gebunden fühlt. In dieser Hinsicht ähnelt der außengeleitete Mensch dem traditionsgeleiteten Menschen, denn beide leben in einem Gruppenmilieu, und beiden fehlt die Fähigkeit des innengeleiteten Menschen, seinen Weg allein zu gehen. Doch ist dieses Gruppenmilieu in beiden Fällen grundverschieden. Der außengeleitete Mensch ist ‚Weltbürger‘."

Er ist „in gewissem Sinne überall und nirgends zu Hause; schnell verschafft er sich vertraulichen, wenn auch oft nur oberflächlichen Umgang und kann mit jedermann leicht verkehren." (Riesman 1950, S. 41) Erving Goffman wird deshalb Interaktionen auch als Präsentation von Masken und Fassaden bezeichnen.[3]

---

[2] Siehe oben Kap. 1 *Sittliche Gefühle, Tugenden, wechselseitige Beobachtung*.

[3] Siehe unten Abschn. 13.2.1 *Masken, Fassaden, dramatische Gestaltung*.

Das Problem des außengeleiteten Menschen besteht darin, dass er sich auf viele Sender und häufigen Programmwechsel einstellen muss. Um die Signale von überallher zu empfangen, ist „nicht erforderlich, einen Kodex von Verhaltensregeln, sondern jenes hochempfindliche Gerät, womit er diese Nachrichten empfangen und gelegentlich an ihrer Verbreitung teilnehmen kann, zu verinnerlichen. Gegenüber Kontrollen durch Schuld oder Furcht vor Schande, wenngleich diese selbstverständlich weiterexistieren, besteht ein wesentlicher Beweggrund für den außengeleiteten Menschen in einer *diffusen Angst*. Der Kontrollmechanismus wirkt jetzt nicht in der Art des Kreiselkompasses, sondern wie eine Radaranlage." (Riesman 1950, S. 40)

Während der innengeleitete Mensch sich an Prinzipien oder vorbildlichen Gestalten orientierte, um einen festen, *eigenen* Weg zu gehen,

> „sieht der außengeleitete Mensch sein Leben häufig gar nicht als eine individuelle Karriere an. Ihn verlangt nicht nach Ruhm, der ihn bis zu einem gewissen Grade seiner Gruppe von Kollegen *(peer-group)* entfremden oder aus einem bestimmten Lebensstil herausreißen würde. Er sucht vielmehr die Achtung, vor allem aber die affektive Zuneigung einer strukturlosen und sich ständig in ihrer Zusammensetzung wandelnden Gruppe von Kollegen und Zeitgenossen." (Riesman 1950, S. 150)

Es ist eine paradoxe Situation, denn genau mit diesen Kollegen und Zeitgenossen, denen er „Aufmerksamkeit widmet, um sich nach ihren Verhaltensweisen und Werturteilen zu richten", steht er in Konkurrenz, da sie die gleichen Ziele wie er verfolgen.

Der außengeleitete Mensch bewegt sich „auf einer Milchstraße von fast, wenn auch nicht gänzlich ununterscheidbaren Zeitgenossen". (Riesman 1950, S. 150) Die Milchstraße besteht bekanntlich aus schier unendlich vielen Sternen, und dem unbewaffneten Auge sehen alle gleich aus und scheinen an ihrem Ort fixiert. Auf der „sozialen Milchstraße" ist es nicht ganz so voll, aber dort ist alles in Bewegung, und man weiß nicht, wem man im nächsten Augenblick begegnet. „Unter dem Zwang, mit einer Vielzahl von Menschen zu verkehren, sie für sich zu gewinnen und beeinflussen zu müssen, behandelt der außengeleitete Mensch alle anderen Menschen wie Kunden, die immer recht haben." (Riesman 1950, S. 152) Um mit allen irgendwie zurecht zu kommen, ist er flexibel und spielt die Rolle, die ihm im Augenblick den größten Erfolg oder wenigstens den geringsten Ärger verspricht. So spielt der außengeleitete Mensch eine Rolle nach der anderen, manchmal sogar mehrere Rollen zugleich. Das hat Folgen für die eigene Identität, weil er „schließlich nicht mehr weiß, wer er eigentlich wirklich ist und was mit ihm geschieht". (Riesman 1950, S. 152)

Um ein Sprichwort abzuwandeln, kann man es so sagen: Wer es allen recht machen will, macht es keinem recht, am wenigsten sich selbst. Es kann sich kein Prinzip ausbilden, nach dem das Individuum strukturiert handelt und nach dem es als Individualität identifiziert werden könnte. Der Außengeleitete gibt „die feste Charakterrolle des innengeleiteten Menschen auf und übernimmt dafür eine Vielfalt von Rollen, die er im geheimen festlegt und entsprechend den verschiedenen Begebenheiten und Begegnungen variiert". (Riesman 1950, S. 152) Es gibt eine Identität für diese Situation und eine andere für eine andere und eine dritte für eine dritte. Das Individuum zeigt nicht, wer es *ist*, sondern was es *kann*. Unbewusst misst es sein Können an dem, was die Anderen sagen, und ebenso unbewusst bleibt, dass die Kunst nur funktioniert, wenn das Individuum immer wieder vergisst, was es gestern gedacht und getan hat. Wer sich immer wieder an Prinzipien erinnert, die gestern gegolten haben, gilt als zwanghaft, wer mit der Zeit geht, als dynamisch.

Die bewegliche Umstellung ist nicht nur möglich, sondern, so muss man Riesman interpretieren, auch *geboten,* weil die verschiedenen Rollen, die der außengeleitete Mensch den vielen Anderen gegenüber spielen muss, „weder institutionalisiert noch klar voneinander abgesetzt sind". (Riesman 1950, S. 152) Sie sind keineswegs eindeutig, sondern diffus, und sie sind auch nicht zwingend, sondern Optionen. In der ersten Hinsicht lebt der Außengeleitete in der latenten Angst, etwas falsch zu machen, solange er nicht weiß, was „man" heute so richtig macht. In der zweiten Hinsicht ist er allerdings freier als der innengeleitete Mensch, denn er kann jede Option für sich und die Anderen legitimieren, wenn er nur die entsprechende Bezugsgruppe wählt.

Bei Jugendlichen schütteln wir den Kopf, wenn sie heute das und morgen das für wahnsinnig wichtig halten, und den *anderen* Erwachsenen kreiden wir es als Charakterschwäche an, wenn sie „ihr Fähnchen nach dem Wind hängen". Doch Außenleitung macht sich nicht nur *vor* unserer Haustür breit, sondern ist in die Bedingungen der Moderne eingewoben. Zwar meinen viele, die überhaupt zu dieser Diagnose durchstoßen, sie seien die einzigen, die „nicht alles mitmachen" und „authentisch" sind, aber im Grunde ist das bei vielen nur Illusion, um den Gedanken der Entfremdung von der eigenen Identität, der ja mit der Außenleitung verbunden ist, nicht an sich herankommen zu lassen. Im Grunde sind wir dankbar für die soziale Anerkennung, die wir erfahren, wenn wir so „normal" sind wie die Anderen, die uns wichtig sind. Da die Muster der Normalität selbst im Fluss sind, können wir unser Bild von uns im Wandel der Muster des richtigen Lebens im wörtlichen Sinn auch nicht *feststellen*. Identität bleibt offen, Individualität bleibt im Trend.

Fragen wir zum Schluss, wie Interaktionen in Zeiten der Außenleitung ablaufen: Die Formen der Interaktionen im normalen Alltag sind mehrfach bedingt. Sie sind geprägt von der stillen Erwartung, dass man umso eher mit sozialer Anerkennung rechnen kann, je mehr man im Strom des Denkens und Handelns mitschwimmt. Für den Fortgang von Interaktionen, wenn sie nicht gerade auf ein Verhör, Rechtfertigungen oder gar ein outing angelegt sind, reicht es, wenn sich die Beteiligten in ihren Ansichten und Verhaltensweisen im Rahmen normaler Erwartungen exponieren. Bleiben sie darunter, wird das von den Anderen als Unfähigkeit, Desinteresse oder Täuschung interpretiert; übertreiben sie, kann das zur Isolation in der Situation oder zum offenen Streit führen. Interaktionen funktionieren umso besser, wenn sie nicht zu eindeutig sind, sondern immer etwas vage bleiben. Interaktionen (und die Identität der handelnden Personen!) bleiben sozusagen offen für Optionen, die sich durch neue Moden des Denkens und Handelns ergeben, und damit auch offen für allfällige Revisionen eigener Positionen und für neue Bindungen an den Zeitgeist. Der Außengeleitete steht für jede Volte des Zeitgeistes offen und legt sich nirgendwo fest. Die Interaktionen bleiben oberflächlich, weil der Außengeleitete selten Profil zeigt und sich in kritischen Situationen durchlaviert.

Literatur

Abels, H. (2017). *Identität. Über die Entstehung des Gedankens, dass der Mensch ein Individuum ist, den nicht leicht zu verwirklichenden Anspruch auf Individualität und Kompetenzen, Identität in einer riskanten Moderne zu finden und zu wahren.* Wiesbaden: Springer VS (3., aktualisierte und erweiterte Aufl.).

Locke, J. (1690). *An Essay Concerning Human Understanding.* Oxford: Clarendon Press (1975).

Pico della Mirandola, G. (1486). *Über die Würde des Menschen.* Übersetzt von N. Baumgarten, hrsg. und eingeleitet von A. Buck. Hamburg: Meiner (1990).

Riesman, D. (1950). *Die einsame Masse.* Reinbek: Rowohlt (1958).

Weber, M. (1905). *Die protestantische Ethik und der ‚Geist' des Kapitalismus.* In: M. Weber (2002). *Schriften 1894–1922.* Ausgewählt von D. Kaesler. Stuttgart: Kröner.

Sinnhafter Aufbau der sozialen Welt, natürliche Einstellungen in der Lebenswelt des Alltags, Strukturen des Handelns, Wirkensbeziehung (Alfred Schütz)

10

Inhaltsverzeichnis

10.1 Der sinnhafte Aufbau der sozialen Welt. 159
10.2 Phänomenologie und Lebenswelt 160
10.3 Konstitution und Konstruktion von Welt............................. 161
10.4 Die Lebenswelt des Alltags und die natürliche Einstellung zu ihr 164
    10.4.1 Definitionen der Lebenswelt 165
    10.4.2 Typisierungen.. 166
    10.4.3 Idealisierungen... 169
10.5 Strukturen des Handelns 170
    10.5.1 Zeitstruktur: Die Unterscheidung von Handeln und Handlung....... 170
    10.5.2 Sinnstruktur: „Um-zu"-Motive und „Weil"-Motive............... 171
10.6 Die intersubjektive Struktur der Lebenswelt und die Generalthese der
    wechselseitigen Perspektiven..................................... 172
10.7 Wirkensbeziehung (social interaction) als intersubjektive Motivation 173
10.8 Was bei einer sozialen Interaktion mitläuft und wie sie face-to-face
    von den Beteiligten wechselseitig abgestimmt wird 176
Literatur. 181

ALFRED SCHÜTZ (1899–1959) arbeitete nach seinem Examen in den Rechtswissenschaften als Finanzjurist in einem Bankhaus und befasste sich nebenher intensiv mit den wissenschaftstheoretischen Schriften Max Webers und vor allem mit dessen *verstehender Methode*. Im Jahre 1932 erschien sein Buch „Der sinnhafte Aufbau der sozialen Welt. Eine Einleitung in die verstehende Soziologie". Es sollte sein einziges bleiben.

Schütz war jüdischer Herkunft und bereitete seit 1937 seine Emigration vor. Nach dem Anschluss Österreichs kehrte er von einem Geschäftsbesuch im Ausland nicht mehr nach Wien zurück und ging über Paris 1939 in die USA.

© Springer Fachmedien Wiesbaden GmbH, ein Teil von Springer Nature 2020
H. Abels, *Soziale Interaktion*, https://doi.org/10.1007/978-3-658-26429-1_10

Er nahm Kontakt zu Talcott Parsons auf, der ihm am ehesten den Ansatz von Weber zu vertreten schien (vgl. Grathoff 1978, S. 392). Im Jahr 1941 kommt es dann zu einem mehrmonatigen Briefwechsel mit Parsons über dessen *Theory of Action*. Die Korrespondenz brach dann „leider ab", wie sich Parsons Jahrzehnte später erinnert (Parsons 1974, S. 127). Schütz wandte sich anderen Themen zu, die mit der *phänomenologischen Grundierung* seiner verstehenden Soziologie zu tun hatten.

Schütz wurde Vorstandsmitglieder der Internationalen Gesellschaft für Phänomenologie und Mitherausgeber einer Zeitschrift für Philosophie und Phänomenologie und machte sich mit dem amerikanischen Pragmatismus und besonders mit den Arbeiten des Philosophen und Psychologen William James, der sich mit dem „Strom des Bewusstseins" befasst hatte, und des Sozialpsychologen George Herbert Mead[1], der die soziale Interaktion mit der symbolischen Kommunikation in Form von Gesten und Sprache erklärt hatte, vertraut. Ab Anfang 1943 las er regelmäßig als Gastdozent an der New Yorker „New School for Social Research", einer Hochschule, an der viele Emigranten arbeiteten. Dort erhielt er 1952 eine Professur für Soziologie und Sozialpsychologie. Zu den bekanntesten Schülern zählen Peter L. Berger, Thomas Luckmann und Harold Garfinkel.

Als Schütz 1959 starb, hinterließ er, neben mehr als dreißig, z. T. sehr umfangreichen englischen Aufsätzen in philosophischen und soziologischen Zeitschriften, ein Fragment, das aus sechs in deutscher Sprache abgefassten Notizbüchern bestand, und hunderte von Karteikarten. Auf manchen standen nur die Titel von einzuarbeitenden Aufsätzen, auf manchen nur Stichworte oder Exzerpte. Aus diesem Material stellte Luckmann in jahrelanger Arbeit ein Werk zusammen, das in zwei Bänden unter dem Titel „Strukturen der Lebenswelt"[2] (Schütz und Luckmann 1975 und 1984) veröffentlicht wurde.

Wenden wir uns zunächst dem Anliegen zu, das Schütz mit seinem Buch „Der soziale Aufbau der sozialen Welt" verfolgte.

---

[1] Vgl. zu Mead oben Abschn. 6.2 *Die Orientierung an Zeichen, Gesten und signifikanten Symbolen* und Abschn. 6.3 *Symbolisierung von Erfahrungen, Generalisierung von Erwartungen, Sprache und Denken.*

[2] Wo ich aus den „Strukturen der Lebenswelt" zitiere, nenne ich immer Schütz als Autor, weil Luckmann sich ausdrücklich als „Nachfolgeautor" bezeichnet, der den Intentionen von Schütz „so getreu wie möglich" gefolgt sei (vgl. Luckmann 1975, S. 15 ff.).

10.1   Der sinnhafte Aufbau der sozialen Welt

Schütz versteht sein Buch „Der sinnhafte Aufbau der sozialen Welt" als „Einleitung in die verstehende Soziologie". Es ist der Versuch, eine philosophische Fundierung für die Soziologie von Max Weber zu liefern, der seines Erachtens die Grundthematik der Sozialwissenschaften und ihrer verstehenden Methode nicht genügend expliziert und die „Urphänomene des gesellschaftlichen Seins" nicht hinreichend erforscht habe. Diese Lücke will Schütz schließen, indem er „die Wurzeln der sozialwissenschaftlichen Problematik bis zu den fundamentalen Tatsachen des *Bewusstseinslebens*" zurückverfolgen will (Schütz 1932, S. 9, Hervorhebung H. A.).

„Tiefergehende Überlegungen", schreibt Schütz weiter, hätten „vor allem bei Webers Zentralbegriff des subjektiven Sinns einzusetzen". (Schütz 1932, S. 9) Dazu greift er den wohl berühmtesten Satz von Weber auf, in dem er den Begriff des sozialen Handelns bestimmt: Soziales Handeln „soll ein solches Handeln heißen, welches seinem von dem oder den Handelnden gemeinten Sinn nach auf das Verhalten anderer bezogen wird und daran in seinem Ablauf orientiert ist." (Weber 1920b, S. 653) Was ist der Sinn? Weber setzt ihn offensichtlich voraus, und gleichzeitig ist er Ziel des sozialen Handelns. Hier setzt Schütz an, der kritisiert, Weber habe „an der radikalen Rückführung seiner Ergebnisse auf eine gesicherte philosophische Grundposition" ebenso wenig gelegen, „wie an der Erhellung der Unterschichten der von ihm aufgestellten Grundbegriffe." (Schütz 1932, S. 15) Das gilt vor allem für den Begriff des *Sinns*. Hier breche Weber die Analyse der sozialen Welt zu früh ab, indem er nicht fragt, wie denn der Sinn konstituiert wird.

Schütz verfolgt nun den sinnhaften Aufbau der sozialen Welt in zwei Richtungen: Erstens zeichnet er die *subjektive* Konstitution von Sinn bis zu den passiven Prozessen nach, in denen sich Erlebnisse in uns ablagern und über Bewusstseinsleistungen in Erfahrungen verwandelt werden, mit denen wir uns die Wirklichkeit konstruieren. Zweitens verfolgt er die *soziologische* Frage, wie der *subjektive* Sinn eines *anderen* sozialen Handelns überhaupt zu verstehen sei und wie sich der Sinn in der Beziehung *zwischen* dem handelnden Subjekt und dem Anderen aufbaut. Dies alles harrte einer philosophischen Reflexion.

Schütz zeichnete dazu die *Bewusstseinsprozesse* nach, die sich in unserem Kopf abspielen, wenn wir *gemeinsam* handeln. Den theoretischen Rahmen seiner Erklärungen fand er in der *Phänomenologie* des Philosophen Edmund Husserl, der im Jahre 1928 seine frühen „Vorlesungen über das innere Zeitbewusstsein" veröffentlichte, in denen das Problem der *Intersubjektivität* ins Zentrum gerückt wurde. Schütz sah über die Phänomenologie eine Antwort auf die grundlegende Frage der Soziologie gegeben, wie Menschen über die Wirklichkeit verfügen, in der sie gemeinsam mit anderen leben. Worin besteht nun der Beitrag der Phänomenologie, die für Schütz sein Leben lang leitend blieb?

10.2 Phänomenologie und Lebenswelt

Husserl hat die Phänomenologie als eine Philosophie bezeichnet, die „auf die erkennende Subjektivität als Urstätte aller objektiven Sinnbildungen und Seinsgeltungen zurückgeht." (Husserl 1936, S. 102) Husserl behauptet also, dass die Objekte notwendig auf ein Subjekt bezogen sind. Das heißt umgekehrt auch, dass es kein reines Bewusstsein gibt, sondern immer nur ein Bewusstsein wovon. Deshalb wird der Phänomenologie auch die Welt zum Thema, zu der sich der Mensch in seinem Bewusstsein in Beziehung setzt. Die Welterfahrung des Individuums ist Teil seiner Erfahrung, in einer Welt *gemeinsam mit anderen* zu leben. Es ist eine Welt der Vertrautheit, die uns fraglos gegeben zu sein scheint. Diese selbstverständlich vorausgesetzte Welt der sinnlichen Erfahrung nennt Husserl *Lebenswelt*. Sie „ist die raumzeitliche Welt der Dinge, so wie wir sie in unserem vor- und außerwissenschaftlichen Leben erfahren." (Husserl 1936, S. 141) Sie ist einfach da, behauptet sich von selbst und scheint keiner weiteren Erklärung zu bedürfen. Zu ihr haben wir eine natürliche Einstellung, die bis zur Überraschung unproblematisch ist. Die natürliche Einstellung ist nicht reflektiert und bestätigt sich durch die Routine des immer Gleichen. Die Lebenswelt ist unbefragte Wirklichkeit.

Die Lebenswelt ist uns als „Horizont" vorgegeben, vor dem wir denken, und ist der „Boden" für alle Praxis (Husserl 1936, S. 145). In dieser „alltäglichen Welt" denken und handeln wir mit „*naiver Selbstverständlichkeit* der Weltgewissheit". (Husserl 1936, S. 106) Doch diese Alltagserkenntnis ist nicht im strengen Sinne der mathematischen Gesetzmäßigkeiten gewiss, sondern „vage und relativ", weshalb Husserl sie auch als *Doxa*[3] bezeichnet (Husserl 1936, S. 71). Es ist ein Meinen, das ungefähr und an die spezifische Erfahrung und Geschichte und Lage („relativ") des Menschen gebunden ist. Die Doxa ist die erste Form, sich die Welt zurechtzulegen.

Die Dinge, wie sie für uns im Alltag „anschaulich da sind und uns als Wirklichkeiten gelten, haben sozusagen ihre ,*Gewohnheiten*', sich unter typisch

---

[3] Doxa – griech. Meinung, Vorstellung, im Gegensatz zu episteme, dem sicheren Wissen.

ähnlichen Umständen ähnlich zu verhalten." Die Dinge gehen also gewöhnlich immer so weiter, weshalb wir uns auch Zukunft vorstellen können. Aufgrund des wiederholten Eintretens der Dinge hat sich im Bewusstsein ein ,empirischer Gesamtstil' der Phänomene herausgebildet. Es ist die Vorstellung des *Sinns* der Dinge, zu denen sich der Mensch in Beziehung gesetzt hat. Die Erfahrungen, die er dabei gemacht hat, haben sich als eine Vorstellung des „Ungefähren, *Typischen*" abgelagert. Wenn wir uns den weiteren Verlauf der Welt vorstellen, dann stellen wir uns ihn „notwendig (…) in dem Stil vor, in dem wir die Welt schon haben und bisher hatten". (Husserl 1936, S. 30 f.)

Schütz verbindet nun das Lebensweltkonzept von Husserl mit dem Anspruch der verstehenden Soziologie nach Weber. Er schreibt: „Die Wissenschaften, die menschliches Handeln und Denken deuten und erklären wollen, müssen mit einer Beschreibung der Grundstrukturen der vorwissenschaftlichen, für den – in der natürlichen Einstellung verharrenden – Menschen selbstverständlichen Wirklichkeit beginnen. Diese Wirklichkeit ist die alltägliche Lebenswelt." (Schütz und Luckmann 1975, S. 23) An ihr nimmt der Mensch regelmäßig und unausweichlich teil. Es ist seine Welt, in der er sich immer schon befindet, und zugleich die Welt, in der er immer mit den anderen gemeinsam lebt. Wie das möglich ist, das wird gleich zu klären sein. Zuvor aber muss geklärt werden, wie der Mensch seinen Zugang zu dieser Wirklichkeit findet.

10.3 Konstitution und Konstruktion von Welt

Die Phänomenologie fragt, wie der Mensch überhaupt Erfahrungen macht und warum er sich mit naiver Selbstverständlichkeit seiner Welt *gewiss* ist. An dieser Frage des Umgangs des Individuums mit der Welt setzt auch die phänomenologische *Soziologie* an. Anders als andere Theorien, die von bestehenden sozialen Strukturen oder Institutionen und daraus folgenden Funktionen (oder auch umgekehrt!) ausgehen, will diese Soziologie nicht „allgemeine Merkmale der objektiven Welt (…) erklären", sondern aufzeigen, wie sich im Bewusstsein eine Welt erst *konstituiert* und wie der Mensch sich eine Welt *konstruiert*. Die phänomenologische Soziologie will „die universalen Strukturen subjektiver Orientierung in der Welt" beschreiben und die Prozesse aufhellen, „durch die die Welt als eine spezifisch menschliche aufgebaut wird." (Luckmann 1979, S. 197 f.)

Mit dieser Definition erinnert Luckmann natürlich an den Titel des Buches von Schütz. Den Begriff des Aufbaus muss man in einer doppelten Weise verstehen: Aufbau ist Konstitution und Konstruktion zugleich. Diese doppelte

Bedeutung wird klar, wenn wir uns vor Augen führen, wie wir zunächst mit der Welt in Kontakt kommen.

Schütz sieht es so: Zunächst einmal erleben wir die Welt einfach, ohne dass wir darüber nachdenken. Diese *Erlebnisse* lagern sich ab. Wenn eine neue Situation auftaucht, in der das erste Erlebnis erinnert wird, beginnt *Erfahrung*. Erfahrung ist der Inbegriff aller „reflexiven Zuwendungen" des Ich auf seine „abgelaufenen Erlebnisse". (Schütz 1932, S. 104) Erst in dem Augenblick tritt ein Ich in Aktion, erst dann sprechen wir von *Bewusstsein*. Erfahrungen werden nämlich nicht nur gespeichert und abgelegt, sondern in Beziehung zu einer anderen Erfahrung gesetzt. Sie werden wechselseitig instrumentalisiert, indem wir ihre Relevanz für das, was wir erfahren haben oder zu tun beabsichtigen, prüfen. Indem Erfahrungen in wechselseitigen Bezug gesetzt werden, erhalten sie *Sinn* und werden als solcher *verallgemeinert*. Luckmann bezeichnet den Sinn deshalb auch als Relation (Luckmann 1992, S. 31).

Aus der eben angesprochenen These, dass Erfahrung die reflexive Zuwendung des Ich auf abgelaufene Erlebnisse ist, präzisiert Schütz nun den Begriff des gemeinten Sinns bei Weber: „Gemeinter Sinn eines Erlebnisses ist nichts anderes als eine Selbstauslegung des Erlebnisses von einem neuen Erleben her." (Schütz 1932, S. 104)

Bei dieser Analyse der *Konstitution* der Wirklichkeit in unserem Bewusstsein wird schon deutlich, dass sie spätestens seit dem ersten Vergleich einer Erfahrung mit einer anderen auch schon *Konstruktion* ist. Wir setzen die erste Erfahrung nämlich nicht zu unendlich vielen anderen zweiten Erfahrungen in Bezug, sondern nur zu einer ganz bestimmten zweiten. Das hängt ab von dem individuellen Hintergrund des Bewusstseins, was sich also im Individuum bis dahin abgelagert hat. Dieses Sediment stellt aus den oben genannten Gründen schon eine bestimmte Ordnung dar. Nicht alle Erlebnisse wurden bewusst gemacht, nur ganz bestimmte Erfahrungen werden in Verbindung zu ganz bestimmten anderen Erfahrungen gesetzt. Lebensgeschichtlich entsteht so ein *subjektives Relevanzsystem*.

Das, was ich gerade beschrieben habe, erfolgt keineswegs immer bewusst in dem Sinne, dass ich mir in jedem Augenblick voll klar darüber bin, wie ich meine Wirklichkeit ordne. Gleichwohl erfolgt diese Ordnung nicht zufällig, sondern systematisch. Ordnung ist ein Prozess, in dem frühere Erfahrungen mit neuen Erfahrungen verglichen werden und zu einer in sich stimmigen „Theorie" zusammengebracht werden. Den Begriff der Theorie benutzt die phänomenologische Soziologie übrigens in dem ursprünglichen Sinn des griechischen

Wortes für „Anschauung" oder Vorstellung. Deshalb spricht sie auch von Alltags-theorien und meint damit, dass der gesunde Menschenverstand, der uns vor vielen Zweifeln schützt, im Grunde eine Konstruktion ist, mit der wir die Wirklichkeit ordnen.

Die Erfahrungen richten sich nicht nur in die Vergangenheit, sondern auch in die Zukunft, indem man aus einer typischen Erfahrung eine *typische Erwartung* ableitet. Erwartung ist so etwas wie eine Vorerinnerung (Schütz 1932, S. 77) an eine Handlung, die sich in der Zukunft ergeben hat. Schütz nennt diese Vor-erinnerung *Entwurf* (Schütz 1932, S. 77 f.). Wie unten zu zeigen sein wird, hat der Entwurf eine entscheidende Bedeutung für das Handeln.

Bei der Struktur der Bewusstseinsgegenstände kann man zwischen einem *thematischen Kern* und einem *thematischen Feld* unterscheiden. Der thematische Kern bezeichnet das, worauf sich das Bewusstsein aktuell richtet, das themati-sche Feld bezeichnet den Zusammenhang, in dem ich ein Phänomen als typisch wiedererkenne. Das Feld besteht aus den aktuell relevanten Sedimenten und Ver-weisungen. Um den Kern und das Feld ist ein *offener Horizont*, was bedeutet, dass zahlreiche andere Verweisungen je nach neuer Relevanz konstruiert werden könnten. Der thematische Kern ist das Erlebnis, das im Wiederholungsfall oder im Vorgriff auf eine gedachte Zukunft als typisch erkannt und als Erfahrung the-matisch eingeordnet wird. Das ist der Übergang von der Konstitution zur Kons-truktion. Das Bewusstsein verbindet Erfahrungen der Vergangenheit mit einer Handlung, die sich in der Zukunft aufgrund dieser Erfahrungen ergeben müsste. Auf diese Zeitstruktur des Handelns komme ich gleich noch einmal zurück.

Fasst man das Anliegen der phänomenologischen Soziologie bis hier zusammen, so kann man sagen: sie fragt nach der Konstitution von Erfahrung. In diesem Sinne hat Schütz den Gegenstand der sozialen Wissenschaften in den Erfahrungen und den damit verbundenen Handlungen gesehen. Wenn man die Gewinnung von Erfahrung und ihre Verwendung im Alltag genauer betrachtet, dann entdeckt man universale Strukturen. Wenn man sich diese universalen Struk-turen subjektiver Orientierung klar macht, hat man gewissermaßen das Funda-ment freigelegt, auf dem sich das sinnverstehende soziale Handeln nach Max Weber oder die symbolische Interaktion nach George Herbert Mead ereignen. Das Fragment, das Schütz hinterlassen und das Luckmann unter dem Titel „Struktu-ren der Lebenswelt" (Schütz und Luckmann 1975 und 1984) veröffentlicht hat, zeigt, dass Schütz genau dies wollte. Er wollte die Analyse der Objektivierungen menschlicher Bewusstseinstätigkeit auf eine „systematische Beschreibung von Alltagswelt als sozialer Wirklichkeit" (Luckmann 1975, S. 14) fokussieren.

10.4 Die Lebenswelt des Alltags und die natürliche Einstellung zu ihr

Es ist natürlich nicht möglich, die zentralen Erkenntnisse dieses zweibändigen Werkes von Schütz in wenigen Zeilen zusammenzufassen. Ich will aber versuchen, wenigstens zu sagen, worum es vor allem geht.

Eingangs habe ich gesagt, dass die Phänomenologie nach dem Zugang des Menschen zu seiner Lebenswelt fragt. Die Beschreibung der Aufgabe, die Schütz daraus für die Sozialwissenschaften formuliert hat, will ich noch einmal in Erinnerung rufen: „Die Wissenschaften, die menschliches Handeln und Denken deuten und erklären wollen, müssen mit einer Beschreibung der Grundstrukturen der vorwissenschaftlichen, für den – in der natürlichen Einstellung verharrenden – Menschen selbstverständlichen Wirklichkeit beginnen. Diese Wirklichkeit ist die alltägliche Lebenswelt." (Schütz und Luckmann 1975, S. 23)

Es wird weiter gezeigt, wie der Mensch Erfahrungen macht und wie sie sich als typische Erfahrungen in einem *Wissensvorrat (stock of knowledge)* ablagern. Mit diesem Wissensvorrat schafft er sich eine subjektive Welt und erfährt sich gleichzeitig als Teil einer Welt geteilt in Gemeinschaft mit anderen. Diese Welt ist schon da, wenn der Mensch auf die Bühne des Lebens tritt. Es ist eine objektive Welt, in der das Wissen abgelagert ist, das andere schon vor ihm gesammelt haben. Diesem Wissen kann er gar nicht entgehen. Insofern setzt die Wirklichkeit des Alltags ihm auch einen Rahmen des Denkens und Handelns.

Die subjektive und die objektive Welt sind stets aufeinander verwiesen. „Der subjektive Ursprung gesellschaftlichen Wissens und das gesellschaftliche a priori – die empirische Priorität des gesellschaftlichen Wissensvorrates gegenüber dem subjektiven Wissensbestand – konstituieren im Aneignungsprozess gemeinsam das Netzwerk der Strukturen der Lebenswelt. Was sich dem Subjekt in der natürlichen Einstellung als Lebenswelt zeigt, was es – subjektiv – als Lebenswelt erlebt und erfährt, zeigt sich ihm zugleich als sozial konstituiert, als Ergebnis gesellschaftlichen Handelns und vergesellschafteter Erfahrungen." (Soeffner 1987, S. 802) Diesen letzten Aspekt, die soziale Konstitution von Erfahrung, betont Luckmann in seiner Aufarbeitung des hinterlassenen Fragments von Schütz besonders. Danach geht es nicht nur darum, zu beschreiben, wie das Individuum Zugang zur Wirklichkeit und zu den anderen bekommt, „sondern auch um die Strukturierung der Lebenswelt durch Institutionen und Produkte, die im menschlichen Handeln geformt werden und ihrerseits auf menschliches Handeln zurückwirken: um die Rückwirkungen der gesellschaftlichen Konstruktionen auf ihre Konstrukteure." (Soeffner 1987, S. 804)

Schließlich geht es Schütz darum zu beschreiben, wie der Mensch in seiner alltäglichen *Lebenswelt* lebt und wie er sich ihr gegenüber in einer natürlichen Einstellung verhält.

10.4.1 Definitionen der Lebenswelt

Der Begriff der Lebenswelt gehört zu den schillerndsten, die die moderne Soziologie zu bieten hat. Schütz hat unter Bezug auf die Phänomenologie Husserls vier Definitionen vorgenommen.

1. Nach der ersten Definition ist die alltägliche Lebenswelt

   „der Wirklichkeitsbereich, an dem (Korrektur H. A.) der Mensch in unausweichlicher, regelmäßiger Wiederkehr teilnimmt. (…) Ferner kann sich der Mensch nur innerhalb dieses Bereiches mit seinen Mitmenschen verständigen, und nur in ihm kann er mit ihnen zusammenwirken. Nur in der alltäglichen Lebenswelt kann sich eine gemeinsame kommunikative Umwelt konstituieren. Die Lebenswelt des Alltags ist folglich die vornehmliche und ausgezeichnete Wirklichkeit des Menschen." (Schütz und Luckmann 1975, S. 23)

   An dieser ersten Definition fällt auf, dass Schütz von einem *Wirklichkeitsbereich* spricht. Nur in diesem Bereich kann sich der Mensch mit seinen Mitmenschen verständigen. Offensichtlich gibt es noch andere Bereiche der Wirklichkeit, die aber nur dem Einzelnen zugänglich sind. Solche Bereiche sind z. B. der Traum, die Fantasie, aber auch die individuelle Vergangenheit. Diese Bereiche sind wirklich, und sie beeinflussen mein Denken und Handeln auch in Gemeinsamkeit mit den anderen. Das gilt natürlich auch für jeden anderen. Die Wirklichkeit ist also komplex und keineswegs gleich für alle.

2. Die zweite Definition der alltäglichen Lebenswelt bringt einen ganz anderen Aspekt ins Spiel: „Unter alltäglicher Lebenswelt soll jener Wirklichkeitsbereich verstanden werden, den der wache und normale Erwachsene in der Einstellung des gesunden Menschenverstandes als schlicht gegeben vorfindet. Mit schlicht gegeben bezeichnen wir alles, was wir als fraglos erleben, jeden Sachverhalt, der uns bis auf weiteres unproblematisch ist. (…) In der natürlichen Einstellung finde ich mich in einer Welt, die für mich fraglos und selbstverständlich ‚wirklich' ist. Ich wurde in sie hinein geboren und ich nehme es als gegeben an, dass sie vor mir bestand." (Schütz und Luckmann 1975, S. 23) Der Schluss, der aus dieser zweiten Definition gezogen werden

kann, heißt: die Menschen gehen mit der Wirklichkeit in einer *natürlichen* Einstellung um.

3. In dieser natürlichen Einstellung „nehme ich als schlicht gegeben hin, dass in dieser meiner Welt auch andere Menschen existieren, und zwar nicht nur leiblich wie andere Gegenstände (…), sondern als mit einem Bewusstsein begabt, das im Wesentlichen dem meinen gleich ist. So ist meine Lebenswelt von Anfang an nicht meine Privatwelt, sondern intersubjektiv; die Grundstruktur ihrer Wirklichkeit ist uns gemeinsam." (Schütz und Luckmann 1975, S. 24) Die dritte Definition von Lebenswelt heißt: Sie wird erfahren als geteilt in Gemeinsamkeit mit anderen. Wir wissen, dass wir füreinander existent sind, und wir wissen auch, dass wir uns wechselseitig wahrnehmen. Wir haben Bedeutung füreinander. Da ich unterstelle, dass die Wirklichkeit, in der wir gemeinsam leben, von den anderen im Prinzip so gesehen wird, wie ich sie sehe, kann ich mit diesen anderen in mannigfache Sozialbeziehungen treten, und diese auch mit mir. Schütz bricht an dieser Stelle die Erörterung der Konstitution der Intersubjektivität ab. Ich werde darauf gleich zurückkommen.[4]

4. Die vierte Definition der Lebenswelt schließlich betont, dass wir in dieser Welt nicht nur leben, sondern dass wir in ihr *handeln:* „Die Lebenswelt ist (…) eine Wirklichkeit, die wir durch unsere Handlungen modifizieren und die andererseits unsere Handlungen modifiziert. Wir können sagen, dass unsere natürliche Einstellung der Welt des täglichen Lebens gegenüber durchgehend vom *pragmatischen Motiv* bestimmt ist." (Schütz und Luckmann 1975, S. 25) Wir handeln in dieser Lebenswelt, und sie gibt unserem Denken und Handeln auch den Rahmen vor. Aber wir geben ihr auch ständig einen typischen Rahmen!

10.4.2 Typisierungen

Kehren wir zu der natürlichen Einstellung zurück, mit der wir der Wirklichkeit der Alltagswelt begegnen. Die Struktur dieses Denkens beschreibt Schütz so: „Jeder Schritt meiner Auslegung der Welt beruht jeweils auf einem Vorrat früherer Erfahrung: sowohl meiner eigenen unmittelbaren Erfahrungen als auch solcher Erfahrungen, die mir von meinen Mitmenschen, vor allem meinen Eltern, Lehrern usw. übermittelt wurden. All diese mitgeteilten und unmittelbaren Erfahrungen schließen sich zu einer gewissen Einheit in der Form meines

---

[4] Siehe unten Abschn. 10.6 *Die intersubjektive Struktur der Lebenswelt und die Generalthese der wechselseitigen Perspektiven.*

Wissensvorrats, der mir als Bezugsschema für den jeweiligen Schritt meiner Weltauslegung dient. Alle meine Erfahrungen in der Lebenswelt sind auf dieses *Schema* bezogen, sodass mir die Gegenstände und Ereignisse in der Lebenswelt von vornherein in ihrer *Typenhaftigkeit* entgegentreten." (Schütz und Luckmann 1975, S. 26, Hervorhebungen H. A.)

Im Wissensvorrat sind Erfahrungen abgelagert. Schütz spricht von Sedimentierung (Schütz und Luckmann 1975, S. 113). Mithilfe dieses Wissensvorrates wird jede Situation definiert und bewältigt. Er dient als Schema, nach dem neue Erfahrungen geordnet werden. Dies setzt voraus, dass sich die Erfahrungen als typische Erfahrungen abgelagert haben. Wie kommt es zu dieser Typenbildung? Erfahrungen entstehen aus Aufmerksamkeit, die ich einer Situation zuwende. Da diese Zuwendung Aktivität beinhaltet, kann man sie im weitesten Sinn auch als *Handeln* bezeichnen. Das Ergebnis dieses Handelns wird als Lösung eines Problems behalten. Tritt nun eine neue Situation auf, wird auch der Wissensvorrat aktiviert. Wenn eine Beziehung zwischen bestimmten Erfahrungen und dem neuen Problem hergestellt wird, beginnt der Prozess der Typisierung. Typisierung ist die Herstellung eines *Sinnzusammenhangs*. Wenn eine Situation wiederholt in einen gleichen Sinnzusammenhang eingeordnet werden kann, wird sie zur typischen Situation. „Jeder Typ, in einer ,ursprünglichen' Problemlage gebildet, wird in weiteren Routinesituationen und Problemlagen angewandt. Wenn er sich in diesen immer wieder als adäquat zur Bewältigung der Situation erweist, kann er allerdings *relativ* ,endgültig' werden. Er wechselt in den Bereich des Gewohnheitswissens über, und seine Anwendung kann völlig ,automatisch' werden." (Schütz und Luckmann 1975, S. 24) Typisierungen ordnen die neue Wirklichkeit und wandeln sie in eine vertraute Wirklichkeit um. Der Typus reduziert die Fülle der Bedeutungen, die die Dinge haben können, auf die Bedeutung, die in meinem aktuellen Handeln Sinn macht. Auch der Typisierung liegt ein pragmatisches Motiv zugrunde.

Wie oben schon gesagt wurde, lagern sich nicht nur meine Erfahrungen in meinem subjektiven Wissensvorrat ab, sondern auch die Erfahrungen aller Anderen – wir leben ja auch vom Hörensagen und von dem, was uns Eltern und Erzieher als richtiges und wichtiges Wissen eintrichtern! – werden sedimentiert.

Typisierungen, die von subjektiven und unmittelbaren Erfahrungen abgelöst sind, die gewissermaßen anonym sind, werden *objektiviert*. Eine Form der „Sedimentierung typischer Erfahrungsschemata, die in einer Gesellschaft typisch relevant sind", ist die *Sprache* (Schütz und Luckmann 1975, S. 233). In der Sprache sind die allermeisten lebensweltlichen Typisierungen objektiviert. Das ist der Grund, warum der Sprache in der phänomenologischen Soziologie eine solche Aufmerksamkeit geschenkt wird.

In der Sprache der Gesellschaft werden wir groß. Über sie werden uns die „normalen" Typisierungen vermittelt. Deshalb gehe ich auch ganz selbstverständlich davon aus, dass bis zum Beweis des Gegenteils meine Typisierung der Typisierung entspricht, die die anderen vornehmen. Schütz fasst das so zusammen:

> „Das Fraglose ist gewohnheitsmäßiger Besitz: es stellt Lösungen zu Problemen meiner vorangegangenen Erfahrungen und Handlungen dar. Mein Wissensvorrat besteht aus solchen Problemlösungen. (…) Wenn eine aktuelle neue Erfahrung in einer ähnlichen lebensweltlichen Situation einem aus vorangegangenen Erfahrungen gebildeten Typ widerspruchslos eingeordnet werden kann und so in ein relevantes Bezugsschema ‚hineinpasst', bestätigt sie ihrerseits die Gültigkeit des Erfahrungsvorrats. Das bloß durch die Neuigkeit jeder aktuellen Erfahrung gegebene Fragliche wird im routinemäßigen Ablauf der Erlebnisse in der natürlichen Einstellung routinemäßig in Fraglosigkeit überführt." (Schütz und Luckmann 1975, S. 28)

Bis auf Weiteres wird die frühere Erfahrung als selbstverständlich genommen. Erst wenn das Schema nicht mehr passt, muss der Horizont, in dem die bisherigen Erfahrungen Sinn machten, neu ausgelegt werden. Der Typus wird modifiziert (Schütz und Luckmann 1975, S. 30).

Doch wie gesagt, das ist eher die Ausnahme. Die Regel ist, dass wir die Welt so auslegen, wie wir sie kennen: „Die in meinem Wissensvorrat sedimentierten Auslegungen haben den Status von Gebrauchsanweisungen: Wenn die Dinge so und so liegen, dann werde ich so und so handeln." Da die Gebrauchsanweisung kontinuierlich praktischen Erfolg bringt, „wird sie als Rezept habitualisiert." (Schütz und Luckmann 1975, S. 32) Die erste Garantie des Rezeptes ist individuell. Sie besteht in der erfolgreichen Wiederholung früheren Handelns. Die zweite Garantie ist sozial, denn auch der Wissensvorrat, der von der Gesellschaft vermittelt wird, besteht aus solchen Rezepten, die sich bewährt haben.

Aus all dem kann man den Schluss ziehen, dass Typisierung ein zweiseitiger Prozess ist. Dem Individuum werden gesellschaftliche Typisierungen vorgegeben, an denen es nicht leicht vorbeikommt, wahrscheinlich auch nicht vorbeikommen wollte, würde es überhaupt darüber nachdenken. Die Typisierungen scheinen ja bewährt zu sein. Es übernimmt sie scheinbar unbewusst. Diese scheinbar unbewusste Übernahme darf aber nicht darüber hinwegtäuschen, dass sich das Individuum die gesellschaftlichen Typisierungen auch selbst aneignet. Selbst wenn es sie in sein Denken vollständig integriert und durch sein Handeln anderen gegenüber bestätigt, bedeutet dies dennoch, dass es sie zunächst gedeutet hat, ehe es handelt. Dieser zweiseitige Prozess darf nicht übersehen werden, weil er erklärt, warum gemeinsames Handeln und scheinbar identisches Handeln möglich ist und die Individuen dennoch das Gefühl haben, ihr Handeln sei so oder so einzigartig und individuell gewollt.

10.4.3 Idealisierungen

Die Lebenswelt ist nicht einfach da. Zwar meinen wir in der natürlichen Einstellung, dass sie selbstverständlich ist und insofern auch nicht besonders bedacht werden muss. Tatsächlich aber wird die Lebenswelt permanent durch uns ausgelegt. Unser Bewusstsein steht unaufhörlich in Beziehung zu ihr. Das merken wir freilich erst, wenn die Routine durchbrochen wird. Solange aber alles läuft wie gehabt, bewegt sich die Auslegung unseres Alltags unbemerkt und in wohlbekannten Bahnen. Die Erklärung liegt – wie gerade gezeigt wurde – darin, dass Erfahrungen in unserem Wissensvorrat als Schema abgelagert werden. Deshalb ist jede Auslegung der Welt eine Interpretation nach bekannten Regeln: „Jedes lebensweltliche Auslegen ist ein Auslegen innerhalb eines Rahmens von bereits Ausgelegtem, innerhalb einer grundsätzlich und dem Typus nach vertrauten Wirklichkeit. Ich vertraue darauf, dass die Welt, so wie sie mir bisher bekannt ist, weiter so bleiben wird und dass folglich der aus meinen eigenen Erfahrungen gebildete und der von Mitmenschen übernommene Wissensvorrat weiterhin seine grundsätzliche Gültigkeit behalten wird." (Schütz und Luckmann 1975, S. 26)

Diese Idealisierung nennt Schütz mit Husserl die Idealisierung des *„und so weiter"*. Damit ist gemeint, dass ich ganz selbstverständlich davon ausgehe, dass die Situation, wie ich sie jetzt erlebe, in der typischen Weise weitergehen wird. Für diese Idealisierung lassen sich auch anthropologische Gründe anführen: wenn wir nicht stillschweigend annehmen würden, dass es so weiter gehen wird, wie es immer gewesen ist, wäre jeder Augenblick vor uns Überraschung. Wir könnten unser Handeln nicht verzögern und würden vor der unendlichen Überfülle der potenziellen neuen Erfahrungen scheitern.

Aus dieser Annahme des „und so weiter" folgt die „weitere und grundsätzliche Annahme, dass ich meine früheren erfolgreichen Handlungen wiederholen kann. Solange die Weltstruktur als konstant hingenommen werden kann, solange meine Vorerfahrung gilt, bleibt mein Vermögen, auf die Welt in dieser und jener Weise zu wirken, prinzipiell erhalten." (Schütz und Luckmann 1975, S. 26) Diese Idealisierung, die sich in Korrelation zu der ersten Idealisierung bildet, hat Husserl die Idealisierung des *„Ich kann immer wieder"* genannt. Es ist die natürliche Einstellung, „dass ich unter typisch ähnlichen Umständen in einer meinem früheren Handeln typisch ähnlichen Weise handeln kann, um einen typisch ähnlichen Tatsachenstand herzustellen." (Schütz 1953, S. 23, Hervorhebung H. A.; vgl. auch Schütz und Luckmann 1975, S. 26) In mein Handeln geht also meine Erfahrung von früher durchgeführten Handlungen ein, indem ich das Neue mit dem Alten vergleiche und das Neue in das Alte einordne. Das erfolgt – wie ich oben gezeigt habe – natürlich nicht voraussetzungslos, sondern indem frühere Erfahrungen zu

typischen Erfahrungen verallgemeinert worden sind und somit eine Erwartungs-
struktur generiert haben, die wiederum alle neuen Erfahrungen nach Relevanzen
sortiert.

Natürlich ist jede Situation neu und erfordert im Prinzip eine ganz neue
Reaktion. Aber Erfahrungen haben sich ja nicht einfach nur so abgelagert, sondern als Erfahrungen von Handeln, das etwas *bewirkt* hat. Dabei spielt es keine
Rolle, ob es erfolgreich war oder eine lehrreiche Erfahrung, wie man etwas
nicht machen soll. In jedem Fall generalisieren sich die vielen Erfahrungen zu
der Annahme, sie würden auch für zukünftige Situationen angemessen sein. Die
Idealisierung des „ich kann immer wieder" ist die Annahme der Wiederholbarkeit
von vergangenen Handlungen in künftigem Handeln. Da sich der Mensch in der
natürlichen Einstellung zu seiner alltäglichen Lebenswelt diese Wiederholbarkeit
stillschweigend zurechnet, kann man sie auch als Kompetenz bezeichnen.

Wenn eine neue Situation als typische Situation wiedererkannt wird, gehe ich
selbstverständlich davon aus, dass auch die typischen Erfahrungen wieder relevant sind. Hier liegt allerdings auch das Problem, denn jede Situation ist neu, allein
schon wegen der zeitlichen Differenz. Das Problem lösen wir aber unbewusst,
indem wir die Besonderheiten unterdrücken und nur auf das typisch Normale sehen.
Schütz nennt das die Unterdrückung der Indizes.[5] Wiederholbarkeit ist „ein grund-
legendes konstitutives a priori der Erfahrung." (Natanson 1979, S. 82) Ohne eine
solche Idealisierung wäre Erfahrung gar nicht möglich, aber auch nicht Handeln.

10.5 Strukturen des Handelns

Um klarzumachen, wie die Aufschichtung von Erfahrungen, Idealisierungen und
konkretes Handeln zusammenhängen, unterscheidet Schütz zwischen einer Zeitstruktur und einer Sinnstruktur des Handelns.

10.5.1 Zeitstruktur: Die Unterscheidung von Handeln
und Handlung

Schütz unterscheidet zwischen Handeln und Handlung (Schütz 1932, S. 77). Handeln (action) ist ein Prozess, in dem etwas vollzogen wird, Handlung (act) ist das

---

[5] Diese Lösung wird Garfinkel als Entindexikalisierung bezeichnen. Siehe unten Abschn. 12.7.2
Das Problem der Indexikalität.

Ergebnis dieses Prozesses. Handeln birgt also immer Zukunft in sich, Handlung immer Vergangenheit. Handeln kommt also immer vor der Handlung.

Soziologisch interessant ist, dass das Handeln als Prozess eine *Zeitstruktur* aufweist, in der das als Erstes gedacht wird, was als Letztes erfolgt: die Handlung. Bevor wir handeln, so lautet die These, müssen wir eine Vorstellung von dem Ergebnis des Handelns, also von der Handlung, haben. Diese Vorstellung kann recht vage oder sehr präzise sein. Sie ist aber keine beliebige Fantasie, sondern eine „praktische Utopie". (Luckmann 1992, S. 50) Das heißt, das Ergebnis ist zwar nicht real vorhanden, aber wir richten unser Handeln praktisch so aus, als ob es schon vorhanden wäre. Wir handeln also im Hinblick auf eine Zukunft, die sich schon erfüllt hat! (vgl. Schütz 1932, S. 81)

Die Handlung ist das Ziel, auf das hin das Handeln entworfen wird. Um es zu erreichen, werden bestimmte Mittel eingesetzt. Die Konsequenz des Entwurfs eines Handlungszieles für die Wahl der Mittel, dieses Ziel zu erreichen, untersucht Schütz am Beispiel streng rationalen Handelns. „Sind diese Mittel aber ‚gewählt', so sind sie ihrerseits wieder entworfene Handlungsziele, und zwar Zwischenziele. Diese Zwischenziele herbeizuführen, bedarf es der Wahl neuer Mittel, und so spielt sich bei streng rationalem Handeln von Stufe zu Stufe jener Prozess ab, welchen wir vorhin als Entwerfen des Handlungszieles gekennzeichnet haben. *Das rationale Handeln lässt sich geradezu als Handeln mit bekannten Zwischenzielen definieren.*" (Schütz 1932, S. 80) Natürlich gilt diese Zeitstruktur – sie ist ja mehr als nur eine zeitliche Ordnung! – nur für das normale Handeln des Alltags. Blindwütiges Losschlagen oder reflexartiges Reagieren lässt sich kaum mit der These erklären, dass Handeln vom Ende her gedacht wird. (Sieht man einmal davon ab, dass manche Politiker ihre Schnellschüsse und Ausbrüche sehr wohl kalkulieren!)

10.5.2 Sinnstruktur: „Um-zu"-Motive und „Weil"-Motive

Kommen wir nun zu der zweiten Struktur des normalen Handelns, der *Sinnstruktur*. Hier fragt Schütz nach der Motivation des Handelns. Er unterscheidet zwei Motive: Das erste Motiv nennt er das *„Um-zu"*-Motiv, das zweite das *„Weil"*-Motiv (Schütz 1932, S. 115 und 122). Das Um zu-Motiv bezieht sich auf den „Entwurf des Handelns" (vgl. Schütz und Luckmann 1975, S. 209 ff.). Wie ich gerade gezeigt habe, ist das Handeln immer auf ein Handlungsergebnis ausgerichtet, das als Entwurf vorgestellt ist und unser Handeln lenkt. Jeder Schritt des Handelns wird getan, *um* etwas Bestimmtes *zu* erreichen. Die Um-zu-Motivation bezieht sich auf die Zukunft.

Auf der anderen Seite wissen wir aber auch, dass unser Handeln eine Vorgeschichte hat. Erfahrungen haben sich abgelagert, sie haben eine bestimmte subjektive Relevanzstruktur geschaffen. Wir handeln also, *weil* es dafür bestimmte Gründe gibt. Die Weil-Motivation bezieht sich auf die Vergangenheit, oder anders: auf die „biographische Bedingtheit der Einstellung" (vgl. Schütz und Luckmann 1975, S. 216 ff.) zu handeln.

10.6   Die intersubjektive Struktur der Lebenswelt und die Generalthese der wechselseitigen Perspektiven

Dass Menschen handeln, wissen wir. Wir handeln, die anderen handeln. Das sehen wir. Aber wieso funktioniert es? Die Antwort, die Schütz gibt, knüpft an die oben abgebrochene Erörterung der Konstitution der Intersubjektivität an. Erinnern wir uns: in der dritten Definition der Lebenswelt wurde festgestellt, dass es eine Welt geteilt in Gemeinsamkeit mit anderen ist (vgl. Schütz und Luckmann 1975, S. 24). Diese anderen sind wie ich mit Bewusstsein ausgestattet. Weiter unterstelle ich, dass sie die Welt im Prinzip so sehen wie ich. Deshalb kann ich auch in Sozialbeziehungen zu ihnen treten. Das alles gilt natürlich auch für die anderen. „Die Lebenswelt", schreibt Schütz, ist „von vornherein intersubjektiv." (Schütz und Luckmann 1975, S. 73)

Doch so ganz stimmt das nicht. Die Lebenswelt ist nicht „von vornherein" intersubjektiv, sondern nur unter einer Annahme, mit der eine gemeinsame Lebenswelt erst konstituiert wird. Diese Annahme nennt Schütz die *Generalthese der wechselseitigen Perspektiven* (Schütz und Luckmann 1975, S. 74). In dieser Generalthese sind zwei Idealisierungen zusammengefasst:

• die Idealisierung der *Vertauschbarkeit der Standpunkte* und
• die Idealisierung der *Kongruenz der Relevanzsysteme*.

In der ersten Idealisierung nehme ich an, wenn der andere an meiner Stelle stünde, würde er die Dinge in der gleichen Perspektive sehen wie ich, und ich würde die Dinge aus der gleichen Perspektive wie er sehen, wenn ich an seiner Stelle stünde. In der zweiten Idealisierung nehme ich an, dass die Unterschiede der Auffassung und Auslegung der Welt, die sich aus den individuellen Biografien ergeben, im Prinzip irrelevant sind. Wir handeln und verständigen uns so, als ob wir die Dinge nach den gleichen Kriterien beurteilen.

Beide Annahmen machen uns sicher, dass der andere so handeln wird, wie wir es aus eigener Erfahrung kennen, und bis zum Beweis des Gegenteils stimmt das ja auch. Die Erklärung liegt darin, dass wir alle in einer gemeinsamen Welt sozialisiert worden sind und sich Muster herausgebildet haben, die sich im Alltag bewährt haben und in der Routine des Handelns bestätigt werden. Intersubjektivität ist also nicht nur gegeben, weil wir gemeinsam mit anderen in der Welt leben, sondern weil wir die Voraussetzungen für das Leben in Gemeinschaft mit den anderen kontinuierlich schaffen und im gemeinsamen Handeln bestätigen. Mit der Generalthese der wechselseitigen Perspektiven hat Schütz darüber hinaus erklärt, warum wir uns im Alltag unseres Handelns so gewiss sind.

Gleichwohl stellt sich für Schütz die Frage, mit welchen *Einstellungen* die Individuen in eine Situation, in der sie sich *aufeinander beziehen*, hineingehen und wie sie ihr Handeln wechselseitig *deuten*. In seiner Antwort wird es um die Unterstellung der beiden oben genannten Motive bei den Anderen gehen. Es stellt sich für Schütz aber auch die Frage, welche *Erwartungen* den Handlungspartnern für selbstverständlich gelten und was ihre Vorstellungen voneinander *bewirken*. Seine Erklärung setzt an Webers Definition der sozialen Beziehung an und läuft auf die These der „Wirkensbeziehung" hinaus, was in der amerikanischen Soziologie mit „social interaction" übersetzt worden ist.

10.7 Wirkensbeziehung (social interaction) als intersubjektive Motivation

Schütz ruft noch einmal Webers Definition *sozialen Handelns* in Erinnerung. Danach soll „*soziales* Handeln (…) ein solches Handeln heißen, welches seinem von dem oder den Handelnden gemeinten Sinn nach auf das Verhalten Anderer bezogen wird und daran in seinem Ablauf orientiert ist. (…) Soziales Handeln (…) kann orientiert werden am vergangenen, gegenwärtigen oder für künftig erwarteten Verhalten Anderer." (Weber 1920b, S. 653 und 670 f.)[6] Diese Definition liest Schütz in zwei Richtungen: 1) Soziales Handeln liegt dann vor, wenn der Handelnde durch „sein Handeln ein besonderes Verhalten des Anderen *herbeizuführen* beabsichtigt", also etwas *intendiert*. Dem Handeln von A liegt also ein „Um-zu-Motiv" zugrunde. 2) Soziales Handeln liegt dann vor, „wenn *eben dieses sozial genannte Handeln durch fremdes Verhalten* (sprich: durch das

---

[6] Vgl. oben Abschn. 5.1 *Soziales Handeln, dem gemeinten Sinn nach auf das Verhalten Anderer bezogen und daran in seinem Ablauf orientiert.*

Verhalten von B, Ergänzung H. A.) *ausgelöst wurde.*" Die „Wahrnehmung und Deutung" des Handelns von B wird also zum „Weil-Motiv" des Handelns von A. (vgl. Schütz 1932, S. 208).

Soziales Handeln bedeutet, dass Handeln bei einem Anderen etwas bewirkt und dass mein Handeln gleichzeitig von diesem bewirkt wird. „Alles Kundgeben" *(communication)* zielt auf einen Anderen und bewirkt etwas bei ihm, „alles Kund-nehmen" *(heeding),* d. h. Beachtung des Verhaltens des Anderen, ist durch ihn bewirkt (vgl. Schütz 1932, S. 212; Schütz 1967, S. 150).

Damit wendet sich Schütz Webers Begriff der sozialen Beziehung zu. Wie oben[7] zu lesen war, soll „soziale Beziehung (…) ein seinem Sinngehalt nach auf-einander gegenseitig eingestelltes und dadurch orientiertes Sich-Verhalten meh-rerer heißen. (…) Die soziale Beziehung besteht ausschließlich und lediglich in der Chance, dass ein seinem Sinngehalt nach in angebbarer Art aufeinander eingestelltes Handeln stattfand, stattfindet oder stattfinden wird." (Weber 1920b, S. 676) Bringt man diese Definition mit der Definition zusammen, dass soziales Handeln dem „gemeinten Sinn" nach auf das Handeln eines Anderen bezogen und daran in seinem Ablauf orientiert ist, zusammen, und erinnert[8] sich an Schütz' Vorwurf an Weber, er habe das Urphänomen des Sinns nicht bis „zu den fundamentalen Tatsachen des Bewusstseinslebens" zurückverfolgt (Schütz 1932, S. 9), dann „liegt das erforderliche Aufeinander-eingestellt-sein bereits dann vor, wenn ein sozial Handelnder annimmt, vermutet (oder) voraussetzt, dass der Part-ner sein Handeln oder Verhalten ebenso an seinen – des Handelnden – Bewusst-seinsabläufen orientieren werde, wie er, der Handelnde, sein Handeln an den Bewusstseinsabläufen des Partners orientiert." (Schütz 1932, S. 215)

Eine solche Sozialbeziehung, in der sich Handelnde durch Bewusstseins-prozesse aufeinander beziehen und dadurch ihr Handeln wechselseitig *bewirken,* nennt Schütz „Wirkensbeziehung". (Schütz 1932, S. 217) Und hier taucht in der englischen Übersetzung der Begriff der „social interaction" zum ersten Mal auf (Schütz 1967, S. 154).[9] Eine Wirkensbeziehung, oder wie ich ab hier der engli-schen Übersetzung folge und von *Interaktion* oder *sozialer Interaktion* spre-chen werde, heißt für Schütz nicht unbedingt schon, dass Personen aufeinander

---

[7] Vgl. Abschn. 5.3 *Soziale Beziehung – aufeinander eingestelltes Verhalten.*

[8] Siehe auch oben Abschn. 10.1 *Der sinnhafte Aufbau der sozialen Welt.*

[9] Die Übersetzer haben diesen Begriff in Abstimmung mit seinem Schüler Thomas Luck-mann aus einem englischen Aufsatz von Schütz aus dem Jahre 1951 übernommen, auf den ich gleich zu sprechen komme.

bezogen aktiv handeln, sondern zunächst und vor allem, dass sie eine reziproke Einstellung (*reciprocal attitude,* Schütz 1967, S. 158) haben. Sie handeln in der Erwartung, dass der Andere sie zur Kenntnis nimmt, ihr Verhalten in einer bestimmten Weise interpretiert und auf ihr Verhalten in entsprechender Weise reagieren wird (vgl. Schütz 1932, S. 222).

Interaktion besteht praktisch in einem fortlaufenden gedanklichen Entwurf, indem ego und alter ihrem Verhalten wechselseitig einen *Sinn* beilegen und sich vorstellen, aus welchen Gründen (Weil-Motiv) und in welcher Absicht (Um-zu-Motiv) der Andere jeweils handelt. Ego und alter *interpretieren* sich wechselseitig, blicken sozusagen in das Bewusstsein des Anderen hinein, und stellen sich vor, besser: *erwarten,* dass der Andere sich meiner (egos) Interpretation gemäß verhalten wird. Aus dessen (alters) Handeln speist sich dann der nächste Entwurf des Handelns von ego und so fort. „Die soziale Wirkensbeziehung *(social interaction)* ist demzufolge (…) ein intersubjektiver Motivationszusammenhang." (Schütz 1932, S. 223) Was Schütz damit meint, formuliert er dann so: „Wenn ich in meinem Entwurf phantasiere, dass mein Handeln dich, sobald du es verstanden hast, zu einem bestimmten Verhalten bewegen werde, so phantasiere ich, dass die von dir vollzogene Deutung meines Handelns für dich Motiv (und zwar Weil-Motiv; Klammerzusatz im Original, H. A.) zu einem bestimmten Verhalten sein (wird). Wenn ich etwa eine Frage an dich richte, so ist das Um-zu-Motiv meines Fragens nicht nur, von dir verstanden zu werden, sondern auch eine Antwort von dir zu erhalten", und zwar nicht jede beliebige Antwort: Meine Frage ist von der *Erwartung* oder dem Wunsch beseelt, dass sie in dir eine ganz *bestimmte* Antwort (oder Reaktion des Bewusstseins) auslöst (vgl. Schütz 1932, S. 223; Schütz 1967, S. 160).

Soziale Interaktion als Motivationszusammenhang heißt für Schütz, „dass die Frage das Weil-Motiv für die Antwort" und umgekehrt „die Antwort das Um-zu-Motiv der Frage" ist. Wesentlich ist nun für eine Interaktion auf den Anderen hin, dass der *„Handelnde die Um-zu-Motive seines eigenen Handelns als echte Weil-Motive des erwarteten Verhaltens des Partners antizipiert und umgekehrt auf die Um-zu-Motive des Partners als echte Weil-Motive seines je eigenen Verhaltens hinzusehen fähig ist."* Diese Einsicht ist für Schütz von allergrößter Wichtigkeit, „denn sie weist auf die Methode hin, deren sich sowohl die Technik des Lebens als auch (…) die verstehende Soziologie zur Erforschung der Motive des fremden Ichs bedient." (Schütz 1932, S. 226, 1967, S. 162).

Eigentlich wäre damit geklärt, worin soziale Interaktion besteht, wenn da nicht die Frage wäre, wie und ob sich die Handelnden dieses Motivationszusammenhanges bewusst werden, ja, wie sie überhaupt auf die Vorstellung eines Motivs kommen. Die Antwort von Schütz kann man so zusammenfassen: Um sich dieses

Zusammenhangs bewusst zu werden, muss der Handelnde aus der Interaktion heraustreten und sein Handeln im Lichte seines Erfahrungsvorrats interpretieren. Die Erfahrung kann als „Erfahrung von der besonderen Verhaltensweise" des aktuellen Partners vorliegen oder als „Wissen von typischen Reaktionen" auf typische Formen der Einwirkung auf einen Anderen. Solche Vorstellungen hält der Handelnde für „fraglos gegeben" und selbstverständlich, und deshalb gehen sie automatisch in seine Erklärungen und Interpretationen, aus welchen Motiven und mit welchen Absichten Menschen normalerweise im Alltag handeln, ein (vgl. Schütz 1932, S. 227).

Nachdem sich Schütz in den USA wie gesagt mit William James und seiner Theorie des Bewusstseinsstroms und mit George Herbert Mead[10], der die soziale Interaktion mit der symbolischen Kommunikation in Form von Gesten und Sprache erklärt hatte, vertraut gemacht hatte, fügte er der Erklärung, dass soziale Interaktion (wohlgemerkt: von Schütz selbst als Wirkensbeziehung bezeichnet!) einen Motivationszusammenhang darstellt, eine weitere hinzu, die das in den Blick nimmt, „worauf allein alle Kommunikation gegründet ist". (Schütz 1951b, S. 132)

10.8   Was bei einer sozialen Interaktion mitläuft und wie sie face-to-face von den Beteiligten wechselseitig abgestimmt wird

Im Jahre 1951 veröffentlichte Schütz in der Zeitschrift „Social Research" einen Aufsatz mit dem Titel „Making Music Together: A Study in Social Relationship". (Schütz 1951a) Dort verwendet er selbst zum ersten Mal den Begriff „social interaction". Nach eigener Aussage hofft Schütz, am Beispiel der „höchst komplizierten Struktur" der sozialen Beziehungen zwischen Personen, die gemeinsam musizieren, zu Einsichten zu gelangen, die auch für andere Formen des Umgangs miteinander gelten und „vielleicht sogar zur Erhellung eines besonderen Aspektes der Struktur der sozialen Interaktion als solcher" beitragen, „der bislang noch nicht von Sozialwissenschaftlern die verdiente Aufmerksamkeit erhalten hat." (Schütz 1951b, S. 129 f.)

Schütz beginnt mit einer Begriffserklärung und einer Kritik: „Wenn Soziologen von sozialer Interaktion sprechen, denken sie an einen Komplex interdependenter

---

[10] Vgl. zu Mead oben Abschn. 6.2 *Die Orientierung an Zeichen, Gesten und signifikanten Symbolen* und 6.3 *Symbolisierung von Erfahrungen, Generalisierung von Erwartungen, Sprache und Denken.*

Handlungen (…), wobei der Sinn, den der Handelnde seiner Handlung beimisst und von dem er hofft, dass er von seinem Partner verstanden wird, die sozialen Handlungen wechselseitig miteinander verbindet." (Schütz 1951b, S. 130) Diese Verbindung durch einen gemeinsamen Sinn vorausgesetzt bestehe für Weber, der den Begriff der sozialen Interaktion noch nicht kannte, soziale Beziehung darin, dass Handlungen in ihrem Verlauf aufeinander orientiert sind. Mead verstünde den Kommunikationsprozess als ein „Zusammenspiel von signifikanten Gesten", in dem z. B. „zwei Ringer durch eine ‚Konversation der Gesten' miteinander kommunizieren, welche beide das Verhalten des anderen antizipieren lässt und es somit ermöglicht, das eigene Verhalten an dieser Antizipation zu orientieren." (Schütz 1951b, S. 130) An dieser Stelle bringt Schütz nun ein Beispiel, um seine weitergehende Erklärung der Kommunikation vorzubereiten. Ich erweitere es, um an die wechselseitige Motivationsfunktion sozialer Interaktion anzuschließen: Schachspieler kommunizieren einander ihre Gedanken durch ihre Spielzüge. Geübte Schachspieler nehmen ununterbrochen am Gedankenfluss des Anderen teil und parallelisieren ihn mit ihren eigenen Gedanken, machen sich also Weil-motive und Um-zu-Motive wechselseitig zu eigen. Sie wissen in jeder Spielsituation, wie es zu dieser Situation gekommen ist, und kalkulieren, wie sie sich weiterentwickeln wird, indem sie den Gedankenfluss des Anderen nach vorne fortführen. Sie verstehen den Sinn ihres Handelns, weil sie die Sprache beherrschen, die in den *Spielregeln* festgeschrieben ist, und legen ihr Verhalten nach einem gleichen Schema aus. Wenn man nun den ganz normalen Alltag betrachtet und soziale Interaktion als Kommunikation in *normaler Alltagssprache* versteht, dann nehmen Soziologen an, dass jeder Handelnde sein eigenes Verhalten wie auch das des Anderen nach einem *allgemeinen* begrifflichen Schema auslegt, das allen vertraut ist und deshalb als selbstverständliches Mittel der Sinnvermittlung gilt (vgl. Schütz 1951b, S. 130).

Gegen diese Erklärungen sozialer Interaktion wendet Schütz ein, dass in ihnen „die Existenz eines semantischen Systems", seien es die ‚Konversation signifikanter Gesten', die ‚Spielregeln' oder die normale Alltagssprache, „als etwas von Anfang an Vorausgesetztes" und Gegebenes angesehen wird: „Das Problem der Bedeutung bleibt ungefragt." (Schütz 1951a, S. 160; 1951b, S. 130 f.) Was Schütz genau meint, ist – wie an vielen anderen Stellen – schwierig herauszufinden. Ich verstehe es so, dass nicht gefragt werde, was es *bedeutet,* wenn in einer dieser Formen *kommuniziert* wird, und was die Handelnden durch ihre Handlungen einander *andeuten.* Und ganz grundsätzlich, fährt Schütz fort, stelle sich die Frage, „ob der kommunikative Prozess wirklich die Grundlage aller möglichen sozialen Beziehungen ist, oder ob im Gegenteil alle Kommunikation die Existenz einer Art von sozialer Interaktion voraussetzt, welche, obwohl sie eine unumgängliche Bedingung aller möglichen Kommunikation ist", in den Kommunikationsprozess nicht eingeht und von ihm auch nicht erfasst werden kann. Was Schütz damit meint, kann man so umschreiben: Jede Kommunikation gründet allein auf eine „präkommunikative soziale Beziehung", d. h. eine soziale Interaktion, die den Handelnden nicht bewusst ist und von ihnen in der Regel auch nicht zur Sprache gebracht wird. Diese soziale Interaktion besteht darin, dass sich die gemeinsam Handelnden „wechselseitig aufeinander einstimmen". In dieser fortlaufenden *wechselseitigen Einstimmung (mutual tuning-in relationship)* erleben sich das *Ich* und das *Du* der Anderen als ein *Wir* in lebendiger Gegenwart (Schütz 1951a, S. 131 f.; 1951b, S. 161[11]). Diese präkommunikative wechselseitige Einstimmung demonstriert Schütz nun an der sozialen Beziehung *gemeinsamen Musizierens*. Und dabei wird sich zeigen, dass die im Stillen erfolgende und nicht zur Sprache kommende *Einstimmung* aufeinander mit einer sehr wohl sichtbaren fortlaufenden *Abstimmung* des Verhaltens eines jeden einzelnen einhergeht.

Seine These ist, dass sich die „wechselseitige Einstimmung aufeinander und die Erfahrung des Wir" im Durchleben einer gemeinsamen inneren Zeit konstituieren (Schütz 1951b, S. 145). Die soziale Beziehung besteht in der fortlaufenden Verschränkung der inneren Bewusstseinsströme der beteiligten Personen und in der Registrierung ihrer Reaktion auf die äußeren Ereignisse in einer Situation. Konkret: Wenn die Musiker z. B. eines Streichquartetts oder eines Kammerorchesters ein Stück aufführen, dann spielt jeder nicht einfach seinen Part vom Blatt runter, sondern er hat im Kopf, dass ihm und seinen Partnern ein bestimmtes Thema (was der Komponist in seiner Zeit und mit welcher Intention zum Ausdruck bringen wollte) vorgegeben ist, dass die verschiedenen Stimmen vom Tempo her zu einem harmonischen Gleichklang zusammengeführt werden sollen und dass die Einsätze der Instrumente genau abgestimmt sein müssen. Damit das gelingt, muss jedes Ensemblemitglied von Anfang an auch den Bewusstseinsstrom aller Mitspieler immer präsent haben, d. h. gerade auch dann, wenn er im Augenblick selbst nicht im Einsatz ist. „Jeder muss deshalb darauf achten, was der Andere gleichzeitig auszuführen hat. Er muss nicht nur seinen eigenen Part interpretieren (…), sondern auch die anderen Spieler seines Parts (…) antizipieren. (…) Jeder teilt (so) unmittelbar in lebendiger Gegenwart den Bewusstseinsstrom des Anderen." (Schütz 1951b, S. 147 f.)

---

[11] Die Verweise auf das englische Original und die spätere deutsche Übersetzung sollen helfen, meine Zusammenfassung der Gedanken von Schütz nachzuvollziehen.

Wie gelingt das Zusammenspiel? Hier stellt Schütz neben die Erklärung, dass gemeinsames Musizieren die Teilhabe am *inneren* Bewusstseinsstrom des Anderen voraussetzt, die Erklärung, dass gemeinsames Musizieren „ein Ereignis in der *äußeren* Zeit" ist, das eine Wahrnehmung face-to-face[12]„,d. h. eine Gemeinsamkeit des *Raumes*" voraussetzt (vgl. Schütz 1951b, S. 149; Schütz 1951a, S. 177; Hervorhebungen H. A.). Die Konzertierenden teilen sich eine innere und eine äußere Zeit und einen gemeinsamen Raum, in dem sie jeden Ausdruck eines jeden Anderen wahrnehmen. Der Gesichtsausdruck des Anderen, seine Gesten, wie er sein Instrument spielt, kurz: die ganze Gestaltung seiner Arbeit wirken auf die äußere Welt (sprich: die sichtbaren Handlungen) ein und „können vom Partner unmittelbar erfasst werden. Selbst wenn dies ohne kommunikative Absicht geschieht, diese (Aktivitäten) werden als Hinweis auf das, was der Andere gerade tut, ausgelegt und sind deshalb Vorschläge oder sogar Befehle für das eigene Verhalten." (Schütz 1951b, S. 148) Das äußere Verhalten dient der Abstimmung mit dem Verhalten aller. Was Schütz hier beschreibt, ist die Situation eines Kammerorchesters oder eines kleinen Ensembles, wo sich die Beteiligten in der Tat face-to-face gegenübersitzen. In einem Sinfonieorchester bedarf es des Dirigenten, der den Kontakt zwischen den Musizierenden herstellt. Er handelt in der äußeren Welt; seine deutlichen Gesten übersetzen „die musikalischen Ereignisse, die sich in der inneren Zeit abspielen" und „ersetzen für jeden Mitspielenden das unmittelbare Erfassen des Ausdrucksgeschehens aller seiner Mitspielenden." (Schütz 1951b, S. 148)

Am Anfang seines Aufsatzes hatte Schütz die Hoffnung geäußert, „dass die Analyse der sozialen Beziehung, die zum gemeinsamen Musizieren gehört, (auch) zu einer Klärung der Beziehung des Sich-aufeinander-Einstimmens und des Kommunikationsprozesses als solchen führen könnte." Dies scheint ihm gelungen zu sein, denn er fasst das Ergebnis seiner Analyse, was sozialer Interaktion (hier im Sinne, dass Personen durch ihr Handeln aufeinander einwirken) vorausgeht und wie die mitlaufenden Kommunikationsprozesse aussehen, so zusammen:

> „Es scheint, dass alle mögliche Kommunikation ein wechselseitiges Sich-aufeinander-Einstimmen zwischen Kommunikator und Adressaten der Kommunikation voraussetzt. Diese Beziehung wird durch die reziproke Teilhabe am Erlebnisfluss des anderen in der inneren Zeit hergestellt, indem man eine gemeinsame lebendige

---

[12] Schütz spricht durchgängig von einer face-to-face relationship, was in der deutschen Übersetzung umständlich und verwirrend als „Gesichtsfeldbeziehung" bezeichnet wird.

Gegenwart durchlebt und indem man dieses Zusammensein als ein ‚Wir' empfindet. Nur innerhalb dieses Erlebnisses wird das Verhalten des Anderen für den auf
ihn eingestimmten Partner sinnvoll." D. h. sein Körper und seine Gesten werden als
äußerer Ausdruck „von Ereignissen in seiner inneren Zeit interpretiert".

Von dieser face-to-face Kommunikation, der soziologisch „eine alles überragende
Bedeutung" zukommt, sind „alle anderen Formen möglicher Kommunikation
abgeleitet" und zu erklären! (Schütz 1951a, S. 149 f.; 1951b, S. 177 f.)

Um die Fruchtbarkeit des Ansatzes von Schütz zu unterstreichen, will ich ein
Beispiel für eine soziale Interaktion nachtragen, wie sie sich im ganz normalen
Alltag ergibt. Bei einer der üblichen Geburtstagsfeiern sitzen zu späterer Stunde
drei Leute, die sich seit langem kennen und wie immer über Gott und die Welt
kakeln, zusammen. Um ein Gespräch in Gang zu bringen und in Gang zu halten,
bedarf es keiner Einstimmung. Sie leben in einer gemeinsamen Wirklichkeit. Man
kennt sich und weiß, wie die Anderen denken. Indem sie miteinander sprechen,
nehmen sie am inneren Bewusstseinsstrom des Anderen teil und nehmen das
auch – natürlich nicht bewusst! – voneinander an. Äußerlich kommt diese Teilhabe darin zum Ausdruck, dass der jeweils Sprechende selbst bei steilen Thesen
keine Erklärungen abgibt, sondern davon ausgeht, dass die Anderen schon wissen, was er meint, und darin, dass die jeweils Zuhörenden das, was einer gerade
sagt, durch gelegentliches „hm" oder Kopfnicken bestätigen. Mit diesen äußeren
Zeichen des Redens und Reagierens stimmen sie ab, wie es in vertrauter Runde
weitergehen soll. Nun tritt eine vierte Person A, die die drei bisher nicht kann-
ten, vom Nebentisch mit den Worten „Ich hab mit halbem Ohr Ihr Gespräch mit-
gekriegt. Darf ich mich vielleicht dazusetzen?" hinzu. Das wird ihm gestattet,
und damit konstituiert sich eine ganz neue Interaktion. Die Partner teilen keine
gemeinsame Wirklichkeit und kennen auch nicht den inneren Bewusstseinsstrom der Anderen. Wie stimmen sie sich aufeinander ein? Möglich ist, dass der
Neue erst mal erklärt, was sein Interesse geweckt hat. Er deutet damit an, was
in seinem Kopf vorgeht, und hofft, sich dadurch in den Bewusstseinsstrom der
Anderen einzuklinken. Möglich ist auch, dass einer der Drei mit der Frage „Wo
waren wir gerade stehen geblieben?" und einem Kurzreferat der abgelaufenen
Diskussion genau dies auch erreichen will: Er versucht den Neuen auf den Stand
ihres inneren Bewusstseins zu bringen und ihn auf Sinn und Form der folgenden
Interaktion einzustimmen. Da aber keine Seite sicher ist, ob von jetzt an jeder
jeden auch richtig versteht, bedarf es der Kontrolle äußerer Reaktionen und der
Abstimmung des weiteren Verhaltens. Die Drei werden, vor allem wenn sie eine
dezidierte Meinung kundtun, genau auf die Reaktion des Neuen achten, und der
wird das schon dann tun, wenn er nur Allgemeines von sich gibt. Alle zusammen

arbeiten so durch ihr Reden und ihre sichtbaren Reaktionen kontinuierlich an der Abstimmung ihres Verhaltens. Am Ende und nach einigen Gläsern Wein ist die wechselseitige Aufmerksamkeit auf das eigene wie das fremde Verhalten nicht mehr so hoch wie am Anfang der Interaktion: Die vier fühlen sich in einen gemeinsamen Strom des Denkens zu einem Wir verbunden.

Will man den Versuch machen, die Bedeutung von Alfred Schütz für die moderne Soziologie in wenigen Sätzen zusammenzufassen, dann kann man sagen: Schütz hat mit seiner *phänomenologischen Analyse* eine Antwort auf die grundlegende Frage der Soziologie gegeben, wie Menschen die Wirklichkeit, in der sie gemeinsam mit anderen leben, erleben und wie sie ihr Sinn verleihen. In den sozialen Interaktionen im Alltag überlegen sie unbewusst, was im Anderen vorgegangen ist, vorgeht und wahrscheinlich vorgehen wird. In den Worten von Mead gesagt versetzen sie sich in die Rolle des Anderen hinein und denken von seinem Standpunkt aus. Was das genau heißt, hat Schütz zum einen mit seiner *Generalthese der wechselseitigen Perspektiven* und den darin enthaltenen Thesen der Idealisierung der *Vertauschbarkeit der Standpunkte* und der Idealisierung der *Kongruenz der Relevanzsysteme,* und zum anderen damit erklärt, dass wir uns wechselseitig in die innere Zeit des Bewusstseinsstroms des Anderen einfühlen und dass wir in der äußeren Zeit unserer face-to-face Interaktion mittels körperlichen Ausdrücken unser Handeln aufeinander abstimmen.

Mit dem Perspektivenwechsel der phänomenologischen Soziologie hat sich in den letzten Jahrzehnten eine ganze Reihe von soziologischen Theorien verbunden. Dazu gehören die Ethnomethodologie seines Schülers Harold Garfinkel, auf die ich gleich[13] zu sprechen komme, und vor allem die wissenssoziologischen Arbeiten der beiden anderen Schüler Peter L. Berger und Thomas Luckmann, die die Soziologie in den USA, vor allem aber in Deutschland in eine neue Richtung trieben.

Literatur

Grathoff, R. (1978). *Alfred Schütz*. In: D. Kaesler (Hrsg.) (1978). *Klassiker des soziologischen Denkens* (Bd. II). München: Beck.
Husserl, E. (1936). *Die Krisis der europäischen Wissenschaften und die transzendentale Phänomenologie*. Hrsg. von W. Biemel. (Husserliana. Edmund Husserl: Gesammelte Werke, Bd. VI) Den Haag: Nijhoff, (2. Aufl. 1976).

---

[13] Siehe unten Kap. 12 *Praktische Methoden, alltägliche Interaktionen in Gang zu halten.*

Luckmann, T. (1975). Vorwort zu: A. Schütz & T. Luckmann (1975).

Luckmann, T. (1979). *Phänomenologie und Soziologie*. In: W. M. Sprondel & R. Grathoff (Hrsg.) (1979).

Luckmann, T. (1992). *Theorie des sozialen Handelns*. Berlin: de Gruyter.

Natanson, M. (1979). *Das Problem der Anonymität im Denken von Alfred Schütz*. In: W. M. Sprondel &. R. Grathoff (Hrsg.) (1979).

Parsons, T. (1974). *Rückblick nach 35 Jahren*. In: A. Schütz & T. Parsons (1977).

Schütz, A. (1932). *Der sinnhafte Aufbau der sozialen Welt. Eine Einleitung in die verstehende Soziologie*. Frankfurt a. M.: Suhrkamp (1974) (engl. A. Schütz 1967)

Schütz, A. (1951a). *Making music together. A study in social relationship*. In: A. Schütz: *Collected Papers, II*. The Hague: Nijhoff (1962).

Schütz, A. (1951b). *Gemeinsam musizieren. Die Studie einer sozialen Beziehung*. In: A. Schütz: *Gesammelte Aufsätze, II*. Den Haag: Nijhoff (1972).

Schütz, A. (1953). *Wissenschaftliche Interpretation und Alltagsverständnis menschlichen Handelns*. In: A. Schütz: *Gesammelte Aufsätze, I*. Den Haag: Nijhoff (1971).

Schütz, A. (1967). *The phenomenology of the social world*. (Übers. G. Walsh & F. Lehnert). London: Heinemann (1972) (orig. A. Schütz 1932).

Schütz, A. & Luckmann, T. (1975). *Strukturen der Lebenswelt, Bd. I*. Neuwied: Luchterhand.

Schütz, A. & Luckmann, T. (1984). *Strukturen der Lebenswelt, Bd. II*. Frankfurt a. M.: Suhrkamp.

Schütz, A. & Parsons, T. (1977). *Zur Theorie sozialen Handelns. Ein Briefwechsel*. Hrsg. von W. M. Sprondel. Frankfurt a. M.: Suhrkamp.

Soeffner, H.-G. (1987). *Literaturbesprechung zu Schütz u. Luckmann: Strukturen der Lebenswelt*. In: Kölner Zeitschrift für Soziologie und Sozialpsychologie, 39 (4) 801–806.

Sprondel, W. M. & Grathoff, R. (Hrsg.) (1979). *Alfred Schütz und die Idee des Alltags in den Sozialwissenschaften*. Stuttgart: Enke.

Weber, M. (1920b). *Soziologische Grundbegriffe*. In: M. Weber (2002). *Schriften 1894–1922*. Ausgewählt von D. Kaesler. Stuttgart: Kröner.

Wissen und Wirklichkeit, Typisierungen, Interaktionen face-to-face (Peter L. Berger und Thomas Luckmann)

11

Inhaltsverzeichnis

11.1 Wissen und Wirklichkeit 184
11.2 Über die selbstverständliche Wirklichkeit des Alltags
      und zweifelsfreies Wissen 186
11.3 Objektivationen begründen die Alltagswirklichkeit und soziale Interaktionen . . . 188
11.4 Die gesellschaftliche Wirklichkeit ist eine ständige menschliche Produktion. . . . 191
11.5 Reziproke Verhaltenstypisierungen und die Institutionalisierung von Rollen. . . . 192
11.6 Die gesellschaftliche Organisation des Wissens: Primärwissen,
      Begründungen, symbolische Sinnwelten. 194
11.7 Die Internalisierung der Wirklichkeit: wie wir lernen, was „jeder" weiß 197
11.8 Soziale Interaktionen face-to-face: Vorwissen und typische Erwartungen,
      wechselseitige Wahrnehmung des Verhaltens und die fortlaufende
      Konstruktion einer gemeinsamen Wirklichkeit 199
Literatur. 201

PETER L. BERGER (1929–2017) und THOMAS LUCKMANN (1927–2016) betrachten ihr Buch „The Social Construction of Reality", das im Jahre 1966 in den USA erschienen ist, als Beitrag zu einer Theorie der *Wissenssoziologie*. Unter dieser Perspektive wollen sie „sich mit allem beschäftigen, was in der Gesellschaft als ‚Wissen' gilt", fragen, „was für den gesellschaftlichen Jedermann ‚wirklich' ist" und was dieser Jedermann „in seinem (nicht reflektierten) alltäglichen Leben *weiß*", und ergründen, wie dieses Allerweltswissen „das Verhalten in der Alltagswelt reguliert". (vgl. Berger und Luckmann 1966b, S. 16 und 21) In ihren Erklärungen stützen sich Berger und Luckmann nach eigener Aussage auf ihren akademischen Lehrer Alfred Schütz, dessen phänomenologischer Soziologie sie sich „tief verpflichtet" fühlen. Was ihre sozialpsychologischen Überlegungen zum Verhältnis von Individuum und Gesellschaft und vor allem zu

© Springer Fachmedien Wiesbaden GmbH, ein Teil von Springer Nature 2020
H. Abels, *Soziale Interaktion*, https://doi.org/10.1007/978-3-658-26429-1_11

sozialen Beziehungen zwischen Individuen angeht, so seien sie von „George Herbert Mead und seinen Nachfolgern in der sogenannten ‚Symbolic-Interactionist-School' der amerikanischen Soziologie beeinflusst." (Berger und Luckmann 1966b, S. 18) Ich werde zentrale Thesen dieses Buches, das 1970 auf Deutsch erschien und inzwischen mehr als zwanzig Neuauflagen erfuhr, auf die Fragen zuführen, warum wir die Wirklichkeit für selbstverständlich halten, woher unser Wissen über die Welt stammt, wie wir es in *sozialen Interaktionen* zum Ausdruck bringen und wie wir fortlaufend gemeinsame Wirklichkeit herstellen.

11.1   Wissen und Wirklichkeit

Beginnen wir mit der Definition der beiden Hauptbegriffe Wissen und Wirklichkeit. Unter *Wirklichkeit (reality)* kann man im soziologischen Sinne die objektiv vorhandene, sozial geregelte Welt verstehen. Sie ist im Sinne von Durkheim[1] eine *soziale Tatsache,* „die dem Menschen als äußeres, zwingendes Faktum gegenübersteht". (vgl. Berger und Luckmann 1996b, S. 62) Unter *Wissen (knowledge)* kann man die Summe von Erfahrungen, eigenen wie fremden, und die daraus erwachsenen Vorstellungen verstehen, welcher Sinn Dingen und sozialen Phänomenen zukommt und wie sie im Normalfall zu handhaben sind. Wissen ist *Rezeptwissen* (Berger und Luckmann 1966b, S. 70 unter Bezug auf Schütz).

Wirklichkeit und Wissen sind normalerweise kein Thema für den Mann auf der Straße. Die Dinge sind, wie sie sind und insofern wirklich, und was er weiß, das weiß er und muss deshalb auch nicht hinterfragt werden. Er unterstellt auch, dass die Leute, mit denen er es im Alltag zu tun hat, die gleichen Dinge für wirklich halten und im Großen und Ganzen auch das wissen, was *man* in dieser Gesellschaft so weiß. Diese tief in uns verankerte unreflektierte Annahme macht uns sicher, mit Anderen in Beziehung zu treten. Solange keine einschlägigen Schwierigkeiten auftauchen, ist sich ein jeder „seiner *Wirklichkeit* und seines *Wissens* gewiss". (Berger und Luckmann 1966b, S. 2)

Soziologisch sind allerdings Zweifel angebracht. Wenn wir Wissen ganz allgemein als Wissen von der Welt, die wir mit Anderen teilen, verstehen, dann wird schnell klar, dass der eine dies und der Andere das weiß oder für relevant

---

[1] Siehe oben Kap. 3 *Solidarität, soziale Tatsachen, Kollektivbewusstsein.*

hält. Was ich weiß, wie sich ein Nachbar normalerweise verhält, muss sich nicht mit dem unseres neuen Nachbarn decken. In vielen Bereichen deckt sich unser Wissen, in vielen aber auch nicht. Wissen ist ein *relativer* Begriff. Über Wissen können wir soziologisch nur in Bezug auf jeweilige gesellschaftliche Gebilde und Gruppen – und auch Individuen! – sprechen. Die Frage ist, wie soziale Interaktionen dennoch möglich werden und warum sie funktionieren.

Auch Wirklichkeit ist ein relativer Begriff. Was für den tibetanischen Mönch wirklich ist, braucht für uns im Westen nicht wirklich zu sein. Und selbst, wenn wir uns auf ein einziges Individuum beziehen, ist keineswegs klar, was „die" Wirklichkeit ist. So hat der Arzt und Psychoanalytiker Sigmund Freud herausgefunden, dass viele der von ihm behandelten Patientinnen unter dem Eindruck einer Verführung in ihrer Jugend standen. Eine genauere Analyse zeigte dann, dass diese Hysterikerinnen eine solche Verführung nicht wirklich erlebt hatten, sondern sie fantasierten. Für diese *Tatsache* führte Freud den Begriff der *psychischen Realität* ein (Freud 1914, S. 56). Es handelt sich um eine Realität, die objektiv nicht vorhanden war, gleichwohl aber das Denken und Handeln dieser Menschen massiv beeinflusste. Solange die Patientinnen nicht darüber nachdenken mussten, war ihnen ihre (subjektive) Wirklichkeit objektiv wirklich. Weniger dramatische Fälle kennen wir alle, wo Menschen in einem Reich der Fantasie leben und daraus ihren Seelenfrieden beziehen oder auch ihre Ängste. Bei kritischer Selbstbeobachtung werden wir vielleicht auch einräumen, dass wir selbst uns die Wirklichkeit zurechtlegen, indem wir vor bestimmten Problemen die Augen verschließen oder auf bestimmte Dinge geradezu warten, um uns daran abzureagieren. Und die gelegentliche kleine Flucht in die Leichtigkeit, die sich mit dem Glas Wein einstellt, ist im Prinzip auch nichts anderes.

Wirklichkeit ist ein Pluralbegriff: Da jedes Individuum in einer eigenen, subjektiven Wirklichkeit lebt, existieren unzählige Wirklichkeiten nebeneinander. Wie ist Verständigung in sozialen Interaktionen möglich? Aber auch das Individuum selbst lebt in differenzierten Wirklichkeiten: Es lebt in der Wirklichkeit des Berufs und lässt sie im Urlaub hinter sich, um in eine ganz andere einzutauchen. Es nimmt kurze Auszeiten und versenkt sich meditativ in eine andere Wirklichkeit, und wenn es von einer schweren Krankheit getroffen wird, dann muss es sich in einer radikal anderen Wirklichkeit zurechtfinden. Die subjektive Wirklichkeit besteht aus vielen Teilbereichen.

„Unter den vielen Wirklichkeiten gibt es eine, die sich als Wirklichkeit par excellence darstellt. Das ist die Wirklichkeit der Alltagswelt." (Berger und Luckmann 1966b, S. 24) Ihr muss unser soziologisches Interesse vor allem gelten, denn es ist die Welt *alltäglicher sozialer Interaktionen*.

11.2   Über die selbstverständliche Wirklichkeit des Alltags und zweifelsfreies Wissen

Berger und Luckmann interessieren sich vor allem für das, was „jedermann" weiß. Dieses Wissen nennen sie *Alltagswissen*. Es macht die Bedeutungs- und Sinnstruktur *(constitutes the fabric of meaning)* aus, ohne die keine Gesellschaft existieren könnte (vgl. Berger u. Luckmann 1966b, S. 16 und 1966a, S. 15).[2] Das Alltagswissen ist ein Wissen von den selbstverständlichen *Erklärungen* der Welt, in der wir leben, und ein Wissen vom *richtigen Verhalten* in dieser Welt. Die Alltagswelt stellt sich als eine Wirklichkeit dar, die von uns als *sinnvoller* Zusammenhang und deshalb auch als *selbstverständlicher* Hintergrund einer sinnvollen Lebensführung angenommen *(taken for granted)* wird. Sie ist also zunächst einmal eine *subjektive* Welt. Soziologisch würde es nicht reichen, das lediglich zu konstatieren, sondern es muss auch gefragt werden, wie aus den vielen subjektiven Vorstellungen eine *intersubjektive* Welt zustande kommt und wie sie sich erhält. Und hier lautet die These von Berger und Luckmann, dass die Alltagswelt „ihr Vorhandensein und ihren Bestand" dem Denken und Handeln *(thoughts and actions)* jedermanns verdankt (vgl. Berger und Luckmann 1966a, S. 19 f., b, S. 21 f.).

Die Alltagswelt konstituiert sich über ein kollektives gesellschaftliches Wissen *(common sense)* und über eine gemeinsame Sprache. In der Sprache kommt das zum Ausdruck, was „jeder" in unserer Welt „weiß" und wie „alle" normalerweise denken und handeln. Zweifel, dass unser Wissen nicht mit der Wirklichkeit übereinstimmen könnte, kommen uns nicht an! Die Wirklichkeit des Alltags „wird als normal und selbstverständlich" angesehen, zu ihr habe ich eine „natürliche" Einstellung (Berger und Luckmann 1966b, S. 24).

Das in der Gesellschaft bereitliegende Wissen stellt eine Ordnung dar. Das heißt zunächst, dass die Dinge in der Wirklichkeit der Alltagswelt schon ihren Platz haben, bevor ich überhaupt über sie nachdenke. „Ich erfahre die Wirklichkeit der Alltagswelt als eine Wirklichkeitsordnung. Ihre Phänomene sind vor-arrangiert nach Mustern, die unabhängig davon zu sein scheinen, wie ich sie erfahre, und die sich gewissermaßen über meine Erfahrung von ihnen legen." Die Wirklichkeit der Alltagswelt war schon geordnet, „längst bevor ich auf der Bühne

---

[2] Der gelegentliche Verweis auf das englische Original soll helfen, *meine* Wiedergabe der Gedanken von Berger u. Luckmann nachzuvollziehen.

erschien". (Berger und Luckmann 1966b, S. 24) Die Ordnung der Welt wird mir von früh auf in verschiedenster Weise, vor allem aber kontinuierlich durch die gemeinsame Sprache nahegebracht. Darauf komme ich noch zurück. In der Sprache kommt zum Ausdruck, was der Sinn des Ganzen um mich herum ist.

„Die Wirklichkeit der Alltagswelt wird als Wirklichkeit hingenommen. Über ihre einfache Präsenz hinaus bedarf sie keiner zusätzlichen Verifizierung. Sie ist einfach da – als selbstverständliche, zwingende Faktizität. Ich *weiß*, dass sie wirklich ist. Obgleich ich in der Lage bin, ihre Wirklichkeit auch infrage zu stellen, muss ich solche Zweifel doch abwehren, um in meiner Routinewelt existieren zu können. Diese Ausschaltung des Zweifels ist so zweifelsfrei, dass ich, wenn ich den Zweifel einmal brauche – bei theoretischen oder religiösen Fragen zum Beispiel, eine echte Grenze überschreiten muss. Die Alltagswelt behauptet sich von selbst, und wenn ich ihre Selbstbehauptung anfechten will, muss ich mir dazu einen Stoß versetzen." Es ist eine Wirklichkeit, in der alles geordnet ist: „Solange die Routinewirklichkeit der Alltagswelt nicht zerstört wird, sind ihre Probleme unproblematisch." (Berger und Luckmann 1966b, S. 26 f.) Das Alltagsbewusstsein weiß immer Bescheid. Das Wissen um die Wirklichkeit ist über jeden Zweifel erhaben.

Die Wirklichkeit der Alltagswelt stellt sich mir „als eine *intersubjektive* Welt dar, die ich mit anderen teile". Das bedeutet: Ich kann „in der Alltagswelt nicht existieren, ohne unaufhörlich mit anderen zu verhandeln und mich mit ihnen zu verständigen". Ich unterstelle, dass sie die gleiche natürliche Einstellung zu dieser gemeinsamen Wirklichkeit haben, weiß aber auch, dass unsere Perspektiven manchmal durchaus unterschiedlich sind. Deshalb: „Das Wichtigste, was ich weiß, ist, dass es eine fortwährende Korrespondenz meiner und ihrer Auffassungen von und in dieser Welt gibt" und dass uns ein common sense über diese unsere Welt verbindet. Der Begriff des *common sense* steht nicht nur für eine *natürliche Einstellung* zur Welt und für ein *gemeinsames Bewusstsein,* sondern auch für gesunder Menschenverstand und *Jedermannswissen:* „Jedermannswissen ist das Wissen, welches ich mit anderen in der normalen, selbstverständlichen Routine des Alltags gemein habe." (Berger und Luckmann 1966a, S. 23, b, S. 25 f.)

Die Gültigkeit meines Wissens im Alltag und über ihn wird von mir selbst und von den Anderen solange für selbstverständlich genommen *(taken for granted)* bis ein Problem auftaucht, das mit dem Rezeptwissen nicht erklärt und auch nicht gehandhabt werden kann. Solange aber mein Wissen befriedigend funktioniert, lasse ich Zweifel an seiner Gültigkeit nicht aufkommen (vgl. Berger und Luckmann 1966a, S. 44).

11.3 Objektivationen begründen die Alltagswirklichkeit und soziale Interaktionen

Die intersubjektive Welt des Alltags kommt durch „Objektivationen" sinnhafter subjektiver Vorgänge *(objectivations of subjective processes and meanings)* zustande (Berger und Luckmann 1966a, S. 20, b, S. 22). Ich will diesen Begriff der Objektivation[3] dahin gehend erklären, dass Subjekte hör- und sichtbar zum Ausdruck bringen, was in ihnen vorgeht, wie sie die Welt um sich herum wahrnehmen, welchen Sinn sie mit ihrem Verhalten verbinden und was sie durch ihr Handeln intendieren. Die *inter*subjektive common sense Welt des Alltags wird „nur wegen dieser Objektivationen wirklich". Darin bestehen soziale Interaktionen, dass diese Objektivationen wechselseitig wahrgenommen und interpretiert werden (vgl. Berger und Luckmann 1966a, S. 20, b, S. 37). Insofern sind auch Wissen und Wirklichkeit dynamische Prozesse: In der Interaktion wird subjektives und gemeinsames Wissen nicht nur kumuliert, sondern ständig auch der Prüfung seiner Tauglichkeit unterzogen; Interaktion bedeutet deshalb, dass beide Seiten mittels ihrer Objektivationen ständig eine gemeinsame Wirklichkeit herstellen.

Die erste Form der Objektivation besteht darin, dass der Mensch seine Empfindungen durch sein Verhalten objektiv, das heißt sichtbar, zum *Ausdruck* bringt. Er freut sich und strahlt über das ganze Gesicht; er ist stinkwütend und stampft mit dem Fuß auf; er kann jemanden auf Anhieb nicht leiden und blickt finster drein. Solche Objektivationen durch Ausdrucksverhalten, die bei Mead Gesten[4] hießen, sind in der phänomenologischen Soziologie von Berger und Luckmann *Indizes* für Empfindungen, Einstellungen und Haltungen. Obwohl natürlich niemand in den Kopf des Anderen hineinsehen kann, kennt jedermann diese Objektivationen und interpretiert sie in dergleichen Weise. Sie werden von allen

---

[3] Vom Lateinischen obicere „zeigen, entgegenstellen", in substantivischer Verwendung „Gegenüberstehendes, Vorliegendes". Nach der deutschen Übersetzerin entstammt der Begriff der philosophischen Diskussion (vor allem bei Marx) über Entäußerung und Vergegenständlichung. Ich verstehe ihn in dem Sinne, dass sich ein Subjekt äußerlich artikuliert und dass dieses Geäußerte ihm von da an als etwas Objektives gegenübersteht und auch von den Anderen als solches wahrgenommen wird.

[4] Siehe oben Abschn. 6.2 *Die Orientierung an Zeichen, Gesten und signifikanten Symbolen.*

verstanden und stellen sich sozusagen als objektive Elemente ihrer gemeinsamen Wirklichkeit fest (vgl. Berger und Luckmann 1966a, S. 34, b, S. 36 f.). Die Objektivationen können auch über eine konkrete face-to-face Situation hinaus erfasst und verstanden werden.

Neben dem Ausdrucksverhalten stellt die *Setzung von Zeichen (signification)* einen besonders wichtigen Fall von Objektivationen dar. Ein Zeichen ist ein „ausdrücklicher Hinweis *(index)* auf subjektiv Gemeintes". (vgl. Berger und Luckmann 1966a, S. 35, b, S. 38) Ich setze ein Zeichen, wenn ich das bunte Armband aller Friedensbewegten trage, mich in schwarzer Rockerkluft im Straßencafé breitmache oder in meinem Vorgarten ein Schild aufstelle, das anzeigt, was dieser nicht ist. Ein Zeichen hat „keinen anderen Sinn, als die subjektive Einstellung dessen anzuzeigen, der dieses Zeichen setzt". (Berger und Luckmann 1966b, S. 38) Werden diese Zeichen immer wieder gesetzt und in ihrem Sinn auch von Anderen so verstanden, kann man sie als *Symbole* bezeichnen. Sie weisen über das „Hier und Jetzt" hinaus und gehen in den generellen Bestand der Bedeutungen in einer Gesellschaft über (vgl. Berger und Luckmann 1966b, S. 42 und 102).

Das wichtigste Zeichensystem, über das der Mensch verfügt, ist die *Sprache*. Ihre Grundlage ist die Fähigkeit des Menschen, seine *subjektive* Befindlichkeit auch vokal zum Ausdruck zu bringen und Objekte *für sich* mit Worten zu bezeichnen. Als Mittel der Kommunikation mit Anderen taugen vokale Zeichen erst dann, wenn sie vom unmittelbaren Hier und Jetzt und von subjektiver Befindlichkeit abgelöst werden. Erst dann beginnt *Sprache*. Sprache entsteht in face-to-face Situationen, indem die Kommunikationspartner sich wechselseitig den Sinn ihres Handelns und Trachtens anzeigen und sich auf eine gemeinsame Sicht der Dinge verständigen. Ohne gemeinsame Sprache ist ein Leben in der Alltagswelt nicht denkbar. Nur mittels Sprache kann ich mit jemandem über alles Mögliche reden, sogar über etwas, das „in der face-to-face Situation gar nicht zugegen ist", und auch von etwas, was „ich nie erlebt habe oder erleben werde." Sie bewahrt die ungeheure Vielfalt von objektiven Bedeutungen und Erfahrungen auf und vermittelt sie an die nachwachsende Generation (vgl. Berger und Luckmann 1966a, S. 37, b, S. 39).

Mit Blick auf soziale Interaktionen in face-to-face Situationen muss eine Besonderheit hervorgehoben werden, die Sprache von allen anderen Zeichensystemen unterscheidet. Berger und Luckmann bezeichnen sie als *Reziprozität*. Indem Personen miteinander sprechen, entsteht ein synchrones Gespür für ihre jeweiligen subjektiven Intentionen. „Ich spreche und denke in einem. Und mein

Partner ebenso. Wir beide hören im selben Augenblick, was jeder von uns sagt."
So erhalten wir kontinuierlich und wechselseitig Zugang zum Denken des
Anderen. Gleichzeitig höre ich *mich selbst.*[5] Indem ich spreche, wird mir der
subjektive Sinn meines Handelns sozusagen objektiv klar und damit „noch mehr
wirklich". (vgl. Berger und Luckmann 1966a, S. 37 f., b, S. 40)

Die gemeinsame Sprache des Alltags bestimmt mein Denken und Handeln:
Sie zwingt mich in vorgegebene Formen des *Ausdrucks* und zeigt mir Standard-
muster der Objektivation neuer Erfahrungen auf. „Sprache typisiert Erfahrungen"
und erlaubt mir, Dinge, Situationen und Verhalten unter allgemeine Kategorien zu
subsumieren, die nicht nur für mich, sondern auch für alle Anderen Sinn machen.
(vgl. Berger und Luckmann 1966a, S. 38 f., b, S. 40 f.) In der Sprache kommt
der Wissensvorrat *(stock of knowledge)* der Gesellschaft zum Ausdruck, und vornehmlich über die Sprache wird dieses Wissen von Generation zu Generation
weitergegeben. Jeder kann sich dieses Wissens in seiner Alltagswelt bedienen.
Natürlich nimmt niemand am gesamten Wissensvorrat teil, aber jeder kann
doch davon ausgehen, dass im normalen Alltag alle in seiner Gesellschaft über
ein Standardwissen verfügen. In der gemeinsamen Sprache, wurde oben gesagt,
kommt das „Rezeptwissen" zum Ausdruck, wie die Welt um uns herum zu handhaben ist. Auf dieses Rezeptwissen verlassen wir uns und nehmen ganz selbstverständlich an, dass auch die Anderen sich darauf verlassen. Auch über soziale
Interaktionen gibt es Rezeptwissen: man weiß, wie *man* sich in bestimmten Situationen verhält und was als nächstes erwartet werden kann.

Mittels Sprache bringen die Subjekte zum Ausdruck, was sie von der Welt
wissen und welchen Sinn sie ihrem Handeln beimessen; mittels Sprache schaffen
sie eine gemeinsame Wirklichkeit; mittels Sprache vergewissern sie sich wechselseitig dessen, was „jedermann" in dieser Gesellschaft über normales Verhalten
weiß.

Neben dieser *wirklichkeitserhaltenden* Funktion der Sprache darf aber ihre
wirklichkeitsschaffende Funktion nicht übersehen werden. Damit spiele ich auf
die These von Berger und Luckmann an, dass die gesellschaftliche Wirklichkeit
ein Produkt und eine ständige Produktion der Menschen ist.

---

[5] Erinnern Sie sich daran, was Mead über „Denken als inneres Gespräch" (s. oben
Abschn. 6.3 *Symbolisierung von Erfahrungen, Generalisierung von Erwartungen, Sprache
und Denken)* und die „wechselseitige Rollenübernahme" (Abschn. 6.6 *Rollenübernahme
und die Verschränkung der Perspektiven)* und Schütz über die „Teilnahme am Gedankenfluss des Anderen" (Abschn. 10.8 *Was bei einer sozialen Interaktion mitläuft und wie sie
face-to-face von den Beteiligten wechselseitig abgestimmt wird)* gesagt haben?

11.4   Die gesellschaftliche Wirklichkeit ist eine ständige menschliche Produktion

Die Welt, in der wir leben, ist eine Welt, die schon lange, bevor wir die Bühne des Lebens betraten, geordnet war. Ihre objektive Wirklichkeit tritt uns in *Gewohnheiten,* üblichen *Regeln* und verbindlichen *Institutionen* entgegen. Auf der anderen Seite darf man nicht übersehen, dass Ordnung ein ständiger Prozess ist, an dem wir durch Hinnahme und Handeln beteiligt sind. Die Gesellschaftsordnung ist „ein Produkt des Menschen ist, oder genauer: eine ständige menschliche Produktion". Das ist die zentrale These von Berger und Luckmann. „Sowohl nach ihrer Genese (Gesellschaftsordnung ist das Resultat vergangenen menschlichen Tuns) als auch in ihrer Präsenz in jedem Augenblick (sie besteht nur und solange menschliche Aktivität nicht davon ablässt, sie zu produzieren) ist Gesellschaftsordnung als solche ein Produkt des Menschen." (Berger und Luckmann 1966b, S. 55; Klammern im Original)

Die Produktion der gesellschaftlichen Ordnung erfolgt weder systematisch noch geplant, aber sie ist auch nicht zufällig, vielmehr spielt sie sich zweckmäßig ein. Und vor allem: sie hängt mit unserem *Handeln* zusammen! „Alles menschliche Tun ist dem Gesetz der Gewöhnung unterworfen. Jede Handlung, die man häufig wiederholt, verfestigt sich zu einem Modell" künftigen Handelns und wird „vom Handelnden *als* Modell aufgefasst" und im Gedächtnis behalten (Berger und Luckmann 1966b, S. 56). „Modell" heißt, dass wir die Fülle der Handlungen und Situationen, von denen wir Kenntnis haben, *typisieren.* Typisierungen schaffen Ordnung. Der Mensch verleiht seiner Tätigkeit eine bestimmte Bedeutung, er generalisiert also sein Verhalten als typisches Verhalten. So erübrigt es sich, „dass jede Situation Schritt für Schritt neu bestimmt werden muss". Eine breite Vielfalt von Situationen lässt sich unter diese Vorabdefinitionen subsumieren. Was bei entsprechenden Gelegenheiten getan wird und – so muss man den Prozess der Typisierung weiter verstehen – was die Anderen in einer ähnlichen Situation tun werden, kann also antizipiert werden (vgl. Berger und Luckmann 1966a, S. 53 f., b, S. 57).

Handeln heißt, dass der Mensch Dingen, Situationen und dem Verhalten Anderer einen Sinn verleiht. Aus dem, was aus seinem Handeln erfolgt, zieht er Schlüsse, d. h. er macht *Erfahrungen.* Die Generalisierung der Erfahrungen aus vielen ähnlichen Situationen zu einem allgemeinen Muster des *Handelns* und die Verinnerlichung der entsprechenden Muster des *Denkens* bezeichnen Berger und Luckmann als *Habitualisierung.* Eingefahrene Bedeutungen verdichten sich schließlich zu einem *Wissen,* was in bestimmten Situationen zu tun ist und wie die Dinge zusammenhängen. Das Wissen, das aus Erfahrungen rührt, lagert sich ab und wird „als Rezept habitualisiert". (Schütz und Luckmann 1975, S. 32) Habitualisierung ist Teil der Produktion *subjektiver Wirklichkeit.*

Habitualisierung ist aber auch die Basis für die Produktion *objektiver Wirklichkeit.* Das muss man sich so vorstellen, dass das Subjekt Erfahrungen mit dem Verhalten der Anderen macht, und diese Erfahrungen, je häufiger sie sich wiederholen, zu *typischen Erfahrungen* verallgemeinert. Typische Erfahrungen führen zu entsprechenden typischen Erwartungen.[6] Indem Andere sich wiederholt den Erwartungen entsprechend verhalten, werden diese als *typische Erwartungen* objektiviert. Wo diese beiden Typisierungen – der Erfahrungen und der Erwartungen – mit ähnlichen Typisierungen anderer Subjekte vermittelt werden, wo sich subjektiv sinnvolle Vorstellungen und Handlungen mit anderen sinnvollen Vorstellungen und Handlungen verbinden, entsteht ein *gemeinsames, objektives Wissen.* Es wird zur verbindlichen Grundlage gemeinsamen Handelns.

Sobald habitualisierte Handlungen des einen Subjekts auch von anderen Subjekten als Muster typischen Handelns und als bewährte Lösungen konkreter Probleme anerkannt werden, beginnt die *Produktion der gemeinsamen sozialen Wirklichkeit* oder anders: der *Institutionalisierung* der Ordnung sozialer Interaktion.

11.5 Reziproke Verhaltenstypisierungen und die Institutionalisierung von Rollen

Wie Institutionalisierung und soziale Interaktion zusammenhängen, erklären Berger und Luckmann so: Institutionalisierung setzt nicht nur eine reziproke Typisierung von Handlungen voraus, sondern auch eine reziproke Typisierung der Akteure. A und B werden füreinander typische Repräsentanten typischer Handlungen. Typisierung ist in diesem Sinne immer eine Generalisierung von Erwartungen, und folglich bedeutet Institutionalisierung *Normierung:* „Durch die bloße Tatsache ihres Vorhandenseins halten Institutionen menschliches Verhalten unter Kontrolle. Sie stellen Verhaltensmuster auf, welche es in eine Richtung lenken, ohne ‚Rücksicht' auf die Richtungen, die theoretisch möglich wären." (Berger und Luckmann 1966b, S. 58)

---

[6] Siehe oben Abschn. 10.4 *Die Lebenswelt des Alltags und die natürliche Einstellung zu ihr.*

Institutionalisierung macht das Handeln wechselseitig kalkulierbar. Das entlastet. Das Leben mit den anderen wird durch Routine erleichtert. Auf diese institutionale Welt verlässt man sich, und so wird sie auch weitergegeben an diejenigen, die nach uns kommen. Die institutionale Welt wird zur Geschichte, in die sich alle einordnen, weil sie so selbstverständlich zu sein scheint: „Durch die erreichte Historizität ergibt sich (…) noch eine andere entscheidende Qualität, welche von Anfang an da war, seit A und B mit der reziproken Typisierung ihres Verhaltens begonnen hatten: Objektivität. Die Institutionen nämlich, welche sich nun herauskristallisiert haben (…) werden als über und jenseits der Personen, welche sie ‚zufällig‘ im Augenblick verkörpern, daseiend erlebt. Mit anderen Worten: Institutionen sind nun etwas, das seine eigene Wirklichkeit hat, eine Wirklichkeit, die dem Menschen als äußeres, zwingendes Faktum gegenübersteht. Solange entstehende Institutionen lediglich durch Interaktion von A und B aufrechterhalten werden, bleibt ihr Objektivitätszustand spannungsvoll, schwankend, fast spielerisch. (…) Nur A und B sind für die Konstruktion dieser Welt verantwortlich, und A und B behalten die Macht, sie zu verändern oder gar zu vernichten. (…) Sie verstehen, was sie selbst geschaffen haben. Das ändert sich jedoch mit der Weitergabe an eine neue Generation. Die Objektivität der institutionalen Welt ‚verdichtet‘ und ‚verhärtet‘ sich. (…) Eine Welt so gesehen, gewinnt Festigkeit im Bewusstsein. (…) Den Kindern ist die von den Eltern überkommene Welt nicht mehr ganz durchschaubar. Sie hatten nicht Teil daran, ihr Gestalt zu geben. So steht sie ihnen nun als gegebene Wirklichkeit gegenüber“, und auch jedem Anderen in dieser Gesellschaft scheinen die Institutionen „als objektive Faktizitäten unabweisbar“ gegenüberzustehen (Berger und Luckmann 1966b, S. 62 ff.).

Hier nun warnen Berger und Luckmann vor einem Trugschluss: „Wir müssen uns immer wieder vor Augen führen, dass die Gegenständlichkeit der institutionalen Welt, so dicht sie sich auch dem Einzelnen darstellen mag, von Menschen gemachte, konstruierte Objektivität ist.“ Die soziale Welt hat „keinen ontologischen Status, der von jenem menschlichen Tun, aus dem sie hervorgegangen ist, unabhängig wäre“. (Berger und Luckmann 1966b, S. 64 f.) Doch leider ist es so, dass die Menschen die gesellschaftliche Wirklichkeit quasi als objektives *Ding* ansehen und hinnehmen und dabei vergessen, dass sie die Urheber dieser geordneten Wirklichkeit sind. Marx und Engels haben diesen Sachverhalt seinerzeit so ausgedrückt: „Die Ausgeburten ihres Kopfes sind ihnen über den Kopf gewachsen. Vor ihren Geschöpfen haben sie, die Schöpfer, sich gebeugt.“ (Marx und Engels 1846, S. 13)

Wissen – ich wiederhole es – basiert auf *Erfahrungen,* die wir in der Handhabung der Welt und im Umgang mit anderen Menschen gemacht haben.

Wiederholte Erfahrungen lagern sich im Bewusstsein als typische Lösungen typischer Probleme ab. Sie gelten fortan als Muster *eigenen* Handelns in ähnlichen Situationen und ziehen auch die *Erwartung* nach sich, dass Andere sich in typischen Situationen ähnlich verhalten. Werden Erwartungen von beiden Seiten wechselseitig und immer wieder bestätigt, erhalten sie institutionellen Charakter (vgl. Berger und Luckmann 1966b, S. 72 ff.).

Nach Berger und Luckmann liegt der Ursprung jeder institutionellen Ordnung in der Typisierung der eigenen und der Verhaltensweisen *(performances)* der Anderen (Berger und Luckmann 1966a, S. 72, b, S. 76). Das heißt, dass auch die Individuen, die so handeln, wie es erwartet werden kann, typisiert werden. Wenn es ein kollektives Wissen über „reziproke Verhaltenstypisierungen" gibt, können wir von *Rollen* sprechen. Das Wissen von den Rollen ist so etwas wie das „ungeschriebene Textbuch eines Dramas" (Berger und Luckmann 1966b, S. 79), an dem alle Mitglieder der Gesellschaft beteiligt sind. In ihrer sprachlichen Vergegenständlichung sind die Rollen „ein wesentlicher Bestandteil der objektiv fassbaren Welt einer jeden Gesellschaft. Als Träger einer Rolle – oder einiger Rollen – hat der Einzelne Anteil an einer gesellschaftlichen Welt, die subjektiv dadurch für ihn wirklich wird, dass er seine Rollen internalisiert." (Berger und Luckmann 1966b, S. 78)

„Mittels der Rollen, die er spielt, wird der Einzelne in einzelne Gebiete gesellschaftlich objektivierten Wissens eingewiesen, nicht allein im engeren kognitiven Sinne, sondern auch in dem des ‚Wissens' um Normen, Werte und sogar Gefühle." (Berger und Luckmann 1966b, S. 81) Mit der Übernahme von Rollen übernimmt er auch die impliziten oder expliziten Begründungen, die die Gesellschaft für diese Verhaltensmuster – und für die gesellschaftliche Ordnung insgesamt! – vorhält.

11.6 Die gesellschaftliche Organisation des Wissens: Primärwissen, Begründungen, symbolische Sinnwelten

Die Frage der Legitimität einer institutionalen Ordnung stellt sich solange nicht, wie alle Beteiligten wissen, wie „man" sich in dieser Ordnung zu verhalten hat. Kritisch – im Sinne der Selbstverständlichkeit einer sozialen Ordnung – wird es in dem Augenblick, wenn nicht mehr alle Mitglieder einer Gesellschaft über gleiche Erfahrungen, wie die sozialen Regeln entstanden sind und warum die Verhältnisse so sind wie sie sind, verfügen. Vor dieser Situation steht die Gesellschaft grundsätzlich immer, weil sie ständig mit einer nachwachsenden Generation konfrontiert ist. Solange die Schöpfer einer gesellschaftlichen Welt leben, können sie „den Sinn einer Institution erkennen, wenn sie ihr eigenes Erinnerungsvermögen mobilisieren. Ihre Kinder sind aber in einer völlig anderen Lage. Was sie von der institutionalen Ordnung wissen, haben sie vom ‚Hörensagen‘. Der ursprüngliche Sinn der Institutionen ist ihrer eigenen Erinnerung unzugänglich. Dieser Sinn muss ihnen also mit Hilfe verschiedener, ihn rechtfertigender Formeln verständlich gemacht werden.“ (Berger und Luckmann 1966b, S. 66) Die Gesellschaft muss sozusagen mit verschiedenen *Legitimationen* das kollektive Wissen bestärken und à jour halten.

Legitimationen erklären und rechtfertigen soziale Ordnung. Sie unterscheiden sich nach dem Grad ihrer Explizietheit und der Macht, die sie über uns ausüben.

Die erste Ebene der Legitimation bildet das, was „jeder weiß“. Aus ihm schöpfen z. B. Eltern ihre Antworten auf die nervenden Warum?-Fragen ihrer Kinder. Die Antworten lauten „Das macht man so.“ oder „Das ist so.“ Dieses Wissen nennen Berger und Luckmann *Primärwissen*: „Das Primärwissen über die institutionale Ordnung ist (...) vortheoretisch. Es ist das summum totum[7] dessen, ‚was jedermann weiß‘, ein Sammelsurium von Maximen, Moral, Sprichwortweisheit, Werten, Glauben, Mythen und so weiter.“ (Berger und Luckmann 1966b, S. 70)

Die zweite Ebene der Legitimation bilden *theoretische Postulate in rudimentärer Form.* Diese Begründungen sind noch „höchst pragmatisch, direkt und mit konkretem Tun verbunden. Die sogenannten Lebensweisheiten, Legenden und Volksmärchen gehören hierhin und vermitteln die Legitimation oft in poetischer Verkleidung.“ (Berger und Luckmann 1966b, S. 101) Ein Sprichwort wie das folgende lehrt Kinder nicht nur das Fürchten, sondern unterstreicht drastisch die soziale Verpflichtung zum Gehorsam: „Das Händchen, das die Eltern schlägt, wird im Himmel abgesägt.“ Oder nehmen wir das Motto auf der Fahne, die eine katholische Frauengemeinschaft im Ruhrgebiet bis heute in der Prozession vor sich her trägt: „Der Frauen Größe lieget im Entsagen“. Damit wird auch eine Rollenverpflichtung beschrieben, die manche Mutter mit einem leidvollen Seufzer auch bestätigen wird.

Die dritte Ebene der Legitimation stellen *explizite Legitimationstheorien* dar. Sie beziehen sich auf einen „institutionalen Ausschnitt“ und stellen insofern einen „differenzierten Wissensbestand“ dar. Solche Legitimationen sind oft „einem besonderen Personenkreise anvertraut, der sie in formalisierten Initiationsriten weitergibt.“ (Berger und Luckmann 1966b, S. 101) So lernen wir in der

---

[7] Summum totum (lat.), wörtlich das „größte Ganze“, hier im Sinne von „das Gesamte“.

Schule die Werte dieser Gesellschaft und die politischen Begründungen für eine parlamentarische Demokratie. In der Kirche werden wir auf religiöse Überzeugungen verpflichtet. Beispiele solcher expliziten Legitimationstheorien zu institutionalen Ausschnitten des Lebens sind Erklärungen wie: „Wer 18 Jahre alt ist, kann nach dem Erwachsenenstrafrecht, wer 21 Jahre alt ist, muss nach dem Erwachsenenstrafrecht verurteilt werden", „Der gerechte Lohn für unser Leben wird im Himmel ausgezahlt" oder „Die soziale Marktwirtschaft verlangt einen Generationenvertrag".

Die vierte Ebene der Legitimation stellen die *symbolischen Sinnwelten* dar. Sie integrieren verschiedene Sinnprovinzen. Jetzt werden „*alle* Ausschnitte der institutionalen Ordnung in ein allumfassendes Bezugssystem integriert, das eine Welt im eigentlichen Sinn begründet, weil *jede* menschliche Erfahrung nun nurmehr als etwas gedacht werden kann, das *innerhalb* ihrer stattfindet. Die symbolische Sinnwelt ist als die Matrix aller gesellschaftlich objektivierten und subjektiv wirklichen Sinnhaftigkeit zu verstehen." (Berger und Luckmann 1966b, S. 103) Beispiele solcher umfassenden Legitimationen sind „der real existierende Sozialismus", „die christlich-abendländische Kultur", aber auch modische Begründungen wie „Postmoderne" oder „Rationalität", die mit dem Anspruch umfassender Erklärung für alles und jedes auftreten. Symbolische Sinnwelten ordnen Ebenen und Provinzen der Wirklichkeit, sie integrieren Enklaven und erklären Grenzsituationen. Sie haben eine *nomische*[8] Funktion und rücken „jedes Ding an seinen rechten Platz". (Berger und Luckmann 1966b, S. 105) Symbolische Sinnwelten sind „wie schützende Dächer über der institutionalen Ordnung und über dem Einzelleben. Auch die Begrenzung der gesellschaftlichen Wirklichkeit steht bei ihnen. Das heißt: sie setzen die Grenzen dessen, was im Sinne gesellschaftlicher Interaktion relevant ist." (Berger und Luckmann 1966b, S. 109)

Bisher ging es mehr oder weniger um die Frage, was *soziale Wirklichkeit* ist, wie sie zustande kommt und sich erhält. Darauf haben Berger und Luckmann die Antwort gegeben, dass die gesellschaftliche Wirklichkeit eine ständige menschliche Produktion ist. Sie kommt zum Ausdruck in der Institutionalisierung typischer Muster des Denkens und Handelns und erhält sich nicht zuletzt durch die Hinnahme bzw. Anführung gesellschaftlicher Legitimationen.

Erhalten wird die gesellschaftliche Wirklichkeit aber auch dadurch, dass wir im Prozess der *Sozialisation* in das *Wissen* dieser Gesellschaft eingeführt werden.

---

[8] Nomos – griech. Brauch, nicht-geschriebenes Gesetz.

11.7 Die Internalisierung der Wirklichkeit: wie wir lernen, was „jeder" weiß

Die These der „gesellschaftlichen Konstruktion der Wirklichkeit" untermauern Berger und Luckmann mit einer Sozialisationstheorie, die sich stark an George Herbert Mead anlehnt.[9] Sie schreiben: „Jeder Mensch wird in eine objektive Gesellschaftsstruktur hineingeboren, innerhalb derer er auf jene *signifikanten Anderen* trifft, denen seine Sozialisation anvertraut ist. Diese signifikanten Anderen sind ihm auferlegt." (Berger und Luckmann 1966b, S. 141) Die ersten Bezugspersonen des Kindes vermitteln ihm durch das, was sie sagen und tun, die Welt, wie *sie* sie sehen, und *nur* diese Welt. Da dem Kind keine Alternativen zur Verfügung stehen, internalisiert es „die Welt seiner signifikanten Anderen nicht als eine unter vielen möglichen Welten, sondern als die Welt schlechthin, die einzige vorhandene und fassbare". Die primäre Sozialisation stiftet die erste Welt des Menschen. In ihrer „lichten Wirklichkeit" ist die Welt des Kindes voll „Vertrauen, nicht nur zu den signifikanten Anderen als Personen, sondern auch zu ihren Bestimmungen der Situation. Die Welt der Kindheit ist dicht und zweifelsfrei wirklich." (Berger und Luckmann 1966b, S. 145 f.)

Das Kind internalisiert die Einstellungen der signifikanten Anderen, und es identifiziert sich mit ihnen auch emotional. Es lernt, sich aber auch selbst mit den Augen dieser signifikanten Anderen zu sehen. Es spiegelt das Bild, das die nächsten Bezugspersonen von ihm haben und in sozialen Interaktionen kontinuierlich zum Ausdruck bringen, und macht es zum eigenen Selbstbild. Auf diese Weise internalisiert das Kind auch, wie die Eltern es als Teil der gesellschaftlichen Wirklichkeit, wie sie sie verstehen, identifizieren: „Das Kind lernt zu sein, wen man es heißt." (Berger und Luckmann 1966b, S. 143)

Der Prozess der primären Sozialisation geht im Sinne der Theorie von Mead weiter, indem das Kind lernt, dass die Ordnung, in der es mit den signifikanten Anderen lebt, Teil einer größeren Ordnung ist. Die Einstellungen, die in der Familie herrschen, verdanken sich Regeln und Normen, die offensichtlich für viele andere auch gelten. Sozialisation bedeutet deshalb zu lernen, situative und personalisierte Regelungen zu *generalisieren.*

Die Sequenz der Internalisierungen, die das Kind auf dem Wege von Mamas Liebling, dem man alles nachsieht, bis zur Rolle des erfolgreich sozialisierten Mitglieds der Gesellschaft durchmacht, machen Berger und Luckmann am

---

[9] Siehe oben Abschn. 6.4 *Play und game: Die Beobachtung und Imitation signifikanter Anderer und die Orientierung am generalisierten Anderen.*

Beispiel des Verschüttens von Suppe klar: Beim ersten Tadel merkt das Kind
„*Jetzt* ist Mama böse auf mich", nach wiederholtem Donnerwetter merkt es
„Mama ist *immer* böse auf mich, *wenn* ich die Suppe verschütte"; als kluges Kind
begreift es, bei Mama gilt eine Norm, wie es mit seiner Suppe umzugehen hat.
Erfährt es, dass auch Oma und Opa es offensichtlich nicht mögen, wenn es rum-
kleckert, dann weitet sich der Kreis der Norm subjektiv aus. Registriert es strafende Blicke von fremden Müttern beim Kindergeburtstag oder von mürrischen
Banknachbarn beim Straßenfest, kommt ihm allmählich der Gedanke, dass in
dieser unserer Gesellschaft offensichtlich jedermann etwas gegen das Verschütten
von Suppe hat. Die Norm „*Du* sollst deine Suppe nicht verschütten" wird zur
Norm „*Man* verschüttet Suppe nicht" verallgemeinert: „*Man* ist dann man selbst
als Glied einer Allgemeinheit, die im Prinzip das Ganze einer Gesellschaft
umfasst, soweit diese für das Kind signifikant ist." (Berger und Luckmann 1966b,
S. 143)

Das Abstraktum der Regeln, die über die signifikanten Anderen hinaus generell gelten, nennen Berger und Luckmann mit Mead den *generalisierten Anderen.* Der generalisierte Andere ist das Prinzip, nach dem z. B. ein bestimmtes
Spiel funktioniert, oder der *soziale Sinn* einer typischen Situation. Um im Spiel
zu bleiben, muss sich das Kind von Identifikationen mit konkreten Anderen ver-
abschieden und sich „mit einer Allgemeinheit der Anderen, das heißt mit einer
(„seiner", Ergänzung H. A.) Gesellschaft" identifizieren (vgl. Berger und Luckmann 1966b, S. 143).

„Die primäre Sozialisation endet damit, dass sich die Vorstellung des genera-
lisierten Anderen – und alles, was damit zusammenhängt – im Bewusstsein der
Person angesiedelt hat." (Berger und Luckmann 1966b, S. 148) Erst dann wird
das Individuum tatsächlich zum Mitglied einer *Gesellschaft.* Es weiß, dass es ein
Einzelner unter vielen anderen Einzelnen ist, aber auch, dass es mit den vielen
Anderen Vorstellungen teilt, wie „man" in dieser gemeinsamen Welt „normalerweise" denkt und handelt. Dabei geben die oben genannten Legitimierungen
„Das ist so!" und „Das macht man so!" die Richtung ebenso vor wie die klu-
gen Sprüche der Altersgenossen und Erwachsenen, aber auch die unbewussten
Schlüsse, die das Kind aus der Beobachtung des Verhaltens der nahen Bezugspersonen zieht, legen die Bahnen des Wissens von der Welt aus. Das Wissen, das
das Kind im Sozialisationsprozess erwirbt, ist ein Wissen von der Welt *schlechthin.* Es geht nahtlos in das *selbstverständliche Alltagswissen* der Erwachsenen
über. Wie schon gesagt, spielt die Sprache in der Verständigung über die Welt
eine zentrale Rolle. In der Sprache objektiviert sich subjektives Wissen, und die
Sprache verbindet uns auch mit dem objektiven Wissen. In der Sprache bringen
wir zum Ausdruck, wie *wir* die Welt wahrnehmen und welche Haltungen wir ihr

gegenüber einnehmen; in der gemeinsamen Sprache artikuliert die Gesellschaft, was „jedermann" normalerweise weiß und wie der sich in den sozialen Interaktionen des Alltags verhalten soll.

11.8 Soziale Interaktionen face-to-face: Vorwissen und typische Erwartungen, wechselseitige Wahrnehmung des Verhaltens und die fortlaufende Konstruktion einer gemeinsamen Wirklichkeit

„Die Wirklichkeit der Alltagswelt teilen wir mit Anderen." (Berger und Luckmann 1966b, S. 31) Aber wo und wie erfahren wir diese Anderen konkret, wie setzen wir uns in Beziehung zu ihnen und wie laufen soziale Interaktionen im Alltag ab?

„Die fundamentale Erfahrung des Anderen ist die von Angesicht zu Angesicht." Die *face-to-face* Situation ist der Prototyp aller sozialen Interaktionen. In der face-to-face Situation habe ich den Anderen in lebendiger Präsenz vor mir, und ich weiß, auch ich bin für ihn lebendig präsent. „Mein und sein ‚Hier und Jetzt' fallen zusammen, solange die Situation andauert." Nun stehen sich ego und alter normalerweise nicht stumm gegenüber und warten, bis die Situation vorbei ist[10], sondern sie treten im Wortsinn in eine *Inter*-Aktion ein. Sie besteht darin, dass ein „ständiger Austausch zwischen seinem und meinem Ausdrucksverhalten *(interchange of expressivity)* stattfindet. Ich sehe ihn lächeln und lächele zurück, er runzelt die Stirn, ich verzögere meine Rede usw. Mein Ausdrucksverhalten orientiert sich an seinem und seines an meinem, „und diese ständige Reziprozität öffnet uns beiden gleichermaßen Zugang zueinander". (Berger und Luckmann 1966a, S. 28 f., b, S. 31)

Ego und alter erkennen sich als Subjekte wechselseitig an einer Fülle von „Symptomen", von der äußeren Erscheinung über die Art zu sprechen bis zu Gesten. „Zwar kann ich diese Anzeichen falsch deuten – etwa glauben, dass er lächelt, wenn er tatsächlich hämisch oder ironisch grinst", aber da Interaktion in einer ständigen *Wechselwirkung* von Aktion und Reaktion besteht, wird sich im Fortgang der Interaktion weisen, wer was wie versteht, und was wer wie tatsächlich zum Ausdruck bringen wollte (vgl. Berger und Luckmann 1996b, S. 31).

---

[10] Obwohl auch das schon eine Inter-Aktion ist!

Bevor wir den Fortgang einer sozialen Interaktion weiter verfolgen, muss die Frage erörtert werden, wie wir sie in Gang setzen, konkret: wie wir einander in der face-to-face Situation als Subjekte überhaupt wahrnehmen und einander an *Symptomen* zu erkennen meinen. Die Antwort lautet, dass wir mit einem *Vorwissen* über „die" Welt an die Situation herangehen. Wie das entsteht und was daraus für eine soziale Interaktion folgt, habe ich oben beschrieben: Das Subjekt verallgemeinert wiederholte Erfahrungen mit dem Verhalten der Anderen zu *typischen Erfahrungen,* die wiederum *typische Erwartungen* nach sich ziehen. Wenn diese Erwartungen immer wieder durch *typische Reaktionen* der Anderen bestätigt werden, lagern sich Erfahrungen und Erwartungen als *Rezeptwissen* ab, wie „man" in bestimmten Situationen normalerweise *handelt*. Mit diesem Rezeptwissen des Handelns treten die Subjekte in die soziale Interaktion ein.

Doch damit ist die Frage noch nicht beantwortet, wie das Subjekt sein Rezeptwissen des Handelns mit der *Wahrnehmung* des anderen Subjekts zusammenbringt. Die Antwort hängt mit den gerade beschriebenen Typisierungen zusammen. Aus den typischen Erfahrungen mit dem Verhalten der Anderen erwächst nämlich auch eine *Typisierung der handelnden Personen*. Wer den fröhlichen Singsang erlebt hat, in dem Rheinländer einem die Welt erklären, oder die bedächtige Art, mit der Westfalen die Zeitläufte kommentieren, weiß „das ist ein typischer Rheinländer und das ein typischer Westfale". Wer sich immer im schrillen outfit präsentiert, repräsentiert ganz „gewiss" auch eine bestimmte Lebenshaltung, und das weiß sowieso „jeder", die Alten verstehen die Jungen nicht.[11] Natürlich sind unsere Typisierungen der Anderen nicht allein von konkreten eigenen Erfahrungen geprägt, sondern verdanken sich zum Großteil dem, was man so hört und liest, kurz: was „jeder" in unserer Gesellschaft weiß! Je näher mir eine Person steht und je mehr ich von ihr weiß, umso differenzierter ist ihre Typisierung, je ferner sie ist und je weniger ich von ihr weiß, umso diffuser ist die Typisierung.

Soweit zum sozialen Hintergrund, vor dem eine face-to-face Interaktion in Gang kommt: Ist uns der Andere vertraut, bedarf es keiner weiteren Aufmerksamkeit; das Wechselspiel von Aktion und Reaktion wird in gewohnten Bahnen verlaufen. Anders ist es, wenn wir einen Fremden vor uns haben. Wir wissen nicht, was er weiß, was die Situation für ihn bedeutet und was er womöglich intendiert.

---

[11] Diese „Klischees" eines gerne in Westfalen lebenden Rheinländers vorgerückten Alters sollen natürlich nicht nur provozieren, sondern Ihr Mitdenken bei der Erklärung des Alltagswissens geschmeidig halten.

Und wir wissen auch, dass er nicht usw. usw. Wie bringen wir eine gemeinsame Interaktion in Gang? Das tun wir, indem wir zunächst an äußeren Symptomen abzulesen versuchen, welchen Typus er repräsentiert. Zu diesen Symptomen zählen Alter und Geschlecht, Gesten und Kleidung, kurz jeder persönliche Ausdruck. Zu diesem persönlichen Ausdruck gehört aber auch, welche Themen jemand anschlägt und wie er darüber redet und vor allem, wie er auf unser Verhalten reagiert und mit seinem Verhalten auf unser Verhalten einwirkt. Letzteres ist uns nicht bewusst, aber soziologisch ist unverkennbar, dass soziale Interaktion in einer fortlaufenden reziproken Typisierung von Handlungen und Personen besteht (vgl. Berger und Luckmann 1966b, S. 58). Soziale Interaktionen nehmen solange ihren Lauf, wie die stillen Typisierungen durch wechselseitiges Handeln bestätigt werden. Die Wirklichkeit der Alltagswelt ist ein „kohärentes und dynamisches Gebilde von Typisierungen". Und wenn wir den Bogen von den sozialen Interaktionen zur Fundierung des Wissens im Alltag und zur „gesellschaftlichen Konstruktion der Wirklichkeit" schlagen, kann man sagen: „Social structure is the sum total of these typifications and of the recurrent patterns of interaction established by the means of them." (Berger und Luckmann 1966a, S. 33, b, S. 36)

Soziale Interaktionen sind face-to-face Situationen. Wir gehen in eine soziale Interaktion mit einem bestimmten, aus Erfahrungen resultierendem Vorwissen und typischen Erwartungen hinein. Soziale Interaktionen bestehen darin, dass ego und alter einander als Handelnde wahrnehmen, die durch ihr Verhalten etwas Bestimmtes zum Ausdruck bringen, und dass sie durch ihr Agieren und Reagieren fortlaufend eine gemeinsame Wirklichkeit konstruieren.

Literatur

Berger, P. L. & Luckmann, T. (1966a). *The social construction of reality. A treatise in the sociology of knowledge.* New York: Anchor Books (1967).
Berger, P. L. (1966b). *Die gesellschaftliche Konstruktion der Wirklichkeit. Eine Theorie der Wissenssoziologie.* Frankfurt a. M.: Fischer (20. Aufl. 2004).
Freud, S. (1914). *Zur Geschichte der psychoanalytischen Bewegung.* In: S. Freud (1946). *Gesammelte Werke, Bd. 10.* Frankfurt a. M.: Fischer (6. Aufl. 1973).
Marx, K. & Engels, F. (1846). *Die Deutsche Ideologie.* In: K. Marx & F. Engels (1958). *Werke, Bd. 3.* Berlin: Dietz (1981).
Schütz, A. & Luckmann, T. (1975). *Strukturen der Lebenswelt, Bd. I.* Neuwied: Luchterhand.

Praktische Methoden, alltägliche Interaktionen in Gang zu halten (Harold Garfinkel)

12

Inhaltsverzeichnis

12.1 Theoretische Verortung der Ethnomethodologie 204
12.2 Was jedermann weiß, ist die Basis wechselseitigen Verstehens
      und des richtigen Handelns 208
12.3 Das Handlungswissen wird in der Situation
      ad hoc hergestellt 210
12.4 Durch ihr Handeln bringen die Individuen implizit Erklärungen für
      ihr eigenes Handeln und das der Anderen zum Ausdruck 213
12.5 Basisregeln: Wie man Reden und Handeln im Alltag
      normalerweise interpretiert 216
12.6 Missverständnisse, Rechtfertigungen, Entschuldigungen 218
12.7 Praktische Methoden, Interaktionen in Gang zu halten, und was passiert,
      wenn jemand „trouble" macht 221
      12.7.1 Die dokumentarische Methode der Interpretation oder: Warum
              wir in der Regel schnell wissen, worum es geht 222
      12.7.2 Das Problem der Indexikalität 226
      12.7.3 Der vage Kontext des Sprechens oder: Der Alltag verträgt keine
              Anstrengung des Begriffs. 228
      12.7.4 Konstitutive und konventionelle Regeln 229
12.8 Interaktionen am Arbeitsplatz: instructed actions, konzertierte
      Produktion einer Handlungsordnung 232
Literatur. 234

Im Zentrum der zahlreichen, oft irritierenden empirischen Untersuchungen, die der amerikanische Soziologe HAROLD GARFINKEL (1917–2001) zu sozialen Interaktionen im Alltag durchgeführt hat, steht nicht die Frage, aus welchen Motiven und mit welchen Absichten Individuen handeln, sondern die schlichte Frage, *wie* sie Interaktionen handhaben, was sie also ganz *praktisch tun*. Die Theorie,

© Springer Fachmedien Wiesbaden GmbH, ein Teil von Springer Nature 2020
H. Abels, *Soziale Interaktion*, https://doi.org/10.1007/978-3-658-26429-1_12

die seinen Analysen zugrunde liegt, bezeichnet Garfinkel als *Ethnomethodologie*. Dieses Kunstwort hat er in Anlehnung an die soziologisch ausgerichtete *Ethno-wissenschaft*[1] erfunden, in der untersucht wird, wie sich schriftlose Kulturen ihre Welt klarmachen und wie sie ihr gemeinsames Handeln im Alltag organisieren. Das Interesse der Ethnomethodologie ist ganz ähnlich: sie fragt nach den „practical activities (…) whereby members produce and manage settings of organized everyday affairs" und nach „procedures for making those settings *account-able*". (Garfinkel 1967b, S. 1) Damit kommt der zweite Teil des Kunstwortes ins Spiel. Nach Garfinkel setzen die Individuen in den sozialen Interaktionen des Alltags *Methoden* ein, einander ihre Definitionen der gemeinsamen Wirklichkeit und den Sinn ihres Handelns anzuzeigen und Interaktionen kontinuierlich so zu organisieren, dass sie beiden Seiten als verständlich und *erklärbar* erscheinen. Eine Methode ist z. B., sich gegenseitig ein gemeinsames Wissen von der Welt und den Regeln sozialer Interaktionen zu unterstellen, eine andere, Situationen und Verhalten als Belege typischer Muster zu interpretieren, und eine weitere, dass die Individuen im Vollzug ihrer Handlungen fortlaufend plausible Erklärungen für ihr eigenes Handeln und das der Anderen konstruieren und danach handeln.

12.1 Theoretische Verortung der Ethnomethodologie

Garfinkel studierte Ende der 1940er Jahre gleichzeitig bei Alfred Schütz und Talcott Parsons und promovierte im Jahre 1952 bei Parsons mit einer Arbeit, die den Titel „The Perception of the Other. A Study in Social Order" trug. Er war zwei Jahre sein Assistent und erhielt 1954 eine Professur an der University of California, wo er bis zu seiner Emeritierung lehrte. Theoretisch kann man Garfinkels Ethnomethodologie in einer späten Kritik an der Handlungstheorie von Parsons verorten. Der hatte in seinem bahnbrechenden Werk „The Structure of Social Action" (1937) u. a. die These vertreten, dass Handeln (wie auch soziale Ordnung!) gelingt, weil die Individuen im Prozess der Sozialisation kollektive Werte und Normen fest *internalisiert* und eine *Motivation* entwickelt haben, nach der Vorgabe des verpflichtenden kulturellen Systems der Gesellschaft auch handeln zu *wollen*.[2] Diese Erklärung zog Garfinkel mehr und mehr in Zweifel, und

---

[1] Ethnos – griech. Stamm, Volk. In der Soziologie wird der Begriff auch im Sinne eines durch Herkunft, Sprache und Kultur verbundenen sozialen Gebildes verwendet.

[2] Vgl. oben Abschn. 8.4 *Sozialisation: Wie das Individuum auf eine Ordnung zugeführt wird*.

seine Kritik gipfelte schließlich in dem Vorwurf, bei Parsons erschienen die Handelnden wie kulturelle Trottel (*cultural* oder *judgemental dopes*), die ausführen, was ihnen die Gesellschaft vorschreibt (vgl. Garfinkel 1964, S. 68). Ihnen werde „keine wirkliche Eigeninitiative" und „kein eigenständiger Umgangen mit Normen und Werten zugestanden", vielmehr würden sie diesen „wie fremdgesteuert (…) nur blind folgen". (Joas und Knöbl 2004, S. 225)

Gegen die normative Theorie von Parsons stellte Garfinkel die These, dass die Handelnden Ordnung nicht ausführen, sondern sie fortlaufend „in and as practical action" (Garfinkel 1993, S. 16) selbst *herstellen*. Wenn sie miteinander handeln, dann orientieren sie sich weniger an abstrakten Normen, als vielmehr an dem, was in der aktuellen Situation nach ihrer Meinung durch konkretes Handeln zum Ausdruck gebracht wird. In einer normalen Interaktion unterstellen sie einander *sinnhaftes* Handeln und Sprechen und dass beides erklärbar und verstehbar ist. Interaktion besteht in fortlaufenden, wechselseitigen Interpretationen und daraus jeweils folgenden Reaktionen. Ob sich die Individuen richtig verstanden fühlen, ob ihre Interpretationen zutreffend und die Reaktionen angemessen sind, das alles erweist sich im Fortgang der Interaktion. Und es erweist sich auch, *dass* und *wie* sie soziale Ordnung durch ihr Handeln kontinuierlich *selbst stiften*. Die Ordnungsstiftung im Alltag, so kann man Garfinkels Kritik an Parsons zusammenfassen, wird dadurch geleistet, dass

„Handelnde in Interaktionen sich stets – ohne explizit Bezug auf irgendwelche Normen zu nehmen – selbst die Sinnhaftigkeit ihres Handelns und ihrer Welt wechselseitig bestätigen, weil sie sich sofort der Verständlichkeit ihrer sprachlichen Aussagen und damit der Anschlussfähigkeit ihrer Handlungen versichern, ohne dass hier die von Parsons immer wieder ins Spiel gebrachten Normen überhaupt auftauchen. Schon bevor Normen überhaupt zum Thema werden, wird (…) zwischen den Akteuren eine Art Vertrauen – und dies ist eben die Grundlage sozialer Ordnung (und sozialer Interaktionen, Ergänzung H. A.) – aktiv hergestellt." (Joas und Knöbl 2004, S. 227 f.)

Ein grundlegender Unterschied zwischen der Ethnomethodologie und der Theorie von Parsons besteht auch „in dessen Annahme eines stabilen Systems von Symbolen und Bedeutungen, die von den Mitgliedern der Gesellschaft geteilt werden". (Mullins 1973, S. 109; vgl. auch Garfinkel 1963, S. 189) Nach Garfinkel sind soziale Symbole und Bedeutungen aber erstens nicht einheitlich und werden zweitens in unterschiedlichen Situationen auch unterschiedlich relevant. Auch in dieser Hinsicht sind die *Ordnungsleistungen* der Akteure bei der Strukturierung ihrer Interaktionen über die funktionale Exekution vorgegebener Ordnungsstrukturen zu stellen.

Das klang seinerzeit ganz ähnlich in einer soziologischen Diskussion an, die ebenfalls ihre Zweifel am normativen Paradigma von Parsons hatte und die zur theoretischen Verortung der Ethnomethodologie gehört, im *Symbolischen Interaktionismus*. Nach Herbert Blumer[3] zeigen sich die Menschen gegenseitig an, wie sie die Situation verstehen, und kommen über kontinuierliche *Interpretationen* ihrer Handlungen allmählich zu einer *gemeinsamen* Definition der Situation. Natürlich leugnet auch Blumer nicht, dass es Normen und Regeln, kurz: soziale Ordnung gibt, aber es sind die Menschen, die sie für sich interpretieren und gemeinsam definieren. Direkt gegen Parsons gewandt heißt das: „Es ist der soziale Prozess des Zusammenlebens, der die Regeln schafft und aufrechterhält, und es sind nicht umgekehrt die Regeln, die das Zusammenleben schaffen und erhalten." (Blumer 1969b, S. 86 f. und S. 99) Dieser *Theorie einer prozessualen Definition der Ordnung* konnte die Ethnomethodologie natürlich zustimmen, die Frage aber, wie die Handelnden sich überhaupt wahrnehmen, wie sie aus äußeren Erscheinungen relevante Informationen über einander herausholen, kurz: was in ihrem Kopf vorgeht, wenn sie die Interaktionssituation definieren und strukturieren, schien Garfinkel offen.

Eine Antwort auf dieses Desiderat des Symbolischen Interaktionismus sah Garfinkel in den „magnificent writings" des phänomenologischen Soziologen Alfred Schütz angelegt, auf dessen Theorie die wesentlichen Grundannahmen der Ethnomethodologie „almost entirely" beruhten. (vgl. Garfinkel 1961a, S. 51 f.) Ich will die wichtigsten Punkte der Theorie von Schütz wiederholen.[4] Schütz bewegte die Frage, wieso die Menschen im normalen Alltag selbstverständlich annehmen, den Sinn des Handelns der anderen zu verstehen. In Webers[5] berühmter Definition, soziales Handeln sei seinem von „den Handelnden gemeinten Sinn nach auf das Verhalten *anderer* bezogen (…) und daran in seinem Ablauf orientiert" (Weber 1920b, S. 653), werde die Fähigkeit des Verstehens des Sinns schlicht vorausgesetzt, aber nicht erklärt. Schütz vermutete nun, dass der Sinn eine Konstruktion in unserem Kopf ist, und deshalb konzentrierte er sich auf die *Bewusstseinsprozesse,* die im Vorfeld und während des Handelns ablaufen.

Der typische Ort des Handelns ist der *Alltag.* Das Denken im Alltag erfolgt in einer *natürlichen Einstellung.* Wir halten die Dinge des Alltags für

---

[3] Vgl. oben Abschn. 7.4 *Kernannahmen, auf denen der Symbolische Interaktionismus beruht.*

[4] Ausführlich oben Kap. 10 *Sinnhafter Aufbau der sozialen Welt, natürliche Einstellungen in der Lebenswelt des Alltags, Strukturen des Handelns, Wirkensbeziehung.*

[5] Siehe oben Abschn. 5.1 *Soziales Handeln, dem gemeinten Sinn nach auf das Verhalten Anderer bezogen und daran in seinem Ablauf orientiert.*

selbstverständlich und interpretieren sie nach einem Schema, das sich bei uns und den Anderen aus eigenen und den Erfahrungen unserer Vorfahren ergeben hat. Erfahrungen haben sich als typische Erfahrungen im kollektiven Wissensvorrat und als typische Erklärungen, wie die Welt zusammenhängt, abgelagert. Deshalb gehen wir auch ganz selbstverständlich davon aus, dass die Wirklichkeit, wie wir sie jetzt erleben, in typischer Weise weitergehen wird. Aus dieser von Schütz so bezeichneten Idealisierung des *„und so weiter"* folgt die weitere Annahme, dass wir unter ähnlichen Umständen in ähnlicher Weise *wieder so handeln* können. (vgl. Schütz und Luckmann 1975, S. 26 und Schütz 1953, S. 23) Diese aus mehrfachen Typisierungen erwachsene *Idealisierung der Wiederholbarkeit* hat Konsequenzen für unsere Strukturierung sozialer Interaktionen: Wir entwerfen in jeder Situation – natürlich unbewusst! – eine typische Ursachenstruktur *(causal texture)* (vgl. Garfinkel 1963, S. 188).

Wir empfinden den Alltag als eine selbstverständliche und in *Gemeinschaft mit Anderen* geteilte Welt und nehmen an, dass alle mehr oder weniger wissen, was *jeder* in dieser Gesellschaft weiß und wie die Dinge zusammenhängen. So denken wir denn auch, dass wir denken, wie jedermann denkt. Und wir gehen auch ganz selbstverständlich davon aus, dass der Andere, würde er an unserer Stelle stehen, die Dinge in der gleichen Perspektive sehen würde wie wir, und wir die Dinge aus der gleichen Perspektive wie er sehen würden, wenn wir an seiner Stelle stünden. Schütz nennt das die Idealisierung der „Vertauschbarkeit der Standpunkte". Natürlich sind wir nicht so blind, dass wir nicht auch die *Unterschiede* der Auffassung und Auslegung der Welt sehen. Aber wir halten sie im Prinzip für *irrelevant*. Wir verbuchen sie auf dem Konto der individuellen Biografien oder der spezifischen Interessen. An dem Grundkonsens des intersubjektiven Alltagswissens zweifeln wir nicht. Schütz nennt dieses Denken in der natürlichen Einstellung die Idealisierung der „Kongruenz der Relevanzsysteme". (vgl. Schütz und Luckmann 1975, S. 74)

Beide Idealisierungen, die Schütz in der *Generalthese der wechselseitigen Perspektiven* zusammenfasst, konstituieren wechselseitige Erwartungen, sich „die" Welt in gleicher Weise klar zu machen und in *üblicher* Weise zu handeln. Die Idealisierungen machen Vertrauen in die alltäglichen Angelegenheiten möglich. (vgl. Garfinkel 1963, S. 188 f.) Im Vertrauen auf die Erfüllung dieser Erwartungen treten Menschen in Beziehung zueinander. Beide Annahmen machen uns sicher, dass der Andere so handeln wird, wie wir es aus eigener Erfahrung kennen, und bis zum Beweis des Gegenteils stimmt das ja auch.

Vor diesem theoretischen Hintergrund entwickelt Garfinkel das Konzept der Ethnomethodologie.

Betrachten wir nun genauer, wovon Individuen in den Interaktionen des Alltags ausgehen, mit welchen Methoden sie Interaktionen strukturieren und wie sie auf Störungen der Ordnung einer Interaktion reagieren.

12.2 Was jedermann weiß, ist die Basis wechselseitigen Verstehens und des richtigen Handelns

Die natürliche Einstellung im Alltag ist frei von Zweifeln. Der Alltag ist so, wie er ist, und jeder nimmt an, dass es ein allen gemeinsames Alltagswissen *(common-sense knowledge)* von den „gesellschaftlich gebilligten Tatsachen des Lebens in der Gesellschaft" gibt (Garfinkel 1961b, S. 189). Auf diesen stillen, fraglosen common sense über „die Wahrnehmung von Situationen, von Menschen und Objekten" verlassen wir uns (Legnaro 1974, S. 631). „Eine Überprüfung des gemeinsamen Wissensbestandes findet – wenn überhaupt – nur oberflächlich statt, und dies auch nur dann, wenn Probleme erkennbar werden. Sie wird in der Regel tunlichst vermieden." (Soeffner 1983, S. 14) Wir unterstellen, dass jeder mehr oder weniger die wichtigsten Teile des Alltagswissens in dieser Gesellschaft zur Hand hat und nach den darin enthaltenen sozialen Regeln handelt. Unter der von Schütz sogenannten Idealisierung des „und so weiter" erwarten wir keine Überraschungen und sehen keine Notwendigkeit, unser Denken und Handeln zu hinterfragen, sondern bestätigen unser Wissen von der Welt. Aaron Cicourel, ebenfalls Schüler von Schütz und Hauptvertreter einer ethnomethodologischen Konversationsanalyse, spricht von einem „sich selbst erhaltenden praktischen Alltagsdenken." (Cicourel 1972a, S. 155)

Die Erklärung, warum wir die soziale Wirklichkeit des Alltags für gegeben halten und als Grundlage des normalen Handelns aller Mitglieder der Gesellschaft ansehen, hängt auch damit zusammen, dass sich die Routine bewährt, mit der wir im Alltag handeln. Sie bewährt sich zum einen, weil die Möglichkeit der Wiederholung früheren Handelns evident macht, dass es das richtige Handeln war. Das wiederholbare Handeln rückt bis zum Beweis des Gegenteils in den Rang des typisch angemessenen oder gar einzig möglichen Handelns. Die Routine bewährt sich zum anderen dadurch, dass sie durch die Reaktionen der Anderen bestätigt wird.

Die Welt in der wir leben, ist eine Welt geteilt in Gemeinsamkeit mit anderen. Im Prozess der Sozialisation haben wir verinnerlicht, wie „man" in dieser Gesellschaft denkt und handelt. Kraft seiner Gruppenzugehörigkeit fließen dem Individuum „die Fertigkeiten, das Wissen und die Fähigkeiten (eine allgemeine

Weltsicht) seines Kulturkreises" zu (Mullins 1973, S. 111). So lange nicht widersprochen wird, darf jeder auch unterstellen, dass die gemeinsame Sprache ein gemeinsames, selbstverständliches Wissen von den Bedeutungen sozialer Phänomene abbildet. Und vor allem gehen wir davon aus, dass es ein gemeinsames Wissen gibt, wie der Alltag funktioniert. Garfinkel nennt dieses *Strukturwissen* in Anlehnung an Schütz „common sense knowledge of social structures". (Garfinkel 1962, S. 76) Dieses Strukturwissen beinhaltet nicht nur Vorstellungen *von* der Ordnung des Alltags, also was die Dinge bedeuten und wie sie zusammenhängen, sondern auch Vorstellungen vom richtigen Handeln *in* dieser Ordnung einer *gemeinsamen Kultur.* Zum Strukturwissen gehört auch die Annahme, dass es gesellschaftlich gebilligte Gründe des Handelns und der Beziehung zu Anderen *(socially sanctioned grounds of inference and action)* gibt (Garfinkel 1962, S. 76).

Die Menschen gehen schlicht davon aus, dass im gemeinsamen Alltagswissen der soziale Sinn jeglichen Handelns in unserer Gesellschaft im Prinzip vollständig aufgehoben ist. Deshalb nehmen sie „für sich in Anspruch und handeln danach, dass sie die Anderen verstehen können und verstehen, d. h., dass sie die subjektive *Welt* Anderer kennen können" bzw. zumindest so viel von „dieser *Welt* zu wissen, was wichtig ist zu wissen." Natürlich würden sie bei einem kritischen Einwand einräumen, dass jede Welt verschieden ist, aber die Gewissheit ihres Handelns tangierte das nicht. „Im Alltagsleben gibt es wenig Zweifel", dass man die *Welt* des Anderen und „der unsere eigene Welt kennen kann." (Psathas 1968, S. 277)

Wenn wir also dem Alltag mit *unseren* Worten eine bestimmte *Bedeutung* geben und seinen „aktuellen Sinn" durch unser Handeln zum Ausdruck bringen, gehen wir naiv davon aus, dass sich das mit dem „potentiellen Sinn" des Interaktionspartners decken würde, wenn er an unserer Stelle stünde (vgl. Garfinkel 1961b, S. 192). Die Interaktionsteilnehmer hegen den stillen Anspruch auf Sinneinverständnis und „unterstellen sich wechselseitig, über ein Normalitätsrepertoire zu verfügen, mit dem sie normale Situationen als solche identifizieren und interpretieren". (Patzelt 1987, S. 53)

Garfinkel fügt deshalb den von Schütz genannten Sozialitätsidealisierungen der „Vertauschbarkeit der Standpunkte" und der „Kongruenz der Relevanzsysteme" zwei weitere hinzu: „die Erwartung, dass das Wissen um die gerade eingegangene Interaktionsbeziehung ein gemeinsam übernommenes Kommunikationsschema ist", und „die Entscheidung und Erwartung, dass das, was jeder weiß, eine rechte Grundlage des Handelns in einer wirklichen sozialen Welt ist." (Garfinkel 1963, S. 226 und 228)

Diese konstitutive Erwartung an die Herstellung und Weiterführung einer Interaktionssituation hat normative Konsequenzen. Wir unterstellen nämlich nicht nur, dass unser gemeinsames Alltagswissen die Wirklichkeit „richtig" abbildet, sondern auch, dass unser Handeln im Horizont dieses gemeinsamen Wissens eine *natürliche* oder *moralische* Ordnung *(moral requiredness)* abbildet (vgl. Garfinkel 1963, S. 188). Die Berufung des gesunden Menschenverstandes auf das, was jeder weiß, postuliert einen Konsens über die *soziale Relevanz* der Dinge.

12.3   Das Handlungswissen wird in der Situation ad hoc hergestellt

Nach Schütz kommt Intersubjektivität dadurch zustande, dass die Handelnden einen einmal erworbenen, gemeinsamen Wissensvorrat auf typische soziale Situationen anwenden. In dieser Hinsicht, merkt Esser an, sei Garfinkel radikal anderer Meinung: „Intersubjektivität ist nach seiner Auffassung kein irgendwie sicheres Fundament, sondern selbst eine immer wieder von den Akteuren *neu* erbrachte *Leistung.* Und zwar: die Leistung der *Konstitution* jener sozialen Ordnung, die sich im *Bewusstsein* der Akteure als *inter*subjektiv *gültiger* Sinnzusammenhang *her*stellt." (Esser 2001, S. 171) Dieser Sinnzusammenhang wird nicht von vornherein konsequent angestrebt, sondern erst *retrospektiv* konstruiert.

Auf diese verblüffende Konstruktion war Garfinkel in empirischen Untersuchungen über das Entscheidungsverhalten von Geschworenen gestoßen. Er stellte fest, dass sie bei ihren Entscheidungen keineswegs einer klaren, vorhersagbaren Linie folgten, bei der sie Rechtsnormen konsequent auf an sich eindeutige Tatbestände angewandt hätten. Sie trafen ihre Entscheidungen vielmehr aus der Situation heraus, indem sie die widersprüchlichen Aussagen der streitenden Parteien *immer wieder* in eine verstehbare Ordnung brachten. Auf Befragen konnten sie nicht sagen, welche Rechtsnorm sie im weiteren Verlauf ihrer gemeinsamen Entscheidungsfindung „eindeutig" und „konsequent" anwenden würden, aber sehr wohl, welche sie „eindeutig" und „korrekt" bei ihren bisherigen Erklärungen „des" Tatbestandes angewandt hätten. „Jurors did not actually have an understanding of the conditions that defined a correct decision until after the decision had been made. Only in restrospect did they decide what they did that made their decisions correct ones. When the outcome was in hand they went back to find the *why,* the things that led up to the outcome, and then in order to give their decisions some order, which namely, is the *officialness* of the decision." (Garfinkel und Mendlovitz 1967, S. 114) Dem soziologischen Beobachter stellte sich der Prozess der Entscheidungsfindung so dar, dass mit jeder kontroversen Argumentation eine neue Situation geschaffen, „der" Tatbestand sozusagen *neu definiert* wurde, und dass die Geschworenen die Ordnung der Entscheidung erst im Nachhinein zweifelsfrei machten, indem sie „konsequent" die passenden Rechtsnormen erfanden. In der letzten Befragung, was sie letztlich zu ihrer endgültigen Entscheidung bewogen habe, gaben sie dann eine klare Linie an, der sie von Anfang gefolgt seien.

Aus diesen Gerichtsstudien, die das ethnomethodologische Programm auslösten, kann man folgenden, sich auch gegen Schütz wendenden Schluss ziehen:

> „Der beim sozialen Handeln jeweils *angewandte* Wissensvorrat besteht (…) nicht irgendwie *vor* oder *unabhängig* von der Situation und ,vor' der Orientierung in ihr. Sondern das Wissen, die Typisierungen und die Fraglosigkeiten der Lebenswelt werden immer wieder erst *in* der Situation *hergestellt*. Und das ist eine eigene – und aufwendige und stets neu zu erbringende – Leistung, eine Tätigkeit, die die Akteure *mit* ihrem Handeln *gleichzeitig* vollziehen müssen, damit sie überhaupt etwas wahrnehmen, typisieren und in bestimmter und *rationaler* Weise handeln *können*." (Esser 2001, S. 172) Das Handlungswissen wird in der Situation ad hoc hergestellt. Dafür liefern Hugh Mehan und Houston Wood (1975) ein interessantes Beispiel:

Beispiel

Jackson, ein Schwarzer, verbrachte einige Zeit in einer Nervenklinik. Die offizielle Diagnose lautete *psychoneurotische Reaktion, depressiv*. Die Pfleger etikettierten ihn aber im Netzwerk ihrer praktischen Aktivitäten ganz unterschiedlich. Zunächst hielten die weißen Pfleger ihn für einen *Nigger*, der simulierte und *zu faul* zum Arbeiten war. Als er eines Nachts heftige Zahnschmerzen bekam und nicht anders auf sich aufmerksam machen konnte, schlug er die verschlossene Stationstür ein und verletzte sich so schwer, dass die Wunde genäht werden musste. Die Frühschicht, die nur oberflächlich informiert worden war, trug in ihrem Krankenblatt ein, Jackson habe einen Selbstmordversuch unternommen, und vermerkte dahinter „depressiv!". Sie informierte die Tagesschicht also nicht nur, sondern lieferte auch gleich eine Erklärung mit. Dieser Etikettenwechsel hatte zur Folge, dass ihn alle nun als *Depressiven* zu behandeln begannen, dem man keine besondere Arbeit abverlangen dürfe, sondern den man nachsichtig behandeln müsse. Interessanter war aber, dass sich bei den Pflegern unmerklich auch das Hintergrundwissen änderte, denn alle „kamen zu dem Schluss, dass er schon immer depressiv gewesen sei und sie ihn immer als einen solchen Fall angesehen hätten". (Mehan und Wood 1975, S. 47) Doch auch dieses Etikett war nicht von Dauer, und nach einigen Wochen der Nachsicht regte sich Unmut, und einige meinten, Jackson sei eines Selbstmordversuchs gar nicht fähig. Das mit der eingeschlagenen Tür sei nur ein *Schwindel* gewesen. Er wolle sich nur Vorteile verschaffen, z. B. in Form von Medikamenten oder Zuwendung. Von da an war alles vergessen, wie man noch wenige Wochen zuvor den Fall Jackson erklärt hatte.

Nur der Forscher Wood, der als Teilnehmer im Feld soziologisch protokollierte, wunderte sich, wie rasch sich das Hintergrundwissen in Interaktionsprozessen wandelt und wie neue Erklärungen in neues Handeln übergehen, das von allen wiederum als „richtig" erklärt werden könnte – wenn man sie fragte.

Die Wirklichkeit hängt auch von der Definition derer ab, die die *Macht* dazu haben. Diesen Mechanismus hat Garfinkel (1956) in einem Aufsatz beschrieben, in dem die ethnomethodologische Fragestellung sich erst schwach abzeichnet:

Beispiel

Offensichtlich unter dem Eindruck der öffentlichen Anklage hunderter von Intellektuellen, denen der amerikanische Senator Joseph R. McCarthy vorwarf, die USA kommunistisch unterwandern zu wollen, fragte sich Garfinkel, wie die öffentliche *Degradierung* der Beschuldigten funktioniert und warum sie von der Öffentlichkeit geglaubt wird. Eine entscheidende Erklärung für die Wirksamkeit des Mechanismus der Degradierung sah er darin, dass man die Beschuldigten „aus dem Schutz ihres Alltagscharakters" hob und sie als „außergewöhnlich" darstellte. Sie wurden als typischer Fall eines Schemas identifiziert, das den Vorstellungen von der „natürlichen" und „richtigen" Ordnung von Motiven und Eigenschaften eines guten Bürgers widersprach. Sie wurden „rituell von ihrem Platz in der legitimen Ordnung entfernt" und „fremd" gemacht. (vgl. Garfinkel 1956, S. 80 f.) Damit wurde für den Ankläger und sein Publikum die Richtigkeit der eigenen vertrauten Ordnung wieder einmal bestätigt.

Im Vorgriff auf Garfinkels Theorie der Ethnomethodologie kann man sagen: Die Degradierung diente der *Normalisierung* einer – künstlich erzeugten! – prekären Situation.

Kehren wir zum Beispiel des „faulen", „depressiven" „Schwindlers" Jackson zurück. Neben der Tatsache, dass sich Erklärungen aus der Situation ergeben und als Definitionen objektive Folgen haben, zeigt das Beispiel noch etwas anderes: „Bedeutungen entfalten sich nur innerhalb einer unendlichen Sequenz von praktischen Handlungen." (Mehan und Wood 1975, S. 48) Jackson hatte nur in diesem bestimmten Kontext diese Bedeutungen, und nur in diesem Kontext machen sie Sinn. Worte, Bezeichnungen und Symbole haben keinen Sinn, der über Zeit und Situation hinweg identisch wäre! (vgl. Garfinkel 1964, S. 40) Ihre Bedeutung wird in der konkreten Interaktion hergestellt.

Den Prozess, einer Interaktion durch die Zuweisung von Bedeutungen Sinn zu geben, muss man sich als ein „situationsgebundenes, sich selbst organisierendes und *reflexives* Zusammenwirken" (Cicourel 1972b, S. 115, Hervorhebung H. A.) von individuellem Hintergrundwissen, impliziten Erklärungen, praktischem Alltagshandeln und Sprechen vorstellen. *Reflexiv* ist die Interaktion, weil sich die Sprechenden fortlaufend auf die gemeinsame Geschichte der Interaktion beziehen *(make reference)* und auf die daraus erwachsenen Vorstellungen, wie sie weitergehen wird (vgl. Garfinkel 1964, S. 40). Reflexiv ist aber auch die „sinnvermittelte Konstruktion von Wirklichkeit" *durch* die Interaktion, „da die Handlung durch den dargestellten Sinn erklärbar und – umgekehrt – der Sinn durch die vollzogene Handlung bestätigt wird. Die in einer Handlung erkennbar mitlaufende Wirklichkeitsdefinition sorgt ihrerseits dafür, dass diese Handlung als situationsangemessen, nachvollziehbar und rational erscheint." (Bergmann 1994, S. 6)

Wir entwerfen fortlaufend einen sinnhaften Kontext des Handelns. Diese Prognose bestätigen wir durch unser Handeln, und an sie glauben wir so lange, wie auch die Reaktionen der anderen der Definition der Situation nicht widersprechen. Wird die implizite Prognose aus irgendeinem Grunde enttäuscht, wird eine neue Wirklichkeit handelnd hergestellt. Diese sich vollziehenden Wirklichkeiten sind wie *Sprachspiele,* die „immer wieder erdacht, modifiziert und verworfen" werden (Mehan und Woods 1975, S. 60). Verstanden werden sie, weil die handelnden Personen auf gemeinsames Hintergrundwissen reflektieren, wissen, was in einer bestimmten Situation üblicherweise passiert, und weil sie in der konkreten Situation an den Reaktionen ablesen, welcher Entwurf der Wirklichkeit relevant ist. Dass das alles unmerklich erfolgt, versteht sich von selbst.

12.4 Durch ihr Handeln bringen die Individuen implizit Erklärungen für ihr eigenes Handeln und das der Anderen zum Ausdruck

Das Alltagsdenken fragt nicht, wie es sich begründet und welche Alternativen in Erwägung gezogen werden könnten, sondern fragt „what to do next?". (Garfinkel 1967a, S. 12) Dass wir die Antworten in der Regel sofort parat haben, hängt mit dem *kognitiven Stil der Praxis* zusammen, der oben schon bei Garfinkels Kritik am Symbolischen Interaktionismus angedeutet wurde. Garfinkel schreibt: „A person responds not only to the perceived behavior, feelings, motives, relationships, and other socially organized features of life around him, but more relevantly for the purposes of this program (gemeint das Programm der Ethnomethodologie, Ergänzung H. A.), he is responsive as well to the perceived normality of these events." (Garfinkel 1963, S. 188) Wir definieren Phänomene als *typisch* und *normalisieren* sie so. Wir konstituieren den Alltag als soziale *Ordnung*. Weil wir für typische Phänomene *gleiche* Beziehungen von *Ursache* und *Wirkung* identifizieren, halten wir den Gang der Ereignisse für höchst *wahrscheinlich* und *erwartbar*. Der kognitive Stil der Praxis konstituiert den Alltag als üblichen Rahmen üblichen Handelns. Die Sprache, der wir uns als Mitglieder einer gemeinsamen Welt im Alltag bedienen, ist allerdings keineswegs neutral, sondern mit *Bewertungen* durchsetzt: Sie bringt auch zum Ausdruck, was in dieser Gesellschaft moralisch gut ist und gebilligt wird und was nicht. Indem wir sprechen, bringen wir unsere Vorstellungen einer gerechtfertigten Interaktionsordnung zum Ausdruck und zeigen an, wie gehandelt werden soll.

Die Interaktionen des Alltags sind ein permanentes „looking-and-telling". (Garfinkel 1967a, S. 1) Die Akteure beobachten einander und bringen durch ihr Verhalten zum Ausdruck, wie sie die Situation definieren[6] und was der Sinn ihres Handelns ist. Handeln erfolgt nicht zufällig, sondern aus bestimmten Gründen. Die These der Ethnomethodologie ist nun, dass die Akteure durch ihr Handeln implizit *Erklärungen (accounts)* für ihr Verhalten *anbieten* und diese Erklärungen bewusst oder unbewusst wahrnehmen. In den Interaktionen des Alltags bringen die Individuen durch ihr Handeln implizit Erklärungen für ihr eigenes Handeln und das der Anderen zum Ausdruck und stellen durch diese Definitionen des Sinns die Ordnung der Interaktion kontinuierlich her.

Accounting meint Verstehen und Demonstrieren von Erklärungen für das eigene Verhalten und der Erklärungen, die man für das Handeln der Anderen bereithält, welchen Sinn man seinem Handeln beilegt und welchen Sinn man dem Handeln des Anderen beimisst. Dabei darf aber nicht vergessen werden, dass die Erklärungen nicht frei erfunden werden, sondern eine Vorgeschichte haben: Die Sprache des Alltags versorgt uns mit den Erklärungen, die in dieser Gesellschaft üblich sind. Auf sie greifen wir in der Interaktion zurück. Sie sind das erste Mittel, eine normale Ordnung in eine Interaktion zu bringen, und die Voraussetzung, dass wir uns überhaupt verstehen.

Indem wir den gerade beschriebenen kognitiven Stil der Praxis wechselseitig unterstellen und anwenden, erzeugen wir eine gemeinsame Interaktionswirklichkeit. Im Grunde ist es eine fortlaufende Verschränkung von Erklärungen der Normalität der Wirklichkeit. So jedenfalls kann man Garfinkels schon zitierte These verstehen,

---

[6] Hier denke ich an das Thomas-Theorem. Vgl. oben Abschn. 4.4.3 *Wenn Menschen Situationen als real definieren, sind sie real.*

„that the activities, whereby members produce and manage settings of organized everyday affairs are identical with members' procedures for making those settings *account-able.*" (Garfinkel 1967a, S. 1) Wir handeln und nehmen das Handeln der Anderen wahr unter der stummen Annahme, dass es nachvollziehbare Erklärungen für dieses Handeln gibt und dass die Handlungen diese Erklärungen auch zum Ausdruck bringen.

Accounting ist ein kognitiver, in der Regel unbewusster Prozess, dessen Stufen man sich so klar machen kann: Eine Situation wird nicht umstandslos, sondern so wahrgenommen, als ob sie eine *typische* Situation mit einem bestimmten *Strukturmuster (setting)* ist. Sie wahrzunehmen, innerlich zu beschreiben und zu *erklären* und diese Erklärung durch unser Handeln darzustellen, sind eins. Von dieser *praktischen* Erklärung, denn das ist sie, weil sie in der Praxis des Alltags besteht und sie auch wieder bedingt, sind unsere *Darstellungen* des Alltags bestimmt. Die praktischen Erklärungen sind „Methoden der *Sinndarstellung* und der *Sinnherstellung*". (Eickelpasch 1982, S. 10)

Die praktischen Erklärungen *(accounting practices)* stellen ein „endless, ongoing, contingent accomplishment" einer situationsspezifischen Handlungsordnung dar (Garfinkel 1967a, S. 1). Diese These, dass es sich um eine *kontingente* Herstellung einer Wirklichkeit handelt, verdient kurz Aufmerksamkeit. Zum Bedeutungshof des schillernden soziologischen Begriffes der Kontingenz gehört die Vorstellung, dass sich etwas „zufällig" ergibt. Das heißt aber nicht, dass es sich ohne Vorbedingung ereignet, sondern dass es unter konkreten, wenn auch nicht unbedingt bewussten und schon gar nicht bewusst intendierten Bedingungen der Fall wird. Insofern gehört die zweite Bedeutung von „kontingent" als „zusammenhängend" auch unbedingt zu der ersten. Diese doppelte Bedeutung passt übrigens gut zu Garfinkels These, dass die Handelnden gar nicht an der „Reflexivität" ihrer praktischen Erklärungen interessiert sind (vgl. Garfinkel 1967a, S. 7). Gewissermaßen hinter ihrem Rücken ergibt sich eine spezifische Realität. Sie spiegelt die praktischen Erklärungen der Handelnden, und die Handlungen reflektieren wiederum die immer neu hergestellte Ordnung der Dinge. Deshalb spricht Bergmann auch von einer „Vollzugswirklichkeit". (Bergmann 1988, KE 1, S. 52)

Vor diesem Hintergrund werden auch die beiden Seiten des accounting-Konzeptes deutlich: „Accounting" meint die gleichzeitige Wahrnehmung eines Ereignisses als *bestimmtes* Ereignis, Beschreibung und Bezeichnung dieses Phänomens und die fortlaufende stumme Kommunikation mit Anderen über dieses Ereignis (vgl. Bergmann 1988, KE 1, S. 45). „Durch accounts liefern ego und alter einander Kontexte zur Sinndeutung" und halten sich wechselseitig an, die Interaktionssituation nach diesem Kontext wahrzunehmen." (Patzelt 1987, S. 89)

Hier kommt die zweite Bedeutung von „accounting" ins Spiel: Damit implizite Erklärungen der Situation wahrgenommen werden können, müssen sie auch wahrnehmbar *dargestellt* werden. Garfinkel hat die beiden Seiten des accounting am Fall „Agnes" dargestellt (Garfinkel 1967c).

Beispiel

Agnes wurde als Junge geboren und so erzogen und unterzog sich mit 19 Jahren einer Geschlechtsumwandlung. Obwohl sie sich auch vorher schon in einer anderen Identität gesehen, ihr Geschlecht also anders *erklärt* hatte als die, mit denen sie täglich zu tun hatte, erreichte ihre Erklärungsarbeit nun ein neues Niveau: Sie musste ihre impliziten Erklärungen auch sichtbar und in einem neuen Kontext der Wahrnehmung *darstellen*. „Sie sah sich fortan vor die Notwendigkeit gestellt, ihr Frau-Sein zu kommunizieren, also die Methoden zu studieren und zu erlernen, mit denen sich Frauen wechselseitig als Frauen behandeln und ihr Frau-Sein dokumentieren." (Schützeichel 2004, S. 176 f.) Sie musste die typischen, eben *Ethno*-Methoden erlernen, mit denen sich die Mitglieder der neuen Bezugsgruppe als *normale* Mitglieder wahrnehmen und darstellen.

Nach der Erklärung, wie Interaktionen ablaufen, ist klar, dass es keine objektive und schon gar keine feststehende Realität gibt. Realität ist in der Ethnomethodologie stets das, was in einer konkreten Situation durch bestimmte Methoden als Realität jeweils *dargestellt* wird (vgl. Münch 2003, S. 232). Jede Darstellung produziert eine neue Realität, und wirklich ist nur, was durch Handeln zum Ausdruck gebracht wird. Die Ordnung der Interaktion spielt sich in einer unaufhörlichen Gegenwart ab. Indem wir die Situation definieren und nach dieser Erklärung handeln, wird sie zu dem, was sie ist.

Die Definition der Situation ist ein interaktiver Prozess, in dem sich die Handelnden mithilfe bestimmter „Basisregeln" der Interpretation die Bedeutung einer Situation anzeigen und einen Konsens der Ordnung der Interaktion aushandeln. Das ist die These von Aaron Cicourel.

12.5　Basisregeln: Wie man Reden und Handeln im Alltag normalerweise interpretiert

Cicourel, der sich eng an Garfinkel orientierte, vertrat eine ethnomethodologische Sprachsoziologie und behauptete, dass die Handelnden sich mithilfe bestimmter „Basisregeln" der Interpretation die Bedeutung einer Situation anzeigen und einen Konsens der Ordnung der Interaktion aushandeln (vgl. Cicourel 1970, S. 170 ff.).

Die Handelnden verlassen sich auf den Alltag: Er ist wie er ist – selbstverständlich und geteilt in Gemeinschaft mit anderen. Sie unterstellen, dass er mit den Mitteln des gesunden Menschenverstandes zu bewältigen ist. Dass in der Anwendung des „gesunden Menschenverstandes" schon eine gehörige Portion Theorie, nämlich Erklärung, steckt, fällt ihnen ebenso wenig ein wie der Gedanke, dass der „gesunde Menschenverstand" nicht „einfach so" funktioniert, sondern methodisch vorgeht. Zu diesen Methoden gehört es, die Welt um uns und die Interaktionen, in denen wir als Handelnde und Sprechende auftreten, auf eine ganz bestimmte Weise zu *interpretieren*. Die Regeln der Interpretation sind typisch für eine Gesellschaft und werden nach Ansicht der Ethnomethodologie auch normalerweise und typisch angewandt. Cicourel nennt sie „Basisregeln oder interpretative Regeln". (Cicourel 1970, S. 184) Ich fasse sie so zusammen:

1. Die Interaktionsteilnehmer handeln unbewusst nach der von Schütz oben zitierten Idealisierung der Reziprozität der Perspektiven und nehmen als selbstverständlich an, dass alle den Phänomenen die gleiche Bedeutung beimessen und die Gründe und Zwecke des Handelns weitgehend identisch interpretieren.
2. Die Interaktionsteilnehmer billigen einander zu und erwarten, dass das, was sie sagen, verstehbar ist. Deshalb akzeptieren sie auch vage oder gar unverständliche Ausdrücke in der Annahme, dass sich das Unklare im Laufe des Sprechens klären wird (vgl. Cicourel 1968, S. 32 ff.). Beide Seiten interpretieren ihre Äußerungen als Äußerungen, die üblicherweise nicht in Zweifel gezogen werden (vgl. Cicourel 1970, S. 184). Sie nehmen sogar leichte Widersprüche hin, solange sie annehmen, dass man zur Not genauer nachfragen kann.
3. Interaktionsteilnehmer interpretieren ihre Handlungen unter der Annahme einer akzeptablen Normalform. Deshalb versuchen sie Unterschiede zu glätten und Zweideutigkeiten nach einem normalen Sinn aufzulösen. Bei dieser Normalisierung stützen sie sich auf die Annahme, dass jede Kommunikation in einem Zusammenhang „known in common with others" erfolgt (vgl. Garfinkel 1964, S. 238; Cicourel 1968, S. 34).
4. Für Garfinkel ist das praktische Alltagsdenken (Cicourel nennt es „Interpretationsverfahren") eine Sammlung von wechselseitigen Instruktionen, welche Bedeutung die Interaktionsteilnehmer einer Situation beimessen (vgl. Cicourel 1968, S. 35 f.). Gespräche sind also reflexive, d. h. sich aus der Situation ergebende Erklärungen. Sie vermitteln einen Routine-Sinn

von Ereignissen. Unsere Interpretationsleistung besteht darin, uns der Rück-
koppelung dieses Routine-Sinns zu vergewissern, um über die Angemessenheit von impliziten Erklärungen und expliziten Handlungen entscheiden zu
können.
5. Die Interaktionsteilnehmer interpretieren ein Gespräch unter der Annahme,
   dass es einen normalen Verlauf nimmt. Dazu gehört die Erwartung eines
   geordneten Wechsels der Sprecher, aber auch die Erwartung, dass die Sprecher einander mit kommentierenden Ausdrücken wie „oh je" oder „hmh"
   Orientierungshilfen geben. Außerdem gibt es die konstitutive Erwartung, dass
   sich ein Gespräch dem Inhalt und der Intention nach auf sich selbst und nicht
   auf eine andere Situation bezieht (Selbstreflexivität), dass nicht gelogen wird
   und auch nicht etwas anderes gemeint ist (Cicourel 1968, S. 36).
6. Die Interaktionsteilnehmer verstehen mehr, als in der Situation ausdrücklich angesprochen wird (vgl. Cicourel 1970a, S. 184). Sie interpretieren die
   Umstände der Situation, Mimik, Gestik, Intonation als Teil einer mitlaufenden
   Erklärung. Begriffe werden offensichtlich als Dokumente, „als „Hinweis auf"
   (pointing to) verstanden (Garfinkel 1962, S. 78).

Für diese konstitutiven Regeln der Interpretation gilt das gleiche wie für die von
Schütz beschriebenen konstitutiven Erwartungen der natürlichen Einstellung und
die von Garfinkel dargestellten impliziten praktischen Erklärungen, mit denen
wir den Alltag normalisieren: Sie „schaffen ein *reflexionsloses* Vertrauen in die
Intersubjektivität der Alltagswelt, das von den handelnden Subjekten gewissermaßen als *Vorleistung* in die soziale Interaktion investiert wird" (Eickelpasch
1982, S. 21).

12.6 Missverständnisse, Rechtfertigungen, Entschuldigungen

In den normalen Interaktionen des Alltags erwarten wir nur Handlungen, für die
die Handelnden auch vernünftige Erklärungen abgeben könnten, wenn man sie
denn danach fragte. Weil wir einander unterstellen, dass sich diese Erklärungen
im Rahmen dessen bewegen, was jeder über eine konkrete Situation weiß, verstehen wir uns und handeln immer weiter wie gehabt. Was aber, wenn wir uns
missverstanden fühlen, das Handeln der Anderen nicht unseren normalen
Erwartungen entspricht oder wir für ihr Handeln keine plausible Erklärung finden? Was tun wir, wenn die stille Ordnung der Interaktion gestört wurde und
beide Seiten ein Interesse haben, dass die Interaktion weitergeht? Um diese

Fragen geht es in einem Aufsatz von Marvin B. Scott und Stanford M. Lyman, zwei Soziologen, die den Symbolischen Interaktionismus mit der Ethnomethodologie verbinden. Unter dem Titel „Accounts" wenden sie sich den Methoden zu, mit denen wir eine „Kluft zwischen Handlungen und Erwartungen" *verbal* zu überbrücken suchen (Scott und Lyman 1968b, S. 74).

Die deutschen Übersetzer geben den Begriff „accounts" mit „praktischen Erklärungen" wieder. Im Vergleich zu den oben behandelten impliziten Erklärungen, die wir durch unser Handeln zum Ausdruck bringen und die von allen beteiligten im stummen Konsens als konstitutiv für den Fortgang der Interaktion interpretiert werden, wird der Begriff accounts im Sinne *expliziter* Erklärungen verstanden, die nach einer offensichtlichen Störung der Interaktion die Ordnung wieder restituieren. Normalerweise handeln die Interaktionspartner so, dass es „auf der Basis von intersubjektiv geteilten Hintergrundserwartungen verständlich und akzeptabel" erscheint. Wo diese Erwartungen aus welchen Gründen auch immer nicht erfüllt werden, müssen *praktische* Erklärungen abgegeben werden, damit die Alltagspraxis wieder in Gang kommt.

> „*Accounts* zielen auf die *Normalisierung* von solchen Handlungen, die nicht Erwartungen von Interaktionspartnern entsprechen oder in irgendeinem Sinn als unangemessen erscheinen oder erscheinen könnten. Es geht bei den accounts in der Regel nicht um die Klärung der wirklichen Gründe oder Ursachen von Handlungen, vielmehr kommt es bei diesen Sprechakten auf *praktische* Wirksamkeit im Sinne einer Wiederherstellung des gestörten oder bedrohten Gleichgewichts in der Interaktion an." (Degenhart u. a. 1976, S. 106)

Scott und Lyman unterscheiden zwischen zwei Formen expliziter accounts: *Rechtfertigungen* und *Entschuldigungen*. „Rechtfertigungen sind praktische Erklärungen, in denen man die Verantwortung für die fragliche Handlung übernimmt, die dieser Handlung zugeschriebene negative Eigenschaft jedoch bestreitet." Rechtfertigungen sind Techniken der Neutralisierung. „Entschuldigungen sind praktische Erklärungen, in denen man eingesteht, dass die fragliche Handlung schlecht, falsch oder unangemessen ist, die volle Verantwortung jedoch bestreitet." (Scott und Lyman 1968b, S. 75) Praktische Erklärungen sollen eine Situation vor dem Zweifel wiederherstellen. Das ist auch die Funktion der Rechtfertigungen und Entschuldigungen. Diese beiden Methoden unterscheiden sich nur durch die Zurechnung der Verantwortung.

Praktische Erklärungen orientieren sich an der vermuteten Akzeptanz. Umgekehrt hängt die Akzeptanz aber auch von bestimmten Bedingungen ab. Scott und Lyman nennen vor allem drei Bedingungen: Es muss einen Konsens über die Bedeutung bestimmter Erklärungen geben. Sie müssen also „Teil des gesellschaftlich verteilten Wissensbestandes" sein (Scott und Lyman 1968b, S. 87). Die Erklärung, mit einem Mord die Ehre seiner Schwester gerächt zu haben, wird nur in ganz bestimmten Gesellschaften akzeptiert. Zweitens müssen Erklärungen der Situation angemessen sein. Weder eine zu große Erklärung, noch eine zu dürftige Erklärung wird akzeptiert. Wer dabei erwischt wird, dass er eine Kühltheke ausräumt, und als Erklärung seine harte Kindheit in der fortgeschrittenen Postmoderne anführt, wird ebenso wenig damit durchkommen, wie der, der nur lapidar erklärt „Mundraub!". Und schließlich muss die äußere Erscheinung mit der Erklärung zusammenpassen. Eine Entschuldigung, die hochmütig vorgetragen wird, wird nicht akzeptiert.

Interessant ist in diesem Zusammenhang, dass es typische Sprachstile gibt, in denen praktische Erklärungen abgegeben werden. Scott und Lyman unterscheiden fünf Sprachstile, die „auf einer Skala abnehmenden Grades sozialer Nähe angeordnet" sind (Scott und Lyman 1968b, S. 92).

- Den ersten Sprachstil bezeichnen sie als *intime Erklärungen* in intensiven persönlichen Beziehungen. Hier genügen oft nur einzelne Worte oder visuelle Signale, um ein Verständnis herbeizuführen. So geben sich manche der besten Ehefrauen schon damit zufrieden, wenn der gute Gatte, der schon wieder angeheitert vom Kegeln zurückkommt, ein zerknirschtes Gesicht macht.
- Den zweiten Sprachstil nennen Scott und Lyman *beiläufige Erklärungen*. Das sind die typischen Erklärungen, die von Mitgliedern einer in-group akzeptiert werden. So erklärt der pubertierende Jugendliche sein Zuspätkommen vielleicht mit dem knappen Wort „Ärger mit den Alten". „Typisch für diesen Stil sind Ellipsen, d. h. Auslassungen, sowie Slang." (Scott und Lyman 1968b, S. 92) Die gemeinsamen Hintergrunderwartungen lassen zu, sich auch mit Anspielungen zu begnügen.
- Den dritten Sprachstil kann man als *konsultative Form* bezeichnen. Er wird in Situationen verwandt, in denen der Sprecher nicht sicher ist, „über welches Wissen einer der Hörer verfügt." (Scott und Lyman 1968b, S. 93) Deshalb lässt er Hintergrundinformationen einfließen und testet an der Reaktion, ob mit diesen Informationen eine Basis des Verständnisses geschaffen wird.
- Ein *formaler Stil* von Erklärungen ist üblich bei Gruppen mit streng definierten Positionen. Das gilt z. B. vor Gericht oder in Organisationen. Der formale Stil hängt auch damit zusammen, dass Institutionen ihre Mitglieder mit praktischen Erklärungen versorgen (Scott und Lyman 1968b, S. 89 f.). Das liest sich dann z. B. so: „… sehen wir uns leider gezwungen, die Geschäftsbeziehungen zu Ihnen auf eine neue Basis zu stellen, da Sie zu wiederholten Malen …".

- Schließlich gibt es einen fünften Sprachstil, den Scott und Lyman als *„formelhaften Stil"* *(frozen style)* bezeichnen. Diesen Stil identifizieren sie zwischen Personen, zwischen denen eine Barriere – sozialer oder materieller Art – besteht: Aufseher reagieren so auf ihre Gefangenen und die Telefonvermittlung auf den wütenden Anrufer. Wo das endet, wird einem spätestens klar, wenn eine teilnahmslose Stimme uns seit drei Minuten erklärt, dass zurzeit leider alle Plätze besetzt sind.

Bisher ging es darum, dass praktische Erklärungen akzeptiert wurden. Es gibt aber den Fall, dass Erklärungen nicht akzeptiert werden. Die Gründe, dass sie nicht akzeptiert werden, können sein, dass sie für unvernünftig gehalten werden, oder dass man sie für nicht legitim hält. Gründe für diese Weigerung, eine Erklärung zu akzeptieren, können sein, dass die Erklärung nicht dem Ernst der Lage entspricht oder dass das Motivvokabular in diesem Kreis nicht gilt (Scott und Lyman 1968b, S. 88).

Manchmal geht es auch gar nicht um das Akzeptieren oder Nichtakzeptieren von Erklärungen, sondern darum, dass Erklärungen vermieden werden. Dann werden „Metaerklärungen" abgegeben, die natürlich nichts erklären wollen. Dann raunt man vielleicht von irgendwelchen geheimnisvollen Gründen oder verweist auf Andere, die Erklärungen abgeben könnten. Auch hier zeigt sich, dass wir ein ganzes Arsenal von Methoden beherrschen, um das Alltagshandeln selbst dann noch in Gang zu halten, wenn wir uns außerhalb eines gemeinsamen Sinnhorizontes stellen. Doch so weit kommt es im Alltag nur selten, und normalerweise sind wir kompetent, so zu handeln wie die Anderen auch. Warum das funktioniert und mit welchen Methoden uns das normalerweise gelingt, hat die Ethnomethodologie gezeigt.

12.7 Praktische Methoden, Interaktionen in Gang zu halten, und was passiert, wenn jemand „trouble" macht

Um herauszufinden, was sich in normalen Interaktionen im Alltag in unserem Kopf abspielt, griff Garfinkel in diesen ganz normalen Alltag ein und machte „trouble". (Garfinkel 1963, S. 187) Er führte Krisenexperimente durch, in denen eigens instruierte Personen systematisch gegen konstitutive, selbstverständliche Erwartungen *verstießen (breaching)* (Garfinkel 1964, S. 37). So wurde z. B. ein Professor, der im Restaurant einen Tisch reservieren wollte, selbst als Ober behandelt, der eine Dame zu ihrem Tisch geleiten sollte (vgl. Garfinkel 1963, S. 224 f.). In einem anderen Experiment verweigerte jemand die normalen Floskeln der Begrüßung, und in einem dritten sahen sich Personen in einem alternativen Beratungsprojekt mit überraschenden Antworten auf ihre Lebensfragen konfrontiert. Was wollte Garfinkel mit diesen Krisenexperimenten, auf die ich gleich näher eingehe, erreichen?

Er wollte erstens zeigen, dass gemeinsames Handeln auf der Basis eines naiven Vertrauens darauf erfolgt, dass alle Beteiligten die als selbstverständlich angenommenen Bedingungen des Handelns als „normative" Ordnung ansehen und sich deshalb an die gleiche konstitutive Ordnung des Handelns gebunden fühlen (vgl. Garfinkel 1963, S. 187 und S. 193 ff.). Zweitens wollte er schauen, von welchen impliziten Vorannahmen *(presuppositions, constitutive expectancies)* dieses Vertrauen abhängt und was passiert, wenn es erschüttert wird. Aus den Reaktionen hoffte er drittens ablesen zu können, mit welchen Methoden die Aufgestörten ihren Alltag wieder in eine *normale Ordnung* zu bringen suchen (Garfinkel 1963, S. 219 f.).

Neben diesen berühmt-berüchtigten Krisenexperimenten ließ Garfinkel Alltagsgespräche protokollieren, um herauszufinden, wie Sprache als implizite Ordnungsleistung eingesetzt wird. In allen diesen empirischen Untersuchungen geht es darum, die „formalen Strukturen praktischer Handlungen *(practical actions)*" aufzudecken, mit denen wir die Ordnung des gemeinsamen Alltags konstituieren resp. „wiederherstellen", wenn sie gestört wurde (vgl. Garfinkel und Sacks 1970, S. 138 und S. 141). Garfinkel suchte „durch methodisch eingesetzte Verfremdung der Situation", die von seinen Studenten schnell als „garfinkeling" bezeichnet wurde, „Einblick in das operative Fundament alltäglicher, routinisiert ablaufender Handlungsvollzüge zu gewinnen" (Eickelpasch 1982, S. 21).

Die Einblicke förderten die Erkenntnis zutage, dass die Handelnden die Ordnung für ihr Handeln erst in der Situation schaffen, und sie tun es mit typischen, eben *Ethno*-Methoden.

12.7.1 Die dokumentarische Methode der Interpretation oder: Warum wir in der Regel schnell wissen, worum es geht

Eine konstitutive Bedingung der Aufnahme von sozialen Beziehungen und ihrer Aufrechterhaltung in sozialen Interaktionen ist die Annahme der Individuen, *dass* sie einander verstehen können. Sie gehen ganz selbstverständlich davon aus, so habe ich oben Psathas zitiert, zumindest so viel von der Welt der Anderen „zu wissen, was wichtig ist zu wissen". (Psathas 1968, S. 277) Sich zu verstehen, scheint eine konstitutive Erwartung der Handelnden zu sein (vgl. Legnaro 1974, S. 630). Einige Erklärungen für diese implizite Erwartung haben wir oben (wechselseitige Perspektiven; Dinge, die jeder weiß) gelesen. Eine weitere ist, dass wir unterstellen, dass das gesellschaftliche Wissen auch von allen Mitgliedern der Gesellschaft in der gleichen Weise *benutzt* wird (vgl. Garfinkel 1962, S. 76). Die Frage ist nun, *wie* es denn benutzt wird. Garfinkel bezeichnet den Modus, auf der Basis des Alltagswissens Entscheidungen über den Sinn einer Situation, Fakten und strukturelle Zusammenhänge zu treffen, als *dokumentarische Methode der Interpretation* (vgl. Garfinkel 1962, S. 78).

Diesen Begriff hat Garfinkel von dem Wissenssoziologen Karl Mannheim übernommen, aber er benutzt ihn in einem etwas anderen Sinne. Während es bei Mannheim um die Erschließung des „eigentlichen" Sinnes eines Phänomens geht, wird mit der dokumentarischen Methode der Interpretation im Sinne Garfinkels nur angenommen, dass es ein *Muster* hinter den Phänomenen gibt. Was wir wahrnehmen, gilt uns als ein „Beleg für" *(document of),* als „Hinweis auf" *(pointing to)* oder als ein „Ausdruck von" *(standing on behalf of)* eines bestimmten zugrunde liegenden Musters (Garfinkel 1962, S. 78). Im Sinne von Alfred Schütz nehmen wir Phänomene als *typische* Dokumente für ein Schema, das wir aus ähnlichen Zusammenhängen schon kennen.

Indem wir auf „ähnliche" Erfahrungen zurückblicken, die sich zu einem *Erklärungsschema* verdichtet haben, blicken wir zugleich nach vorn, denn wir erwarten, dass unter den angenommenen Umständen diesem Schema entsprechende Handlungen erfolgen werden (vgl. Garfinkel 1961b, S. 209). Mit der Methode der dokumentarischen Interpretation erklärt sich der Alltagshandelnde den Sinn der Ereignisse. Er „bringt Ordnung" in die Phänomene – und zwar in eine bekannte Ordnung! (vgl. Garfinkel und Sacks 1970b, S. 131 ff.) Die Methode funktioniert im Alltag, dessen Routine fast jede Denkfaulheit erlaubt, quasi automatisch. Wir sehen, wie jemand einem Bettler einen Euro gibt, und wissen „Mildtätigkeit"; wir sehen, wie unsere Kollegin das beim Betriebsausflug macht, und wissen „will sich in Szene setzen!". Meist bleibt auch gar nicht die Zeit, hinter alle Umstände zu blicken und mehrere Handlungsmöglichkeiten durchzuspielen. Wir müssen in kürzester Zeit entscheiden, was als nächstes zu tun ist und wie es zu tun ist. Um dies zu entscheiden, müssen wir noch schneller erkennen, worum es in der konkreten Situation geht und was die einzelnen Phänomene bedeuten. Mit der dokumentarischen Methode der Interpretation bringen wir Ordnung in eine Situation und verstehen ihren Sinn.

Dass diese Methode selbst in unsinnigen Situationen, wo Ordnung nicht erkennbar ist, funktioniert, hat Garfinkel ebenfalls in einem Krisenexperiment geprüft.

Dazu lud er Studenten ein, an einem „alternativen" Konzept psychotherapeutischer Beratung teilzunehmen. Sie sollten am Beginn des Gespräches dem Therapeuten, der in einem anderen Raum saß, ihr persönliches Problem (einen Konflikt mit dem Vater) schildern und dann dazu 10 Fragen stellen. Die Fragen mussten so formuliert sein, dass nur mit „ja" oder „nein" zu antworten war. Die Antworten des Beraters waren aber vorher nach dem Zufallsprinzip festgelegt worden, und die Abfolge der Antworten war für alle Fälle die gleiche. Als die Studenten später über die Beratung berichteten, stellte sich heraus, dass jeder versuchte, selbst hinter unerwarteten oder gar widersprüchlichen Antworten noch einen tieferen Sinn zu identifizieren. So erklärte ein Teilnehmer, er sei von der Antwort schon sehr überrascht gewesen, aber vielleicht könne ein Außenstehender die Situation ja viel objektiver beurteilen, und unter einer bestimmten Perspektive mache die Antwort dann doch Sinn. Die Teilnehmer suchten nach einem Muster, für das die Antworten Dokumente waren (vgl. Garfinkel 1962, S. 79 f.).

Eine Erklärung, warum wir uns mit der dokumentarischen Methode der Interpretation schnell und praktisch die Wirklichkeit ordnen, war, dass wir ein gemeinsames Wissen unterstellen und davon ausgehen, dass alle es in der gleichen Weise anwenden. Deshalb ziehen die Interaktionsteilnehmer „üblicherweise die Äußerungen" der anderen auch „nicht in Zweifel", sondern gehen „selbstverständlich davon aus, dass jeder von ihnen versteht, was sie mit ihren Äußerungen *sagen* und *meinen*". (Cicourel 1970, S. 184 f., Hervorhebung H. A.) Diese Differenz ist für die Ethnomethodologie wichtig, denn das *Gemeinte* kann durchaus mehr als das nur Gesagte sein! Dass in dieser Hinsicht ein gesundes Misstrauen angebracht ist, lehrt uns schon das Leben, wo wir aus dem Schaden der frommen Lügen, politischen Versprechen oder aufdringlichen Verkaufsgesprächen manchmal sogar klug werden. Garfinkel richtet den Blick aber auf eine andere normale Ordnung des Sprechens. Obwohl dort offensichtlich immer etwas anderes, als objektiv gesagt wurde, im Raum steht, funktioniert sie.

Garfinkel schildert ein Gespräch zwischen Eltern, bei dem die Interaktion offensichtlich genau so funktionierte, der protokollierende Beobachter aber Schwierigkeiten hatte, über das Gesagte hinaus Gemeintes festzustellen. Als er auf der linken Seite des Blattes hinschreiben sollte, was gesagt wurde, und rechts, was wohl gemeint war, fiel ihm nichts ein. Garfinkel hat dann mit einem

Kommentar auf den Unterschied zwischen beidem hingewiesen. Ich fasse das
Gespräch in meinen Worten zusammen und formuliere Garfinkels ursprünglichen
Kommentar bewusst tendenziös um:

Er: Dana hat die Parkuhr heute alleine geschafft.	Du erinnerst Dich, wie Dana gequengelt hat, den Dime selbst in die Parkuhr zu werfen und wir ihn immer hochheben mussten. Jetzt ist er groß und ganz stolz.
Sie: Warst Du im Schallplattenladen?	(Erinnert sich an den Schallplattenladen, wo Dana sich mal so fürchterlich angestellt hat.) Was machst Du denn im Schallplattenladen?
Er: Nein, im Schuhladen.	
Sie: Warum?	Wieso bist Du denn im Schuhladen gewesen?
Er: Ich brauchte ein paar Schnürsenkel.	
Sie: Deine Stiefel brauchen dringend neue Absätze.	Wann lässt Du Dir endlich neue Absätze machen?!
(sehr frei nach Garfinkel 1964, S. 38f.)	

An diesem Gespräch (das Sie natürlich gerne anders kommentieren dürfen!) wird
deutlich, dass sich die Interaktionspartner auf weitere Kontexte beziehen und
unterstellen, dass dem anderen diese weiteren Kontexte ebenfalls präsent sind.
Würde ein Außenstehender nur die Sätze lesen, müsste ihm das Gespräch ziemlich absurd vorkommen. Die Sprecher dagegen sind offensichtlich in der Lage,
ihre Äußerungen als „Hinweis auf", als „Dokumente für" einen zweiten oder dritten, nicht ausgesprochenen Sinnzusammenhang zu identifizieren. Alte Kollegen
und erprobte Ehepaare beherrschen diese Kunst, zwischen den Zeilen zu lesen.
Wenn der eine anhebt und der andere sagt, das ging ihm gerade auch durch den
Kopf, dann ist das ein Beleg nicht nur für die Fähigkeit, parallele, gemeinsame
Kontexte im Hinterkopf zu haben, sondern auch für das Vertrauen, dass der
andere den Anschluss an den gemeinten Kontext auch findet.

Wie begründet sich dieses Vertrauen? Immerhin gibt es zwischen dem
Gesagten Lücken, in die man ja im Prinzip alles Mögliche hineininterpretieren
könnte. Doch das tun die vertrauten Interaktionspartner nicht, sondern sie füllen die Lücken mit ihrem gemeinsamen biografischen Wissen auf. Dem soziologischen Beobachter stand dieses Wissen nicht zur Verfügung, und deshalb
musste ihm die Sequenz der Fragen und Antworten auch unverständlich bleiben.
Damit kommt eine weitere Bedingung des wechselseitigen Verstehens ins Spiel:
der *Zeitpunkt*, an dem über ein bestimmtes Thema gesprochen wird. Es gibt keine
Ausdrücke, die über alle Zeiten und Gelegenheiten hinweg den gleichen Sinn
haben (vgl. Garfinkel 1964, S. 40). Von der Parkuhr kommt man nur dann auf
abgelaufene Absätze, wenn man eine gemeinsame biografische Vergangenheit
teilt und die Bezugskontexte erinnerlich sind.

12.7.2 Das Problem der Indexikalität

Für die schon erwähnten Marvin B. Scott und Stanford M. Lyman besteht Gesellschaft nicht in normativen Strukturen, sondern in den Beziehungen *(relations)* zwischen handelnden Individuen. Und den „Grundstoff menschlicher Beziehungen" bildet das Sprechen *(talk)* (vgl. Scott und Lyman 1968a, S. 489, 1968b, S. 73). Durch Sprechen machen wir „kommunikative Handlungen accountable". (Schützeichel 2004, S. 190).

In der Sprache einer Kultur sind die *kollektiven Bedeutungen* der Phänomene abgelagert. Die Sprache ist eine implizite Theorie der Welt; mit ihr machen wir uns die Welt klar, und mit dem Instrument der Sprache verfügen wir über sie – beides allerdings meist unbewusst und nicht intendiert. Denn die Welt des normalen Sprechens, die Alltagswelt, wird für *selbstverständlich (taken for granted)* gehalten (vgl. Garfinkel 1964, S. 35 f.). Die Sprache transportiert das *kulturelle Wissen* um den *Sinn* einer Situation. Indem wir in der Sprache dieser Gesellschaft sprechen, übernehmen wir auch ihre impliziten Erklärungen, wie die Dinge des Alltags zusammenhängen und wie Interaktionen normalerweise funktionieren. Wir verstehen einander, weil wir in der gemeinsamen Sprache den Alltag im Allgemeinen erklärt sehen und fest davon ausgehen, dass wir mittels Sprache auch eine konkrete Interaktion – wenn das erforderlich würde – jederzeit erklären könnten.

Doch manchmal verstehen wir uns nicht auf Anhieb, weil jemand Wörter oder Phrasen verwendet, deren Sinn ein Hörer nicht erschließen kann, wenn er nichts über die Biografie und die Absichten des Sprechers, die aktuellen und voraufgegangenen Umstände des Gesprächs oder die aktuelle oder mögliche Interaktion zwischen ihm und dem Benutzer dieser Ausdrücke weiß (vgl. Garfinkel 1964, S. 40; Garfinkel und Sacks 1970, S. 143). Diese Ausdrücke, die einen bestimmten, fürs erste nur dem Sprecher präsenten Sinnzusammenhang „indizieren", werden in der Ethnomethodologie als *indexikalische Äußerungen* bezeichnet. Zur Erinnerung: Er und Sie wären in dem gerade berichteten Gespräch nicht von „Dana" auf „neue Absätze" gekommen, wenn sie nicht den jeweiligen Kontext präsent gehabt hätten (und ihn beim Anderen nicht unterstellt hätten!), auf den diese Ausdrücke verweisen.

Indexikalische Begriffe repräsentieren einen individuellen Erfahrungskontext, aber werden naiv – oder auch strategisch! – zur Erklärung der gemeinsamen Handlungssituation eingesetzt.

Typische indexikalische oder *Kontextbegriffe* sind z. B. Namen, spezifische Bezeichnungen und Fachausdrücke. Wenn mir z. B. eine Bekannte, die als Inspizientin am Theater arbeitet, erzählt, „dass Dieter gestern bei der GP natürlich wieder mal einen Hänger hatte", erwartet sie selbstverständlich, dass ich mich an den Schauspieler Dieter erinnere, von dem sie häufiger erzählt hat, dass GP das Kürzel ist, mit dem insider von einer Generalprobe beim Theater reden, dass ein Hänger der gefürchtete Aussetzer auf der Bühne ist und dass ich ihr erfahrungsgesättigtes Urteil über Dieter – den ich spätestens beim Wort „natürlich" natürlich zu kennen habe! – als Erklärung für das, was sie mir als nächstes erzählen wird, übernehme. Indexikalische Äußerungen sind Dokumente eines *spezifischen* Kontextes, aber unter der Hand verwenden wir sie zur Erklärung und Darstellung eines neuen Kontextes.

Aber nicht nur Spezialausdrücke sind indexikalische Ausdrücke, sondern auch Alltagsbegriffe wie „dann", „hier" oder „natürlich" oder einfach „der", „die" oder „das" in einer fortgeschrittenen Rede. Indexikalische Ausdrücke setzen soziale Nähe und Vertrautheit voraus und *vereinnahmen*. Indem wir sie ganz selbstverständlich verwenden, ziehen wir den anderen in den Horizont unserer impliziten Erklärungen hinein. Wir unterstellen, dass er unsere Äußerung, die einen *anderen* Kontext repräsentiert, als angemessene Darstellung unseres gemeinsamen Handlungskontextes versteht und akzeptiert. Indexikalische Ausdrücke beanspruchen Anerkennung als situatives Referenzmittel. Für diejenigen, die sie kennen, sind sie Erleichterungen. Ein Wort genügt, und schon verdrehen alle die Augen. Für die anderen sind sie ein Ärgernis, weil sie nicht wissen, was gemeint ist. Der Strom der fortlaufenden, *konzertierten* Erklärung und Darstellung der Situation ist unterbrochen!

Im Grunde steht *jede* Äußerung im Alltag in einem doppelten Kontext: in einem vergangenen, sinnhaften Kontext, auf den sie sich implizit bezieht, und in einem aktuellen, in dem sie Sinn produzieren soll. Wenn der vergangene Kontext nur dem Sprecher bekannt ist, entsteht zumindest Unsicherheit auf der Seite des Hörers. Warum ist Kommunikation trotz prinzipieller Indexikalität möglich? Eine Erklärung ist, dass wir „Indexikalität zu heilen" suchen (Garfinkel und Sacks 1961, S. 214). Die Ethnomethodologie nennt das *Entindexikalisierung*. Eine Strategie im Alltagshandeln ist, *Erklärungen* einzufordern. Dazu gehört allerdings ein gewisses Selbstbewusstsein, denn es könnte ja sein, dass alle anderen wissen, wovon die Rede ist, und man sich durch seine Nachfrage als outsider oder als intellektuell zurückgeblieben („Wie, das kennen Sie nicht?") bloßstellt. Der Sprecher kann aber auch von sich aus Erklärungen anbieten, wenn er merkt, dass der Andere der Kommunikation schlicht nicht folgen konnte oder die eigentliche Botschaft nicht mitbekommen hat.

Mit der Methode der Einforderung und Abgabe von *Erklärungen* stellen die Handelnden einen gemeinsamen Sinn der Interaktion wieder her, der kurzfristig infrage gestanden hat. Viel häufiger als Nachfragen und Erklärung ist aber die *Hinnahme* der indexikalen Besonderheit *im Moment*: Man hofft im Stillen, dass sich das, was man im Augenblick noch nicht versteht, im Laufe der Kommunikation noch klären wird.

12.7.3 Der vage Kontext des Sprechens oder: Der Alltag verträgt keine Anstrengung des Begriffs

Im Grunde ist natürlich jedes Wort ein indexikalischer Begriff, der einen ganz bestimmten Sinn mit sich trägt. Da uns die allermeisten Wörter aber im Prozess der kulturellen Sozialisation vertraut geworden sind, wissen wir in aller Regel auch, wovon die Rede ist – zumindest ungefähr! Damit kommt eine weitere Erklärung ins Spiel, warum und wie Kommunikation im Alltag funktioniert: Das Sprechen im Alltag ist normalerweise nicht präzise, sondern erfolgt in einem *vagen Kontext (specific vagueness of references),* und die meisten Ausdrücke haben unscharfe Ränder *(fringes)* (vgl. Garfinkel 1964, S. 41). Im Prinzip müsste die Vagheit Tür und Tor für Missverständnisse öffnen, aber das tut sie nicht, im Gegenteil: Wer sie nicht akzeptiert, bringt die normale Ordnung des Sprechens und Verstehens durcheinander, wie folgendes Krisenexperiment zeigt, in dem Garfinkel Studierende anstiftete, einen ahnungslosen Bekannten, das Opfer, zu einer genauen Explikation seiner Worte zu provozieren:

Beispiel

Opfer: „Wie steht's?"

    Nachfrager: „Wie steht es mit was? Meiner Gesundheit, meinen Geldangelegenheiten, meinen Aufgaben für die Hochschule, meinem Seelenfrieden, meinem ...?"

    Opfer (rot im Gesicht und plötzlich außer Kontrolle): „Hör mal zu. Ich wollte einfach höflich sein. Offen gesagt, es kümmert mich einen Dreck, wie es mit dir steht!"

    (nach Garfinkel 1961b, S. 207 und 1964, S. 44)

Zum common sense gehört, dass man Begriffe nicht wörtlich nehmen darf.[7] Die Vagheit der Sprache ist wohltuend! Ein „schwacher Konsens" (Cicourel 1970a, S. 172) ist für die Alltagskommunikation bei weitem tragfähiger als eine

---

[7] Ein großer Meister in der Kunst, Dinge wörtlich zu nehmen, war natürlich Till Eulenspiegel. Aldo Legnaro (1974) hat ihn ethnomethodologisch gewürdigt.

wissenschaftlich exakte Begrifflichkeit! Würde eine Frau nach der Trauung zu ihrem Mann sagen: „Ich liebe Dich. Was ich damit meine, kannst Du im Brockhaus unter L nachlesen." würde das nicht gerade förderlich für die Beziehung sein, wie auch der korrekteste aller Ehemänner mit der Ankündigung, er würde „um 17.42" da sein, auf Dauer wohl Probleme mit der kochenden Hausfrau bekäme.

Dass vage Begriffe in einer konkreten Situation, das heißt zu einem *bestimmten* sozialen *Zeitpunkt* und von einer bestimmten *Dauer,* den Fortgang des Verstehens nicht beeinträchtigen, kann man damit erklären, dass die Sprecher mithilfe der dokumentarischen Interpretation eine *Erklärung* des Gehörten konstituieren, die sie so lange im Spiel halten, wie sie durch die nächsten Ereignisse nicht infrage gestellt wird. Für die Hinnahme und übliche Verwendung vager Begriffe gibt Garfinkel eine Erklärung, die oben schon bei der Erklärung des Vertrauens als konstitutiver Bedingung konzertierten Handelns erwähnt wurde: Das praktische Alltagsdenken operiert mit bestimmten „constitutive expectancies", die als „*seen but unnoticed* background of common understandings" fungieren (Garfinkel 1963, S. 219 f. und 1964, S. 44). Zu diesen Hintergrunderwartungen gehören die von Schütz beschriebenen Idealisierungen und die selbstverständliche Erwartung, dass es einen Konsens über die *Bedeutung der Phänomene* gibt. Im Vertrauen auf diesen Konsens gelingt es den Alltagshandelnden, „den Sinn und den Wirklichkeitscharakter von (in vagen Worten zum Ausdruck gebrachten, Ergänzung H. A.) Ereignissen und Sachverhalten für praktische Zwecke ‚festzustellen' (im doppelten Sinne des Wortes)". (Eickelpasch 1982, S. 20)

Diese Kompetenz gehört zu den *Basisregeln,* nach denen wir Reden und Handeln im Alltag normalerweise verstehen – und nach denen wir handeln.

12.7.4 Konstitutive und konventionelle Regeln

Eine stillschweigende alltagsweltliche Annahme ist, dass es in der Gesellschaft Regeln des Verhaltens gibt, die allen bekannt sind, und aus dieser Annahme folgt die selbstverständliche Erwartung, dass sich jeder auch daran hält. Doch die Bandbreite der Regeln ist je nach Situation unterschiedlich. Deshalb unterscheidet Garfinkel auch zwischen *konstitutiven Regeln (constitutive rules)* und *freiwilligen* oder *konventionellen Regeln (preferred rules)* (Garfinkel 1963, S. 191 f.). Konstitutive Regeln sind unabdingbar und müssen befolgt werden; konventionelle Regeln können befolgt werden, aber wenn sie nicht befolgt werden, funktioniert eine Interaktion dennoch. Wenn sich z. B. zwei lieben und heiraten wollen, dann sehen sie sich mit solchen gesellschaftlichen Regeln konfrontiert: soll die Partnerschaft rechtlich verbindlich gemacht werden, ist in westlichen Zivilisationen konstitutive Regel, sie amtlich bestätigen zu lassen; eine konventionelle Regel in dieser Gesellschaft ist, das freudige Ereignis auch noch durch die Kirche beglaubigen zu lassen oder wenigstens mit einem großen Fest zu feiern.

Den Unterschied zwischen konstitutiven und konventionellen Regeln kann man sich gut an einem Schachspiel klarmachen. Eine konstitutive Regel beim Schach ist, dass die Spieler nacheinander ziehen. Wenn nun jemand beanspruchen würde, zehn Züge hintereinander zu machen, wäre kein Schachspiel möglich. Eine konventionelle Regel wäre, dass der Spieler, der dran ist, seine Figur anfasst und gleich zieht. Würde er die Figur anfassen, nach einigem Zögern aber doch mit einer anderen ziehen, verstieße er zwar gegen eine konventionelle Erwartung, aber im Prinzip könnte das Spiel dennoch weitergehen. Doch es scheint, dass wir auch leichte Abweichungen von solchen konventionellen Regeln, die für die Interaktionsordnung nicht essenziell sind, aus Prinzip ablehnen.

Beispiel

Als Garfinkel einen Schachspieler anstiftete, seine Figuren auszutauschen, ohne ihre Positionen zu verändern, und einen anderen, die Figur wie einen Würfel in der Hand zu schütteln, bevor er zog, lehnten einige Partner es ab, weiterzuspielen. Eine Regel, die diese Form zu spielen verbot, konnten sie nicht benennen (vgl. Garfinkel 1963, S. 199).

An diesem Experiment wurde noch etwas anderes deutlich. Einige Partner versuchten nämlich, für sich die „verrückte" Situation wieder in Ordnung zu bringen, indem sie dem soziologischen Beobachter erklärten, hier habe sich einer einfach einen Scherz erlaubt oder wahrscheinlich sei das Ganze auch nur ein witziges Experiment gewesen. Garfinkel zog daraus den Schluss, dass wir auf Verstörungen in den Interaktionen des Alltags mit Strategien der *Normalisierung* reagieren, kurz: „to restore the normal character" des falschen Verhaltens „within the normative order" (Garfinkel 1963, S. 205). So willkürlich konventionelle, nirgendwo festgeschriebene Regeln auch sein mögen – in unseren Vorstellungen von der richtigen Ordnung der Dinge haben sie einen hohen Stellenwert. Das wies Garfinkel in einem Krisenexperiment zur Interaktion zwischen Studenten und ihren Eltern nach.

Beispiel

Die Studenten waren angewiesen worden, sich bei ihrem Besuch zu Hause wie höfliche Gäste zu verhalten, die z. B. das Essen überschwänglich lobten, nur redeten, wenn sie gefragt wurden, und um Erlaubnis baten, zur Toilette gehen zu dürfen. Erst fragten die Eltern, was das Ganze soll. Schließlich erklärten sie sich die Sache so: ihr Kind sei offensichtlich überarbeitet und deshalb nicht richtig bei der Sache (vgl. Garfinkel 1964, S. 47 f.). Der Verstoß gegen die üblichen Regeln wurde „richtig" eingeordnet, d. h. normalisiert.

Zu den konventionellen, d. h. von „allen normal Denkenden" *bevorzugten*, freiwilligen Regeln im Alltag gehört auch, in sozialen Interaktionen einen bestimmten körperlichen Abstand zu wahren.[8] So nehmen wir nur im Notfall, z. B. im Aufzug, hin, wenn andere nahe an uns heranrücken.

Eine konventionelle Regel der Interaktionen des Alltags ist offensichtlich, Regeln nicht zu reflektieren. An den Krisenexperimenten wird aber noch etwas anderes deutlich: Der Alltag hat einen „life-as-usual"-Charakter und konstituiert sich über bestimmte *Normalitäts*annahmen, die durchaus normativ wirken (Garfinkel 1964, S. 37). Die Alltagshandelnden erheben nämlich das, was sie individuell bevorzugen, erst in den Rang des Üblichen und dann in den Rang einer „natürlichen oder moralischen Ordnung". (vgl. Garfinkel 1963, S. 188) So lange das nicht thematisiert wird, wirken schon die üblichen Darstellungen als Regeln, die Ordnung schaffen!

Eine moralische Ordnung verlangt Zustimmung. Wir signalisieren sie durch die Einhaltung der sozialen Regeln. Unser Handeln bringt die üblichen Erklärungen, wie man sich in einer bestimmten Situation verhalten soll, zum Ausdruck und erfüllt dadurch die impliziten Erwartungen an normales Verhalten. Um die zweite Konnotation des Begriffes „accounting" anzusprechen, kann man auch sagen: Wir *stellen* die impliziten, normalen Erklärungen einer Interaktion *explizit richtig dar*. Nun kann es aber vorkommen, dass die impliziten Erwartungen an eine normale Darstellung einer Situation enttäuscht werden. Der eine will sie vielleicht partout nicht erfüllen und erscheint auf dem Standesamt im Hawaiihemd, der andere kennt die Konventionen nicht und kommt zum Polterabend mit Schlips und Kragen, der

---

[8] Um zu zeigen, was passiert, wenn man diese freiwillige Regel nicht einhält, habe ich einmal Studenten angeregt, sich in einer fast leeren Straßenbahn neben einen Fahrgast zu setzen. Alle Fahrgäste waren zunächst überrascht. Einige rückten missbilligend zur Seite. Die allermeisten standen auf und setzten sich woanders hin.

dritte hat nicht mitbekommen, dass der Gastgeber für den Stadtrat kandidiert, und schwadroniert über die notorische Geltungssucht von Möchtegernpolitikern. Missverständnisse pur!

In solchen Fällen, wo gegen konventionelle Regeln verstoßen wurde, sind – wie oben gezeigt – explizite „accounts", z. B. in Form von Entschuldigungen und Rechtfertigungen, vonnöten (vgl. Scott und Lyman 1968b, S. 75). Sie dienen dazu, falsche Eindrücke zu korrigieren und Diskrepanzen zwischen Handlungen und Erwartungen zu *normalisieren* (vgl. Garfinkel 1963, S. 188).

12.8   Interaktionen am Arbeitsplatz: instructed actions, konzertierte Produktion einer Handlungsordnung

War bis hierhin in der Ethnomethodologie die *Interpretationsarbeit* der Akteure in normalen Interaktionen des Alltags das Thema, also die Frage, wie Akteure beim Vollzug ihrer Handlungen Methoden einsetzen, ihr Handeln als erklärbar *(accountable)* darzustellen, und wie sie mit diesen „accounting practices" kontinuierlich Ordnung in alltägliche Interaktionen bringen, wendet sich Garfinkel später *Interaktionen am Arbeitsplatz* zu. Versteht man gemeinsame Arbeit als eine *konzertierte* Aktion zur Herstellung einer bestimmten Handlungsordnung, dann stellt sie sich aus der Sicht der Ethnomethodologie als eine permanente Verschränkung von „teaching and learning" dar. Die praktischen Aktivitäten im Vollzug der Arbeit sind „Pädagogiken" *(pedagogies, tutorial problems)* (Garfinkel 1996, S. 9).

Garfinkel geht davon aus, dass die üblichen Umschreibungen *(glossing)* der Arbeit, wie wir sie aus Stellenbeschreibungen, Arbeitsanleitungen oder schriftlichen Verhaltensregeln kennen, nichts darüber aussagen, was die Akteure wirklich tun und wie sie tatsächlich Ordnung in ihre Praxis vor Ort *(local production)* bringen. Seine These ist, dass die Ordnung der Praxis nicht eine vorab festgelegte Theorie spiegelt, sondern durch situationsspezifische „embodied practices" erlernt und fortlaufend erzeugt wird. Darunter kann man die praktischen Methoden *(worksite practices)* zur Lösung situationsspezifischer Probleme verstehen, die uns in konkreten Arbeitsvollzügen einverleibt *(incarnate)* wurden (Garfinkel 1996, S. 12 ff.). In Fortführung eines Gedankens von John Dewey könnte man sagen: Praxis ist learning by doing by learning. „Erst im Laufe der praktischen Tätigkeit erlernt der Akteur die Kompetenz, Arbeitsvollzüge ,richtig' auszuführen, mit Unwägbarkeiten und Unvorhergesehenem fertig zu werden und situativ ,vernünftige' Entscheidungen zu fällen." (Eberle 1997, S. 267)

Die Interaktionsstudien zur Arbeit decken das Wissen auf, „das sich in der selbstverständlichen Beherrschung kunstfertiger Praktiken materialisiert und das für die erfolgreiche Ausführung einer bestimmten Arbeit konstitutiv ist. Sie zielen damit auf die empirische Analyse von Kompetenzsystemen ab, die für einen bestimmten Typus von Arbeit charakteristisch sind und ihm seine Identität verleihen." (Bergmann 2000, S. 131) In teilnehmender Beobachtung oder auch mit Hilfe von Feldinterviews versuchten die Forscher um Garfinkel herauszufinden, was die Akteure an ihrem Arbeitsplatz tun und wie sie es tun. Das wichtigste Ergebnis war, dass gerade in komplexen Situationen Entscheidungen nicht nach einem festen Schema ablaufen, sondern *ad hoc* im „hier und jetzt" einer lokalen Konstellation getroffen werden (vgl. Garfinkel 1993, S. 17).

Mit der Perspektive auf die lokal produzierte Ordnung konzertierter Aktivitäten rückt die Frage nach der Methode der Arbeit im Vollzug in den Blick: Garfinkel bezeichnet sie als „instructed action". (Garfinkel 1996, S. 20) Was er damit meint, verdeutlicht er am Beispiel des Autoverkehrs. In ihm wird kontinuierlich und *konzertiert* Ordnung hergestellt. Der Autoverkehr läuft nicht deshalb (normalerweise!) reibungslos, weil sich die Autofahrer als einzelne an die Regeln halten, die sie gelernt haben, sondern indem sie beobachten, was die anderen tun, und sich durch ihre Fahrweise instruieren, wie man sich in der konkreten Situation als Autofahrer verhalten soll (vgl. Garfinkel 1996, S. 10, Anm. 14).

Der neue ethnomethodologische Ansatz hat großen Einfluss auf Arbeitsplatzstudien im Bereich der Informations- und Kommunikationstechnologie ausgeübt. Sie zeigten, wie „Arbeit als Interaktion" (Knoblauch 1996) funktioniert und welche „Koordinations- und Antizipationsleistungen (die Akteure, Ergänzung H. A.) im Hinblick auf das Tun der Arbeitskollegen erbringen" (Bergmann 2000, S. 133). Die effektivste und kreativste Arbeit erfolgt nicht durch einsames Grübeln oder kontextunabhängige logische Deduktionen, sondern indem die Akteure ihr verkörpertes Wissen einander in höchst differenzierter Weise kommunikativ vermitteln. Gerade Arbeitsprozesse, in denen moderne Informationstechnologien *dezentral* eingesetzt werden – vom Flughafentower über Notrufsysteme bis zu Verkehrsüberwachungen und Koordinationszentren in der Medizin – sind „strukturell auf *Interaktionen von Angesicht zu Angesicht* angewiesen". (Knoblauch 1996, S. 354) Wie das erfolgt, hat z. B. eine Studie in einem Londoner underground-Kontrollraum gezeigt: Die Beteiligten *kommentierten laut,* was sie auf ihren Bildschirmen sahen, und *beobachteten* nicht nur aufmerksam, was die anderen taten, sondern richteten ihr Verhalten auch so aus, dass es direkt die Arbeit der anderen ergänzte *(accomplish).* Dazu wurden „verschiedene sprachliche und nonverbale Mittel eingesetzt. Bei der Routinearbeit mag ein Blickwechsel, eine Drehung des Körpers, die Beschleunigung der Sprechgeschwindigkeit genügen, um anderen anzuzeigen, dass eine für sie relevante Aktivität durchgeführt wird". (Knoblauch 1996, S. 354)

Die Studie hat gezeigt, dass die direkte Kommunikation besondere Bedeutung bekommt, wenn *Probleme* auftreten, die die Koordination der Handlungsabläufe in kürzester Zeit erforderlich machen, und dass alle Beteiligten das auch wechselseitig zum Ausdruck bringen: Sie machten ihre individuellen Entscheidungsprozesse öffentlich, indem sie z. B. laut Selbstgespräche führten und verschiedene Lösungsmöglichkeiten durchspielten. So setzten sie sich gegenseitig in die Lage, für ihre eigene Entscheidung relevante Informationen herauszuhören (vgl. Knoblauch 1996, S. 355). Sie instruierten und kontrollierten sich gegenseitig und koordinierten so ihre Arbeit.

Garfinkel selbst hat das Ergebnis seiner ethnomethodologischen Studien zur Arbeit so zusammengefasst: Alle Studien haben immer wieder gezeigt, „that and how vulgarly competent members concert their activities to produce and display, to demonstrate, to make observably the case, locally, naturally accountable phenomena of logic and order, of cause, classification, temporality, coherence, consistency, and analysis, of details, of details in structures, of meaning, mistakes, errors, accidents, coincidence, facticity, reason, truth, and methods in and as of the unremarkable embodiedly ordered details of their ordinary lives together." (Garfinkel 1996, S. 11) Die Ordnung von face-to-face Interaktionen am Arbeitsplatz wird mittels „instructed actions" und in konzertierten Kommunikationen kontinuierlich hergestellt. Später hat Garfinkel die Erkenntnisse aus seinen Arbeitsstudien auch auf die Teampraxis der Wissenschaft bezogen, und auch dort zeigte sich, dass die Interaktionen in laufenden „instructed actions" bestehen (Garfinkel 2007, S. 16).

Literatur

Arbeitsgruppe Bielefelder Soziologen (Hrsg.) (1973). *Alltagswissen, Interaktion und gesellschaftliche Wirklichkeit. Bd. 1: Symbolischer Interaktionismus und Ethnomethodologie, Bd. 2: Ethnotheorie und Ethnographie des Sprechens.* Reinbek: Rowohlt.
Bergmann, J. R. (1988). *Ethnomethodologie und Konversationsanalyse.* Hagen: FernUniversität.
Bergmann, J. R. (1994). *Ethnomethodologische Konversationsanalyse.* In: G. Fritz & F. Hundsnurscher (Hrsg.): *Handbuch der Dialoganalyse.* Tübingen: Niemeyer.
Bergmann, J. R. (2000). *Ethnomethodologie.* In: U. Flick et al. (Hrsg.) (2000). *Qualitative Forschung. Ein Handbuch.* Reinbek: Rowohlt.
Blumer, H. (1969b). *Der methodologische Standort des Symbolischen Interaktionismus.* In: Arbeitsgruppe Bielefelder Soziologen (Hrsg.) (1973), Bd. 1.

Cicourel, A. V. (1968). *Die Aneignung der sozialen Struktur: Zu einer Entwicklungssozio-logie von Sprache und Bedeutung.* In: A. V. Cicourel (1972a).

Cicourel, A. V. (1970). *Basisregeln und normative Regeln im Prozess des Aushandelns von Status und Rolle.* In: Arbeitsgruppe Bielefelder Soziologen (Hrsg.) (1973), Bd. 1.

Cicourel, A. V. (1972a). *Sprache in der sozialen Interaktion.* München: List (1975).

Cicourel, A. V. (1972b). *Ethnomethodologie.* In: A. V. Cicourel (1972a).

Degenhart, H., et al. (1976). *Anmerkungen zur deutschen Übersetzung von M. B. Scott & S. M. Lyman* (1968b).

Eberle, T. S. (1997). *Ethnomethodologische Konversationsanalyse.* In: R. Hitzler & A. Honer (Hrsg.) (1997). *Sozialwissenschaftliche Hermeneutik.* Opladen: Leske + Budrich.

Eickelpasch, R. (1982). *Das ethnomethodologische Programm einer „radikalen" Sozio-logie.* In: Zeitschrift für Soziologie, 11 (1), 7–27.

Esser, H. (2001). *Soziologie. Spezielle Grundlagen. Bd. 6: Sinn und Kultur.* Frankfurt a. M.: Campus.

Garfinkel, H. (1956). *Bedingungen für den Erfolg von Degradierungszeremonien.* In: Gruppendynamik 5, 1974, 215–236.

Garfinkel, H. (1961a). *Aspects of the problem of common-sense knowledge of social struc-tures.* In: International Sociological Association (Hrsg.): *Transactions of the Fourth World Congress of Sociology, 1959. Vol. IV: The Sociology of Knowledge.* Louvain 1961.

Garfinkel, H. (1961b). *Das Alltagswissen über soziale und innerhalb sozialer Strukturen.* In: Arbeitsgruppe Bielefelder Soziologen (Hrsg.) (1973), Bd. 1.

Garfinkel, H. (1962). *Common sense knowledge of social structures: The documentary method of interpretation in lay and professional fact finding.* In: Garfinkel (1967a).

Garfinkel, H. (1963). *A conception of, and experiments with ‚trust‘ as a condition of stable concerted actions.* In: O. J. Harvey (Hrsg.) (1963). *Motivation and social interaction.* New York: Ronald Press.

Garfinkel, H. (1964). *Studies of the routine ground of everyday activities.* In: Garfinkel (1967a).

Garfinkel, H. (1967a). *Studies in ethnomethodology.* Englewood Cliffs: Prentice-Hall.

Garfinkel, H. (1967b). *What is ethnomethodology?* In: Garfinkel (1967a).

Garfinkel, H. (1967c). *Passing and the managed achievement of sex status in an intersexed person. Part 1.* In: Garfinkel (1967a).

Garfinkel, H. (1993). *Respecification: Evidence for locally produced, naturally accountable phenomena of order*, logic, reason, meaning, method, etc. in and as of the essential haecceity of immortal ordinary society, (I) – an announcement of studies.* In: G. But-ton (Hrsg.) (1993): *Ethnomethodology and the human sciences.* Cambridge: Cambridge University Press.

Garfinkel, H. (1996). *Ethnomethodology's program.* In: Social Psychology Quarterly, 59, 5–21.

Garfinkel, H. (2007). *Lebenswelt origins of the sciences. Working out Durkheim's aphorism.* In: Human studies, 30 (1), 9–56.

Garfinkel, H. (Hrsg.) (1986). *Ethnomethodological studies of work.* London: Routledge & Kegan Paul.

Garfinkel, H. & Mendlovitz, S. (1967). *Some rules of correct decision making that jurors respect.* In: Garfinkel (1967a).

Garfinkel, H. & Sacks, H. (1961). *Zum Phänomen der Indexikalität*. Anhang zu Garfinkel (1961b).

Garfinkel, H. & Sacks, H. (1970). *Über formale Strukturen praktischer Handlungen*. In: E. Weingarten, F. Sack & J. Schenkein (Hrsg.) (1976).

Joas, H. & Knöbl, W. (2004). *Sozialtheorie. Zwanzig einführende Vorlesungen*. Frankfurt a. M.: Suhrkamp.

Knoblauch, H. (1996). *Arbeit als Interaktion. Informationsgesellschaft, Post-Fordismus und Kommunikationsarbeit*. In: Soziale Welt, 47, 344–362.

Legnaro, A. (1974). *Wenn einer neben dem common sense herläuft. Zum Beispiel Till Eulenspiegel*. In: Kölner Zeitschrift für Soziologie und Sozialpsychologie, 26, 630–636.

Mehan, H. & Wood, H. (1975). *Fünf Merkmale der Realität*. In: E. Weingarten, F. Sack & J. Schenkein (Hrsg.) (1976).

Münch, R. (2003). *Soziologische Theorie, Bd. 2: Handlungstheorie*. Frankfurt a. M.: Campus.

Mullins, N. C. (1973). *Ethnomethodologie: Das Spezialgebiet, das aus der Kälte kam*. In: W. Lepenies (Hrsg.): *Geschichte der Soziologie, Bd. 2*. Frankfurt a. M.: Suhrkamp (1981).

Parsons, T. (1937). *The structure of social action*. New York: McGrawHill.

Patzelt, W. J. (1987). *Grundlagen der Ethnomethodologie. Theorie, Empirie und politikwissenschaftlicher Nutzen einer Soziologie des Alltags*. München: Fink.

Psathas, G. (1968). *Ethnotheorie, Ethnomethodologie und Phänomenologie*. In: Arbeitsgruppe Bielefelder Soziologen (Hrsg.) (1973) Bd. 2.

Schütz, A. (1953). *Wissenschaftliche Interpretation und Alltagsverständnis menschlichen Handelns*. In: A. Schütz: *Gesammelte Aufsätze, I*. Den Haag: Nijhoff (1971).

Schütz, A. & Luckmann, T. (1975). *Strukturen der Lebenswelt, Bd. I*. Neuwied: Luchterhand.

Schützeichel, R. (2004). *Soziologische Kommunikationstheorien*. Konstanz: UVK.

Scott, M. B. & Lyman, S. M. (1968a). *Accounts*. In: G. P. Stone & H. A. Farberman (Hrsg.) (1970). *Social psychology through symbolic Interaction*. Waltham: Xerox.

Scott, M. B. & Lyman, S. M. (1968b). *Praktische Erklärungen*. In: M. Auwärter et al. (Hrsg.) (1976). *Kommunikation, Interaktion, Identität*. Frankfurt a. M.: Suhrkamp.

Soeffner, H.-G. (1983). *Alltagsverstand und Wissenschaft*. In: H.-G. Soeffner (1989). *Auslegung des Alltags – Der Alltag der Auslegung. Zur wissenssoziologischen Konzeption einer sozialwissenschaftlichen Hermeneutik*. Frankfurt a. M.: Suhrkamp.

Weber M. (1920b). *Soziologische Grundbegriffe*. In: M. Weber (2002). *Schriften 1894–1922*. Ausgewählt von D. Kaesler. Stuttgart: Kröner.

Weingarten, E., Sack, F. & Schenkein, J. (Hrsg.) (1976). *Ethnomethodologie. Beiträge zu einer Soziologie des Alltagshandelns*. Frankfurt a. M.: Suhrkamp.

Interaktion, Techniken der Präsentation, Gefährdungen der Identität (Erving Goffman)

13

Inhaltsverzeichnis

13.1 Urteile über Goffman: Elogen und falsche Einschätzungen 238
13.2 The Presentation of Self in Everyday Life. 242
    13.2.1 Masken, Fassaden, dramatische Gestaltung. 245
    13.2.2 Idealisierung und Ausdruckskontrolle 248
    13.2.3 Unwahre Darstellungen, Mystifikation und Geheimnisse 250
    13.2.4 Störungen und Zwischenfälle: Das Zusammenspiel von Darsteller
          und Publikum zur Rettung einer Interaktion 253
    13.2.5 Definition der Situation, Interaktion, Inszenierung des Selbst 256
13.3 Rollendistanz 260
13.4 Beschädigungen und Gefährdungen der sozialen Identität 262
    13.4.1 Totale Institutionen 262
    13.4.2 Stigma 266
13.5 Rahmenanalyse und die Ordnung der Interaktion 273
Literatur. 278

ERVING GOFFMAN (1922–1982) wurde in Kanada geboren und studierte Soziologie zunächst in Toronto und dann in Chicago. Dort wurde er nach Feldforschungen auf den Shetland-Inseln mit einer Arbeit über „Communication Conduct" im Jahre 1953 promoviert. Zwei Jahre später erschien sein Aufsatz „On Face-work" (Goffman 1955), in dem er zeigte, welche Strategien Menschen in Interaktionen einsetzen, um ein bestimmtes Image zu wahren oder zu erzeugen. 1958 holte ihn Herbert Blumer nach Berkeley, wo er „zu einer Art Kultfigur" wurde und bis 1968 lehrte (vgl. Hettlage und Lenz 1991, S. 12). In dieser Zeit erschien sein Buch „The Presentation of Self in Everyday Life" (Goffman 1959a), das über Jahrzehnte zu den weltweit am häufigsten zitierten soziologischen Büchern

© Springer Fachmedien Wiesbaden GmbH, ein Teil von Springer Nature 2020
H. Abels, *Soziale Interaktion*, https://doi.org/10.1007/978-3-658-26429-1_13

zählte. Im Jahre 1969 ging Goffman nach Philadelphia und wurde 1981 zum Präsidenten der Amerikanischen Gesellschaft für Soziologie gewählt. In seiner Präsidentschaftsadresse 1982, die er wegen einer schweren Krankheit nicht mehr halten konnte, blickte er auf seine Arbeit zurück und nannte als durchgängiges Thema sein Interesse an der „Interaction Order". (Goffman 1983) Das ganze Werk von Goffman dreht sich um die Frage, was die Menschen durch ihre Darstellung *(performance)* zum Ausdruck zu bringen suchen, und wie sie in sozialen Interaktionen den Eindruck *(impression),* den die Anderen ausweislich ihrer Reaktionen von ihnen bekommen, lenken und kontrollieren (vgl. Goffman 1959a, S. XI). Und es geht um die Frage, wie sie in face-to-face Interaktionen ihre Identität *(self)* vor den Zumutungen und Übergriffen der Anderen schützen.

13.1 Urteile über Goffman: Elogen und falsche Einschätzungen

Die Urteile über Goffman sind kontrovers. Sie reichen von überschwänglichen Elogen bis zu falschen Einschätzungen. So wurde er in der New York Times Book Review im Jahre 1972 als einer der größten lebenden Schriftsteller bezeichnet, der mehr als jeder andere zum Kafka unserer Zeit werden könne. Als in „The Sociological Quarterly" 1973 in ein und demselben Heft eine Serie von Rezensionen zu Goffmans Mikrostudien zur öffentlichen Ordnung (1971) erschien, hielt der eine ihn für den möglicherweise bedeutendsten soziologischen Theoretiker nach dem Zweiten Weltkrieg, während ein anderer meinte, seine Analysen seien so einzigartig, wie es auch von den Arbeiten von Mann, Freud, Marx und Weber behauptet worden sei (Manning 1973, S. 135).

Die Aufmerksamkeit, die Goffman in der Öffentlichkeit erfuhr, hing mit dem Thema zusammen, um das seine Gedanken immer wieder kreisten: Die Frage, wie sich die Menschen in der fortgeschrittenen Moderne in face-to-face Interaktionen präsentieren und was sie tun, um einen bestimmten Eindruck bei den Anderen zu erzeugen. Goffman galt als „*die* Autorität für impression management". (Scott und Lyman 1968b, S. 86) Bei ihm, der seine Analysen in einfachen Worten vortrug und mit anschaulichen Beispielen aus dem Alltag garnierte, konnte man nachlesen, mit welchen Methoden ganz normale Menschen über die Runden zu kommen versuchten und welchen Risiken sie sich dabei aussetzten, aber auch, wie sie in ihrer Identität bedroht waren. In diese Richtung zielte denn auch das prominente Urteil von Alvin W. Gouldner. Goffman, heißt es bei ihm, beschreibe die Überlebensstrategien der Angehörigen der Mittelklasse, die „eifrig an einer Illusion des Selbst" basteln, obwohl sie wissen, dass sie den gesellschaftlichen Verhältnissen unterlegen sind. Diese bürgerliche Welt des *impression management* „wird von ängstlichen, außengeleiteten Menschen mit feuchten Händen bewohnt, die in der permanenten Angst leben, von anderen bloßgestellt zu werden oder sich unabsichtlich selbst zu verraten." (Gouldner 1970, S. 457)

Mit diesem Urteil wurde Goffman direkt in das Erbe von David Riesman eingesetzt, der Anfang der 1950er Jahre mit seiner These von der Außenleitung[1] dem Individuum in Amerika jegliche Illusion von Freiheit und Einzigartigkeit geraubt hatte. Doch schärfer als bei Riesman, der unter Außenleitung die permanente Umstellung auf Moden des Denkens und Handelns verstand, entlarvt sich für Gouldner in den Beschreibungen Goffmans die *moralische* Seite dieses Verhaltens: Während Riesman den Übergang von einer religiös motivierten Innenleitung zu einer Anpassung um der Anerkennung willen beschrieb, beschreibt Goffman nach der Meinung Gouldners den Übergang von „Menschen mit einem in sich ruhenden calvinistischen Gewissen zu Spielern, die nicht gemäß innerer Einsicht, sondern in schlauer Antizipation der Reaktion anderer auf eine raffinierte Methode ‚einsteigen'." (Gouldner 1970, S. 463) Deshalb ist die Soziologie Goffmans auch als die typische Soziologie des Menschen in der Massengesellschaft *(a protean sociology of the common man in mass society)* bezeichnet worden (Williams 1986, S. 349). Zu Gouldners Kritik, die Menschen Goffmans versuchten mit Tricks in das Schauspiel auf der Bühne des modernen Lebens einzusteigen, passte der deutsche Titel „Wir alle spielen Theater" (Goffman 1959b) natürlich hervorragend! Verdikte solcher Art wurden dann mit dem Verdacht kurzgeschlossen, in Goffmans Theorie der Identität, auf die ich unten noch zu sprechen komme, gehe es um eine Identität, die nur vorgetäuscht werde.

In Deutschland war es Ralf Dahrendorf, der der Rezeption Goffmans die Richtung wies. Im Vorwort zu der deutschen Veröffentlichung von „The Presentation of Self in Everyday Life" schrieb er, Goffman stelle das Verhältnis zwischen Individuum und Gesellschaft unter einen „totalen Rollenverdacht" und spreche „mehr von den Zwängen als von den Chancen". Nach der Lektüre falle es schwer, noch Möglichkeiten zu sehen, „aus der totalen Institution Gesellschaft" auszubrechen (Dahrendorf 1969, S. VIII). Damit war eine fast resignative Lesart in die Welt gesetzt, die in der deutschen Diskussion über Goffman lange Zeit die einzige bleiben sollte. So hat z. B. Heinz Steinert, der mit seinem Reader (Steinert, Hrsg. 1973) entscheidend zur Etablierung des Symbolischen Interaktionismus in der Soziologie in Deutschland beigetragen hat, Goffman nur mit zwei Arbeiten

---

[1] Vgl. oben Kap. 9 *Außenleitung – die Orientierung an den vielen Anderen.*

zu Wort kommen lassen, in denen die erzwungenen Anpassungen von Insassen an die Regelungen totaler Institutionen bzw. die Versuche des Individuums, sich von Rollenerwartungen zu distanzieren, beschrieben werden. In einem Beitrag über das Handlungsmodell des Symbolischen Interaktionismus, das ganz wesentlich in der Theorie von George Herbert Mead[2] begründet ist, hat Steinert dann geschrieben: „Bei Goffman hat sich das Meadsche Paradigma insofern weiterentwickelt, als er nicht mehr von einem nach der Sozialisation gegebenen Konsens zwischen den Akteuren ausgeht, sondern von sozialen Zumutungen und vorgegebenen Handlungsversatzstücken, mit denen der Akteur mehr oder weniger (bei Goffman meist mehr) raffiniert umgeht, um aus der jeweiligen Situation noch das Beste herauszuholen." Es ist eine Welt von Schauspielern, die Goffman vor uns ausbreite. Steinert fährt fort: „Das Paradigma ist auch insofern weitergekommen, als Goffman, verglichen mit Mead, viel genauer Bescheid weiß über die Tricks im Handwerk des täglichen Lebens. Er schaut immer noch zu, aber er staunt nicht mehr. Er weiß, wie es gemacht wird, und das beschreibt er kühl und distanziert." (Steinert 1977, S. 84)

Erst allmählich setzte sich die soziologische Meinung durch, dass Goffman die Tricks und Betrügereien in den alltäglichen Interaktionen deshalb so genau beschrieben hat, weil er um die Nöte des Individuums auf der Bühne des Lebens und um die Bedrohung des Selbst wusste (vgl. Oswald 1984, S. 212).

Bevor ich mich Goffmans Analysen von Interaktionen im normalen Alltag und in Situationen, in denen sich Individuen gegen die Zumutungen von Institutionen oder anderen Menschen zur Wehr zu setzen haben, zuwende, noch ein Wort zu seiner Methode, Dinge des Alltags zu beschreiben und zu analysieren. Von Karl Mannheim wird berichtet, dass er seine Studenten manchmal in London in die Fleet Street mit der Aufforderung geschickt habe, Gesellschaft zu beobachten und später zu erzählen, was sie gesehen haben (Dahrendorf 1969, S. VII). Soweit ich weiß, hat Goffman eine solche Aufgabe nie gestellt. Doch das ganz Alltägliche, das hat ihn genauso interessiert. Aber er hat es selbst beobachtet und davon berichtet, und seine Fantasie, wo man das Alltägliche beobachten und wie man es beschreiben kann, war schier unerschöpflich. Oswald nennt Goffman einen „schreibbesessenen Soziologen, dessen hervorstechendste Eigenschaft darin besteht, sich mit dem Vertrautesten, Alltäglichsten und Banalsten zu beschäftigen und darin Ungewöhnlichstes, Abenteuerlichstes und Erregendstes zu entdecken." (Oswald 1984, S. 211)

---

[2] Vgl. oben Kap. 6 *Rollenübernahme und die Verschränkung der Perspektiven.*

Dahrendorf findet bei Goffman „ein ähnliches Talent, beobachtete Wirklich-keit transparent zu machen für die in ihr erkennbaren Strukturen", wie bei Georg Simmel, und auch „einen ähnlichen Sinn für das scheinbar abwegige Detail" und das „Absurde". (Dahrendorf 1969, S. VII ff.) Goffman nahm den „Standpunkt des gewitzten Außenseiters" ein und betrachtete die Dinge anders als üblich (Gouldner 1973, S. 192). Das macht die Lektüre oft amüsant, aber man sollte sich durch die „leichte, beinahe hingehauchte Darstellung" nicht „über den theoreti-schen Gehalt" täuschen lassen (Dahrendorf 1969, S. X). Der ist allerdings nicht leicht herauszufinden, zumal Goffman selbst nie versucht hat, seine Theorie zu explizieren oder gar zu erläutern. Er ließ es einfach darauf ankommen, dass man ihn verstand – oder auch nicht.

Eine theoretische Verortung zumindest seines Handlungsbegriffs hat Jürgen Habermas vorgenommen. Er unterscheidet in seiner „Theorie des kommunika-tiven Handelns" (Habermas 1981) analytisch zwischen einem *teleologischen,* einem *normenregulierten,* einem *kommunikativen* und einem *dramaturgischen* Handlungsbegriff. 1) In teleologischen Handlungstheorien wird herausgestellt, dass Handeln auf ein bestimmtes Ziel (griech. Telos) ausgerichtet ist und Mittel rational kalkuliert werden, dieses Ziel zu erreichen. Ein Beispiel für diese Theo-rie ist Max Webers Definition zweckrationalen Handelns.[3] 2) Nach Theorien normenregulierten Handelns folgen die Akteure den gesellschaftlichen Werten und Normen, die sie im Prozess der Sozialisation verinnerlicht haben und die sie letztlich so handeln lassen wollen, wie sie handeln sollen. Das prominenteste Beispiel für diese Theorien ist die normative Rollentheorie von Talcott Parsons.[4] 3) Nach der Theorie des kommunikativen Handelns, die Habermas vertritt, suchen die Akteure in einer Interaktion „eine Verständigung über die Handlungs-situation, um ihre Handlungspläne und damit ihre Handlungen einvernehmlich zu koordinieren". In dieser Handlungstheorie kommt der „Interpretation", der „Sprache" und dem „Aushandeln konsensfähiger Situationsdefinitionen" eine besondere Bedeutung zu (vgl. Habermas 1981, Bd. 1, S. 128). Habermas baut in die Theorie des kommunikativen Handelns noch eine Theorie der Verständigung ein, die auf die Reflexion und Sicherung des Handelns zielt. Wo der Konsens der Interaktion aus welchen Gründen auch immer infrage gerät, treten die Akteure in einen Diskurs über die Geltungsgründe des Handelns ein.[5] 4) Für einen

---

[3] Vgl. oben Abschn. 5.2 *Bestimmungsgründe des Handelns: zweckrational, wertrational, affektuell, traditional.*

[4] Vgl. oben Abschn. 8.5 *Rollen: Die Bedingung des Handelns durch normative Erwartungen.*

[5] Auf diese Theorie gehe ich in Kap. 16 *Kommunikatives Handeln und Diskurs* noch genauer ein.

dramaturgischen Handlungsbegriff steht vor allem die Theorie von Erving Goff-
man, insbesondere dessen Buch *The Presentation of Self in Everyday Life*. „Der
Begriff des dramaturgischen Handelns", schreibt Habermas, „bezieht sich primär
(…) auf Interaktionsteilnehmer, die füreinander ein Publikum bilden, vor dessen
Augen sie sich darstellen. Der Aktor ruft in seinem Publikum ein bestimmtes
Bild, einen Eindruck von sich selbst hervor". (Habermas 1981, Bd. 1, S. 128) Er
kontrolliert die Reaktionen des Publikums und steuert die Interaktion durch sein
Ausdrucksverhalten in eine bestimmte Richtung.

Damit sind wir beim Thema des berühmtesten Buches von Goffman: wie sich
die Individuen in face-to-face Interaktionen präsentieren und wie sie diese Interaktionen strukturieren.

13.2   The Presentation of Self in Everyday Life

Wenn der Einzelne mit Anderen zusammenkommt, so formuliert Goffman die
Hauptthese seines Buches *The Presentation of Self in Everyday Life,* dann ist das
wie eine Theatervorstellung *(performance),* und wenn die Aufführung gelingen
soll, dann tut er gut daran, den Eindruck, den er bei Zuschauern und Mitspielern
erweckt, zu kontrollieren (vgl. Goffman 1959b, S. 17). Und aus dieser Theater-
perspektive will Goffman zeigen, wie sich der Einzelne in den normalen Interaktionen des Alltags vor Anderen darstellt *(presents),* mit welchen Mitteln er
den Eindruck, den er auf sie macht, kontrolliert und lenkt, und was er tun darf
oder vermeiden muss, um sich vor seinem Publikum zu behaupten (vgl. Goffman
1959b, S. 3).

Der Unterschied zwischen einer Theateraufführung und dem wirklichen Leben
besteht allerdings darin, dass auf der Bühne Dinge als wirklich vorgetäuscht
(make believe) werden, während in den Interaktionen des Alltags reale Dinge dargestellt werden, die aber kaum geprobt sind. Noch entscheidender ist aber etwas
anderes: Auf der Bühne treten die Schauspieler immer nur in *einer* Rolle, die sie
lange geübt haben, auf; sie wissen darum, dass das, was sie tun, *nicht echt* ist, und
kalkulieren, wie man welchen *Eindruck* beim Publikum *erzielt.* Die Individuen
werden in alltäglichen Interaktionen dagegen mit *vielen* Rollen *zugleich* konfrontiert, sie haben das Zusammenspiel der Rollen nicht systematisch geübt und vor
allem: ihnen ist die Differenz zwischen dem, welchen *Eindruck (impression)* sie
durch ihr *echtes* Handeln beim Publikum erzielen wollen und was sie durch ihren
Auftritt tatsächlich ausdrücken *(expression),* in aller Regel nicht bewusst (vgl.
Goffman 1959b, S. 3).

Genau um diesen *Ausdruck,* den der Einzelne in der Interaktion mit Anderen –
gezielt oder unbeabsichtigt – *ausstrahlt,* geht es in Goffmans Studie (vgl. Goffman 1959b, S. 8). Als Beispiel für das, was er untersuchen will, zitiert er aus
einem Roman die Episode, wo Preedy, ein Engländer, zum ersten Mal am Strand
in Spanien auftritt, und kommentiert dessen *impression management* auch gleich:

> „Auf alle Fälle aber war er darauf bedacht, niemandem aufzufallen. Als erstes
> musste er allen, die möglicherweise seine Gefährten während der Ferien sein wür-
> den, klarmachen, dass sie ihn überhaupt nichts angingen. Er starrte durch sie hin-
> durch, um sie herum, über sie hinweg – den Blick im Raum verloren. Der Strand
> hätte menschenleer sein können. Wurde zufällig ein Ball in seine Nähe geworfen,
> schien er überrascht; dann ließ er ein amüsiertes Lächeln über sein Gesicht huschen
> (Preedy, der Freundliche)[6], sah sich um, verblüfft darüber, dass tatsächlich Leute
> am Strand waren, und warf den Ball mit einem nach innen gerichteten Lächeln –
> nicht etwa mit einem, das den Leuten zugedacht wäre – zurück und nahm heiter
> seine absichtslose Betrachtung des leeren Raums wieder auf. Aber jetzt war es an
> der Zeit, eine kleine Schaustellung zu inszenieren, die Schaustellung Preedys, des
> Geistmenschen. Durch geschickte Manöver gab er jedem, der hinschauen wollte,
> Gelegenheit, den Titel seines Buches zu bemerken – einer spanischen Homer-Über-
> setzung, also klassisch, aber nicht gewagt und zudem kosmopolitisch –, baute dann
> aus seinem Bademantel und seiner Tasche einen sauberen, sandsicheren Schutz-
> wall (Preedy, der Methodische und Vernünftige), erhob sich langsam und räkelte
> sich (Preedy, die Raubkatze!) und schleuderte die Sandalen von sich (trotz allem:
> Preedy, der Sorglose!). Preedys Hochzeit mit dem Meer! Es gab verschiedene Ritu-
> ale. Einmal jenes Schlendern, das zum Laufen und schließlich zum Kopfsprung ins
> Wasser wird, danach ruhiges, sicheres Schwimmen auf den Horizont zu. Aber natür-
> lich nicht wirklich bis zum Horizont! Ganz plötzlich drehte er sich auf den Rücken
> und schlug mit den Beinen große weiße Schaumwogen auf; so zeigte er, dass er
> weiter hinaus hätte schwimmen können, wenn er nur gewollt hätte, dann reckte er
> den Oberkörper aus dem Wasser, damit jeder sehen konnte, wer er war. Die andere
> Methode war einfacher. Sie schloss den Schock des kalten Wassers ebenso aus wie
> die Gefahr, übermütig zu erscheinen. Es ging darum, so vertraut mit dem Meer, dem
> Mittelmeer und gerade diesem Strand, zu erscheinen, dass es keinen Unterschied
> machte, ob er im Wasser oder draußen war. Langsames Schlendern hinunter an den
> Saum des Wassers – er bemerkt nicht einmal, dass seine Zehen nass werden: Land
> und Wasser sind für ihn eins! – die Augen zum Himmel gerichtet, ernst nach den
> für Andere unsichtbaren Vorzeichen des Wetters ausspähend (Preedy, der alteinge-
> sessene Fischer)." (Goffman 1959b, S. 8 f.)

Fragt man, was dieser Auftritt eines Meisters im impression management für eine
soziologische Erklärung von face-to-face Interaktionen (und die Identitätsarbeit,

---

[6] Die Klammerzusätze scheinen Goffmans soziologische Leseanleitungen zu sein.

die damit verbunden ist!) hergibt, kann man so sagen: In der Interaktion spielen wir bestimmte Rollen und kommen den normalen gesellschaftlichen Erwartungen nach, aber wir *distanzieren* uns in gewisser Weise auch immer etwas von diesen Rollen, um anzudeuten, wer wir außerhalb dieser Rollen *noch* sind – oder sein *wollen.*

Damit stellt sich die Frage, wie Individuen überhaupt an eine Interaktion herangehen, warum sie meinen zu wissen, worum es geht und vor allem: wie sie die Anderen wahrnehmen und wie sie einander anleiten, in einer bestimmten Weise zu handeln. Goffman sieht es so: „Wenn ein Einzelner mit Anderen zusammentrifft, versuchen diese gewöhnlich, Informationen über ihn zu erhalten oder Informationen, die sie bereits besitzen, ins Spiel zu bringen." Sie interessieren sich für seinen Beruf, seinen sozialen Status, ob er Familie hat, wie er denkt und was auch immer. Dahinter steckt nicht nur pure Neugier, sondern ein ganz praktisches Interesse: Informationen über den Anderen dienen dazu, die Situation der Interaktion zu definieren und vorab zu ermitteln, „was der von ihnen wohl erwarten wird und was sie von ihm erwarten können. Durch diese Informationen wissen die Anderen wiederum, wie sie sich verhalten müssen, um beim Einzelnen eine gewünschte Reaktion hervorzurufen." (Goffman 1959b, S. 4) Entscheidender für face-to-face Interaktionen sind allerdings Informationen, die durch das *Ausdrucksverhalten* vermittelt werden. Hier muss aber unterschieden werden zwischen dem, was der Einzelne mit seinem Verhalten zum Ausdruck bringen *will,* und dem, was die Anderen in diesen Ausdruck hineininterpretieren. Da nicht auszuschließen ist, dass man unbeabsichtigt einen falschen Eindruck vermittelt oder dass die Anderen einen missverstehen, liegt es im Interesse des Einzelnen, das Verhalten der Anderen ihm gegenüber genau zu kontrollieren (vgl. Goffman 1959b, S. 6). Interaktion bedeutet, dass beide Seiten durch ihr Ausdrucksverhalten die Situation definieren, diese Definition durch ihre nächsten Reaktionen entweder wechselseitig bestätigen oder in die Situation korrigierend eingreifen. Auch wenn manche Interaktionen einfach vor sich hin zu plätschern scheinen, immer hängen sie von der *Art* des gemeinsamen *Handelns* ab: Ob sich Individuen anschweigen oder Standardfloskeln abspulen, ob sie am Rande stehen oder jeden plattmachen, immer sind sie *Akteure,* die Anderen gegenüber etwas zum Ausdruck bringen. Sie sind Teil eines Dramas, und das bedeutet, dass sie ihren Auftritt auch dramatisch gestalten.

Bevor ich nun nachzeichne, wie Individuen normale Interaktionen dramatisch gestalten, noch ein kurzes Wort zu Goffmans Begrifflichkeit. Zentrale Begriffe der Analyse des Schauspiels sind Interaktion (*interaction* oder *encounter*), Darstellung *(performance)* und Rolle *(part* oder *routine).* Unter *Interaktion* versteht er den „wechselseitigen Einfluss von Individuen untereinander auf ihre

Handlungen"; *Darstellung* meint alle Tätigkeiten, mit denen ein Individuum die anderen Beteiligten in einer Situation beeinflusst; *Rolle* schließlich meint das Handlungsmuster, das sich während einer Darstellung entfaltet und auch bei anderen Gelegenheiten vorgeführt oder gespielt werden kann (vgl. Goffman 1959a, S. 15 f., b, S. 18).

13.2.1 Masken, Fassaden, dramatische Gestaltung

Zur Einstimmung auf die Grundannahme seines Buches *The Presentation of Self in Everyday Life* zitiert Goffman Robert Ezra Park, einen Gründungsvater der amerikanischen Soziologie, der einen Teil seines Studiums in Deutschland absolviert hatte und später die Arbeiten von Georg Simmel in Amerika bekannt gemacht hat. In seinem Aufsatz „Behind our Masks" schrieb Park: „Es ist wohl kein historischer Zufall, dass das Wort Person in seiner ursprünglichen Bedeutung eine Maske bezeichnet. Darin liegt eher eine Anerkennung der Tatsache, dass jedermann überall und immer mehr oder weniger bewusst eine Rolle spielt." Wir sind Eltern oder Kinder, Lehrer oder Schüler, Christ oder Jude. „In diesen Rollen erkennen wir einander; in diesen Rollen erkennen wir uns selbst." Unsere Gesichter, fährt Park fort, sind lebende Masken, die zwar auch unsere wechselnden Gefühle zum Ausdruck bringen, aber mehr und mehr dazu tendieren, sich an den Typus anzupassen, den wir verkörpern wollen. „In einem gewissen Sinne und insoweit diese Maske das Bild darstellt, das wir uns von uns selbst geschaffen haben – die Rolle, die wir zu erfüllen trachten –, ist die Maske unser wahreres Selbst *(truer self):* das Selbst, das wir sein möchten. Schließlich wird die Vorstellung unserer Rolle zu unserer zweiten Natur und zu einem integralen Teil unserer Persönlichkeit. Wir kommen als Individuen zur Welt, bauen einen Charakter auf und werden Personen." (Park 1926, S. 249 f.; Übersetzung nach Goffman 1959b, S. 21)

Das Zitat von Park muss man so verstehen, dass wir unsere Masken nicht zufällig wählen, sondern wir wählen solche, die uns so *präsentieren,* wie wir sein wollen. Wir wollen durch unsere Darstellung *(performance)* vor Anderen – bewusst oder unbewusst – immer einen bestimmten Eindruck erzeugen und durch dieses Verhalten die Anderen beeinflussen (vgl. Goffman 1959b, S. 23). Wir wollen eine bestimmte Wirklichkeit erzeugen!

Damit stellt sich die soziologische Frage nach der Wahrheit der Darstellung in doppelter Weise. Normalerweise nehmen wir an, dass der Einzelne, wenn er eine Rolle spielt, die Zuschauer auffordert, ihn ernst zu nehmen. Sie sollen denken, „es verhalte sich alles so, wie es scheint". Wenn es ihm gelingt, uns in den Bann zu schlagen, halten wir ihn für einen guten Schauspieler. Erst lange nach der Vorstellung lösen wir uns von der Faszination einer Illusion und machen uns klar, dass es nicht die Wirklichkeit war, sondern „nur" ein Schauspiel. Das ist der erste Zweifel, in dem wir entdecken, dass jemand für uns gespielt hat. Goffman stellt nun die Frage genau von der anderen Seite und untersucht, „wieweit der Einzelne selbst an den Anschein der Wirklichkeit glaubt, den er bei seiner Umgebung hervorzurufen trachtet." (Goffman 1959b, S. 19) Das ist der zweite Zweifel, in dem wir vielleicht entdecken, dass der andere nicht für uns, sondern für sich gespielt hat. Es gibt Darsteller, die vollständig von ihrer Darstellung gefangen genommen sind und ehrlich überzeugt sind, wirkliche Realität darzustellen. Und es gibt Darsteller, die von ihrer Rolle keineswegs überzeugt sind und sich bis zum Zynismus steigern, wenn sie ihre Rolle weiterspielen.

Den Teil der Darstellung des Einzelnen, „der regelmäßig in einer allgemeinen und vorherbestimmten Art dazu dient, die Situation für das Publikum der Vorstellung zu bestimmen", nennt Goffman Fassade *(front);* es ist „das standardisierte Ausdrucksrepertoire, das das Individuum bewusst oder unbewusst verwendet." (Goffman 1959b, S. 23) Dazu gehört zum einen das Bühnenbild, der gestaltete Raum, in dem wir auftreten. Ein solcher Raum ist z. B. unsere Wohnung, das Auto oder das Lokal, das wir am liebsten besuchen. Dazu gehört zweitens die „persönliche Fassade". Dazu zählen Statussymbole, Kleidung, Geschlecht, Körperhaltung oder die Art zu sprechen. Schließlich gibt es noch „soziale Fassaden", worunter man die sozialen Erwartungsmuster versteht, die mit einer bestimmten Rolle verbunden sind. Dazu gehören zum Beispiel die festen Vorstellungen, wie „man" sich in dieser Gesellschaft als Arzt oder als Mutter zu verhalten hat.

Woody Allen soll einmal gesagt haben, 90 % des Lebens bestünden darin, sein Gesicht zu zeigen. Man kann vermuten, dass Woody Allen nicht das „wahre Gesicht" gemeint hat, sondern die Fassaden, von denen Goffman spricht, und dass er dieses „Zeigen" durchaus für anstrengend gehalten hat. Wie wir nicht alle Masken wählen können, so können wir auch nicht alle Fassaden wählen. Das ist keine Frage der Quantität, sondern eine der Qualität. Da Fassaden etwas bedeuten, kommen jeweils nur die infrage, die das, was zum Ausdruck gebracht werden soll, in typischer Weise zum Ausdruck bringen.

Diese Reduzierung auf typische Verhaltensweisen und entsprechende Fassaden, die alle kennen, die in dieser Gesellschaft groß geworden sind, macht die Erwartung der Zuschauer sicherer: sie brauchen nur mit einem „kleinen und infolgedessen handlichen Vokabular von Fassaden vertraut sein und auf sie zu reagieren wissen, um sich in sehr verschiedenen Situationen orientieren zu können." (Goffman 1959b, S. 27) C. Wright Mills, ein anderer Querdenker der amerikanischen Soziologie, hat das treffend Motivvokabularien genannt: „Die Menschen unterscheiden Situationen mit spezifischen Vokabularien, und nach diesen Vokabularien antizipieren sie die Konsequenzen ihres Handelns." (Mills 1940, S. 473)

An dieser Stelle wird schon deutlich, dass die Wahl und die Konstruktion der Fassaden auch von dem abhängt, was man in einer Gesellschaft in dieser Hinsicht erwartet. Das meinte Goffman mit dem Begriff der sozialen Fassaden. Die stereotypen Erwartungen an eine soziale Fassade können dazu führen, dass die Fassade institutionalisiert wird. Sie wird unabhängig von bestimmten Aufgaben. „Die Fassade wird zu einer ‚kollektiven Darstellung' und zum Selbstzweck." Das bedeutet auch, dass der Darsteller einer etablierten Rolle auch eine bestimmte Fassade übernehmen muss: Fassaden werden „meist gewählt und nicht geschaffen". (Goffman 1959b, S. 28) Sie sind Teil der dramatischen Gestaltung.

Teil der dramatischen Gestaltung einer sozialen Interaktion ist auch, seinem sichtbaren Verhalten durch geschickte Hinweise und Nebenhandlungen eine ganz bestimmte Bedeutung zu verleihen und durch beiläufige Informationen ein bestimmtes Image von sich zu erzeugen, das andernfalls gar nicht bemerkt würde (vgl. Goffman 1959b, S. 31). Dabei geht es gar nicht einmal um geheimnisvolle Hintergründe, sondern im Gegenteil um Handeln, dem wir wegen seiner Normalität normalerweise keine Aufmerksamkeit schenken. Das kann man sich am Beispiel eines Klempners klar machen. Einiges von dem, was er tut, kennt jeder, und jeder kann es einsehen. Um nicht den Eindruck aufkommen zu lassen, das, was er tut, könne jeder, wird er vielleicht zuerst einmal die Stirn in Falten legen, das Problem in verschiedene Richtungen kommentieren usw. Eine andere Strategie ist, die Arbeit, die die Klempner von der anderen Firma geleistet haben, schlecht zu machen. Auf diese Weise wird fachliche Kompetenz dramatisch zum Ausdruck gebracht. Das rechtfertigt dann auch einen hohen Arbeitslohn und stellt den richtigen Abstand zum Hobbyklempner her.

Dramatische Gestaltung dient auch dazu, „unsichtbare Kosten in sichtbare zu verwandeln." (Goffman 1959b, S. 32) Diese Strategie erläutert Goffman am Beispiel des Leichenbestatters. Dessen Arbeit ist nicht sichtbar. Gleichwohl wissen wir, dass sie nicht sehr angenehm ist. Jedenfalls möchten wir sie nicht machen. Der Leichenbestatter weiß das natürlich auch, und er belegt diese Einschätzung seiner unsichtbaren Kosten z. B. durch einen hohen Preis für einen Sarg. Ausschlaggebend für den Preis ist weder das Material noch der Arbeitslohn, sondern die Verrechnung der Leistungen, die er aus Rücksicht auf die Trauernden nicht benennen kann. Das Problem, unsichtbare Kosten in sichtbare zu verwandeln, stellt sich aber auch für Berufe, die gesellschaftlich hoch anerkannt sind, bei denen aber auch die meisten nicht recht wissen, was da eigentlich gemacht wird. Politiker lösen dieses Problem, indem sie auf ihre gesellschaftliche Verantwortung verweisen, manche Wissenschaftler, indem sie in einer Sprache reden, die kein normaler Mensch versteht.

Dramatische Gestaltung, das dürfte klar geworden sein, dient dazu, das Besondere in einer Rolle zum Ausdruck zu bringen. Es geht also um die besondere Leistung *in* einer Rolle. Es kann aber auch sein, dass das *gesamte* Verhalten in einer bestimmten Weise stilisiert wird. Vor allem Angehörige aus höheren Sozialschichten und in angesehenen Berufen tendieren dazu, sich einen *Habitus* zuzulegen, der noch die banalsten Dinge des Alltags in einer Form kultiviert, die soziale Abstände markiert (vgl. Goffman 1959b, S. 34).

13.2.2 Idealisierung und Ausdruckskontrolle

Die dramatische Gestaltung ist „eine Methode, durch die eine Darstellung ‚sozialisiert‘, das heißt dem Verständnis und den Erwartungen der Gesellschaft, vor der sie stattfindet, angepasst wird." (Goffman 1959b, S. 35) Die dramatische Gestaltung des Verhaltens muss sich der Fassaden bedienen, die die Zuschauer kennen. Nur dann kann man auch die eigene Besonderheit zum Ausdruck bringen. Goffman zeigt nun, dass Darsteller die Tendenz haben, die Werte, die hinter ihrem Verhalten und den Erwartungen der Zuschauer stehen, dramatisch zu steigern. Goffman nennt das *Idealisierung*.

Mit dieser These beruft sich Goffman auf Charles Horton Cooley[7], nach dem es sogar ein allgemein menschlicher Impuls zu sein scheint, „der Welt einen besseren oder idealisierten Aspekt von uns zu zeigen". (Cooley 1902, S. 352 f.) Solche Verhaltensformen, durch die offizielle Werte in vorbildlicher und verbindlicher Weise zum Ausdruck gebracht werden, hat Durkheim als Rituale bezeichnet. Sie stellen eine „ausdrückliche Erneuerung und Bestätigung der Werte der Gemeinschaft" dar (Goffman 1959b, S. 36). Zeremonien haben die gleiche Funktion, bestimmte Werte zu idealisieren und dramatisch zu steigern. Sie dienen dazu, für bestimmte Rollen einen Rahmen zu schaffen, in dem das einzelne Verhalten seine ganz besondere Bedeutung bekommt. Beispiele solcher zeremoniellen Darstellungen sind das Armutsschauspiel, das ganz besonders Reiche vor geladenen Gästen aufführen, oder die „harmonische Familie", die manche vor ihren Nachbarn spielen.

---

[7] Siehe oben Abschn. 4.3.2 *Interaktionen: wechselseitige Vorstellungen voneinander, wechselseitiger Einfluss, Spiegelselbst.*

Idealisierende Darstellungen scheinen eine besondere Rolle beim sozialen Aufstieg zu spielen. Durch die gesteigerte Betonung der Werte, die in der neuen Umgebung eine Rolle spielen, soll die alte Herkunft kaschiert und der neue Status gefestigt werden. Statussymbole drücken die Nähe zu den neuen Werten aus. Wo es hinter der Fassade Probleme gibt, wird das sorgfältig vor den wichtigen Bezugspersonen verborgen. „Wenn jemand in seiner Darstellung bestimmten Idealen gerecht werden will, so muss er Handlungen, die nicht mit ihnen überein-stimmen, unterlassen oder verbergen." (Goffman 1959b, S. 40)

Es gibt zahlreiche Strategien der Idealisierung. So stellen manche ganz bestimmte ideale Seiten an ihrem Beruf heraus, während sie in Wirklichkeit ganz platte Interessen verfolgen. Andere sind peinlich darauf bedacht, nur ja keine Fehler zu zeigen. Ärzte begraben ihre Fehler, viele Mütter können sich nicht daran erinnern, sich jemals mit ihren Kindern gezankt zu haben. Manche kön-nen gar nicht genug betonen, wie viel Anstrengung sie in eine bestimmte Sache gesteckt haben, während andere so tun, als ob sie sie nebenbei erledigt hätten. Einige bieten eine ästhetisch überhöhte Darstellung und schirmen die weni-ger schöne Vorbereitung sorgfältig ab. Das ist der Grund, weshalb von einer bestimmten Stufe der Eitelkeit an Menschen es nicht gern haben, wenn man sie im Badezimmer beobachtet, und warum die Küche im Restaurant für Gäste ver-boten ist.

Idealisierung heißt Entscheidung für einen bestimmten Wert. Da es aber kei-nen Konsens über *die* Werte gibt, und die Hierarchie, in der sie zueinander ste-hen, durchaus wechseln kann, bleiben Konflikte nicht aus. In den Fällen, wo man mehreren Idealen gerecht werden muss, erfolgt eine Orientierung an den Idea-len, deren Missachtung die größten Sanktionen nach sich zieht und deren Miss-achtung am wenigsten verheimlicht werden kann (Goffman 1959b, S. 43).

Zur Idealisierung gehört auch, jedem Publikum den Eindruck zu vermitteln, es sei das einzige oder zumindest das wichtigste. Dabei ist die Kontrolle des Publikums natürlich besonders wichtig. Wer zum Beispiel zum Schluss seines Vortrages jedes Mal sagt, „Sie sind das interessanteste Publikum, das ich bisher erlebt habe", sollte darauf achten, dass er es nicht vor einem identischen Publi-kum sagt. Und selbstverständlich sollte man auch nicht den Fehler begehen, jemandem das gleiche Kompliment im Beisein dessen zu machen, dem man genau dieses Kompliment früher gemacht hat.

Auch wenn ihm das nicht bewusst ist, bringt das Individuum mit jedem Auf-tritt ein Stück seines Selbst zum *Ausdruck* (vgl. Goffman 1959b, S. 227) und intendiert andererseits, einen bestimmten *Eindruck* von sich zu erwecken. Da in einer Interaktion alle Beteiligten immer Beobachter und Mitspieler zugleich sind, muss jeder kontinuierlich prüfen, ob der Eindruck, den er erwecken will, und die damit verbundene Botschaft, wie die Interaktion weitergehen soll, richtig verstanden wurden. Ganz im Sinne der Perspektivenverschränkung nach Mead ist Interaktion ganz wesentlich *Ausdruckskontrolle*. Der Darsteller vertraut darauf, dass das Publikum kleine Hinweise „als Zeichen für wichtige Momente der Vorstellung annimmt." (Goffman 1959b, S. 48) Er darf nicht mit der Tür ins Haus fallen, aber er darf auch nicht so zurückhaltend sein, dass keiner merkt, was er sagen wollte. Das berüchtigte „name dropping" ist so ein Fall einer komplizierten Darstellung. Wer einen Namen fallen lässt, muss sicher sein, dass die Zuhörer damit auch etwas anfangen können. Manchem wird es gar nichts sagen, wenn ihm jemand beiläufig erzählt, er habe mit Tom eine ganze Nacht über die Welträtsel gesprochen. Und manche feine Ironie wird gar nicht bemerkt, oder das Gesagte wird für bare Münze genommen. Deshalb ist ein wichtiger Bestandteil der dramatischen Gestaltung die Ausdruckskontrolle.

Wenn das Publikum die Darstellung falsch interpretiert oder vielleicht einem Missgeschick des Darstellers zu große Aufmerksamkeit schenkt, besteht die Gefahr, dass es eine ganz andere Definition der Situation vornimmt, die die geplante Darstellung nicht mehr zulässt. Deshalb muss der Darsteller auch jeden störenden Eindruck vermeiden, denn er weiß: ein falscher Ton zerstört den Klang eines ganzen Orchesters. Goffman unterscheidet drei Hauptgruppen solcher Ereignisse, die die ganze Darstellung zum Einsturz bringen können (vgl. Goffman 1959b, S. 49 f.). 1) Dem Darsteller passiert ein Missgeschick. Ein harmloses Beispiel ist der Lehrer, der seiner Schulklasse mit drohender Stimme ins Gewissen redet und just in dem Augenblick einen Schluckauf bekommt. 2) Der Darsteller engagiert sich zu wenig oder viel zu stark. Wer Arbeitslosigkeit zu seinem Thema macht und darüber im gleichen Ton wie über das Wetter redet, zerstört die Darstellung, die ein bestimmtes Publikum erwartet, und wer darüber nur unter Tränen sprechen kann, auch. 3) Der Darsteller tritt im falschen Bühnenbild auf oder die Inszenierung klappt nicht. Wer auf einem Karnevalsfest im nüchternen Zustand allen Ernstes seinen Kampf gegen Tierexperimente verkündet, hat die falsche Bühne gewählt, und wer seiner Schwiegermutter das liebe Enkelkind vorführen will, wird peinlich berührt sein, wenn es der Oma ständig widerspricht.

13.2.3 Unwahre Darstellungen, Mystifikation und Geheimnisse

Es wäre verwunderlich, wenn es in diesem komplizierten Spiel nicht auch ein falsches Spiel gäbe. So sieht es auch Goffman, und er nennt diese Darstellungen *unwahre Darstellungen (misrepresentation)*. Manchmal spürt das Publikum, ob ein Eindruck wahr oder falsch, echt oder unecht ist. Manche stürzen sich mit professioneller Skepsis (Polizei) oder mit moralischem Rigorismus auf die Lücken in der Fassade. Auch hier ist das Spektrum der Darstellungen breit. Wenn jemand sich für ein bestimmtes Individuum ausgibt, halten wir die falsche Darstellung für unentschuldbar, etwas weniger streng sind wir, wenn es sich um Hochstapelei handelt (vgl. Goffman 1959b, S. 56). Und wenn das Ganze einer guten Sache dient oder ein Bösewicht damit ausgetrickst wurde, dann freut uns das sogar.

Dass nicht jede unwahre Darstellung gleich geahndet wird, haben wir gerade gesehen. So ist es auch mit dem Umgang mit der Wahrheit. Wir wissen: „Wer einmal lügt, dem glaubt man nicht, und wenn er auch die Wahrheit spricht." Wer beim Lügen erwischt wird, läuft Gefahr, dass nicht nur die Interaktion kaputt geht, sondern dass sein ganzer Ruf zerstört wird. Bei anderen Lügen, mit denen z. B. Ärzte ihre Patienten verschonen, haben wir Verständnis (vgl. Goffman 1959b, S. 58).

Man mag das moralisch bedauern, Tatsache ist, dass es zwischen Wahrheit und Lüge ein breites Niemandsland gibt. Nicht ganz wahr, aber auch nicht direkt bewusst unwahr sind „gewisse Kunstgriffe bei der Kommunikation, wie Andeutungen, taktische Zweideutigkeiten und entscheidende Auslassungen." Diese Kunstgriffe erlauben es dem Darsteller, „Nutzen aus Lügen zu ziehen, ohne im strengen Sinne gelogen zu haben." (Goffman 1959b, S. 58) Goffman zitiert aus einer britischen Verwaltungsanordnung: „Es darf nichts gesagt werden, was nicht wahr ist; aber es ist ebenso überflüssig und manchmal sogar im öffentlichen Interesse unerwünscht, alles was relevant und wahr ist, zu sagen; die Tatsachen dürfen in jeder geeigneten Reihenfolge mitgeteilt werden." (zit. nach Goffman 1959b, S. 59)

Wie wir schon oben bei der Ausdruckskontrolle gesehen haben, kann sich ein falscher Eindruck in einer Rolle auf alles übrige Verhalten diskreditierend auswirken. Das gilt für unwahre Darstellungen, die entlarvt werden, in besonderer Weise. Sie bewirken einen Generalisierungseffekt, der auch Bereiche erfasst, in denen man nichts zu verbergen hat. Dieser Effekt kann aber auch nach innen wirken, und der Darsteller kann, „wenn er auch nur einen Punkt zu verbergen hat, und selbst, wenn die Gefahr der Entdeckung höchst unwahrscheinlich ist, während seiner ganzen Darstellung von Angst verfolgt sein". (Goffman 1959b, S. 60)

Spätestens hier drängt sich die Frage auf, ob eine Darstellung *wahr* oder *falsch* ist. Um diese Frage zu beantworten, muss man daran erinnern, dass Goffman ausdrücklich nicht fragen wollte, was der Zuschauer glaubt, sondern inwieweit der Darsteller „selbst an den Anschein der Wirklichkeit glaubt, den er bei seiner Umgebung hervorzurufen trachtet". (Goffman 1959b, S. 19) Und in dieser Hinsicht will Goffman es überhaupt nicht entscheiden, „was mehr Realität hat:

der hervorgerufene Eindruck oder der Eindruck, den der Darsteller beim Publikum nicht aufkommen lassen will." Jedenfalls will der Darsteller ein Verhalten vermeiden, das in irgendeiner Form den von ihm intendierten Eindruck diskreditieren könnte (vgl. Goffman 1959b, S. 61 f.).

Doch der Darsteller tut, wie wir bei der Strategie der Idealisierung gesehen haben, noch mehr. Er versucht, einen ganz bestimmten Eindruck zu erwecken. Eine auffällige Strategie, mit der der Darsteller sich gewissermaßen über die Zuschauer erhebt, ist die *Mystifikation*. Ein erster Schritt dahin ist die Einschränkung des Kontakts. Die Wahrung einer sozialen Distanz ist eine Methode, „um beim Publikum Ehrfurcht zu erzeugen". (Goffman 1959b, S. 62) Vorzimmer und hohe Mauern, verdunkelte Scheiben im Auto und Ähnliches sind Bühnenbilder, mit denen Ehrfurcht durch Distanz erzeugt werden soll. Das distanzierte Verhalten, das uns bei Adligen, selbst wenn sie sich leutselig geben, auffällt, hat die gleiche Funktion.

Interessanterweise lässt sich Distanz aber auch aus der Sicht der Zuschauer positiv begründen. Goffman zitiert den Berater des Königs von Norwegen, der diesen gewarnt hatte, dass aus Vertraulichkeit Verachtung entstehe:

> „Ich sagte ihm, er müsse sich auf ein Podest stellen und dort bleiben; dann erst könne er auch gelegentlich gefahrlos heruntersteigen. Das Volk wolle keinen König, mit dem es auf ein Picknick gehen kann, sondern etwas Ungreifbares wie das delphische Orakel. Die Monarchie sei in Wirklichkeit die Schöpfung jedes einzelnen Gehirns. Jedermann überlege sich gerne, was er tun würde, wenn er König wäre. Das Volk schreibe dem Monarchen jede nur erdenkbare Tugend und Fähigkeit zu. Es müsse deshalb enttäuscht sein, wenn es ihn wie einen gewöhnlichen Menschen auf der Straße umhergehen sehe." (nach Goffman 1959b, S. 63 f.)

Daraus lässt sich der Schluss ziehen, dass auch das Publikum Distanz wahren will (vgl. Goffman 1959b, S. 64).

Mystifikation wird auch dadurch erzeugt, dass sich die Darsteller *Geheimnisse* zulegen. Das kann sich auf die Herkunft oder auf die Dinge, die da kommen werden, beziehen oder auf Kontakte und Informationen, über die man verfügt, über die man aber nicht reden will. Die Darsteller ergehen sich in dunklen Andeutungen und vermitteln dadurch den Eindruck, etwas Besonderes zu sein. Mancher versucht es auch damit, dass er gar nichts über sich sagt. Wieder andere wissen, dass es eigentlich keine Geheimnisse um sie gibt. Für sie besteht das Problem darin, „das Publikum daran zu hindern, dies ebenfalls zu bemerken". (Goffman 1959b, S. 65)

In den normalen Interaktionen des Alltags lassen sich die Menschen nicht so oft auf solche riskante Strategien ein. Man kann diese unwahren Darstellungen nämlich auch als Täuschung bezeichnen. Täuschung heißt, dass jemand etwas zu sein vorgibt, das er nicht ist, und eine Rolle spielt, die ihm nicht zusteht. Täuschung birgt die Gefahr in sich, dass sie auffliegt, und dann bricht die Interaktion zusammen.

13.2.4 Störungen und Zwischenfälle: Das Zusammenspiel von Darsteller und Publikum zur Rettung einer Interaktion

Betrachten wir Interaktionen unter einem dramaturgischen Aspekt, wie Goffman es tut, dann sind alle Beteiligten zugleich Darsteller und Publikum, und Interaktionen gelingen nur, wenn Darsteller und Publikum zusammenspielen. Zwischen beiden Gruppen „herrscht ein stillschweigendes Einverständnis darüber", dass es in ihrem Handeln „ein bestimmtes Ausmaß an Übereinstimmung", dass es aber auch Gegensätze zwischen ihnen gibt (Goffman 1959b, S. 217). Solange eine Interaktion ohne Probleme abläuft, überwiegt der stille Konsens über die Definition der Situation, die Handlungsziele der Beteiligten und die angemessenen Formen der Darstellung. Kommt es zu Störungen oder Zwischenfällen, werden nicht nur Dissense offensichtlich, sondern auch die Tatsache, dass Darsteller und Publikum unterschiedliche Funktionen haben. Um eine Interaktion zu retten, ist ein genaues *Zusammenspiel von Darsteller und Publikum* erforderlich.

Was wären typische Störungen? Da sind einmal unbeabsichtigte Gesten *(unmeant gestures)*, dass z. B. jemand just in dem Augenblick, wo er eine entschiedene Meinung äußern will, den Faden verliert und verstummt. Das Gesamtarrangement einer Interaktion kann zweitens dadurch gestört werden, dass jemand die Hinterbühne der Darstellung betritt *(inopportune intrusions)*, indem er z. B. bei einer Einladung aus Versehen das Schlafzimmer betritt, in der sich die Gastgeberin gerade umzieht, oder nach einer Opernaufführung in die Künstlergarderobe eindringt, wo die strahlende Diva halb abgeschminkt auf ihrem Stuhl zusammengesunken ist. Das Eindringen in die private Hinterbühne kann natürlich auch dadurch erfolgen, dass jemand ein bestimmtes Verhalten des Anderen zum Anlass nimmt, ihn nach seinen persönlichen Problemen zu befragen, oder dieses Verhalten nur still zur Kenntnis nimmt, daraus aber Schlüsse zieht, die sein eigenes Verhalten in eine ganz neue Richtung lenkt. Schließlich erwähnt Goffman als dritte Form der Störung einer Interaktion den Faupas: Jemand äußert sich taktlos über einen Anwesenden oder Abwesenden oder tritt ins Fettnäpfchen, indem er sich just über Reiseziele mokiert, die die anderen Gäste seit langem bevorzugen.

Ungewollte Gesten, unpassendes Eindringen in die Hinterbühne der Darstellung und Fauxpas sind „Quellen von Peinlichkeit und Unstimmigkeit", die der, der sie zu verantworten hat, gewiss vermieden hätte, „hätte er im voraus erkannt, was daraus entsteht." (Goffman 1959b, S. 191)

Es gibt aber auch Situationen, in denen jemand so handelt, „dass er den höflichen Anschein der Übereinstimmung zerstört oder ernsthaft gefährdet". Solche Störungen oder Zwischenfälle nennt Goffman Szenen *(scenes)*. Von den eben genannten Störungen unterscheiden sich Szenen, dass sie bewusst herbeigeführt werden. „Die umgangssprachliche Formel *eine Szene machen* trifft den Tatbestand genau, weil durch derartige Störungen wirklich eine neue Szene geschaffen wird." Manche Szenen ereignen sich, wenn die Teilnehmer an einer Interaktion, die ja ein Ensemble bilden, die Vorstellung eines Anderen nicht mehr aushalten und mit ihrer Kritik herausplatzen, oder mit der gesamten Situation nicht mehr einverstanden sind und jetzt mal Tacheles reden wollen (vgl. Goffman 1959b, S. 191). Von einer Szene spricht Goffman auch, wenn die Interaktion zwischen zwei Personen so laut und heftig wird, dass die Außenstehenden, die mit ihrer eigenen Interaktion beschäftigt waren, „notgedrungen zu Zeugen des Streits werden". (Goffman 1959b, S. 192) Um die gesamte Interaktion zu retten, wird das Publikum über den Eklat taktvoll hinwegsehen, oder sich, nachdem man sich verstohlene Blicke zugeworfen hat, kurzfristig aus der Situation zurückziehen oder die Aufmerksamkeit auf ein neues Thema leiten. Der vorübergehende Ausschluss der Streitenden aus der gemeinsamen Interaktion dient dazu, sie vor öffentlich eskalierenden Verletzungen zu schützen und nach einer Abkühlung vorsichtig wieder in die Interaktion zu integrieren. Als letzten Typus solcher Szenen erwähnt Goffman als Beispiel einen Menschen, der sich auf eine forsche Behauptung versteift. Normalerweise wird er sich vorher vergewissern, wie die Anderen darauf wohl reagieren werden. Aber manchmal mag er auch Gründe haben, etwas zu behaupten oder eine Forderung zu stellen, wovon er weiß, dass die Anderen es nicht akzeptieren. Wenn es ihm dann nicht gelingt, für seine Meinung Verständnis einzuholen, wenn seine Erklärungen nicht angenommen, sondern sogar offen zurückgewiesen werden, ist das in hohem Maße peinlich. Schließt man einmal aus, dass er nach dieser Demütigung *(humilation)* die Situation verlässt, und unterstellt man, dass die Anderen ein Interesse daran haben, dass die Interaktion auch unter seiner Präsenz weitergeht, sind aktive Maßnahmen seitens des Publikums gefordert: es lenkt die Aufmerksamkeit auf ein unverfängliches Thema, in das sich irgendwann auch der Andere wieder einklinken kann.

An diesen Störungen und Zwischenfällen wird deutlich, wie stark die Darsteller vom *Takt* und der Bereitschaft des Publikums, die Interaktion zu schützen, abhängt (vgl. Goffman 1959b, S. 208). Vom Darsteller wird erwartet, dass er „ein hinreichendes Maß an Aufmerksamkeit und Interesse" für die aktuelle Situation, die mithandelnden Personen und die Reaktionen seines Publikums aufbringt, dass er bereit und in der Lage ist, „die eigene Vorstellung soweit unter Kontrolle zu halten, dass nicht zu viele Widersprüche, Unterbrechungen und Ablenkungen entstehen", dass er alle „Äußerungen und Handlungen" unterlässt, „aus denen sich ein Fauxpas ergeben könnte", und dass er „Szenen vermeidet". (Goffman 1959b, S. 208 f.)

Der Takt des Publikums ist für Goffman ein so allgemeines Phänomen, dass man ihn in fast jeder Interaktion erwarten kann. Wenn z. B. in einem Restaurant zwei Personengruppen, die sich kennen, an Nachbartischen sitzen, vermeidet jede Gruppe den Eindruck, die andere zu belauschen. Wenn einem Darsteller etwas unterläuft, was seinem sonstigen Eindruck widerspricht, dann wird das Publikum das taktvoll übersehen oder seine Entschuldigung einfach übernehmen (vgl. Goffman 1959b, S. 209 f.). Der Darsteller merkt an diesen taktvollen Reaktionen, dass er geschützt wird, und bringt durch sein nächstes Verhalten zum Ausdruck, dass er die unterstützende Funktion des Publikums verstanden hat.

Goffman führt zum Schluss noch eine Strategie an, mit der der Darsteller den Takt des Publikums erwidert und das Zusammenspiel der Interaktion in Gang hält.

> „Zunächst muss der Darsteller empfänglich für Hinweise sein und sie auch bereitwillig annehmen, denn dadurch kann das Publikum dem Darsteller zu verstehen geben, dass sein Schauspiel inakzeptabel ist und er es besser schnell ändert, soll die Situation gerettet werden. Zweitens muss der Darsteller, wenn er Tatsachen verschleiert darstellen will, dies in Übereinstimmung mit den Regeln der Etikette tun; er darf sich nicht in eine Lage begeben, aus der ihn keine Entschuldigung mehr, auch nicht das gutwilligste Publikum, retten kann. Wenn der Darsteller eine Unwahrheit sagt, muss er seinem Tonfall einen Hauch des Scherzhaften geben, so dass er, wenn er erwischt wird, jede Ernsthaftigkeit leugnen und sagen kann, er habe nur gescherzt." (Goffman 1959b, S. 212 f.)

Wie oben schon gesagt, sind in jeder Interaktion die Teilnehmer immer zugleich Darsteller und Publikum. Die dramaturgische Struktur sozialer Interaktion ist, wie auch am Beispiel des Verhaltens bei Störungen deutlich wurde, dadurch gekennzeichnet, dass die Grenzen zwischen beiden Gruppen ständig überschritten werden und überschritten werden müssen, weil sonst eine Interaktion unter *Gleichen* mit eigenen, legitimen Erwartungen und Ansprüchen nicht möglich ist!

13.2.5 Definition der Situation, Interaktion, Inszenierung des Selbst

Goffman fasst am Ende selbst zusammen, welche beiden Perspektiven er in seiner Studie verfolgt hat. a) Unter der Perspektive der *Interaktion* hat sie mit der Struktur sozialer Begegnungen *(social encounters)* und mit der Struktur der Situationen zu tun, die entstehen, wann immer Personen sich in physischer Präsenz begegnen. Als Schlüsselfaktor seiner Erklärung dient ihm die These von der kontinuierlichen *Definition der Situation:* Die Beteiligten definieren – wenn auch unbewusst – fortlaufend *sich selbst,* wechselseitig *einander* und *gemeinsam den situativen Prozess* und bringen diese Definition durch entsprechendes Verhalten zum Ausdruck (vgl. Goffman 1959a, S. 254). Die Definition einer Situation geht zwar von jedem Einzelnen aus, aber sie fügt sich in die laufenden Definitionen aller Anderen ein, indem er auf deren Reaktionen reagiert, und wird zum entscheidenden, integralen Bestandteil der Interaktion, die durch die Kooperation aller Beteiligten geschaffen und gestützt wird (vgl. Goffman 1959b, S. 73). b) Unter der Perspektive der *Präsentation eines Selbst (self)* in der Interaktion will Goffman die These erhärten, dass die eigentliche Struktur des Selbst *(the very structure of the self)* nur zu verstehen ist, wenn wir sie unter dem Gesichtspunkt betrachten, wie Individuen ihre Auftritte arrangieren und unter welchen gegebenen Bedingungen sie das tun (vgl. Goffman 1959a, S. 252).

Wie sich zeigen wird, misst Goffman in seiner Zusammenfassung der *Inszenierung des Selbst* besondere Bedeutung zu. Seine These ist, dass das Selbst nichts ist, das einem Individuum per se eigne und deshalb auch unveränderlich feststünde, sondern es wird im Prinzip in den laufenden Interaktionen mit Anderen ständig *hergestellt. Soziologisch* ist das self nur zu fassen, wenn man es in Verbindung mit dem Handeln des Individuums in einer konkreten sozialen Situation sieht – als soziales Produkt und als soziale Produktion. Deshalb werde ich, wo immer es der Klarstellung dient, den englischen Begriff des self mit *Identität* bzw. *soziale Identität* übersetzen.[8]

Den Gedanken der sozialen Produktion des self sieht Goffman schon bei William James, einem Begründer des Pragmatismus[9], angelegt, der davon sprach, dass der Mensch so viele *social selves* hat wie Personen und Gruppen, auf die er

---

[8] Auch Goffman verwendet in späteren Arbeiten (z. B. Stigma 1963a) die Begriffe „self" und „social identity" oft parallel. Auf die Differenzierung der sozialen Identität komme ich weiter unten zu sprechen.

[9] Vgl. oben Abschn. 6.1 *Geistiger Hintergrund – Pragmatismus und Behaviorismus.*

sich bezieht und deren Meinungen ihm wichtig sind (vgl. Goffman 1959a, S. 48; James 1892, S. 374). Dieses social self bezeichnet James als „me". Von hier aus ist auch der implizite Bezug Goffmans auf Mead zu verstehen, wonach sich das Individuum seiner selbst erst bewusst wird, wenn es sich mit den Augen des Anderen sieht, und soziale Identität *(me)* sich durch die Übernahme der Haltungen Anderer und in Reaktion auf ihre Reaktionen entwickelt (vgl. Mead 1934, S. 216 f.).

In Verbindung mit Goffmans oben genannter ersten These, dass die Individuen durch ihr Verhalten anzeigen, wie sie die soziale Situation, sich selbst und einander definieren, wird das auch der zentrale Gedanke in seiner Studie sein, dass Identität in der Interaktion immer wieder hergestellt wird, indem die Individuen aus ihren wechselseitigen Reaktionen (unbewusst oder auch sehr bewusst) laufend Schlüsse ziehen, als wer sie von den Anderen in einer aktuellen Situation angesehen werden, welches Verhalten von diesen erwartet und gebilligt wird und mit welchen Strategien sie sich selbst ins Spiel bringen können.

Wie eingangs schon gesagt, betrachtet Goffman Situationen, in denen Individuen zusammenkommen, wie eine Theatervorstellung *(performance),* in der sie sich in bestimmten Rollen vor einem Publikum darstellen *(present).* Im Gegensatz zum Theater sind in den Interaktionen des normalen Alltags alle Beteiligten zugleich Darsteller und Publikum. Jeder sucht einen bestimmten Eindruck zu vermitteln, und jeder beobachtet jeden, was er tut und wie er es tut. Damit die Aufführung gelingt, tut jeder gut daran, den Eindruck, den er bei Zuschauern und Mitspielern erweckt, zu kontrollieren und nach Möglichkeit auch zu lenken (vgl. Goffman 1959b, S. 17 und 3).

Jede Darstellung auf der Bühne erweckt bei einem aufmerksamen Publikum den Eindruck, dass die Schauspieler durch die Art und Weise, wie sie ihre Rolle spielen, auch etwas über sich selbst zum Ausdruck bringen. Umgekehrt suchen auch die Schauspieler den Eindruck zu erwecken, sie legten ihre ganze Persönlichkeit in ihre Rolle hinein. In den Interaktionen des Alltags ist es nicht anders: Die Individuen suchen unbewusst, manchmal aber auch sehr bewusst, den Eindruck zu vermitteln, dass sie das auch wirklich sind, was sie zu sein vorgeben (vgl. Goffman 1959a, S. 136 und 167). Damit stellt sich die Frage, wer das *ist,* der da auftritt, und *was* da in der Interaktion präsentiert wird. Goffman ventiliert diese Fragen unter der Überschrift „Staging and the Self". (Goffman 1959a, S. 252, b, S. 230)

Nach eigener Aussage hat Goffman in seiner Studie den Einzelnen zweigeteilt betrachtet: einerseits als Darsteller, der im gemeinsamen Schauspiel der Interaktion vorgegebene Rollen spielt und entsprechende Eindrücke erzeugt, und andererseits als jemand, der in seiner Rolle auch sein eigenes Selbst *(very self, character),* sozusagen seine *persönliche Identität* zum Ausdruck bringt. Dieses *self-as-character* wird meist als etwas gesehen, das im Körper seines Besitzers, besonders in dessen oberen Teilen angesiedelt ist. Das dargestellte Selbst wird in unserer Gesellschaft in gewisser Weise gleichgesetzt mit einem angeborenen Charakter. Dagegen wendet Goffman ein, dass dieses dem Individuum unterstellte „eigentliche Selbst" kein organisches Ding ist, das eingeboren ist, reift und schließlich mit dem Tod vergeht, und auch nicht der eigentliche Auslöser seines Handelns ist, sondern dass das Selbst, die dargestellte *soziale Identität, Produkt* und nicht Ursache einer konkreten Interaktion *(scene)* ist. Das Selbst ist etwas, das die Individuen in der Interaktion face-to-face *gemeinsam herstellen;* es ist die dramatische Wirkung *(dramatic effect),* die sich fortlaufend in der Interaktion entfaltet (vgl. Goffman 1959a, S. 252 f., b, S. 230 f.).

Wenn ein Individuum vor Anderen erscheint, dann entwirft es wissentlich und unbeabsichtigt eine Definition der Situation, und ein wesentlicher Bestandteil dieser Definition der Situation ist, wie es sich *selbst* definiert (vgl. Goffman 1959a, S. 242). Beide Definitionen sind keine einmaligen Ereignisse, sondern erfolgen ununterbrochen solange, wie die face-to-face Interaktion andauert, und an beiden Definitionen sind alle beteiligt.

Das Selbst, das in einer Interaktion zum Ausdruck kommt, verdankt sich einer laufenden gemeinsamen Produktion. Das muss man sich aus der Perspektive des jeweiligen Individuums so vorstellen: Es inszeniert sich durch ein bestimmtes Verhalten und erweckt einen bestimmten Eindruck. Dabei beobachtet es, wie die Anderen auf diese Inszenierung reagieren, und reagiert auf ihre Reaktionen. Auf diese Weise wird das Selbst, oder besser gesagt: eine *soziale Identität* kontinuierlich hergestellt.

Wir richten unsere Inszenierung nach dem Verhalten und den unterstellten Erwartungen derer aus, an die wir uns durch unser Verhalten wenden (vgl. Goffman 1959a, S. 72, b, S. 67). Um von ihnen als eine bestimmte Art von Person erkannt und anerkannt zu werden, müssen wir die Attribute besitzen und die Regeln für Verhalten und Erscheinung einhalten, die diese Anderen mit diesen Attributen verbinden. Was wir vorgeben zu *sein,* muss von uns belegt und von den Anderen bestätigt werden. Solange nichts Überraschendes passiert, also keine Widersprüche zwischen der Präsentation des Einzelnen und den Erwartungen des Publikums auftreten, gehen die Zuschauer davon aus, dass das Verhalten des Einzelnen auch seine Identität spiegelt, und der Schauspieler, dass ihm diese Identität auch bei seinem nächsten Verhalten zugerechnet wird (vgl. Goffman 1959a, S. 242 und 248). In der Produktion seiner sozialen Identität, also der Identität, die jemand in einer konkreten Situation für sich reklamiert und die er durch sein Verhalten zum Ausdruck bringt, ist in einer face-to-face Interaktion jeder von jedem abhängig. Jeder beobachtet jeden, und jeder definiert die Linie seiner Präsentation in Reaktion auf die Reaktion eines Anderen.

Face-to-face Interaktionen werden von Goffman als Quelle von *Eindrücken* verstanden, die die Teilnehmer Anderen vermitteln bzw. die sie von diesen empfangen. Eindrücke sind Informationen über sichtbares Verhalten, aber sie dienen den handelnden Individuen auch als Informationen über nicht sichtbare Tatsachen. Wie oben schon gezeigt, unterliegt jede soziale Interaktion einer fundamentalen Dialektik: Wenn das Individuum in Kontakt zu Anderen tritt, wird es versuchen, Informationen über die faktischen Bedingungen der Situation herauszufinden *(discover the facts of the situation)*, wozu natürlich auch gehört, herauszufinden, welchen Typ der Andere repräsentiert und welche Absichten er verfolgt. Das dient weniger der Neugier als vielmehr des Entwurfs einer einigermaßen verlässlichen Handlungslinie. Vollständige Informationen wird das Individuum natürlich nie bekommen, deshalb muss es sich mit Ersatzinformationen *(substitutes)* begnügen – Andeutungen, Nebenbemerkungen, ausdrucksvollen Gesten, Statussymbole usw. – als Mittel, sich das Verhalten des Anderen zu erklären und sein nächstes Verhalten zu projizieren. Kurz, da das Individuum den Anderen nie ganz kennen kann, muss es sich statt dessen auf den Anschein *(appearances)* verlassen und sich paradoxerweise umso mehr auf diesen konzentrieren, je weniger es von dem Anderen weiß (vgl. Goffman 1959a, S. 248 f., b, S. 227 f.). Fazit: in einer Interaktion gibt es nicht „die" soziale Identität des Anderen, sondern immer nur eine, die wir aktuell von ihm annehmen und die wir in der Interpretation seines Verhaltens laufend konstruieren! Selbstverständlich gilt dieser Zusammenhang auch für die *Selbstidentifikation* des Individuums: auch sie ist ein temporäres Produkt, das sich aus den jeweiligen – natürlich nicht vollständig bewussten – Annahmen der Gründe und Ziele des eigenen Handelns, aus der ständigen Interpretation der Reaktionen der Anderen auf sein Verhalten und aus seinem Umgang mit deren Zuschreibungen und Erwartungen ergibt.

Will man Goffmans Konzept der Identität, das er in seiner Studie über die *Presentation of Self* entwickelt hat, mit wenigen Worten zusammenfassen, dann kann man so sagen: *In einer konkreten Interaktion ist Identität aus der Sicht des Einzelnen einerseits das Bild, das er von sich selbst hat, und wofür er sich ausgibt, also die Form, in der er dieses Bild von sich vor Anderen zum Ausdruck bringt, und andererseits das Bild, das die Erwartungen der Anderen spiegelt, d. h. als wer er sich von den Anderen angesehen fühlt, und die Form, mit diesen Erwartungen in konkreten Interaktionen des Alltags umzugehen. Aus der Sicht der Anderen ist seine Identität das, was sie ihm zuschreiben.*

13.3   Rollendistanz

Zu den strukturellen Komponenten jeder face-to-face Interaktion gehören die *Rollenerwartungen* der Teilnehmer. Im Normalfall sind die Erwartungen komplementär, und die Interaktionen nehmen ihren Gang. Aber es ist gar nicht so selten, dass jemand eine andere Vorstellung von sich und seiner Rolle hat. Eine Strategie anzuzeigen, als wer wir angesehen werden wollen, besteht darin, sich von angesonnenen Rollenerwartungen zu distanzieren. Mittels *Rollendistanz* sucht das Individuum, das Bild, das Andere von seiner Identität haben, zu korrigieren. Goffman führt als Beispiel einen kleinen Jungen an, der auf dem Karussell wild herumhampelt, um den anderen Kindern und vor allem seinen ängstlichen Eltern zu signalisieren, dass er kein Baby mehr ist (vgl. Goffman 1961b, S. 118 ff.).

Rollendistanz heißt nicht, sich sozialen Erwartungen generell zu verweigern, sondern eine als unangemessen empfundene Definition einer Rolle zurückzuweisen und die Interaktion in eine neue Richtung zu lenken. Rollendistanz beinhaltet also einen *Anspruch*. Mittels Rollendistanz eröffnet das Individuum *für sich* neue Optionen der Interaktion und steuert die Interaktion aus *eigenem Interesse* in eine bestimmte Richtung.

Goffman verwendet den Begriff der Rollendistanz aber noch in einem zweiten Sinne. Danach zielt Rollendistanz nicht darauf, die *eigene* Identität *gegen* fremde Erwartungen durchzusetzen, sondern im Gegenteil, sich in seiner Rolle zurückzunehmen und die Identität *eines Anderen* zu *schützen,* damit eine *Interaktion* in Gang gehalten wird! Goffman bringt dazu das Beispiel des Chirurgen, der bei einer komplizierten Operation auf ein Missgeschick seines Assistenten nicht mit einem strengen Verweis reagiert, der ihn womöglich noch unsicherer machen würde, sondern ihm mit einem jovialen „Das ist mir bei meiner ersten Operation genau so passiert!" über die Hürde hilft (vgl. Goffman 1961b, S. 131 ff.). In diesem Beispiel hat Rollendistanz etwas mit der Abwägung der Vor- und Nachteile eines bestimmten Handelns für die Fortführung eines *gemeinsamen* Handelns zu tun, dient also dazu, eine gestörte Interaktion wieder in Ordnung zu bringen. Der machthabende Chirurg definiert die Situation spontan in eine Interaktion zwischen Gleichen um. Soziologisch kann man diese Szene so interpretieren: Jemand, der die alleinige Macht hat, eine Situation und das angemessene Verhalten aller Beteiligten zu bestimmen, spielt die Rolle des Überlegenen nicht aus, sondern nimmt die Rolle des Kollegen ein. Rollendistanz kann also auch heißen, in einer bestimmten Situation eine Rolle nicht zu beanspruchen und sich in einer anderen Rolle zu präsentieren. Rollendistanz kann also auch der freiwillige *Verzicht* auf eine Überlegenheit sein, die man in einer bestimmten Interaktion ausspielen könnte.

Rollendistanz darf nicht verwechselt werden mit Verweigerung oder Unfähigkeit, sondern es ist der souveräne Umgang mit einer Situation, wie sie von anderen definiert wird oder wie sie sich durch bestimmte Umstände ergeben hat.

Wenn die Akteure ein Interesse an der Fortführung der Interaktion haben, heißt Rollendistanz auch nicht das Ende eines gemeinsamen Schauspiels. Mit der Strategie der Rollendistanz eröffnet sich dem Individuum nämlich die Chance, die Situation und das Bild, das die Anderen von ihm haben, neu zu definieren. Goffman beschreibt das Problem so: „Das Individuum steht in einer Doppelbeziehung zu Attributen, die ihm aufgedrängt werden oder werden können. Es fühlt, dass einige Attribute von Rechts wegen seine sind, bei andern wird das nicht so sein, über einige wird es sich freuen und in der Lage sein, sie als Teil seiner Selbstdefinition zu akzeptieren, bei anderen wieder nicht." (Goffman 1961b, S. 116) Da in einer Interaktion jeder Darsteller auch Zuschauer und jeder Zuschauer auch Darsteller ist, beeinflusst jede Definition der Situation jeden anderen in dieser Situation. Definition der Situation heißt auch, den anderen zu einem Verhalten zu bewegen, das in das eigene Handlungskonzept passt. Das bedeutet notwendig, den Anderen in seinem Handeln einzuschränken. Da im Prinzip alle in der gleichen Situation sind, werden alle auch die gleichen Versuche unternehmen, sich nicht in ihrem Handeln festlegen zu lassen.

Das ist die Basis, auf der Rollendistanz notwendig wird: „Wenn wir das Verhalten des Individuums Schritt für Schritt verfolgen, stellen wir fest, dass es angesichts der möglichen über ihn ins Spiel gebrachten Bedeutungen keineswegs passiv bleibt, sondern soweit es irgend kann, aktiv an der Aufrechterhaltung einer Situationsdefinition teilnimmt, die stabil ist und mit seinem Bild von sich selbst übereinstimmt." (Goffman 1961b, S. 117) Das ist nicht immer leicht, und grundsätzlich ist die Voraussetzung, dass es eine Interaktion von Gleichen ist. Wo Macht die Situation dominiert, ist nur für eine Seite Rollendistanz möglich. Normalerweise aber stehen uns Methoden zur Verfügung, mit denen wir uns als eine Person im Spiel halten und Vereinnahmungen zurückweisen. Solche Methoden sind Erklärungen, Entschuldigungen und Scherze. Es sind „alles Methoden, durch die das Individuum bittet, einige der bezeichnenden Merkmale der Situation als Quellen zur Definition seiner Person zu streichen." (Goffman 1961b, S. 118)

Goffman hat schließlich gezeigt, dass Rollendistanz auch eine Strategie des Überlebens in totalen Institutionen ist, die Interaktionen unter Gleichen nicht zulassen und den Anspruch des Individuums auf seine eigene Identität hintertreiben. Erheblichen Gefährdungen ihrer Identität sehen sich auch Stigmatisierte ausgesetzt. Sie setzen die Strategie der Rollendistanz ein, um Anderen, den „Normalen", die Chance zu geben, sie fast wie Normale zu behandeln. Diesem Zusammenhang von *Interaktion* und *Identität* wende ich mich nun zu.

13.4   Beschädigungen und Gefährdungen der sozialen Identität

In seinem Buch *The Presentation of Self in Everyday Life* hatte Goffman beschrieben, wie sich der Einzelne im Alltag *darstellt,* welche Techniken er verwendet, um von sich einen bestimmten *Eindruck* zu vermitteln, und was er tut, damit ihm die Darstellung von den Anderen als Ausdruck seiner *sozialen Identität* zugerechnet wird. Wie sich zeigen wird, ist die Darstellung ein riskantes Geschäft, und was das Thema Identität betrifft, so lässt Goffman keinen Zweifel daran, dass auch sie in der Moderne *gefährdet* ist. Extreme Gefährdungen hat er dann in seinem Buch „Asyle" (Goffman 1961a), in dem es um die Vereinnahmung durch totale Institutionen wie Gefängnisse, psychiatrische Kliniken oder Gefangenenlager geht, und in seinem Buch „Stigma" (Goffman 1963b) beschrieben, das von der Bewältigung beschädigter Identität handelt. Auch bei der Präsentation im Alltag schwingt immer das Bedürfnis mit, die eigene Identität vor den Vereinnahmungen durch die Anderen zu schützen.

13.4.1 Totale Institutionen

Nachdem Goffman für längere Zeit als visiting scientist in einer psychiatrischen Klinik gearbeitet hatte, veröffentlichte er im Jahre 1961 das Buch „Asylums", in dem er beschreibt, wie bestimmte Institutionen total über Insassen verfügen, ihre Interaktionen einschränken und ihnen die Mittel zur Darstellung ihrer Identität nehmen. Solche Institutionen werden im Deutschen als „totale Institutionen" bezeichnet. Das Buch handelt aber auch von den Versuchen der Insassen, sich gegen die Institution zur Wehr zu setzen, indem sie z. B. ein „underlife" organisieren, in dem Interaktionen nach eigenen Regeln und Zielen ablaufen.

„Eine totale Institution", schreibt Goffman in der Einleitung, „lässt sich als Wohn- und Arbeitsstätte einer Vielzahl ähnlich gestellter Individuen definieren, die für längere Zeit von der übrigen Gesellschaft abgeschnitten sind und miteinander ein abgeschlossenes, formal reglementiertes Leben führen." (Goffman 1961a, S. 11) Beispiele solcher geschlossenen Anstalten sind Gefängnisse und psychiatrische Kliniken, aber auch Klöster, Kasernen und bestimmte Heime. Schon an diesen Beispielen wird deutlich, dass totale Institutionen „soziale Zwitter" sind: „einerseits Wohn- und Lebensgemeinschaft, andererseits formale Organisation." (Goffman 1961a, S. 23) In manchen ähneln Interaktionen denen in einem normalen Alltag, in anderen sind die Interaktionen formal geregelt oder sogar auf ein von der Anstalt festgelegtes Minimum eingeschränkt.

Ein Merkmal solcher sozialen Einrichtungen, „in der Alltagssprache Anstalten *(institutions)* genannt", ist, dass Tätigkeiten nach einer festen Regel ausgeübt werden. „Jede Institution nimmt einen Teil der Zeit und der Interessen ihrer Mitglieder in Anspruch und stellt für sie eine Art Welt für sich dar; kurz, alle Institutionen sind tendenziell allumfassend. Betrachten wir die verschiedenen Institutionen (in unserer westlichen Zivilisation), so finden wir, dass einige ungleich umfassender sind als andere. Ihr allumfassender oder totaler Charakter wird symbolisiert durch Beschränkungen des sozialen Verkehrs *(social intercourse)* mit der Außenwelt sowie der Freizügigkeit *(departure),* die häufig direkt in die dingliche Anlage eingebaut sind, wie verschlossene Tore, hohe Mauern, Stacheldraht, Felsen, Wasser, Wälder oder Moore." (Goffman 1961a, S. 15 f.)

Solche totalen Institutionen lassen sich grob in fünf Gruppen zusammenfassen: 1) Anstalten zur Fürsorge für Menschen, die unselbständig und harmlos sind (Beispiele Blinden- oder Altersheime); 2) Anstalten zur Fürsorge für Menschen, die unfähig sind, sich selbst zu versorgen und eine, wenn auch unbeabsichtigte, potentielle Bedrohung für die Gesellschaft darstellen (als Beispiele nennt Goffman Tuberkulose-Sanatorien und Irrenhäuser); 3) Anstalten, in denen Menschen von der Gesellschaft isoliert werden, weil sie die Gesellschaft absichtlich gefährdet haben oder weil man sie für gefährlich hält (Beispiele sind Gefängnisse, Gefangenenlager, Konzentrationslager); 4) Institutionen, in denen Menschen zusammengeführt werden, um bestimmte Aufgaben besser zu erledigen (als Beispiele nennt Goffman u. a. Kasernen, Internate oder Arbeitslager); 5) Institutionen, die als Zufluchtsorte vor der Welt dienen (z. B. Klöster, Konvente oder mönchische Wohngemeinschaften) (vgl. Goffman 1961a, S. 16).

Wenn Goffman nun darangeht, gemeinsame Merkmale für diese unterschiedlichen geschlossenen Einrichungen herauszuarbeiten, dann räumt er ein, dass sich keines der oben angedeuteten Elemente ausschließlich in totalen Institutionen findet. Die folgenden Merkmale sind denn auch als *Idealtypen* zu verstehen.

In der modernen Gesellschaft sind die Bereiche Arbeit, Wohnen und Freizeit normalerweise getrennt. Der Einzelne kommt in jedem dieser drei Bereiche mit anderen Personen zusammen; wann und wie er mit ihnen verkehrt und ggf. zusammenarbeitet, das kann er in Maßen selbst bestimmen; es gibt keinen „umfassenden rationalen Plan", nach dem sich sein Leben *insgesamt* abzuspielen hat. „Das zentrale Merkmal totaler Institutionen besteht darin, dass die Schranken, die normalerweise diese drei Lebensbereiche trennen, aufgehoben sind: 1) Alle Angelegenheiten des Lebens finden an ein und derselben Stelle, unter ein und derselben Autorität statt." 2) Die Mitglieder der Institution üben ihre tägliche Arbeit in einer festen Gruppe aus, werden alle gleich behandelt und haben die Arbeit zusammen und in dergleichen Weise zu erledigen. 3) „Alle Phasen des

Arbeitstages sind exakt geplant, eine geht zu einem vorher bestimmten Zeitpunkt in die nächste über, und die ganze Abfolge der Tätigkeiten wird von oben durch ein System expliziter formaler Regeln und durch einen Stab von Zuständigen vorgeschrieben. 4) Die verschiedenen erzwungenen Tätigkeiten werden in einem einzigen rationalen Plan vereinigt, der angeblich dazu dient, die offiziellen Ziele der Institution zu erreichen." (Goffman 1961a, S. 17)

In einer totalen Institution werden die Insassen nicht als Individuen wahrgenommen, sondern „in Blöcken bewegt" und beaufsichtigt, damit sie sich als Kollektiv in einer vorgeschriebenen Weise verhalten. Totale Institutionen sind Zuchtanstalten oder Treibhäuser *(forcing houses)*, Menschen zu verändern. (Goffman 1961a, S. 18 und 23) In vielen Fällen beginnt die Einweisung in eine totale Institution mit einer Verlustgeschichte: Den Individuen werden Zeichen ihrer individuellen Identität genommen, indem man ihre persönliche Habseligkeiten zur Einlagerung erfasst, sie in Anstaltskleidung steckt, in manchen Fällen auch ihren Namen durch einen neuen oder durch eine Nummer ersetzt.[10] Die Identitäts-Ausrüstung *(identity kit)*, die jeder Mensch zur Aufrechterhaltung einer persönlichen Fassade braucht, wird ihnen genommen (vgl. Goffman 1961a, S. 30). In amerikanischen Gefängnissen war es lange üblich, Häftlingen eine Nummer zu applizieren; in den Konzentrationslagern der Deutschen wurde jedem eine Nummer in den Arm eingeritzt. In Kasernen werden den Neuen Bett und Spind zugewiesen, die jederzeit von Vorgesetzten kontrolliert werden können. Die Insassen totaler Institutionen verlieren auch das Recht, über ihren Tagesablauf selbst zu bestimmen oder ihre Intimität vor Anderen abzuschirmen. All diese Maßnahmen und Regelungen dienen dazu, den Neuankömmling schon früh zu einem Objekt zu „trimmen", das sich reibungslos in die Verwaltungsmaschinerie fügt und routinemäßig gehandhabt werden kann (vgl. Goffman 1961a, S. 27).

In totalen Institutionen werden rudimentäre Sicherungen der eigenen *Identität* außer Kraft gesetzt: man verfügt nicht mehr über seine Zeit, soziale Kontakte sind eingeschränkt oder ganz untersagt, man darf den Ort nicht verlassen, am Ort gibt es keinen Rückzug ins Private, alles geschieht unter den Augen der Anderen, jeder steht unter der Kontrolle von Vorgesetzten und Personal. Die Institution *definiert,* wer man ist und zu sein hat. Im Extremfall, z. B. in früheren

---

[10] Goffman zitiert aus der Regel des Hl. Benedikt aus dem frühen 6. Jahrhundert, wo es über die Aufnahme des Novizen heißt: „Ihm sollen sogleich die Kleider, in denen er gekommen ist, abgenommen werden und er soll mit dem Gewand des Klosters bekleidet werden." (Regel 55).

chinesischen Umerziehungslagern oder bis heute in manchen Sektencamps, geht diese Disziplinierung bis zur völligen Auslöschung einer alten Identität und gewaltsamen Durchsetzung einer neuen. Und es darf auch nicht vergessen werden, dass Demütigung und Brechung der Identität bevorzugte Vernichtungsmittel in Konzentrationslagern waren. Goffman bezeichnet das als Kränkung und Abtötung des Ichs *(mortification)* (vgl. Goffman 1961a, S. 31 f.).

Gleichwohl gibt es in totalen Institutionen auch individuelle und kollektive Strategien, die eigene Identität vor den Vereinnahmungen durch die Anstalt zu schützen. Auf diese Strategien will ich auch deshalb kurz eingehen, weil auch ganz normale Institutionen – und Organisationen sowieso – dem Individuum abverlangen, eine ganz bestimmte Rolle zu spielen, hinter der dann im Einzelfall seine Identität zu verschwinden droht.

Wenn eine rigide Ordnung nicht zu umgehen ist und Auflehnungen mit harten Sanktionen unterdrückt werden, entwickeln manche Insassen totaler Institutionen die Überlebensstrategie, sich übertrieben gehorsam an die Regeln zu halten, um dadurch in den Genuss von Privilegien seitens des Personals zu kommen. Diese Privilegien können von Sonderrationen, über die Nachsicht bei kleinen Regelübertretungen bis hin zur Verschonung bei kollektiven Strafen reichen (vgl. Goffman 1961a, S. 54 ff.). Eine andere Strategie ist die Fraternisation, d. h. dass sich Insassen gegenseitig Hilfe leisten und Cliquen bilden, in denen sie sich gemeinsamer Gefühle versichern (vgl. Goffman 1961a, S. 61). Eine dritte, kollektive Strategie besteht darin, unterhalb der vorgeschriebenen Formen des Zusammenlebens ein *underlife* zu organisieren (Goffman 1961a, S. 194). Das underlife stellt eine *informelle* Struktur dar, mit der die Betroffenen für sich eine alternative[11] Ordnung schaffen, die von der formellen Struktur der Organisation nicht zugelassen ist. So weiß man, wer Zigaretten besorgen kann, wer es gut mit einem Wärter kann und deshalb Beschwerden vortragen könnte, und man weiß, an wen von den anderen Insassen man sich halten muss, wenn man von Anderen drangsaliert wird. Die Interaktionen im underlife sind zweckbestimmte Überlebensstrategien, um ein Mindestmaß an Freiheit und Identität zu wahren.

---

[11] Einen gescheiterten Versuch zeigt der Film von Milos Forman *Einer flog über das Kuckucksnest* (1975). Ein besonders eindringliches Beispiel für einen kompletten Gegenentwurf zur offiziellen, unerträglichen Organisation schildert der Film von und mit Roberto Benigni *Das Leben ist schön* (1997), wo ein Vater versucht, seinem kleinen Sohn die Brutalität des KZ als grandioses Spiel zu verkaufen.

13.4.2 Stigma

Das Buch „Stigma", das Goffman im Jahre 1963 veröffentlichte, trägt den Untertitel *Notes on the Management of a Spoiled Identity* und wird in aller Regel als Beitrag zu einer Soziologie der *Identität* gelesen. Der Begriff „management" deutet aber schon an, dass es auch als Studie zu Formen der *Interaktion* gelesen werden kann, die Individuen zu einem bestimmten Verhalten zwingen. Ich werde beide Perspektiven zusammenführen.

Ich habe eingangs Goffmans Konzept der Identität dahingehend zusammengefasst, dass in einer konkreten Interaktion Identität aus der Sicht des Einzelnen das ist, wofür er sich ausgibt und als wer er von den Anderen angesehen werden will, und aus der Sicht der Anderen, was sie ihm zuschreiben. Um diese Zuschreibung einer *sozialen Identität* geht es nun.

Goffman steht, wie gesagt, in der Tradition des Thomas-Theorems, das so lautet: „Wenn Menschen Situationen als real definieren, hat das reale Folgen". (Thomas 1928, S. 114) Dieser Definitionsansatz trifft auch auf die Wahrnehmung von Personen zu. Wie diese Definitionen erfolgen, welche Konsequenzen sie für bestimmte Personen haben und wie diese Personen damit umgehen, das beschreibt Goffman so: Die Gesellschaft – hier verstanden als das, was man so hört und weiß – gibt uns vor, „nach welchen Kriterien wir Personen einordnen", und nennt uns „auch gleich die Attribute", die man normaler Weise bei ihnen erwarten kann. Wir „wissen" sozusagen vorab schon, welchem Typ von Menschen wir in einer bestimmten sozialen Situation begegnen werden, und müssen deshalb den Anderen keine besondere Aufmerksamkeit schenken. „Selbst wenn uns ein Fremder begegnet, dann stellen wir uns nach den ersten Eindrücken eine *soziale Identität* vor, die mit den Kategorien und Attributen konstruiert wird, die wir kennen." (Goffman 1963a[12], S. 2). Der Andere, dem wir begegnen, ist uns im Grunde also nicht völlig neu, sondern wir greifen auf „ähnliche" Situationen zurück und ordnen ihn gleich in ein Schema ein. Er wird charakterisiert und verortet nach *unseren* Vorerfahrungen mit *Menschen dieser Art in solchen Situationen.*

Aus unseren, durch die Sozialisation schon überformten, individuellen Erfahrungen erwachsen generelle *Erwartungen*. Die Konsequenzen für die Definition des Anderen und seines Verhaltens liegen auf der Hand: Die „sicheren" Erwartungen wandeln sich unmerklich in „normative Erwartungen, in zu Recht

---

[12] Wo ich Goffman (1963a) zitiere, habe ich den Text selbst übertragen, da die vorliegende deutsche Übersetzung (Goffman 1963b) an entscheidenden Stellen unverständlich ist.

erhobene Ansprüche" um (Goffman 1963a, S. 2). Goffman fährt fort: „Normaler-weise denken wir natürlich nicht darüber nach, dass wir solche Ansprüche erheben und was sie bedeuten. Erst wenn die Frage auftaucht, ob sie erfüllt wer-den oder nicht, werden sie uns bewusst. Erst dann machen wir uns wahrschein-lich klar, dass wir die ganze Zeit bestimmte Annahmen gemacht haben, was und wie unser Gegenüber sein *sollte*." (Goffman 1963a, S. 2, Hervorhebung H. A.) Wenn man genau hinsieht, bilden unsere ersten Annahmen von den Anderen in der Regel nicht ihre *objektive* Wirklichkeit ab, sondern sind Forderungen, die aus einer *konstruierten* Wirklichkeit resultieren. Wegen dieser Differenz nennt Goff-man sie auch „abgeleitete" Forderungen. Und auch wenn wir einem Individuum einen bestimmten „Charakter" zuschreiben, dann sollten wir nicht vergessen, dass es sich um eine Charakterisierung handelt, die aus dem latenten Rückgriff auf unsere Vorannahmen „abgeleitet" wurde.

Die Definition der sozialen Identität, hängt natürlich nicht nur von all-gemeinen Vorannahmen der Anderen ab, sondern auch von dem, was das Indivi-duum in einer *konkreten* Situation *selbst* tut. Deshalb unterscheidet Goffman auch zwei Seiten der sozialen Identität: Die soziale Identität, die die Anderen jeman-dem aufgrund pauschaler Merkmale spontan und unreflektiert zuschreiben, nennt Goffman *virtuelle (virtual) soziale Identität*. Es ist also eine unterstellte oder vor-gestellte Identität, das Bild, das Andere aufgrund eigener Erfahrungen oder vom Hörensagen über „Menschen dieser Art" von einem haben und das mit einer bestimmten Erwartungshaltung verbunden ist. Die Identität, die die Anderen dem Individuum aufgrund tatsächlich vorhandener Merkmale und seines konkreten Verhaltens in einer aktuellen Situation zusprechen, bezeichnet Goffman als *tat-sächliche (actual)* oder *wirkliche soziale Identität* (vgl. Goffman 1963a, S. 2).

Die Zuschreibung einer sozialen Identität ist nicht nur eine Definition, *wer* der Andere *ist,* sondern ist auch immer mit latenten, „normativen Erwartungen" verbunden, wie er sich verhalten *sollte.* Goffmans Buch *Stigma* handelt nun von der *Definitionsmacht* hinter der Zuschreibung der virtuellen sozialen Identität und davon, wie Menschen mit einer *beschädigten* Identität umgehen und welche tat-sächliche soziale Identität sie als Gegendefinition ins Spiel bringen. Er beschreibt die Ausgangslage so: Wenn uns ein Fremder gegenübersteht, kann es sein, dass er ein auffälliges Merkmal an sich hat, das – nach uns Normalen! – darauf hin-deutet, dass dem Anderen etwas fehlt oder das ihn in unseren Augen irgendwie minderwertig macht. „Ein solches Merkmal ist ein *Stigma*[13], besonders dann,

---

[13] Stigma, pl. stigmata – griech. körperliche Einritzung, Brandmal für ein Verbrechen.

wenn seine diskreditierende Wirkung sehr extensiv ist. Ein solches Merkmal wird manchmal auch als Defekt *(failing)*, Mangel oder Handikap bezeichnet. Es schafft eine besondere Diskrepanz zwischen virtueller *(virtual)* und tatsächlicher *(actual)* sozialer Identität." (Goffman 1963a, S. 2 f.)

Stigmata sind Attribute, die in irgendeiner Form das Individuum *diskreditieren*, es also in seiner Identität beschädigen. Solche Stigmata können körperliche Auffälligkeiten, aber auch Hautfarbe, fehlende Bildung, weiter auch Herkunft, Charakterfehler, missbilligte Neigungen und ähnliches sein. Wir, die einen solchen Makel nicht haben, verbinden mit diesen Merkmalen eine mehr oder weniger feste Vorstellung von der Identität des Anderen, nämlich *anders als Normale* zu sein, und davon, wie sich Menschen dieser Art verhalten, nämlich *typisch anders.*

Goffmans These ist nun, dass die soziale Identität der bewusst oder unbewusst so Stigmatisierten oft nur an diesem *einen* Merkmal festgemacht wird. Das auffällige Merkmal wird zum „Identitätsaufhänger" *(identity peg)* (Goffman 1963a, S. 56). In der Sozialpsychologie spricht man vom *halo-Effekt*. „Halo" ist die englische Bezeichnung für den Heiligenschein, der auf frommen Bildern die Aufmerksamkeit der Betrachter auf das „Wesentliche" konzentrierte und alles andere überstrahlte. Egal was die Heilige tat, sie tat es als Heilige, und mit dem Heiligenschein war schon alles gesagt. Ins Negative gewendet: Egal wie sich ein Betroffener selbst sieht und was er tut, in der Sicht der Anderen überstrahlt der Makel alles. Schlimmer noch: Die soziale Identität, die der Person durch dieses Vorurteil zugeschrieben wird, droht auch ihr Bild *von sich selbst* zu bestimmen.

Nach der Theorie von Goffman ist Identität einerseits das Bild, das wir selbst von uns haben, und die Form, in der wir dieses Bild von uns vor Anderen zum Ausdruck bringen, und andererseits das Bild, das die Erwartungen der Anderen spiegelt, und die Form, mit diesen Erwartungen in konkreten Interaktionen des Alltags umzugehen.

Individuen, haben wir gehört, denen die Gesellschaft ein auffälliges Merkmal als Makel zuschreibt, werden als nicht der Norm entsprechend angesehen und als „beschädigt" *diskreditiert*. Wer diese Beschädigung nicht als *soziales* Schicksal hinnehmen und gleichzeitig eine soziale Identität nach *eigener* Vorstellung erreichen will, muss an der Vermittlung zwischen dem Selbstbild und dem sozialen Bild, das die Anderen zurückwerfen, arbeiten. Goffman bezeichnet diese Anstrengung als *Stigmamanagement.*

Eine Form des Managements besteht darin, dass Individuen, die etwas an sich als Makel empfinden, ihre soziale Identität durch *Korrekturen an sich selbst* zu verbessern suchen. Solche Korrekturen reichen von der kleinen Schönheitsoperation bis zur prothetischen Korrektur nach einer Brustamputation, vom

Nachholen eines Schulabschlusses bis zur Trennung von einem Partner, der durch sein Verhalten zu sehr an die eigene frühere Identität, die jetzt als unpassend empfunden wird, erinnern könnte. Der Diskreditierte *passt* sich also an die herrschende Normalität *an,* indem er sich ihre Attribute zulegt. Außenstehende begreifen oft nicht die *soziale* Not, die hinter solchen Anstrengungen steht. Und geradezu tragisch werden die Anstrengungen, wenn sie nicht den Bewertungen der relevanten Anderen entsprechen. Da sie die Macht haben, jemanden anzuerkennen, definieren sie auch, welche Korrekturen angemessen und erfolgreich sind. Wer sich schon immer über den Jugendlichkeitswahn der Gesellschaft mokiert hat, wird auch die perfekteste Schönheitsoperation für peinlich halten. Wer überzeugt ist, dass symbolisches Kapital nur über Generationen akkumuliert werden kann, dem wird auch der rasanteste Bildungsaufstieg nicht imponieren. Zum Stigmamanagement gehört deshalb auch, dass man ein Publikum findet, das die Korrekturen akzeptiert und honoriert.

Das stigmatisierte Individuum muss nicht nur mit seinem Selbstbild fertig werden, sondern auch mit dem Bild, das Andere ihm bei seinen Bemühungen zurückspiegeln. Die neue soziale Identität und die neue Normalität, die man durch diese Korrekturen erreichen will, bedürfen der sozialen Anerkennung. Doch man darf eines nicht übersehen: Selbst diese geborgte Identität bleibt ein Stück äußerlich. Die Korrekturen, so heißt es bei Goffman, bewirken keinen vollkommen normalen Status, sondern transformieren die Identität von einer, die mit einem Makel belastet war, in eine, die einen Makel korrigiert hat (vgl. Goffman 1963a, S. 9). Im Klartext: Die Selbstdefinition der „neuen" Identität erfolgt oft unter der Definitionsmacht der alten. Diskreditierte leisten eine doppelte Identitätsarbeit: Sie definieren ihre persönliche Identität nach den „normalen" Erwartungen der Anderen, und sie präsentieren eine soziale Identität, die es den „Normalen" ermöglicht, sie wie „Normale" zu behandeln. Ihre soziale Identität wird über die normativen Erwartungen der Anderen definiert und durch das entsprechende Verhalten konfirmiert.

Die latente Bereitschaft, sich an die Standards der Normalität anzupassen, kommt auch bei einem anderen Stigmamanagement zum Ausdruck, das Goffman als Verbergen oder *Kaschieren* bezeichnet. Wer sich z. B. in der Jugend zu einer blödsinnigen Tätowierung hat hinreißen lassen, wird sie als gereifter Normalbürger vielleicht mit langen Ärmeln unsichtbar machen wollen oder sie mit einem sozial akzeptierten tattoo zumindest zu überspielen versuchen.[14]

---

[14] Bedenken Sie bitte, dass ich diesen Text 2019 geschrieben habe, aber Gedanken Goffmans aus dem Jahre 1963 wiedergebe!

Kommen wir zu den Fällen, in denen Diskreditierte sich *nicht* mit den sozialen Etiketten *arrangieren,* sondern sie zu verändern suchen. Diese Individuen versuchen, ihre soziale Identität durch eine *neue Definition von Normalität* bei den Anderen zu begründen. Das Stigmamanagement tendiert also zu *Korrekturen* an den Einstellungen der *Anderen.* So versuchen z. B. Individuen ihren körperlichen Makel gar nicht zu verbergen, sondern *definieren* ihn für sich und vor allem für die Anderen in eine spezifische Bedingung eines ansonsten normalen Verhaltens *um.* Da ist der Hinkende, der sich in die zweite Mannschaft des Tennisclubs spielt, oder die Rollstuhlfahrerin, die es ablehnt, dass man ihr die Tür aufhält. Diese Form des Stigmamanagements ist besonders interessant, weil sich die Betroffenen nicht nur eine *eigene* Normalität definieren, sondern auch die soziale *Akzeptanz* herbeihandeln. Sie setzen nämlich gleichzeitig die zugeschriebene soziale Identität, wie man also „eigentlich" nach den Erwartungen der Anderen sein sollte, außer Kraft, übernehmen also Definitionsmacht, und sie helfen den „Normalen", so zu tun, als ob sie sich so normal wie gegenüber ihresgleichen verhielten. Da poltert ein Beinamputierter im Aufzug fröhlich los, man solle ihm nicht auf seinen Holzfuß treten, und alle sind froh, dass er die Situation entspannt. Wenn dann sogar noch jemand sagt, er würde sich aber auch immer vordrängen, dann haben alle Anderen das Gefühl, sich ganz normal wie gegenüber Ihresgleichen verhalten zu haben.

Diskreditierte leisten eine doppelte Konstruktion von Normalität – für sich, indem sie mit Korrekturen und Anpassungen ihre Hoffnung auf normale Akzeptanz nähren, und für die Anderen, denen sie taktvoll die Illusion erhalten, sie würden sich ganz zwanglos, nett und normal verhalten (vgl. Goffman 1963a, S. 116, 119).

Das Stigmamanagement der Diskreditierten ist oft wie eine Gratwanderung: Sie dürfen nicht so ganz anders sein, dass die Anderen sich nicht daran anschließen können, es darf aber auch nicht zu nah an die Grenze des Normalen kommen oder sie gar überschreiten wollen, weil sich dann die Anderen in ihrer *inklusiven* Normalität irritiert fühlen. Goffman sagt es so: Von den Stigmatisierten wird erwartet, dass sie ihr Glück nicht erzwingen und die ihnen gezeigte Akzeptanz nicht auf die Probe stellen (vgl. Goffman 1963a, S. 121). Die Stigmatisierten sollen ihre – *zugeschriebene* soziale Identität – akzeptieren und sie durch das entsprechende Verhalten konfirmieren! Sie bleiben in ihrem Sonderstatus gefangen, weil die „Normalen" nur so mit der Situation fertig werden. So lassen sich Rollstuhlfahrer an der Kasse wohl oder übel nach vorne schieben, weil die Anderen so unbewusst ihre Verlegenheit überspielen. Die meisten Menschen erwarten eben, dass Stigmatisierte ihren Status nach den Kriterien der Anderen definieren. Goffman zitiert einige Erfahrungen, die Stigmatisierte machen mussten, als sie sich nicht an das hielten, was man von ihnen erwartete. So berichtet ein Blinder, wie schockiert die Leute waren, als sie hörten, dass er zum Tanztee gegangen war.[15]

Manche Personen, die wegen eines sichtbaren Males öffentlicher Aufmerksamkeit nicht entgehen können, müssen so tun, als ob sie normal wie alle anderen sind, damit diese so tun können, als ob sie sie als Normale akzeptieren. Die Interaktion zwischen Diskreditierten und den Anderen steht in der Spannung von „phantom normalcy" und „phantom acceptance". (Goffman 1963a, S. 122)

In dem Zusammenhang muss eine Form *offensiven Stigmamanagements* erwähnt werden, eine neue soziale Identität vor den Augen der „Normalen" zum Ausdruck zu bringen. Sie besteht darin, dass Betroffene eine körperliche Behinderung *dramatisch* einsetzen, indem z. B. Blinde den Mount Everest besteigen oder ein Beinamputierter um die Zulassung zum 100-Meter-Lauf bei Olympischen Spielen kämpft. Dieses öffentliche Verhalten ist eine *Gegendefinition* insofern, als negative soziale Erwartungen zurückgewiesen und Leistungen *trotz* einer dagegensprechenden Behinderung erbracht werden, und *Herausforderung* deshalb, weil viele, vielleicht sogar die meisten *ohne* irgendein Handicap mit solchen Leistungen gar nicht mithalten könnten. Die „Normalen" sehen sich also mit der Frage konfrontiert, wo sie ihre eigenen Leistungen einordnen! Ein gutes Beispiel, an dem diese beiden Strategien deutlich werden, sind die Paralympics. Die Teilnehmer verstehen sie keineswegs als geschlossene Veranstaltung, wo man untereinander Trost und Ermunterung findet, sondern ausdrücklich als selbstbewusste Inszenierung einer *eigenen Identität.*

Doch bei manchen Stigmata sind weder Korrekturen möglich noch wird eine Annäherung an eine Scheinnormalität zugelassen. Im Gegenteil, sie dienen der Gesellschaft dazu, einen „Makel" im sozialen Bewusstsein lebendig zu halten und die Bezeichneten auf Zeit oder dauerhaft auszugrenzen. Typische Beispiele dieser Brandmarkung ist der geschorene Kopf für weibliche Kollaborateure im Zweiten Weltkrieg oder der gelbe Davidsstern, der vordergründig „nur" eine negative Identität bezeichnete, im Grunde aber und von Anfang an den Ausschluss aus der Gesellschaft und schließlich die Auslöschung der Stigmatisierten definierte.

Man hat Goffman immer wieder nachgesagt, er interessiere sich nur für das Absurde und Groteske und deshalb beschreibe er auch nicht Menschen aus der

---

[15] Sehen Sie sich unter diesem Aspekt der „normalen Erwartungen" doch einmal den Film „Der Duft der Frauen" (1992) an, in dem der blinde Held (Al Pacino) noch ein letztes Mal das Leben in vollen Zügen genießen will! Die französische Filmkomödie „Ziemlich beste Freunde" (2011) war auch deshalb so erfolgreich, weil das Publikum sich von der eigenen Unsicherheit im Umgang mit Körperbehinderten befreien konnte.

Mitte des normalen Lebens, sondern Außenseiter und Ausnahmen. Doch das „Absurde" interessiert Goffman nur aus einem einzigen Grund: weil es unsere Annahmen über das *Normale* herausfordert. Mit der Methode des extremen Kontrastes zwingt er, sich der Bedingungen von Normalität zu vergewissern. Dieses Interesse war bei der Schilderung der Identitätsarbeit der Diskreditierten unverkennbar.

Noch näher an die komplizierte Arbeit, Identität in der Interaktion mit Anderen zu finden und zu schützen, führt uns Goffman nun mit der Beschreibung der Strategien von Personen heran, deren Andersartigkeit auf den ersten Blick nicht sichtbar ist, die von den Anderen bei flüchtiger Betrachtung also als normal angesehen werden können. Im Kampf um die Definition ihrer sozialen Identität haben sie scheinbar den Vorteil, dass nur sie die Wahrheit kennen. Aber sie wissen, dass die Anderen ihre abträglichen Bewertungen sofort bei der Hand hätten, wenn ihr verborgener Makel sichtbar würde. Goffman bezeichnet diese Personen als *diskreditierbar* (vgl. Goffman 1963a, S. 42). Sie wiegen sich in der trügerischen Sicherheit einer vorgespiegelten Identität, die unter dem Vorbehalt steht, dass die wahre Identität nicht entdeckt wird. Ihre Identitätsarbeit *vor Anderen* besteht darin, die Informationen über einen bestimmten Teil ihrer Identität so zu steuern, dass sie nicht beschädigt wird. *Für sich selbst* bedeutet Identitätsarbeit, dass das Individuum möglichst fest vergisst, was es diskreditieren könnte, und sich eine neue Welt konstruiert, in der sich alles zu einem guten Anfang fügt. Zur Identitätsarbeit kann aber auch gehören, mit der latenten Angst zu leben, dass die Anderen merken, dass mit der Fassade der sozialen Identität etwas nicht stimmt.

Das Diskreditierbare kann in der persönlichen Vergangenheit liegen, sei es dass jemand etwas getan hat, was schon damals falsch war oder was ihm heute peinlich ist, sei es dass er ein soziales Erbe, z. B. eine „falsche" Herkunft, mitschleppt. Dann besteht eine Strategie darin, über die dunkle Seite der Biographie zu schweigen und Kontakte zu früheren Mitwissern zu kappen. Das wird nicht immer möglich sein, und dann kann man nur auf die Diskretion der Mitwisser hoffen. Nehmen wir z. B. an, dass sich jemand früher gerne in lockeren Massagesalons fit gehalten hat und heute ein biederes Leben führt. Dann kann er nur hoffen, dass ihm die Damen von damals nicht begegnen und wenn doch, dass sie ihn nicht mit lautem Hallo begrüßen, sondern diskret an ihm vorbeisehen.[16]

---

[16] Goffman zitiert aus einem Bericht über „Sisters of the Night" (d. h. Callgirls), die sich auf Partys immer erst umsehen, wen sie kennen, um dann ggf. mit raschem Blickkontakt die Situation als Nichtbeachtung zu definieren und sich und die anderen so vor einer Diskreditierung schützen (vgl. Goffman 1963c, S. 99 und 124).

Nehmen wir als Beispiel für den Makel eines sozialen Erbes den Fall, dass jemand von einer Mutter stammt, die sich im Krieg mit dem Feind eingelassen hat. Solange man die soziale Demütigung fürchtet, ist eine Strategie, diejenigen, die über damals Bescheid wissen, mit denen, vor denen man sein neues Leben führt, auseinander zu halten.

Es gibt auch Makel, die nur als Möglichkeit bestehen (z. B. eine Erbanlage) und von denen höchstens noch Spezialisten wissen, nur gelegentlich auftauchen (z. B. Alkoholismus) oder nur unter besonderen Umständen zum Problem werden können (z. B. ein fehlender Schulabschluss). Auch in diesen Fällen kommt es darauf an, die Informationen zu kontrollieren, die die Identität beschädigen könnten, Erklärungen bei der Hand zu haben, die das Individuum in der Nähe sozial akzeptierter Normalität halten, und ein Verhalten zu zeigen, das normalen Erwartungen entspricht.

Erklärungen und Verhalten der Diskreditierbaren geraten dabei leicht in einen Zyklus des Umgehens *(passing)* und Täuschens (Goffman 1963a, S. 79). Die Strategien sind vielfältig. Sie reichen von der Notlüge bis zum totalen Vergessen, vom entschiedenen Abstreiten bis zur Konstruktion einer immer komplexeren und damit riskanteren Scheinidentität. Manche wählen auch die soziale Fassade der Normalität, um einen Verdacht erst gar nicht aufkommen zu lassen. Die Strategien des Täuschens können so massiv werden, dass sich die Diskreditierbaren letztlich selbst verachten. Goffman zitiert einen heimlichen Schwulen, der über abfällige Schwulenwitze laut mitlachte (vgl. Goffman 1963a, S. 87).

Wir kennen aber auch den umgekehrten Fall, dass die Diskreditierbaren die Angst des Täuschens abstreifen und die Flucht nach vorne antreten, indem sie offen darüber sprechen, was ihr Makel in den Augen der Anderen ist. Zwei Strategien der Gegendefinition kommen dabei vor. Bei der einen offenbart man sich als jemand, der unter einem Makel leidet, und sucht um Verständnis, oft auch Schutz nach. Bei der zweiten Strategie definiert man einen sozialen Makel in etwas Normales um, *bekennt* sich also nicht, sondern hebt sich ausdrücklich in seiner persönlichen Identität hervor. Auf diese Weise zwingt man den Anderen, über den Vorurteilen der Kleingeister zu stehen (vgl. Goffman 1963a, S. 101). Die Definitionsmacht beginnt zu kippen.

13.5 Rahmenanalyse und die Ordnung der Interaktion

Nach Goffman stehen die Menschen in jeder Situation erst mal vor der Frage „Was geht hier eigentlich vor?" Ausdrücklich wird sie gestellt, wenn uns die Situation verwirrend oder zweifelhaft vorkommt, aber sie geht uns auch unbewusst durch den Kopf, wenn „normale Gewissheit besteht". (Goffman 1974, S. 16) Dass uns die Frage in normalen, alltäglichen Situationen nicht bewusst wird, hängt damit zusammen, dass wir Situationen als Wiederholung längst bekannter Situationen identifizieren. Wir mobilisieren all unsere *Erfahrungen* und identifizieren jede neue Situation als typische Situation. Doch diese Erklärung, die wir schon bei Alfred Schütz[17] kennengelernt haben und auf die sich Goffman auch bezieht, reicht ihm nicht aus. Er will genau wissen, wie wir face-to-face Interaktionen mit unseren Erfahrungen zusammenbringen und was das für Konsequenzen für die *Definition der Situation* und für das Handeln der Akteure hat. Eine Antwort gibt er in seinem Buch *Frame-Analysis,* das Goffman im Untertitel als *Essay on the Organization of Experience* bezeichnet (Goffman 1974).

Gleich in der Einleitung zu dieser „Rahmen-Analyse" zitiert Goffman die schon mehrfach erwähnte These von William I. Thomas „Wenn die Menschen eine Situation als wirklich definieren, dann wird sie durch diese Definition wirklich". Diese These, schreibt Goffman, „ist ihrem Wortlaut nach richtig, wird aber falsch aufgefasst": richtig ist, dass die Menschen eine Situation definieren, aber sie „*schaffen* gewöhnlich nicht diese Definition" ganz neu, sondern bringen durch ihre Sozialisation ein *gesellschaftliches Vorwissen* mit, wie *man* eine bestimmte Situation deutet und erklären kann und wie man entsprechend handelt und fühlt. „Gewöhnlich stellen sie lediglich ganz richtig fest, was für sie die Situation sein *sollte,* und verhalten sich entsprechend." Wenn wir diese unbewusste, nicht aus der tatsächlichen Analyse der konkreten Situation gewonnene, sondern aus unserem *Vorwissen abgeleitete* Feststellung einmal getroffen haben, „machen wir oft ganz mechanisch weiter, als ob die Dinge von jeher klar gelegen hätten". (Goffman 1974, S. 9) Kurz, wir definieren Situationen nicht aus uns selbst heraus, sondern mithilfe „grundlegender *Rahmen* (...), die in unserer Gesellschaft für das Verstehen von Ereignissen zur Verfügung stehen". (Goffman 1974, S. 18)

Rahmen sind Prinzipien der *Organisation von sozialen Ereignissen* und unserer *Teilnahme an diesen Ereignissen* (sprich: sozialen Interaktionen). Rahmen sind „Interpretationsschemata", nach denen wir ein konkretes Phänomen identifizieren und ihm Sinn verleihen (vgl. Goffman 1974, S. 19 und 31). Rahmen sind die implizit vorgenommenen oder explizit genannten Definitionen der Situation. Rahmen sind aber auch als „soziale Darstellungsformen" zu verstehen, „mit deren Hilfe die Gesellschaftsmitglieder sich gegenseitig anzeigen,

---

[17] Siehe oben Abschn. 10.4 *Die Lebenswelt des Alltags und die natürliche Einstellung zu ihr.*

in welchen erkennbaren, weil typisierbaren Handlungszusammenhängen sie sich gemeinsam mit ihren jeweiligen Interaktionspartnern zu befinden glauben." (Soeffner 1986, S. 76) Schlagen wir noch einmal den Bogen zu den Erfahrungen, dann geht es Goffman nicht „um die Struktur des sozialen Lebens, sondern um die Struktur der Erfahrung, die die Menschen in jedem Augenblick ihres sozialen Lebens haben". (Goffman 1974, S. 22) Genauer und auf das Thema Interaktion bezogen: Es geht um die Organisation von Alltagserfahrungen und darum, in welchen Rahmen „die Lokalisierung, Wahrnehmung, Identifikation und Benennung" von Ereignissen und Interaktionen permanent erfolgt (vgl. Goffman 1974, S. 31).

Zur Erklärung der Organisation unserer Alltagserfahrungen hebt Goffman vor allem auf die „sozialen Rahmen" ab, also auf die Schemata, die *soziale* Wirklichkeit einer face-to-face Interaktion zu definieren. Zu den primären sozialen Rahmen gehört, eine Situation mit dem Willen und dem Handeln eines Menschen zusammenzubringen und dieses Handeln nicht als zufällig, sondern als aus bestimmten Motiven und in bestimmter Absicht erfolgend verstehen. Die grundlegende soziale Rahmung besteht darin, einer Interaktion und dem Handeln der Beteiligten einen Sinn zu verleihen. Eine zweite soziale Rahmung besteht darin, dass wir davon ausgehen, dass sich das Handeln nach bestimmten normalen *Regeln* vollzieht (vgl. Goffman 1974, S. 32 ff.). Schon bei diesen beiden Rahmungen dürfte (besonders nach den Krisenexperimenten von Garfinkel!) klar sein, dass wir mit der spontanen Organisation unserer Erfahrungen auch voll daneben liegen können, sei es, dass wir die Situation falsch interpretieren, sei es, dass wir nicht mitbekommen, dass sich hinter dem Schauspiel, das die Anderen vor unseren Augen aufführen, ein ganz anderes Stück abspielt (vgl. Goffman 1974, S. 55 f. und 59).

Vor allem die letztere Differenz zwischen zwei Wirklichkeiten in sozialen Interaktionen interessiert Goffman. Er unterstellt, dass wir nicht stringent einer Linie des Handelns folgen, sondern es je nach Erfordernis und Möglichkeit *modulieren,* um eine weitere Wirklichkeit ins Spiel zu bringen. In Anlehnung an die Musik spricht er von einer *Tonart (key),* in die ein Stück *transformiert* wird (vgl. Goffman 1974, S. 55 f.). Modulationen sind Rahmungen sozialer Interaktionen. Ein Beispiel für diese Modulationen ist das „So tun, als ob", d. h. dass Akteure in ihre Interaktionen bewusst oder unbewusst Szenen einspielen, die eine bestimmte Seite ihrer Persönlichkeit zum Ausdruck bringen (vgl. Goffman 1974, S. 60). Das haben wir oben am Beispiel des Eindrucksmanagements schon gesehen. Und selbstverständlich ist auch die Rollendistanz eine Modulation, die – wenigstens kurzfristig – einen neuen Rahmen erzeugt. Ein anderes Beispiel für die Erzeugung eines bestimmten sozialen Rahmens sind „Zeremonien" wie Hochzeiten, Trauerfeiern oder Investituren (Goffman 1974, S. 70). Solche Rituale schreiben für einen Ausschnitt aus der normalen Wirklichkeit des Alltags vor, wie sich die Beteiligten zu verhalten haben. Die Organisation unserer Erfahrungen wird durch solche Modulationen auf eine andere Ebene der Wirklichkeit gehoben. Eine grundlegende Transformation einer Interaktion – und der Manipulation der Organisation unserer Erfahrungen! – wird durch die Modulation der „Täuschung" herbeigeführt, d. h. dass sich jemand bemüht, das Handeln eines Anderen so zu lenken, dass er eine falsche Vorstellung von dem bekommt, was vor sich geht (vgl. Goffman 1974, S. 98).

Für Goffman besteht kein Zweifel, „dass jeder Mensch einen persönlichen Stil (nicht notwendig stets den gleichen) in jede seiner Interaktionen einbringt, was man im Sinne der Rahmen-Analyse als Gestaltung, als Minimodulation einer vorgeschriebenen Form sehen kann" (Goffman 1974, S. 135). Das Spektrum möglicher Strategien ist breit. Die einen nutzen den Theaterrahmen (Goffman 1974, S. 143 ff.), dessen Formen, Verpflichtungen und Risiken an anderer Stelle ausführlich behandelt wurden. Andere „folgen einem Handlungsentwurf – einem Hauptvorgang – vor einem Hintergrund von Vorgängen", die außerhalb der aktuellen Situation gelten (Goffman 1974, S. 224). Es ist für die anderen Akteure nicht leicht, herauszufinden, in welchem Rahmen sich ihr Gegenüber gerade befindet, und viele bemerken es auch gar nicht, dass sie sich in verschiedenen Rahmen bewegen.

Bis hierhin ging es Goffman darum, den Menschen Wahrnehmungen zuzuschreiben, den Rahmen entsprechende oder auch falsche. So oder so: die Menschen werden „aufgrund dieser Wahrnehmungen aktiv", und die Rahmung, die sie vornehmen, macht „das Handeln für den Menschen sinnvoll. Doch der Rahmen", fährt Goffman fort, „schafft mehr als nur Sinn: er schafft (und verlangt, Ergänzung H. A.) auch Engagement. (…) Zu jedem Rahmen gehören normative Erwartungen bezüglich der Tiefe und Vollständigkeit, mit der die Menschen in die durch den Rahmen organisierten Vorgänge eingebunden sein sollten." (Goffman 1974, S. 376) Da ist zunächst die Aufmerksamkeit. Über manche Rahmen braucht man nicht viel nachzudenken wie z. B. die Regelung des Straßenverkehrs durch Ampeln, aber anderen wie z. B. der Interpretation und Koordination des Fahrverhaltens aller Beteiligten muss man höchste Aufmerksamkeit schenken. Über den Rahmen einer Begrüßung unter Freunden muss ich nicht nachdenken, aber beim Vorstellungsgespräch sollte man genau beobachten, welcher Rahmen von wem wie definiert wird und welches Engagement angebracht oder erwartet wird.

„Engagement", verstanden als Ausdruck der Bereitschaft zur angemessenen Teilnahme an einer Interaktion, „ist eine wechselseitige Verpflichtung". (Goffman 1974, S. 377) Zu starkes Engagement (jemand bricht sofort in Tränen aus, wenn der Andere über die Unbill der Welt redet) zerstört den normalen Rahmen einer Interaktion ebenso wie fehlendes Engagement (jemand blickt teilnahmslos ins Leere). Die richtige Balance des Engagements zur Erhaltung des Rahmens einer Interaktion zu finden, gilt vor allem dann, wenn jemand Dinge ins Gespräch bringt, die ihm persönlich widerfahren sind (vgl. Goffman 1974, S. 539 f.). Wer zu Intimes über sich preisgibt oder endlose Geschichten erzählt, zerstört den Rahmen normaler Interaktion und üblichen Interesses ebenso sehr, wie jemand, der wie ein Roboter Standardsätze von sich gibt. Wer aus dem Rahmen normaler Erwartungen und üblichen Engagements ausbricht, kann nur auf den Takt der Anderen hoffen oder muss in Kauf nehmen, dass sie die Interaktion abbrechen.

Aus dem voluminösen Buch *Frame-Analysis,* in dem Goffman praktisch das Anliegen in all seinen Schriften zusammengefasst hat, kann man den Schluss ziehen, dass *Interaktionen* immer eine *Rahmung* sind. Indem die Teilnehmer handeln und aufeinander reagieren, definieren sie den Rahmen, in dem als nächstes gehandelt werden soll. Sie organisieren nicht nur jeder für sich ihre Erfahrungen, sondern schaffen füreinander Ordnung.

Goffman war 1981 zum Präsidenten der American Sociological Association gewählt worden. In seiner Präsidentschaftsadresse 1982, die er wegen einer schweren Erkrankung nicht mehr halten konnte, blickte er auf seine Arbeit zurück und nannte als durchgängiges Thema sein Interesse an der „Interaction Order". (Goffman 1983) Die Ordnung der Interaktion, das ist Ordnung, die face-to-face gilt. Diese Ordnung ist zum einen das Ergebnis von Strukturen, die unabhängig von den Individuen existieren, sie ist aber auch das Produkt der gemeinsamen Definition der Regeln, die gelten sollen. Interaktion beginnt, wenn Individuen aufeinander aufmerksam werden, und dauert so lange an, wie sie aufeinander reagieren und ihre Handlungen synchron koordinieren. Jede soziale Situation ist, wie gerade in der *Rahmenanalyse* schon angesprochen, durch eine doppelte Interaktionsordnung gekennzeichnet. Es gibt in jeder Gesellschaft oder Gruppe explizite Regeln oder vage Vorstellungen, wie *man* sich in einer bestimmten Situation verhält, und die Individuen unterstellen einander, dass ihnen dieses Vorwissen bekannt ist und sich alle an diese *soziale Interaktionsordnung* halten. Indem sich die Individuen gegenseitig durch ihr Verhalten anzeigen, was sie *tatsächlich* von der sozialen Definition der Situation halten und wie sie ihre Reaktionen konkret interpretieren, arbeiten sie gemeinsam sukzessive an einer prozessualen, *situativen Interaktionsordnung* (Goffman 1983, S. 56 ff.).

Literatur

Cooley, C. H. (1902). *Human Nature and the Social Order*. New Brunswick: Transaction Books (rev. edition 1922, 1983).

Dahrendorf, R. (1969). Vorwort zu: Goffman (1959b).

Goffman, E. (1955). *Techniken der Imagepflege*. In: Goffman (1967).

Goffman, E. (1959a). *The presentation of self in everyday life*. Garden City: Anchor Books.

Goffman, E. (1959b). *Wir alle spielen Theater. Die Selbstdarstellung im Alltag*. München: Piper (7. Aufl. 1991).

Goffman, E. (1961a). *Asyle. Über die soziale Situation psychiatrischer Patienten und anderer Insassen*. Frankfurt a. M.: Suhrkamp (8. Aufl. 1991).

Goffman, E. (1961b). *Interaktion: Spaß am Spiel. Rollendistanz*. München: Piper (1973).

Goffman, E. (1963a). *Stigma. Notes on the management of spoiled identity*. Englewood Cliffs: Prentice-Hall.

Goffman, E. (1963b). *Stigma. Über Techniken der Bewältigung beschädigter Identität*. Frankfurt a. M.: Suhrkamp (12. Aufl. 1996).

Goffman, E. (1967). *Interaktionsrituale. Über Verhalten in direkter Kommunikation*. Frankfurt a. M.: Suhrkamp (3. Aufl. 1994).

Goffman, E. (1971). *Relations in public. Microstudies of the public order*. New York: Harper (1972).

Goffman, E. (1974). *Rahmen-Analyse. Ein Versuch über die Organisation von Alltagserfahrungen*. Frankfurt a. M.: Suhrkamp (3. Aufl. 1993).

Goffman, E. (1983). *The interaction order. American Sociological Association, 1982 Presidential Address*. In: American Sociological Review, 48 (February), 1–17.

Gouldner, A. W. (1970). *Die westliche Soziologie in der Krise*. Reinbek: Rowohlt (1974).

Gouldner, A. W. (1973). *Romantisches und klassisches Denken. Tiefenstrukturen in den Sozialwissenschaften*. In: A. W. Gouldner (1984). *Reziprozität und Autonomie*. Frankfurt a. M.: Suhrkamp.

Habermas, J. (1981). *Theorie des kommunikativen Handelns, 2 Bde*. Frankfurt a. M.: Suhrkamp.

Hettlage, R. & Lenz, K. (1991). *Erving Goffman – ein unbekannter Bekannter*. In: R. Hettlage &. K. Lenz (Hrsg.) (1991). *Erving Goffman – ein soziologischer Klassiker der zweiten Generation*. Bern: Haupt UTB.

James, W. (1892). *Psychology*. (Auszug: *The social self*). In: G. P. Stone &. H. A. Farberman (Hrsg.) (1970).

Manning, P. K. (1973). *Relations in Public*. In: The Sociological Quarterly 14 (Winter), 135–143.

Mead, G. H. (1934). *Geist, Identität und Gesellschaft*. Frankfurt a. M.: Suhrkamp (1973).

Mills, C. W. (1940). *Situated actions and vocabularies of motive*. In: G. P. Stone & H. A. Farberman (Hrsg.) (1970).

Oswald, H. (1984). *In memoriam Erving Goffman*. In: Kölner Zeitschrift für Soziologie und Sozialpsychologie, 36, 210–213.

Park, R. E. (1926). *Behind our Masks*. In: R. E. Park (1950): *Race and Culture*. New York: Free Press (First Paperback Edition 1964).

Scott, M. B. & Lyman, S. M. (1968b). *Praktische Erklärungen*. In: Auwärter et al. (Hrsg.) (1976). *Seminar: Kommunikation, Interaktion, Identität*. Frankfurt a. M.: Suhrkamp.

Soeffner, H.-G. (1986). *Handlungs-Szene-Inszenierung. Zur Problematik des ‚Rahmen'-Konzeptes bei der Analyse von Interaktionsprozessen.* In: W. Kallmeyer (Hrsg.) (1986). *Kommunikationstypologie.* Düsseldorf: Schwann.

Steinert, H. (1977). *Das Handlungsmodell des Symbolischen Interaktionismus.* In: H. Lenk (Hrsg.) (1977). *Handlungstheorien – interdisziplinär, Bd. 4.* München: Fink.

Steinert, H. (Hrsg.) (1973). *Symbolische Interaktion. Arbeiten zu einer reflexiven Soziologie.* Stuttgart: Klett.

Stone, G. P. & Farberman, H. A. (Hrsg.) (1970). *Social psychology through symbolic interaction.* Waltham: Xerox.

Thomas, W. I. (1928a). *Das Kind in Amerika.* In: Thomas (1951b). *Person und Sozialverhalten.* Hrsg. von E. H. Volkart. Neuwied: Luchterhand (1965).

Williams, S. J. (1986). *Appraising Goffman.* In: The British Journal of Sociology, 37 (3), 348–369.

Spiegel und Masken: Interaktion, Status und die Suche nach Identität (Anselm Strauss)

14

Inhaltsverzeichnis

14.1   Benennungen und Bewertungen 283
14.2   Der Verlauf des Handelns und der nie endende Prozess der Identitätsfindung. . . 284
14.3   Motive, Transaktionen, Statuszwang, Kontrolle der Interaktion 286
    14.3.1   Persönliche Identität und Motive des Handelns. 287
    14.3.2   Rollenspiel und die Reaktion auf einen unbekannten Dritten 288
    14.3.3   Repräsentation und Zuweisung eines Status, Statuszwang, Verortung
        der sozialen Identität 290
14.4   Wandlung der Identität, Transformationen, Wendepunkte, Statusübergänge . . . 293
14.5   Die totale Umwandlung einer Identität: Gehirnwäsche, Umerziehung,
    totalitäre Gemeinschaften 295
14.6   Institutionelle und persönliche Statusphasen: das Beispiel Trauern 299
14.7   Das Gefühl persönlicher Kontinuität 300
Literatur. 302

ANSELM L. STRAUSS (1916–1996) war Schüler von Herbert Blumer an der University of Chicago und wurde dort promoviert. 1960 übernahm er eine Professur an der UC San Francisco, wo er das Department of Social and Behavioral Sciences gründete. Bekannt wurde er durch eine Textsammlung zur Sozialpsychologie (Lindesmith u. Strauss 1969), qualitative Studien zu Sterben und Tod und zahlreiche Arbeiten zur Medizinsoziologie und durch sein Lehrbuch zur *Grounded Theory* (Glaser u. Strauss 1967), wo er Strategien qualitativer Forschung aufzeigte. Sein Ruf als führender Interaktionist in der Tradition von George Herbert Mead wurde durch sein Buch *Mirrors and Masks* (Strauss 1959a) begründet, das den Untertitel *The Search for Identity* trug. Die Grundthese lautet, dass wir die Anderen als Spiegel betrachten, die das Bild, was wir gerne von uns vermitteln möchten, reflektieren. Um dieses Bild von uns in Interaktionen auch gebührend zum Ausdruck zu

bringen, treten wir in Masken auf. Es sind Symbole unserer *Identität.* Die Interaktion hängt auch davon ab, welchen biografischen und sozialen *Status* wir einnehmen, wie wir ihn den Anderen anzeigen und welche Erwartungen diese an
unser Verhalten haben. Status meint die soziale Identität, die wir durch unsere Masken zum Ausdruck bringen und die uns im Spiegel der Anderen zugewiesen wird.

   Identität, schreibt Strauss im Vorwort zu *Spiegel und Masken,* ist als Begriff
„genauso schwer zu fassen wie das Gefühl der eigenen persönlichen Identität".
Deshalb werde er „absichtlich einen mehrdeutigen, diffusen Terminus wie Identität" verwenden, schränkt dabei aber ein: Was immer Identität sonst sein mag, sie
hängt davon ab, wie jemand sich selbst einschätzt und wie er von Anderen eingeschätzt wird: „Jeder präsentiert sich Anderen und sich selbst und sieht sich in
den Spiegeln ihrer Urteile. Die Masken, die er der Welt und ihren Bürgern zeigt,
sind nach seinen Antizipationen ihrer Urteile geformt. Auch die Anderen präsentieren sich; sie tragen ihre eigenen Masken und werden ihrerseits eingeschätzt."
(Strauss 1959b, S. 7)

   Mit Theorien der Symbolischen Interaktion teilt Strauss die Annahmen,
dass die Rolle der Sprache für das menschliche Verhalten von entscheidender
Bedeutung ist und dass Interaktionen zwar von Regeln, Normen und situativen
Forderungen beeinflusst werden, dass aber nicht mit Sicherheit vorausgesagt werden kann, wie *Interaktionen* weitergehen und was ihr Resultat ist. Diese Offenheit
der Interaktion sollte auch bei der Frage, was *Identität* ist und wie sie sich entwickelt, in Rechnung gestellt werden, weshalb Strauss auch der *sozialen Organisation* der Identität besondere Aufmerksamkeit schenkt (vgl. Strauss 1959b, S. 8).

   Strauss baut seine Argumentation wie folgt auf. 1) Er beginnt damit, dass
er „die grundsätzliche Relevanz der Sprache" für das Handeln und die Identität des Menschen hervorhebt und *Benennung (naming)* als „einen Akt der Einstufung oder Klassifikation – von sich selbst und Anderen" betont. 2) Danach
hebt Strauss auf „die fortwährende *Unbestimmbarkeit* von Identitäten in sich
ständig verändernden sozialen Kontexten" ab und legt damit das Fundament für
die spätere Behandlung von „Identitätswandel, Interaktion und der Bedeutung
einer Gruppenmitgliedschaft". 3) Im dritten Kapitel stellt er den „symbolischen
und Entwicklungscharakter der menschlichen Interaktion", die *Motive* zu handeln
und die „Komplexität und den *flüssigen* Charakter der Interaktion" heraus. 4) Im
vierten Kapitel wird das Thema *Identitätswandel* vertieft. Hier stehen die Themen Transformationen, Wendepunkte und Statusübergänge im Vordergrund (vgl.
Strauss 1959b, S. 9 ff.). 5) Als Beispiel für die *totale Umwandlung* einer Identität führt Strauss die Gehirnwäsche an. 6) Erklärungen, wie Personen institutionelle und persönliche Statusphasen bewältigen, werden am Beispiel des Trauerns

verdeutlicht. Schließlich (7) zeigt Strauss, dass das Bewusstsein einer Konstanz der Identität nicht im Verhalten selbst, sondern im Auge des Betrachters liegt (vgl. Strauss 1959b, S. 159).

Zur Einstimmung auf die Lektüre seines Buches, das ja von der Suche nach Identität handelt, ist interessant, wie Strauss erklärt, warum er „an keiner Stelle *Identität* definiert" hat. Er habe sich entschlossen, schreibt er, sich nicht mit einem zentralen Thema der *Psychologie,* nämlich wie die Struktur der Persönlichkeit aussieht, zu befassen, sondern er wolle – soziologisch – die „*sozialen* Prozesse aufzeigen, aus denen Identität (zumindest zum Teil) entsteht", und das heißt „die symbolischen und kulturellen Grundlagen ihrer Struktur" herausstellen. Strauss fokussiert das Thema Identität darauf, „wie Personen mit anderen Personen verflochten sind und dadurch beeinflusst werden und sich gegenseitig beeinflussen". (Strauss 1959b, S. 11) Mit der These der *sozialen Organisation* der Identität bringt Strauss zum Ausdruck, dass Identität ein *temporäres* Konzept ist, das Personen in konkreten Interaktionen von sich und den Anderen wechselseitig präsentieren und einfordern.

14.1 Benennungen und Bewertungen

„Sprache muss im Mittelpunkt jeder Diskussion über Identität stehen." (Strauss 1959b, S. 13) Und auch bei der theoretischen Erörterung der Frage, was Handeln ausmacht und wie Identität und Interaktion zusammenhängen, ist das menschliche Sprechen zentral relevant.

Sprache ist zuvörderst *Benennung* von Dingen und Personen. Wenn die Mutter die Aufmerksamkeit ihres Kindes auf einen bestimmten Gegenstand lenkt und ihn als „Ball" bezeichnet, beschreibt sie ihn nicht und erklärt auch nicht, unter welche Kategorie von Gegenständen er fällt, sondern benennt und identifiziert ihn einfach nach den kulturellen Regeln ihrer Gesellschaft. Indem sie sich in typischen face-to-face Situationen ihrem Kind zuwendet und das Wort „Mama" immer wiederholt, stellt sie sich nicht in ihrer Position ihm gegenüber dar, sondern identifiziert sich als eine Person, die in typischen Situationen immer da ist.

Indem wir sprechen lernen und Sprache verwenden, entwickeln wir eine gemeinsame Terminologie zur Benennung von Dingen, Ereignissen und Personen und verleihen ihnen *Sinn.* Das hat Konsequenzen für unser Handeln: „Die Benennung eines Objekts liefert eine Richtlinie für das Handeln, als verkünde das Objekt geradeheraus ,Du sagst, ich bin dies, also behandle mich entsprechend'. Umgekehrt ist die Handlung im Hinblick auf ein Objekt blockiert, wenn der Handelnde merkt, dass er nicht weiß, was das Objekt ist." (Strauss 1959b, S. 20)

Benennungen sind immer auch Klassifizierungen und Bewertungen. Diese resultieren aus früheren Erfahrungen, die wiederum zu bestimmten Erwartungen geführt haben. „Erwartungen beruhen auf Erinnerungen an vergangene Erfahrungen mit Objekten, die – so glauben wir – den gegenwärtigen gleichen." (Strauss 1959b, S. 21) Indem wir mit den Anderen interagieren, definieren wir auch deren Status und klassifizieren die gemeinsame Situation nach *unseren* Erwartungen. Wir sind nicht unbefangen und völlig offen, sondern kommen mit dem biografischen Gepäck unserer Erfahrungen daher, wie „man" mit bestimmten Objekten umgeht und was man von Personen „dieser Art" erwarten kann, wie ihr Verhalten zu bewerten ist und wie wir uns ihnen gegenüber verhalten können und sollen.

In der gemeinsamen Sprache unserer Kultur bringen wir zum Ausdruck, wie wir uns selbst sehen und wie wir die Anderen sehen. Sprache ist ein symbolischer und ein normativer Rahmen, in dem die Individuen ihre Identität wechselseitig entwerfen, feststellen und annehmen. Durch unsere Sprache drücken wir aus, nach welchen Regeln eine Interaktion in Gang gehalten wird.

14.2 Der Verlauf des Handelns und der nie endende Prozess der Identitätsfindung

Schon in den Theorien von Mead und Blumer dürfte klar geworden sein, dass das Selbst, also die Identität, die das Individuum einerseits von sich selbst annimmt und in der Interaktion präsentiert und die ihm andererseits von den Anderen jeweils zugedacht wird, nichts Festes ist, sondern sich im Laufe des Lebens und u. U. sogar innerhalb einer Interaktion verändert. Und es sollte auch klar geworden sein, dass das Handeln der Menschen nicht durch Umstände und soziale Reize *determiniert,* sondern offen ist. Das Individuum ist kein passives Wesen, das nur reagiert, sondern das *aktiv agiert.* Es legt „quasi ein Suchverhalten an den Tag (…), dessen Handlungsziele sich deshalb auch schnell ändern können, wenn neue Situationen auftauchen und neue Aufmerksamkeiten in der jeweiligen Situation erforderlich sind. Ursprüngliche Ziele und Absichten können sich sehr schnell ändern, eben weil Objekte in dem für den Menschen so typischen ständigen Interpretationsprozess auch andauernd neue Bedeutungen erhalten." (Joas und Knöbl 2004, S. 199 f.)

Gegen die normative Theorie von Parsons[1], wonach Handeln und Interaktionen gelingen, wenn sie unter relativ festen, von der Gesellschaft sanktionierten Zielen

---

[1] Vgl. Abschn. 8.5 *Rollen: Die Bedingung des Handelns durch normative Erwartungen* und Abschn. 8.7 *Über zwei Modelle zum Gelingen von Interaktion und über Fähigkeiten, die man braucht, um Interaktionen fortzuführen. (b) Das interaktionistische Rollenmodell.*

erfolgen und mit ebenso gebilligten zweckvollen Mitteln verfolgt werden, hatte Blumer eingewandt, dass menschliches Handeln keineswegs „immer schon in Zweck-Mittel-Beziehungen" steht. „Vielmehr gilt allgemein, dass Handelnde im Alltagsleben oft keine wirklich klaren Ziele und Absichten haben, ebenso wie es nur selten eindeutige Normen, Vorschriften usw. gibt, die einfach nur in die Tat umzusetzen wären. Was wir zu tun haben, ist ebenso wie das, was wir tun wollen, häufig nur sehr undeutlich umschrieben. Letztlich ist das Handeln hochgradig unbestimmt. Handlungsverläufe entwickeln sich deshalb erst in einem komplizierten Prozess, der nicht im Voraus festgelegt werden kann: Handeln ist zumeist nicht determiniert, sondern kontingent." (Joas und Knöbl 2004, S. 200)

Für diese interaktionistische Sicht auf das Handeln und das handelnde Subjekt steht die Theorie von Strauss in besonderem Maße. Er beginnt mit der These, dass eine ausgeführte Handlung „in gewisser Hinsicht niemals vollendet" ist, denn jedes Mal, wenn wir auf diese Handlung zurückblicken, und sei es schon im nächsten Augenblick einer gerade ablaufenden Handlung, setzt unbewusst der Prozess des Erinnerns ein. Dabei entfällt uns einiges, das wirklich passiert ist, anderes rückt in den Vordergrund, wieder anderes sehen wir plötzlich in neuem Licht. Auch aktuelle Ereignisse oder die Einbindung in Interaktionen mit ganz neuen Personen können uns veranlassen, früheres Handeln und uns selbst in einem neuen Licht zu sehen. Diese Re-Interpretation kann zur Folge haben, dass wir die Richtung unseres Handelns ändern und auch unsere soziale Identität, das *me* im Meadschen Sinn, neu ausrichten (vgl. Strauss 1959b, S. 31 und 33). Wie unsere Vergangenheit für jede Neuinterpretation offen steht, so gilt auch für das Handeln und die soziale Identität, dass sich beide in eine offene Zukunft bewegen.

Es liegt auf der Hand, dass bei der Einschätzung des eigenen Selbst und unseres nächsten Handelns die Reaktionen der Anderen auf unser Handeln und die Versuche, ihm eine neue Richtung zu geben, eine zentrale Rolle spielen: Wir handeln in der *Antizipation des Eindrucks,* den wir bei den Zuschauern hinterlassen. Strauss bemüht in dem Zusammenhang ein Gedicht des Philosophen der amerikanischen Romantik, Ralph Waldo Emerson. *Each to each a looking-glass, reflects the other that doth pass.* Jeder *spiegelt sich* im Anderen, jeder Spiegel – sprich: Zuschauer – wirft das Bild zurück, das wir vor ihm abgeben.

Interaktion bedeutet, dass sich Individuen aneinander orientieren und aufeinander reagieren. Sie suchen und finden ihre Identität im Spiegel der Anderen. Sie sind es mit ihren Erwartungen, Anerkennungen und Sanktionen, die unsere Identität von außen formen. Ihre Reaktionen registrieren wir nicht nur, sondern wir antizipieren sie und formen danach unser Bild von uns. „Die Zuschauer, die reagieren werden, mögen anwesend oder abwesend sein; sie können spezifische andere Personen oder so generalisiert sein wie die Äquivalente von ‚man' oder ‚die Götter'; sie mögen lebendig sein oder seit langem tot (‚Was würde sie dazu gesagt haben?') oder noch nicht geboren (‚Was werden sie sagen?'). Solche Vorwegnahmen der Antworten Anderer gehen in die Gestaltung einer Handlung ein." (Strauss 1959b, S. 34)

All dies legt die Vermutung nahe, dass Identität wenig festgestellt ist und dass Interaktionen deshalb immer in einem offenen Horizont erfolgen:

> „Die Zukunft ist ungewiss, erst nach ihrem Eintreffen kann sie in begrenztem Maß beurteilt, bezeichnet und gekannt werden. Das bedeutet, dass unser Handeln weitgehend tentativ und exploratorisch sein muss. Solange ein Handlungspfad nicht gründlich begangen worden ist, bleibt sein Zielpunkt unbestimmt. Ziele und Mittel mögen unterwegs neuformuliert werden, weil unerwartete Ereignisse auftreten. Verpflichtungen, selbst gegenüber einem durchgängigen Lebensstil oder Lebensziel, unterliegen fortwährender Revision." (Strauss 1959b, S. 35) Was das Individuum in einer konkreten Situation zum Handeln motiviert, in welcher Weise es handelt und in welche Richtung es geht, das alles hängt ab von einem „interaktiven Interpretationsprozess", in dem das Individuum „in unmittelbarer Kommunikation mit Anderen und sich selbst" steht (Joas und Knöbl 2004, S. 201).

Weil Individuen als aktiv agierend anzusehen sind und ihr Handeln nur selten wirklich geradlinig erfolgt, kann eine Interaktion nur gelingen, wenn ständig ausgehandelt wird, als wer man handeln will und soll und vor allem welche Definition der Situation angeboten und akzeptiert werden kann. Und noch einmal der Blick auf den „Prozess der Identitätsbildung und -findung": es ist ein „nie endender Prozess, (…) weil die Vergangenheit stets neu interpretiert wird und somit auch nie abgeschlossen ist". (Joas und Knöbl 2004, S. 207)

14.3 Motive, Transaktionen, Statuszwang, Kontrolle der Interaktion

„Wer Identität untersucht", leitet Strauss das Kapitel über Interaktion ein, „muss sich notwendig für Interaktion interessieren, denn die Einschätzung seiner selbst und Anderer vollzieht sich weitgehend in und wegen der Interaktion." Deshalb werde sich sein Hauptinteresse auf Interaktionen richten, die zwischen Personen in ihrer Rolle als Mitglied einer Gruppe stattfinden, auf die Art und Weise, wie Personen einander wahrnehmen und sich wechselseitig Motive des Handelns zuschreiben, und auf die Folgen, die sich aus dieser *Identifizierung* (im oben von Strauss angedeuteten Sinn: Benennung, im Sinne des Thomas-Theorems: Definition der Situation) von Umständen und Personen ergeben (vgl. Strauss 1959b, S. 45 f.).

14.3.1   Persönliche Identität und Motive des Handelns

Der Akt der Identifizierung von beteiligten Personen und Umständen der Interaktion dient dazu, eine entsprechende Handlungslinie aufzubauen. Nur in Routinesituationen, wo jeder den Anderen kennt und aus langer Erfahrung weiß, welche Rolle er selbst innehat und wie sich der Andere höchstwahrscheinlich verhalten wird, „ist es möglich, unmittelbar, mühelos und fast automatisch die Definition der Situation und alles, was diese impliziert, abzulesen". (Strauss 1959b, S. 48) Man versteht sich und nimmt an, die Motive und Ziele des Handelns des Anderen zu kennen.

In problematischen Situationen ist das anders. Gerade weil sie aus der normalen Ordnung herausfallen, sind sie offen und mehrdeutig. Strauss bringt als Beispiel die folgende Alltagssituation: Ein Mann kommt von der Arbeit nach Haus, wird von seiner Frau an der Tür begrüßt, wechselt einige belanglose Worte mit ihr und setzt sich vor den Fernseher, um die Nachrichten zu hören, während die Frau mit der Vorbereitung des Abendessens fortfährt. Soziologisch eine komplexe Interaktion mit zahlreichen Reizen und Definitionen, die aber wegen ihrer Üblichkeit gar nicht wahrgenommen und deshalb auch nicht reflektiert werden. „Die Ausgestaltung der Handlungslinie jedes Teilnehmers schließt auch die Annahme ein, dass die Identität des Selbst und die des Anderen gegenseitig bekannt sind. Der Ehemann sieht (…) und identifiziert (…) seine Frau und sich selbst", wie sie sich und in welcher aktuellen persönlichen Identität gegenüberstehen (vgl. Strauss 1959b, S. 47). Nehmen wir nun an, die Frau begrüßt ihn nicht mit der gewohnten Wärme und verschwindet ohne Kommentar gleich in der Küche. Dann steht der Mann vor einem *Definitionsproblem:* Welche Facette ihrer *persönlichen Identität* ist im Spiel, ist sie krank, macht sie sich Sorgen um ihre Tochter, ist sie einfach nur in Gedanken oder hat sie sich über jemanden geärgert? Wenn die Situation nicht völlig neu ist, wird er sich bei der Suche nach einer Erklärung an ähnliche Situationen erinnern, wo sie sich ähnlich verhalten hat. Er identifiziert sie dann z. B. als jemand, der seinen Kummer nicht offen anspricht, und sich selbst als jemand, der versteckte Anzeichen eines Problems lange nicht bemerkt.

Verlassen wir das Beispiel und fragen allgemeiner, was über die Klärung der in einer konkreten Situation aktuell in Rede stehenden persönlichen Identität hinaus noch erfolgen muss, damit eine Alltagsinteraktion in Gang kommt und gerade pro-blematische Interaktionen wieder in eine Normalspur gelenkt werden. Bei seinem Versuch, die Situation zu definieren, muss das Individuum notwendig auch nach den *Motiven* der Anderen fragen: Warum haben sie so gehandelt, an wen richtet sich ihr Handeln und als wer handeln sie überhaupt? Solche Fragen lassen sich erst beantworten, wenn man entschieden hat, welcher Status jedem Einzelnen im Zusammenspiel der Rollen zuzuweisen ist, – das heißt, „welches ihre situations-gebundenen Identitäten sind". (vgl. Strauss 1959b, S. 49) Diese Kategorisierung des Anderen erfolgt natürlich nicht interesselos, sondern dient dazu, seine Motive zu ergründen. Bei dieser Suche greifen wir auf unsere eigenen Erfahrungen in ähnlichen Situationen und auf typische Erklärungen, die die Gesellschaft oder die Gruppe, in der wir uns befinden, bereithalten, zurück. Bei dieser Kategorisierung wird immer auch ein *Urteil* – wie ausdrücklich oder unbewusst auch immer – über die vermuteten Motive gefällt. Nach diesem Urteil organisieren wir die weitere Interaktion.

Würden wir den Anderen nicht Motive zuschreiben, wäre unser „eigenes Han-deln blockiert oder im besten Fall exploratorisch." Ergo: „Wenn Handlung statt-finden soll, müssen den Anderen Motive zugeschrieben werden." (Strauss 1959b, S. 49) Aber es gibt auch Situationen, in denen wir die Frage nach den Motiven des Handelns an uns selbst stellen (müssen). „Unter geregelten Umständen, unter denen Handlungen wie nach einem sozialen Drehbuch" ablaufen, kommt diese Frage nicht auf, aber in „undefinierten Situationen" stellt sich nicht nur die Frage „Wer bin ich in dieser Situation?", sondern auch Fragen wie „Was habe ich zu der Situation selbst beigetragen?" und „Wie werde ich mich angesichts der Situ-ation und der vermuteten Motive der Anderen angemessen verhalten?". Die Ant-worten „werden nicht immer klar und explizit ausgesprochen oder systematisch ausgearbeitet, aber eine gewisse Interpretation, gewisse Bestimmungen (*designa-tions*) müssen vorgenommen werden. Wesentlicher Teil jeder Interpretation einer Situation ist eine Interpretation der eigenen Verhaltensweisen, der gerade ver-gangenen und der gegenwärtigen." (vgl. Strauss 1959a, S. 50 f., b, S. 52)

14.3.2 Rollenspiel und die Reaktion auf einen unbekannten Dritten

Um der Komplexität einer Interaktion gerecht zu werden, darf sich die Analyse natürlich nicht auf die Tatsache beschränken, dass wir Anderen und uns selbst *Motive* zuschreiben. Eine face-to-face Interaktion ist nämlich auch als Prozess zu betrachten, in dem Personen eine *Rolle* spielen und einen bestimmten *Status* innehaben. Vordergründig scheint das Spiel in dem Rahmen zu verlaufen, den die Personen mit der „anfänglichen Auffassung der Identität des Anderen" gesetzt haben. Doch wenn man genauer hinschaut, stellt man fest, dass die Interaktion ein „fließender, beweglicher Prozess" ist, in dem sich zum einen die Stellung der Beteiligten laufend verändert und neue Einstellungen zueinander entstehen, und in dem zum anderen hinter und neben dem scheinbar routinemäßigen Rollenspiel „unbeabsichtigte Wechselspiele und oft auch beabsichtigte Nebenspiele" ablaufen (vgl. Strauss 1959b, S. 57).

Strauss' These ist nun, dass an face-to-face Interaktionen nicht nur die sichtbaren Protagonisten beteiligt sind. Dazu bringt er das Beispiel eines Zwei-Personen Stücks im Theater. „Obwohl nur zwei Hauptdarsteller auf der Bühne stehen, sind auch andere, nur dem Publikum oder einem der beiden Akteure sichtbare Spieler anwesend." Das kann zur Folge haben, dass „jeder Darsteller, indem er sich auf den Anderen einstellt, zugleich auf einen unsichtbaren Dritten reagiert, als wäre dieser tatsächlich anwesend". (Strauss 1959b, S. 58) Übertragen auf eine normale face-to-face Interaktion des Alltags heißt das, dass wir bei der Einstellung und bei der Reaktion auf einen Anderen nicht nur unsere Vorerfahrungen zur aktuellen Definition seines Status und seiner Motive mobilisieren, sondern diese Definition auch in ein Handeln umsetzen, das – wenigstens zum Teil – eigentlich an einen Dritten gerichtet ist. Wie oben schon unter dem Aspekt der Identitätsfindung gezeigt, kann dieser Dritte das *Publikum* sein, bei dem man eine bestimmte Reaktion hervorrufen will, ein generalisiertes *man,* dessen Erwartungen und Urteilen man sich unterwirft, oder auch *gedachte oder konkrete Personen,* vor denen man sein Handeln legitimiert (vgl. Strauss 1959b, S. 34).

In diesen „unbeabsichtigten Wechselspielen und oft auch beabsichtigten Nebenspielen" wechseln die Personen unmerklich ihren Status *(transaction)* und treten somit auch in verschiedenen Identitäten auf. Sie setzen Masken auf und justieren die Spiegel neu, die sie aktuell für relevant halten (vgl. Strauss 1959b, S. 58 f.). Das alles erfolgt oft unmerklich, und die Teilnehmer nehmen das in normalen face-to-face Interaktionen weder bei sich, noch bei den Anderen bewusst wahr. Und auch das muss man in Rechnung stellen: beide Seiten können sich bei der Interpretation ihres *eigenen* Handelns und der vermuteten Reaktion des Anderen darauf und bei der Interpretation *seiner* Motive und Strategien gewaltig irren. Um falsche Urteile zu vermeiden, ist jede Person gehalten, „bei dem Anderen (1) seine allgemeine Absicht in der Situation, (2) seine Reaktion auf sich selbst, und (3) seine Reaktionen und Gefühle gegenüber mir, dem Empfänger und Beobachter seiner Handlung, einzuschätzen". Interaktion ist ein fortlaufender Prozess des Beobachtens *(observation)* und Folgerns *(inference)* und der Übernahme der Rolle des Anderen (Strauss 1959b, S. 61 f.).

14.3.3 Repräsentation und Zuweisung eines Status, Statuszwang, Verortung der sozialen Identität

Interaktionen sind immer beides: „strukturiert" und „nicht ganz so strukturiert". (Strauss 1959b, S. 75) *Strukturiert* sind sie in dem Sinne, dass die Teilnehmer sich wechselseitig in (tatsächlichen oder vermuteten) sozialen Positionen wahrnehmen und ein entsprechendes Verhalten erwarten. Mit ihren Erwartungen strukturieren sie sowohl das Handeln des Anderen wie das Bild, das er von sich hat. *Nicht ganz so strukturiert* sind die Interaktionen, weil jeder für jeden Spiegel ist, jeder aus den Reaktionen des Anderen seine eigenen Schlüsse zieht und damit wiederum das Denken und Handeln des Anderen beeinflusst. In diesem Wechselspiel von Wahrnehmung und Erwartung, Handeln und Reaktion spielt sich der *Prozess der Identität* ab.

Strauss nimmt nun an, „dass der Modus der Interaktion sich zu jeder Zeit oder in jeder Phase der Interaktion ändert und nicht für ihre gesamte Dauer der gleiche bleibt". (Strauss 1959b, S. 76 f.) Das hängt auch von dem *Status* ab, den wir aktuell repräsentieren bzw. der uns von den Anderen in einer konkreten Interaktion attestiert wird. Wir ändern dauernd unseren Status und handeln in unterschiedlichen Statusarten. Strauss versteht unter einem Status die vorläufig *zugewiesene Identität* in einer Gruppe. Status ist also ein *temporäres* Konzept.

In freien Interaktionsformen gehen Personen von einem Status zum anderen über, und sie wissen auch, wie sie sich der Situation entsprechend zu verhalten haben: „In bestimmten Interaktionsarten kennen die Teilnehmer vorher die verschiedenen Statustypen, die vertreten sein werden, und, wie in religiösen Ritualen, sogar die genaue zeitliche Anordnung der Handlung." (Strauss 1959b, S. 80) Wenn ich mich zum Traualtar begebe, weiß ich, wer welchen Status innehat und wie er sich dementsprechend wohl auch verhalten wird. Doch die allermeisten Interaktionen sind nicht so streng geregelt, und „für die meisten Zwecke braucht die Gesellschaft den Personen ihren Status nicht so streng zuzuweisen oder formale Mechanismen anzuwenden, damit sie sich anständig und angemessen benehmen". Wieso funktioniert es trotzdem? Es gibt zwei Erklärungen: Erstens wissen wir um unseren Status und wissen, wie „man" sich darin verhält, und zweitens, sagt Strauss, reagieren wir höchst sensibel auf Regieanweisungen, die uns sagen, was wir im Augenblick tun oder nicht tun sollen (vgl. Strauss 1959b, S. 80). Im Klartext: In jeder Interaktion wird die Situation fortlaufend von allen Beteiligten definiert, und das bedeutet auch, dass der *Status definiert* wird, den jeder haben soll und der bestimmtes Handeln festlegt. Mit dem Status wird eine soziale Identität *zugewiesen*.

Die soziale Identität ist das typische Bild, das Andere in einer typischen Situation von uns haben und das wir als solches wiedererkennen und uns zurechnen. Und auch mit neuen Erwartungen der Anderen kommen wir deshalb in der Regel zurecht, indem wir bewusst oder unbewusst auf ihre ebenfalls bewussten oder unbewussten typischen Regieanweisungen reagieren, wer wir sein sollen.

Der Schweizer Schriftsteller Max Frisch, der wusste, wie Menschen ihre Identität entwerfen und die der Anderen herbeihandeln, hat es so ausgedrückt: „In gewissem Grade sind wir wirklich das Wesen, das die Anderen in uns hineinsehen, Freunde wie Feinde. Und umgekehrt: Auch wir sind die Verfasser der Anderen; wir sind auf eine heimliche und unentrinnbare Weise verantwortlich für das Gesicht, das sie uns zeigen, verantwortlich nicht für die Anlage, aber für die Ausschöpfung dieser Anlage. Wir sind es, die dem Freunde, dessen Erstarrtsein uns bemüht, im Wege stehen, und zwar dadurch, dass unsere Meinung, er sei erstarrt, ein weiteres Glied in jener Kette ist, die ihn fesselt und langsam erwürgt. Wir wünschen ihm, dass er sich wandle, o ja, wir wünschen es ganzen Völkern! Aber darum sind wir noch lange nicht bereit, unsere Vorstellung von ihnen aufzugeben. Wir selber sind oft die letzten, die sie verwandeln. Wir halten uns für den Spiegel und ahnen nur selten, wie sehr der Andere seinerseits eben der Spiegel unseres erstarrten Menschenbildes ist, unser Erzeugnis, unser Opfer." (Frisch 1985, S. 29)

Was sich in jeder Interaktion nachweisen lässt, fällt in einer sozialen Gruppe besonders auf. Da ihre Mitglieder sich in der Regel über einen längeren Zeitraum kennen und in einer dauerhaften Interaktion zueinander stehen, bleibt es gar nicht aus, dass Gruppen „ihre Mitglieder in alle Arten vorläufiger Identitäten hinein- und aus ihnen herauszwingen" können, und sie tun es auch. Das nennt Strauss *Statuszwang (status-forcing)* (Strauss 1959b, S. 81).

Der von den Spiegeln der Anderen reflektierte Status und die dadurch übernommene soziale Identität können ganz viele Facetten haben, und dementsprechend spielen wir auch in ein und derselben Situation mehrere Rollen gleichzeitig oder nacheinander. Interaktion bedeutet, dass wir ständig unseren Status und den des Anderen definieren und dadurch anzeigen, in welcher Rolle wir gerade auftreten und von den Anderen angesehen werden wollen. Um ein Beispiel zu bringen: Am Anfang des Abendessens, zu dem uns die neuen Nachbarn eingeladen haben, spielen wir die Rolle des freundlichen Neugierigen, dann die Rolle des wohlwollenden, allwissenden Alteingesessenen, ehe wir vorsichtig ausloten, wie die Neuen wohl darauf reagieren, wenn wir ihnen sagen, dass wir mit anderen Nachbarn gar nicht gut auskommen, um ihnen schließlich von unseren Sorgen erzählen, die wir mit unseren Kindern haben. Wenn wir uns in jeder einzelnen Phase unseres Auftritts vor den Anderen vorstellen, wie sie wohl in diesem Augenblick auf uns reagiert haben, welche Erwartungen bei ihnen entstanden sind und welche Identität sie uns damit zugewiesen haben, dann dürfte klar sein, dass Identität im Spiegel der Anderen häufigen Statuswechsel impliziert.

Im normalen Alltag wissen wir, was man von uns erwartet und wie wir uns verhalten sollen. Und wenn wir uns fragen würden, *wer wir* denn in einer bestimmten Situation *sind,* würden wir wahrscheinlich sagen, wir sind derselbe, der wir in ähnlichen Situationen immer sind. Wir haben das Gefühl, dass uns eine *feste, persönliche Identität* zukommt und dass wir die auch mehr oder weniger klar durchhalten. Dagegen muss unter der eingangs angesprochenen These von der *sozialen Organisation* eingewandt werden, dass Identität nie feststeht, sondern ein Prozess ist, in dem wir uns kontinuierlich mit dem typischen Bild, das Andere in einer typischen Situation von uns haben, auseinandersetzen. Teile dieses Bildes, in dem auch die Erwartungen der Anderen, wie wir sein sollen, markiert sind, rechnen wir uns im Laufe des Lebens auch selbst zu. Dieses Bild von uns, das die sozialen Erwartungen Anderer an uns spiegelt, kann man als *soziale Identität* bezeichnen.

Das will ich an einem Beispiel illustrieren. Wenn sich Mitglieder einer sozialen Gruppe über viele Jahre kennen, bleibt es nicht aus, dass sie sich wechselseitig auch in bestimmte Identitäten „hineinzwingen" und dass diese angesonnene Identität letztlich auch das Bild, das sie von sich selbst haben, bestimmt (vgl. Strauss 1959b, S. 81). Wem zwanzig Jahre lang eingeredet wurde, dass er sich durch seine gleichbleibende Freundlichkeit vor allen anderen Kollegen auszeichnet, der scheut schließlich nicht nur den Konflikt mit den Anderen, sondern vergisst vielleicht auch die aggressiven Wünsche, die ihn lange geplagt haben. Die soziale, zugewiesene Identität überlagert das Bewusstsein der eigenen Identität.

Dieser Statuszwang wirkt nach oben und nach unten, hinein und hinaus. So gibt es Mechanismen, jemanden zu beschämen, ihn zu degradieren oder ihn zum Helden zu machen. Auf der horizontalen Ebene reicht der Statuszwang von Vertreibung oder Exkommunizierung bis zur Zulassung zum innersten Kreis einer religiösen Gemeinschaft oder der Aufnahme in den exklusiven Club der Trüffelschweine. Tadel und Lob, Anerkennung und Strafe sind im Grunde Mechanismen der Statuszuweisung in der Absicht, ein bestimmtes Verhalten zu bestärken oder von da an herbeizuführen.

Die Zuschreibung wirkt nicht nur von der Gruppe aus, sondern auch von der Person selbst: „Interaktion trägt das Potential unwissentlicher ebenso wie wissentlicher Zuschreibung von unzähligen Motiven und Charakterzügen (in sich, Ergänzung H. A.) – gegenüber Anderen und sich selbst. Man kann daher sagen, dass Interaktion von Natur aus den Statuszwang impliziert." (Strauss 1959b, S. 87) Dazu ein Beispiel, mit milden Mitteln beim Anderen einen bestimmten

Status herbeizureden: Wenn mich die Politesse auf dem Behindertenparkplatz erwischt, werde ich mich vielleicht im Status des armen Sünders präsentieren, der nur ganz ausnahmsweise und in höchster Eile hier gelandet und sowieso gleich wieder weg ist, und sie mit dem Zuspruch, dass sie natürlich völlig Recht hat, in die Rolle der absoluten Herrscherin drängen, die Gnade vor Recht ergehen lassen möge. Natürlich kann ich mein Glück nicht zwingen (und Politessen schon gar nicht!), aber versuchen kann man es ja mal.

Die Interaktion ist ein kompliziertes Wechselspiel von Zuschreibung und Zurückweisung eines Status, von *sozialen Ansprüchen* an das Individuum, wer es in der Interaktion ist und wie es sich zu verhalten hat, und damit verbundenen *Bewilligungen und Kontrollen* auf der einen Seite und *individuellen Strategien* der Zustimmung oder Verweigerung auf der anderen (vgl. Strauss 1959b, S. 92 f.). In diesem Spiel wird die soziale Identität immer neu „verortet". Wir verorten uns selbst, indem wir mit einer bestimmten Maske das Thema und den Rahmen unseres Handelns und damit eine *personale Identität* andeuten, und wir werden durch die Anderen verortet, die mit ihren Erwartungen, Kontrollen und Zugeständnissen unsere *soziale Identität* definieren. In ihren Erwartungen spiegeln wir uns und entscheiden, ob wir das soziale Bild von uns in unser Selbstbild übernehmen, weil wir z. B. dadurch die soziale Zustimmung erhalten, oder ob wir es korrigieren, um unsere personale Identität ins Spiel zu bringen oder wenigstens zu schützen.

Der Status steht nicht fest, sondern ist ein Prozess. Er wird in einem Wechselspiel von Zuweisung und Reaktion, Präsentation und Spiegelung ausgehandelt. Das Individuum muss aus den Reaktionen der Anderen ablesen, in welchen Status es hineingedrängt und in welcher sozialen Identität es angesehen wird. Aus dieser Spiegelung ergibt sich dann, mit welchen Masken man weitermacht.

14.4 Wandlung der Identität, Transformationen, Wendepunkte, Statusübergänge

In der Frage, wie sich Personen im Laufe ihres Lebens verändern und wie diese Veränderungen ihr Identitätsgefühl tangieren, herrschen in der Sozialpsychologie vor allem zwei Auffassungen der Entwicklung. Nach der einen ist sie so etwas wie eine Bewegung auf einer Laufbahn. „Das Ende der Bahn repräsentiert das endgültige Ziel, und je näher ein Läufer ihm kommt, umso *fortgeschrittener* ist er." Nach der anderen ist Entwicklung eine Reihe von „Variationen eines Grundthemas": „Der wesentliche Kern der Persönlichkeit" bildet sich schon früh im Leben, und auch beträchtliche Veränderungen ändern nichts daran, dass die ursprüngliche Organisation der Persönlichkeit im Wesentlichen Bestand hat.

Gegen beide Auffassungen von Entwicklung wendet Strauss ein, dass sie „den unabgeschlossenen, tentativen, explorativen, hypothetischen, problematischen, abschweifenden, wandelbaren und nur teilweise einheitlichen Charakter menschlicher Handlungsverläufe" nicht erfassen (vgl. Strauss 1959b, S. 96 f.).

Gegen die traditionellen Erklärungen von Entwicklung setzt Strauss deshalb die These, dass Entwicklung in einer „Reihe aufeinander bezogener *Transformationen*" besteht. Unter Transformation versteht er den Übergang in eine neue Form auf mehreren Ebenen. Erstens wandelt sich im Laufe der biografischen Entwicklung die *Begrifflichkeit,* mit der das Individuum sich selbst und seine Umwelt klassifiziert. Ein Jugendlicher identifiziert sich z. B. im Kreis seiner Familie anders als ein Kind und differenziert, ordnet und benennt Objekte und Bezugspersonen in einer völlig neuen Weise. „Diese Wandlungen der Begrifflichkeit implizieren natürlich Wandlungen im *Verhalten.*" Das wäre die zweite Ebene. Drittens wird „eine Person durch die Aneignung neuer Termini etwas anderes, als sie einmal war." Sie nimmt – zumindest in der Selbsteinschätzung – einen *neuen Status* ein und deutet mit ihren neuen Benennungen an, welche *neue Identität* sie für sich reklamiert. „Terminologische Verschiebungen machen neue *Bewertungen* notwendig und signalisieren sie zugleich: solche des Selbst und Anderer, von Ereignissen, Handlungen und Objekten." Das wäre dann die vierte Ebene der Transformation (vgl. Strauss 1959b, S. 97 f.).

Transformation bedeutet, Dinge, Personen und sich selbst grundsätzlich anders wahrzunehmen und zu bewerten. Diese Transformation „ist irreversibel; hat sie sich einmal geändert, gibt es kein Zurück. Man kann zwar zurückschauen, aber nur von seinem neuen Status aus bewerten." (Strauss 1959b, S. 98 f.)

Jetzt stellt sich die Frage, wann es zu solchen Transformationen kommt. Oft vollzieht sich ein Wandel in den Beziehungen zu Anderen „so alltäglich und allmählich, dass er praktisch unbemerkt bleibt", und auch die „Bewegung in der Identität" wird von einem selbst lange nicht wahrgenommen und Anderen gegenüber auch nicht von heute auf morgen ostentativ signalisiert (vgl. Strauss 1959b, S. 99 f.). Manchmal kommt es in der biografischen Entwicklung aber zu einem Punkt, wo alles ganz anders ist und neu bewertet wird: das eigene Selbst, der Status, die Identität, die Bezugspersonen und die ganzen sozialen Umstände. Solche Punkte nennt Strauss *Wendepunkte.* Es sind Punkte einer Entwicklung, „die ein Individuum zu Bestandsaufnahme, Revision, Neubewertung, Neuverstehen und Neubeurteilung zwingen." (Strauss 1959b, S. 107) Typische Wendepunkte sind der Wechsel vom Status des Jugendlichen zum Status des Erwachsenen, der Eintritt in den Beruf oder die Gründung einer Familie, aber auch der Ausbruch einer schweren Krankheit oder der Verlust des Partners. Was an solchen Wendepunkten passiert, ist nicht nur ein innerpsychischer, sondern auch ein *sozialer Prozess:*

Die Bestandsaufnahme ist ein „zugleich sozialisierter und sozialisierender Prozess", d. h. das Individuum greift auf „gesellschaftlich geprägte Erfahrungen und Interpretationen" zurück und setzt sich in Beziehung zu Anderen in einer ähnlichen Lage (vgl. Strauss 1959b, S. 107).

Sehen wir von solchen dramatischen Wendepunkten einmal ab, an denen eine Person gezwungen ist, in einen anderen Status überzugehen, dann besteht der Lebenslauf praktisch in einer ganzen Reihe von *Statusübergängen* (Strauss 1959b, S. 116). Manche sind gesellschaftlich geregelt, andere passieren einfach so. Sie reichen vom Eintritt in die Schule bis zum Verlassen der Schule, vom Eintritt in den Beruf bis zu beruflichen Aufstiegen bzw. Abstiegen, von der Heirat bis zur Gründung einer Familie, von der Aufnahme in eine bestimmte Gruppe bis zu der Erfahrung, dass man unweigerlich zum alten Eisen zählt. Bestimmte Statusübergänge sind von der Gesellschaft geregelt, z. B. die schulische Ausbildung, und betreffen praktisch alle. Bei anderen Statusübergängen, z. B. Heirat oder Gründung einer Familie, bedarf es der Abstimmung mit einem Anderen. Für manche Statusübergänge, z. B. beruflicher Aufstieg oder Zulassung zu einem Amt, muss man Qualifikationen nachweisen, und schließlich gibt es Statusübergänge, die formell nicht geregelt sind, bei denen sich die Betroffenen aber mit diffusen gesellschaftlichen Erwartungen konfrontiert sehen – man ist leider nicht nur so alt, wie man sich fühlt, sondern auch wie man mit dem gesellschaftlichen Statuszwang umgeht.

Mit jedem Statusübergang ändert sich unmerklich oder auch ganz deutlich die soziale Identität. Was diesen Wandel angeht, gibt sich Strauss erstaunlich optimistisch, indem er ausdrücklich der These des damals schon sehr populären Erik H. Erikson zustimmt, „dass ein Gefühl der Identität ‚niemals ein für allemal gewonnen, noch behauptet wird. Wie ein gutes Gewissen wird es ständig verloren und wiedergewonnen'." (Strauss 1959b, S. 116 f.)

14.5 Die totale Umwandlung einer Identität: Gehirnwäsche, Umerziehung, totalitäre Gemeinschaften

Statuspassagen können auch höchst dramatisch sein und tief greifende Konsequenzen für die persönliche und die soziale Identität der Betroffenen haben. Besonders drastische Beispiele für eine Transformation in eine neue Identität sind politische Umerziehungen in totalitären Staaten und Gehirnwäsche, aber auch die Ansprüche und Angebote totalitärer Gemeinschaften. Ich will auf diese Transformationen auch deshalb eingehen, weil an ihnen der enge Zusammenhang von *Identität* und *Interaktion* deutlich wird.

Strauss, der die totale Umwandlung einer Identität als einen Prozess der gleichzeitigen *Entidentifizierung* und *Identifizierung* versteht, stützt sich in seinen Erklärungen auf fremde Fallstudien. Er beginnt mit einer Studie unter dem Titel „Making Un-Americans". Zu Beginn des Zweiten Weltkriegs forderten die USA ihre internierte japanische Bevölkerung zu einem Treueeid auf. Wer sich weigerte, dem wurde angedroht, nach dem Krieg nach Japan geschickt zu werden, auch wenn er dort nie gelebt hatte. „Viele verweigerten die Unterschrift, obwohl sie loyale Amerikaner waren", weil sie den Eid als Verrat an ihren Eltern verstanden. Sie befanden sich in einem „Widerspruch zwischen Loyalitäten" und standen vor dem Dilemma, mit der Bindung an eine Seite eine andere zu diskreditieren. Ganz im Sinne der eingangs These von Strauss, dass die Findung der Identität mit der Benennung und Klassifizierung von einem selbst und den Anderen beginnt, waren sie an einen Punkt gekommen, wo man sich selbst erklären muss. Dieser Zwang zur Erklärung, für welche Seite der Identität man sich entscheidet, „gilt unabhängig davon, ob die Erklärung von außen, hier der Regierung, oder in stillen Gewissenskämpfen von einem selbst erzwungen wird. Die Konsequenz solcher Erklärungen ist, dass man Brücken hinter sich verbrennt, unwiderrufliche Schritte tut und neue Loyalitäten entwickelt." (Strauss 1959b, S. 127)

Dieser Aspekt der Neuausrichtung von Loyalitäten spielt, zusammen mit der These der Benennung und Klassifikation von einem selbst und Anderen und der These der notwendigen Ergründung von Motiven des Handelns, auch bei „radikalen Verschiebungen der Identität, die von äußeren Agenten trainiert, gefördert und erzwungen werden", eine entscheidende Rolle (Strauss 1959b, S. 127 f.). Das veranschaulicht Strauss am Beispiel der *Gehirnwäsche,* die die chinesische Regierung in den Jahren nach der kommunistischen Revolution bei Studenten vorgenommen hat. „Gehirnwäsche ist im wesentlichen ein Versuch, alte Loyalitäten, vor allem gegenüber Familie und sozialer Klasse, zu zerstören und neue Loyalitäten gegenüber Land und Partei zu entwickeln." Gehirnwäsche beinhaltet und zielt auf eine „radikale Entidentifizierung" und erfolgt in einem kontinuierlichen Prozess von bestimmten Statusübergängen (Strauss 1959b, S. 128).

So wurden die Studenten in Schulen auf dem Lande zusammengeführt, wo sie tagelang in politische und moralische Diskussionen verwickelt wurden. Sie wurden zur harten Arbeit auf den Feldern verpflichtet und mussten mitansehen, wie die Bauern die ehemaligen Gutseigentümer brutal demütigten. Wer dabei Mitleid zeigte, wurde öffentlich geziehen, seine Freunde nicht von seinen Feinden unterscheiden zu können. Zur systematischen Umdrehung gehörte auch, dass die Studenten regelmäßig Berichte über ihre Eltern, ihr Leben und ihre Ansichten von der Gesellschaft schreiben mussten. Diese Berichte wurden öffentlich verlesen und diskutiert. Der tiefere Sinn war, das „falsche Denken" zu entlarven und mit der Indoktrination des „richtigen Denkens" allmählich auch eine neue Sicht auf die alten Bindungen zu erzwingen. Das trat dann auch tatsächlich ein. Erklären kann man diese Verwandlung so: Wo eine bestimmte Erklärung des Lebens nicht mehr zugelassen wird, passt sich das Denken schließlich an! Bezogen auf eine soziologische Theorie der Identität kann man sich der Tatsache nicht verschließen, dass die Konstruktion der Identität nach den Mustern erfolgt, die in einer sozialen Bezugsgruppe gelten. Exklusive Bezugsgruppen mit hoher Definitionsmacht und totaler Kontrolle lassen keine Varianten zu. Mit jeder Neufassung der Berichte lösten sich die alten Loyalitäten etwas mehr; die Identifikationen mit früheren Ideen und Personen wurden immer schwächer (vgl. Strauss 1959b, S. 128 f.).

Strauss lenkt nun den Blick auf die „institutionalisierten Strategien" und Techniken, mit denen Agenten systematisch die Lösung von alten Loyalitäten und die Schaffung völlig neuer betrieben. Diese Strategien bestanden darin, den einzelnen Studenten „zu unterrichten, zu beraten, unter Druck zu setzen, zu züchtigen, zu trainieren, zu verführen, ihm Versprechungen zu machen und ihm zu gratulieren." Diese Strategien dienten alle dazu, auch die Erfahrungen über sich selbst zu revidieren. Gleich zu Anfang seiner „Bekehrung" wurde ihm „ein neues Vokabular gegeben, mit dem er Objekte und Ereignisse neu benennen und bewerten kann. Politische Urteile werden revidiert, ebenso seine Urteile über sein eigenes Handeln. Diskussionsgruppen zwingen ihn zur Erklärung seiner Ansichten." Die darauf erfolgende öffentliche Kritik weitet sich aus auf sein früheres Handeln. Unter dem Druck der Gruppe und direkter Sanktionen, wenn die falsche Sprache benutzt wurde, passt er sich nach und nach dem neuen Denken und Sprechen an. „Das zwingt ihn zu einer Neueinschätzung seiner alten Motive; frühere Handlungen werden jetzt als aus anderen Gründen begangen verstanden, als man damals glaubte. Diese Neubewertung von Motiven wird in der neuen Terminologie trainiert." Wenn die Studenten Essays über ihre Eltern zu schreiben hatten, wurde streng darauf geachtet, dass sie als korrupt, fehlgeleitet und widersprüchlich deklariert wurden (vgl. Strauss 1959b, S. 130 f.). Diese wiederholten Prüfungen dienten nicht nur dazu, den Fortschritt in der Bekehrung öffentlich zu dokumentieren, sondern den Einzelnen selbst zur Anerkennung einer widersprüchlichen Identität zu bringen.

Hier nun kommen Interaktionen ins Spiel. Es war streng verboten, sich privat mit einem anderen Opfer über seine Erfahrungen und Nöte auszutauschen. Interaktionen fanden nur in der Gruppe statt. Diese Gruppe diente als Publikum für Bekenntnisse und als Agentur der unerbittlichen Kritik einer noch ungenügenden Identität und der schließlichen Bestätigung der richtigen Identität (vgl. Strauss 1959b, S. 131). Mit dem Bekenntnis zu den neuen Werten und der Bestätigung durch neues Handeln ist der Prozess der Identitätstransformation abgeschlossen. Das „umgedrehte" Individuum gehorcht von da an den Verpflichtungen, die mit dem neuen Status verbunden sind, freiwillig.

Eine totale Umwandlung der Identität haben auch bestimmte Sekten oder ideologische Lebensgemeinschaften zum Ziel. Sie setzen ganz ähnliche Strategien der Entidentifizierung ein, aber der Prozess und das Ziel der Identifikation sind anders als in Umerziehungslagern. In Umerziehungslagern haben die Vertreter der Definitionsmacht eine doppelte Funktion: Sie weisen nach, dass nichts, was das Individuum über sich oder die gesellschaftlichen Verhältnisse denken könnte, anders als nach dem richtigen Denken gedacht werden kann. Und zweitens kontrollieren sie laufend den Stand der neuen Identität, indem sie Bekenntnisse einfordern und das tatsächliche Verhalten beobachten. Sie sind Führer, mit denen sich das Opfer identifizieren *muss,* um überleben zu können.

In totalitären – politischen, religiösen oder einfach einem Zeitgeist verpflichteten – Gemeinschaften hat der Führer eine andere Funktion. Er ist die Person, mit der man sich identifizieren *will.* Für diesen Rang gibt es mehrere Gründe. Man hat sich ihm genähert, weil einem etwas fehlt. Ob er das wirklich hat, was man tatsächlich gesucht hat, spielt bei dem Leidensdruck letztlich keine Rolle mehr. Jedenfalls bietet er ein vollständiges Bild seiner selbst, bei dem keine Erklärungen offen bleiben. Seine Identität scheint völlig im Gleichgewicht zu sein. Deshalb gilt er auch über kurz oder lang als Inbegriff des *richtigen* Lebens. Er ist der Guru, auf den die Jünger *alle* ihre Wünsche projizieren. Er tritt auch als jemand auf, der aus der Fülle der eigenen Erfahrungen die Ängste der Novizen beim Übergang in eine neue Identität gut nachvollziehen kann. Er umarmt den Zauderer mit seiner Sympathie und leitet ihn mit der Sicherheit des „richtigen" und „einzigen" Urteils, wer er zu sein und welchen Weg er zu gehen hat. Eine Bedingung, diesen Weg zu gehen, ist, dass das Individuum die Brücken hinter sich abbricht und Personen aus seinem früheren Leben konsequent meidet. Es ist eine *hermetische* Identität, die in diesen totalitären Gemeinschaften erzeugt wird. Da sie von einer festen Gruppe Gleichdenker gespiegelt wird, wird sie auch nicht in Zweifel gezogen. Im Gegenteil: Die Mitglieder der Gruppe verfestigen durch ihr Denken und Handeln wechselseitig die sozialen Bedingungen, unter denen Identität auch gar nicht anders gedacht werden kann.

Was Strauss über die Gehirnwäsche und den Zwang zur Neubenennung von Personen und Verhältnissen sagt, gilt natürlich auch für religiöse Konversionen und für die Strategien mancher Sekten, in denen der neue Status oft auch durch einen neuen Namen zum Ausdruck gebracht wird. Das bekannteste Beispiel ist der Wandel vom Saulus zum Paulus. Ganz aktuell erleben wir diese Transformation in einen neuen Status und eine neue Identität bei jungen Leuten, die sich zu einem militanten Islamismus radikalisieren und sich auch neue Namen geben. Immer aber gilt, dass mit dem neuen Status die frühere Identität neu definiert wird. Entweder gilt sie als Vorgeschichte, in der sich das Spätere schon abzeichnete, oder als Zeit des Irrtums, die nun endlich überwunden wurde.

14.6 Institutionelle und persönliche Statusphasen: das Beispiel Trauern

Nach dem Exkurs über *endgültige* Transformationen der Identität wendet sich Strauss „*temporären* (…) Wandlungen von Personen und ihrem Verhalten" zu. In jeder Gesellschaft gibt es Vorstellungen über den Fluss der Zeit und Begriffe, mit denen man Ausschnitte und Phasen bezeichnet. Und es gibt auch bestimmte Vorstellungen, wie man sich in solchen Perioden verhält. Dabei wird unterstellt oder sogar gebilligt, dass die Person in dieser Zeit eine andere *ist* und in einem anderen Status handelt. Das gilt vor allem für *institutionelle* Phasen wie Jugend, Lehre, Berufstätigkeit oder Ruhestand, in denen es offensichtlich ist, in welcher Statusphase sich jemand befindet. Anders ist es bei *persönlichen* Statusphasen. Auf den ersten Blick ist nicht zu erkennen, ob jemand gerade eine Krankheit durchmacht oder den Verlust einer nahen Person betrauert. Solange wir nicht wissen, in welcher Phase sich der Andere befindet, besteht die Gefahr, dass wir in der Interaktion mit ihm – natürlich unwissentlich und aus der Perspektive des Anderen – genau das Falsche tun. Deshalb wird gesellschaftlich erwartet, dass eine Person anzeigt, in welcher persönlichen Statusphase sie sich befindet und in welcher Identität sie zurzeit auftritt. Beispiele solcher temporären Statusphasen sind Flitterwochen, Fasttage, Feiern oder Probezeiten. Strauss erläutert das Zusammenspiel von Verhalten in einer Statusphase auf Zeit, den Erwartungen der Anderen und der Organisation von Interaktionen am Beispiel des Trauerns.

Psychologisch dient Trauern dazu, einen Verlust zu verarbeiten. Eine interaktionistische Soziologie, wie sie Strauss vertritt, versteht Trauern als einen sozialen Prozess, in dem Interaktionen abgebrochen werden oder eine neue Form annehmen, in dem der Trauernde nicht mehr ganz er selbst ist, sondern eine andere Identität für sich reklamiert und vor den Anderen präsentiert, und in dem sein neuer Status von den Anderen identifiziert und bewertet wird. Auch ein so individuelles und intimes Verhalten wie das Trauern ist in die *soziale Organisation* des Lebens mit all ihren sozialisierten Erfahrungen und normalen gesellschaftlichen Erwartungen eingebunden.

Dem Trauernden wird zugestanden, dass er für eine bestimmte Zeit tägliche Verpflichtungen (z. B. Beruf oder soziale Angelegenheiten) nicht wahrnimmt und dass er sich aus alltäglichen Interaktionen zurückzieht. Man sieht ihm gewisse Verhaltensweisen gerade in der frühen Phase seines schmerzlichen Verlustes nach, weil man weiß, dass er nicht „er selbst" ist. Scheint ihn der Kummer zu überwältigen, stehen ihm Freunde, Verwandte oder professionelle Trauerbegleiter zur Seite. Wenn er wieder an normalen Interaktionen teilnimmt, wird er deutliche oder versteckte Zeichen geben, in welchem Zustand er sich befindet. „Wenn solche Zeichen nicht gegeben oder übersehen werden, entstehen peinliche Momente." (vgl. Strauss 1959b, S. 135 f.)

Betrachten wir den Prozess des Trauerns nun aus der Perspektive, welche gesellschaftlichen Vorstellungen hinsichtlich des Ortes, der Form und der Dauer des Trauerns herrschen. Danach wird tiefe Trauer nur an angemessenen *Orten* zum Ausdruck gebracht: vor dem Sarg, am offenen Grab, in der Zurückgezogenheit des privaten Raums. In manchen Kulturen wird Trauer durch öffentliches Wehklagen zum Ausdruck gebracht, in anderen gilt stumme Gefasstheit als angemessene *Form,* aber in bestimmten Situationen gilt auch der heftigste Ausbruch tiefster Gefühle als angemessen. Was schließlich die *Dauer* – und hier nähern wir uns dem Zusammenhang von Interaktion und Identität – angeht, so gibt es diffuse Vorstellungen, wann die Phase des Trauerns beendet sein sollte und ab wann der Trauernde „mehr oder weniger wieder er selbst ist" – oder sein sollte. Er erntet „Kritik, wenn er nicht lange genug im Status des Trauernden verharrt oder die Phasen des Trauerns zu schnell hinter sich bringt". (vgl. Strauss 1959b, S. 136)

„Da die trauernde Person in der einen Phase des Trauerns anders handelt als in einer anderen" bzw. die Anderen dies von ihr erwarten, „ist es wesentlich, dass die Anderen wissen, in welcher Phase sie sich befindet" und welchen Status sie offeriert und beansprucht, und dass die Person ihnen entsprechende Informationen gibt. „Sie muss sich letztlich für die Anderen identifizieren", damit diese wissen, für wen sie sie halten können und welches Verhalten ihr zugemutet bzw. abverlangt werden kann (vgl. Strauss 1959b, S. 136 f.).

Die Teilnehmer an einer normalen Interaktion werden auch nicht akzeptieren, wenn der Trauernde die eigene Identität ganz über die Trauer zu definieren versucht, um bestimmte Reaktionen bei den Anderen zu erzwingen. Diese halten auch die anderen Facetten seiner Identität im Blick und erwarten, dass er anzeigt, was der aktuelle Stellenwert des Trauerns im Spiegel *aller* Facetten ist. Das Beispiel des Trauerns zeigt, dass die soziale Identität und der temporäre soziale Status selbst bei einem so individuellen und intimen Ereignis in die soziale Organisation des Lebens eingebunden sind.

14.7   Das Gefühl persönlicher Kontinuität

Die Frage, wer wir sind, kommt vor allem im späten Rückblick auf unser Leben und an Wendepunkten des Lebens auf. Beim Blick in die Vergangenheit suchen wir immer auch nach Erklärungen für das, was wir waren und was wir heue sind. Dabei erinnern wir uns zweifellos auch an tatsächliches Verhalten, aber die meisten Erinnerungen sind unbewusste Versuche, Situationen und Verhalten so zu rekonstruieren, dass sie eine in sich stimmige biografische Identität ergeben. Doch diese Identität ist eine Ordnung vom Ende her.

Strauss zitiert zum Beleg dieser These Erik H. Erikson, der zwischen „einem bewussten Gefühl der individuellen Identität" und „einem unbewussten Streben nach einer Kontinuität des persönlichen Charakters" unterscheidet. Letzteres beinhaltet kontinuierliche, „stillschweigende Akte der Ich-Synthese". (Erikson 1956, S. 124) Strauss verbindet diesen Gedanken mit seiner eingangs genannten These, dass Sprache für das Handeln und die Identität von höchster Relevanz ist und dass *Benennung (naming)* ein „Akt der Einstufung oder Klassifikation – von sich selbst und Anderen" ist (Strauss 1959b, S. 9), und schreibt:

> „Die Rechenschaft *(account)*, die jeder über sein Leben ablegt, wenn er darüber schreibt oder nachdenkt, ist ein symbolisches Ordnen von Ereignissen. Der Sinn, den man seinem Leben beimisst, hängt von den Begriffen und Interpretationen ab, die man auf die mannigfaltige und ungeordnete Masse früherer Handlungen anwendet. Wenn meine Interpretationen für mich selbst überzeugend sind, (…) wird dem Leben als Ganzem eine gewisse fortwährende Bedeutung zugeschrieben. Auch wenn mich offensichtlich zu verschiedenen Zeiten verschiedene Motive angetrieben haben, scheint der übergreifende Zweck meines Lebens dennoch eine gewisse Einheit und Kohärenz zu haben." (Strauss 1959b, S. 157 f.)

Soweit zum *bewussten Gefühl* der Kontinuität der Identität.

Nun zu dem von Erikson angesprochenen *unbewussten Streben* des Individuums, sein Leben – in all seinen Unterbrechungen, Wendungen und Widersprüchen – im Nachhinein auf die Reihe zu bringen. „Mit jeder neuen Erfahrung entdeckt jeder auch neue Bedeutungen und Ordnungen in seiner biographischen Entwicklung. Solche terminologische Einschätzung (im Sinne der gerade beschriebenen Benennung und Klassifikation, Ergänzung H. A.) ist entscheidend für das Gefühl der Kontinuität oder der Unterbrechung. Wenn vergangene Aktivitäten sich mehr oder weniger in irgendein Schema einzupassen, sich zum gegenwärtigen Selbst *(current self)* zusammenzufügen und zu ihm zu führen scheinen", dann war es „mein Ich, das gehandelt hat", dann gehören diese Handlungen zu meinem Ich, „selbst wenn ich mich in der Zwischenzeit etwas verändert habe. Es ist", fährt Strauss fort, „als ob man die Geschichte des eigenen Lebens, Epoche für Epoche, erzählte und einer jeden im Zeichen des Endprodukts einen Sinn gäbe. Das subjektive Gefühl der Kontinuität (der Identität, Ergänzung H. A.) hängt nicht nur von der Zahl oder dem Grad der Änderungen des Verhaltens ab, sondern von dem begrifflichen Rahmen *(framework of terms)*, innerhalb dessen sonst nicht übereinstimmende Ereignisse in Einklang gebracht und verknüpft werden können." (Strauss 1959b, S. 158)

Fazit: „Vergangene Identitäten können trotz ihrer offenkundigen Verschieden-artigkeit nur dann versöhnt werden und als im Grunde gleichbleibend empfunden werden, wenn sie sich in eine einheitliche Interpretation einfügen lassen. (…) Das Bewusstsein einer Konstanz der Identität ist also eher im Auge des Betrachters als ‚im' Verhalten selbst." (Strauss 1959b, S. 159)

Literatur

Erikson, E. H. (1956). *Das Problem der Ich-Identität*. In: E. H. Erikson (1959). *Identität und Lebenszyklus*. Frankfurt a. M.: Suhrkamp (2. Aufl. 1974).

Frisch, M. (1985). *Tagebuch 1946–1949*. Frankfurt a. M.: Suhrkamp.

Glaser, B. G. & Strauss, A. L. (Hrsg.) (1967). *The discovery of grounded theory. Strategies for qualitative research*. New York: Aldine de Gruyter.

Joas, H. & Knöbl, W. (2004). *Sozialtheorie. Zwanzig einführende Vorlesungen*. Frankfurt a. M.: Suhrkamp.

Lindesmith, A. R. & Strauss, A. L. (Hrsg.) (1969). *Readings in social psychology*. New York: Holt, Rinehart and Winston.

Strauss, A. L. (1959a). *Mirrors and masks. The search for identity*. New York: The Sociology Press.

Strauss, A. L. (1959b). Spiegel und Masken. Die Suche nach Identität. Frankfurt a. M.: Suhrkamp (1968).

Interaktionssysteme, Kommunikation, wechselseitige Wahrnehmung (Niklas Luhmann)

Inhaltsverzeichnis

15.1 Sobald überhaupt Kommunikation unter Menschen stattfindet, entstehen
soziale Systeme 304
15.2 Komplexität und Kontingenz; Sinn als Ordnungsform der Welt und
menschlichen Erlebens. 305
15.3 Generalisierung von Erwartungen 308
15.4 Die fortlaufende Institutionalisierung von Erwartungen 311
15.5 Nicht die Handlung, sondern Kommunikation ist die basale Operation
sozialer Systeme. 314
15.6 Interaktionssysteme kommen dadurch zustande, dass sich Anwesende
wechselseitig wahrnehmen 317
15.7 Die Synchronisation von Reden und Schweigen, thematische Konzentration . . . 321
15.8 Interaktionen sind gebunden an die Formen gesellschaftlichen
Zusammenlebens 322
15.9 Beanspruchung und Anspruch der Person in der Interaktion. 323
15.10 Interaktionssysteme können und müssen laufend aufgegeben und neu
begonnen werden 324
Literatur. 325

NIKLAS LUHMANN (1927–1998) war von Hause aus Jurist und fand erst während seiner Verwaltungstätigkeit zur Soziologie, indem er sich für ein Jahr zum Studium in Harvard bei Talcott Parsons beurlauben ließ. 1965 wurde er an die Sozialforschungsstelle Dortmund berufen; 1966 wurden sein Buch über „Funktionen und Folgen formaler Organisation" und ein Band über „Recht und Automation in der öffentlichen Verwaltung" als Dissertation und Habilitation an der Universität Münster angenommen. Will man Luhmanns überaus komplexes Werk in wenigen Sätzen auf das Thema Interaktion zuführen, dann kann man sagen:

Auf die selbstgestellte Frage, was das Soziale ist und wie es funktioniert, gab er eine Antwort mit seiner Theorie sozialer Systeme. Soziale Systeme entstehen, sobald Kommunikation unter Menschen stattfindet. Soziale Systeme dienen dazu, die Komplexität der Welt zu reduzieren und „sinnhafte Beziehungen zwischen Handlungen von Menschen" herzustellen (Luhmann 1967, S. 115). Als einen der wichtigsten Schwerpunkte soziologischer Theoriebildung sah Luhmann deshalb „die Theorie des Interaktionsverhaltens oder der symbolisch vermittelten Interaktion" an (Luhmann 1975, S. 9 f.). Dass Menschen überhaupt Beziehungen zueinander aufnehmen können, setzt voraus, dass sie Erwartungen an Verhalten symbolisch generalisieren (Luhmann 1984, S. 135). Erwartungen sind immer selektiv, und wenn Menschen in Interaktionen Erwartungen in ihren Handlungen zum Ausdruck bringen, dann besteht ein doppeltes Problem: ihre eigenen Erwartungen können einseitig bis falsch sein und wechselseitig können sie den Sinn ihres Handelns missverstehen. Wie ist Interaktion dennoch möglich und wie funktioniert sie? Um Luhmanns Antwort zu verstehen, ist ein Blick auf seine Theorie sozialer Systeme vonnöten.

15.1 Sobald überhaupt Kommunikation unter Menschen stattfindet, entstehen soziale Systeme

Als Luhmann zum Antritt seiner Professur in Bielefeld im Jahre 1968 aufgefordert wurde, aktuelle und künftige Forschungsprojekte zu benennen, nannte er ein einziges: *Theorie der Gesellschaft* (vgl. Luhmann 1997, S. 11). Dieses Projekt hat er in alle nur denkbaren Richtungen verfolgt und dabei auch die Grundfrage, wie soziale Ordnung möglich ist, ventiliert. Er stellte zwei Antworten in den Raum: Eine Antwort ist: durch Sinn, die zweite: „durch Bildung sozialer Systeme, die sich in Grenzen gegenüber einer überkomplexen Umwelt eine Zeit lang stabil halten können." (Luhmann 1981a, S. 284 f.) Beide Antworten hängen zusammen, und beide führt Luhmann gegen die klassischen Antworten, wie Individuen und Gesellschaft zueinanderstehen und was Gesellschaft im Letzten zusammenhält, ins Feld.

In den meisten Theorien sozialer Ordnung, moniert Luhmann, herrsche die Vorstellung, dass Gesellschaft aus *Individuen* besteht, die sich aus den unterschiedlichsten Gründen in ihrem Denken und Handeln zu einem *Ganzen* fügen – oder zu fügen haben. Damit stünden sie alle mehr oder weniger in der Tradition der antiken Philosophie, wonach ein Ganzes ein aus seinen *Teilen* „Zusammengestelltes" (griech. *systema*), zugleich aber mehr als die Summe seiner Teile ist und deshalb auch Vorrang vor seinen Teilen hat (vgl. Luhmann 1981a, S. 215).

Gegen diese „traditionelle Differenz von *Ganzem und Teil*" setzt Luhmann die These der „Differenz von *System und Umwelt*" (Luhmann 1984, S. 22) und eine neue Definition von System. „Jeder soziale Kontakt wird als System begriffen bis hin zur Gesellschaft als Gesamtheit der Berücksichtigung aller möglichen Kontakte." (Luhmann 1984, S. 33) Jeder soziale Kontakt, der zu wechselseitigen Handlungen führt und den Augenblick überdauert, ist ein *eigenes soziales System*.

Direkt bezogen auf das Thema „Interaktion" will ich hier schon zwei weitere Definitionen ansprechen: „Sobald überhaupt Kommunikation unter Menschen stattfindet, entstehen soziale Systeme." (Luhmann 1975, S. 9) Soziale Systeme dienen dazu, die Komplexität der Welt zu reduzieren und „sinnhafte Beziehungen zwischen Handlungen von Menschen" herzustellen (Luhmann 1967, S. 115).

Jedes soziale System ist gekennzeichnet durch eine *Grenze* gegenüber seiner Umwelt, zu der auch *jedes andere soziale System,* aber auch die *Persönlichkeit* zählt. Auch die Persönlichkeit stellt ein System dar. Personen sind Systeme mit je eigenem Bewusstsein, Luhmann spricht von *personalen* bzw. psychischen *Systemen* (vgl. Luhmann 1981a, S. 276). Psychische und soziale Systeme lassen sich nicht aufeinander zurückführen und gehen auch nicht ineinander auf, sondern grenzen sich klar voneinander ab und bleiben füreinander *Umwelt*. Und wie integrieren sich personale und soziale Systeme zu einer sozialen Ordnung, insonderheit zu Interaktionen? Eine Antwort liefert Luhmann mit der Erklärung, dass psychische und soziale Systeme „im Wege der Co-Evolution entstanden" sind und diese Co-Evolution habe „zu einer gemeinsamen Errungenschaft geführt", die man als *Sinn* bezeichnen kann (Luhmann 1984, S. 92). Damit ist ein Zentralbegriff der Luhmannschen Systemtheorie genannt.

15.2   Komplexität und Kontingenz; Sinn als Ordnungsform der Welt und menschlichen Erlebens

Bei der Erklärung, was Sinn ist und welche Funktion ihm bei der Entstehung und Erhaltung sozialer Ordnung – auch einer Interaktion! – zukommt, geht Luhmann von einer Art Urfrage aus: Vor welche Probleme sind die Menschen im *Erleben* ihrer Welt gestellt? Luhmann sieht es so: Die Welt wird dem Menschen nicht wegen ihres schlichten Vorhandenseins, sondern wegen ihrer *Komplexität* zum Problem. „In erster Annäherung an den schwierigen Begriff" soll der Begriff der Komplexität „die Gesamtheit der möglichen Ereignisse" bezeichnen. Sich alle möglichen Ereignisse auszudenken, würde den *Menschen* überfordern; *Handlungssysteme,* die ständig alle Eventualitäten in Betracht zögen, also keine einigermaßen festen Strukturen ausbildeten, würden über kurz oder lang nicht mehr funktionieren. Das ist aber die Funktion sozialer Systeme, dass sie die Komplexität der Welt reduzieren. Sie ordnen die Welt, indem sie „*sinnhafte* Verbindungen" zwischen bestimmten Ereignissen herstellen und andere *mögliche* Ereignisse vorerst außer Betracht lassen (vgl. Luhmann 1967, S. 115).

Im Erleben ihrer Welt sind die Menschen aber nicht nur vor eine aktuelle Gegenwart, deren Komplexität irgendwie reduziert werden muss, gestellt, sondern sie müssen auch mit der Tatsache leben, dass die Dinge in einer komplexen Welt immer nur *Möglichkeiten* sind und dass deshalb auch das Handeln immer nur unter dem Vorbehalt, auch ganz anders ausfallen zu können, steht. Das Problem beschreibt Luhmann so: „Die im Erleben sich abzeichnende Differenzierung von Aktualität und Potentialität hat ihre wichtigste Eigentümlichkeit im Charakter der Überfülle des Möglichen, die bei weitem das überschreitet, was handlungsmäßig erreicht und erlebnismäßig aktualisiert werden kann. Der jeweils gegebene Erlebnisinhalt zeigt in der Form von Verweisungen und Implikationen weit mehr an, als zusammengenommen und auch nacheinander in den engen Belichtungsraum des Bewusstseins eingebracht werden kann. Dem gerade akut bewussten Erleben steht eine Welt anderer Möglichkeiten gegenüber. Die Problematik dieser Selbstüberforderung des Erlebens durch andere Möglichkeiten hat die Doppelstruktur von Komplexität und Kontingenz. Durch den Begriff *Komplexität* soll bezeichnet werden, dass es stets mehr Möglichkeiten des Erlebens und Handelns gibt, als aktualisiert werden können. Der Begriff *Kontingenz* soll sagen, dass die im Horizont aktuellen Erlebens angezeigten Möglichkeiten weiteren Erlebens und Handelns nur Möglichkeiten sind, daher auch anders ausfallen können, als erwartet wurde." (Luhmann 1971, S. 32)

Die Umwelt ist notwendig größer und komplexer als die Systeme. Komplexität ist immer vorhanden, sie ist „ein nichthintergehbares Risiko." (Luhmann 1968, S. 32) Und damit ist auch Kontingenz des Handelns gegeben. „Kontingentes", sagt Luhmann, „ist weder notwendig, noch unmöglich, also so, wie es ist, und auch anders möglich." (Luhmann 1981c, S. 14) Kontingenz bedeutet keineswegs willkürlicher Zufall, sondern widerspruchsfreie Möglichkeit. Innerhalb eines Systems ist eben nicht alles möglich, aber vieles ist möglich, und das ist nur möglich, weil das System nichts anderes zulässt. Systeme sind *gemacht,* also könnten sie auch anders ausgefallen sein und vielleicht werden sie morgen auch anders möglich, aber wiederum bedingt, kurz: kontingent sein. Immer wenn gehandelt wird, stellt sich das Problem der Kontingenz, und zwar nicht, weil A und B voneinander abhängig sind, aber nicht genau wissen, was sie tun werden, sondern allein schon deshalb, weil die Verhältnisse generell so sind wie sie sind: komplex, weder notwendig so, noch unmöglich! (vgl. Luhmann 1981c, S. 14).

Wie ist Handeln dennoch möglich? Würden wir versuchen, alle möglichen Zustände und Ereignisse der Welt aufzunehmen, wären wir hoffnungslos überfordert. Wie gehen die Menschen mit dem Doppelproblem Komplexität und Kontingenz um? Wie bringen sie Ordnung in die Welt? Eine erste Antwort lautet: Der Mensch reduziert die Komplexität der sozialen Wirklichkeit, indem er sich auf Ausschnitte konzentriert, die für ihn aktuell relevant sind, wiederkehrende Ereignisse mit *Sinn* belegt und zwischen ihnen einen *Zusammenhang herstellt.* Sinn ist die „Ordnungsform des menschlichen Erlebens". (Luhmann 1971, S. 31) Der Mensch strukturiert eine kontingente Welt *für sich,* indem er aus verschiedenen Möglichkeiten *eine* selegiert und zwar die, die er für die wahrscheinlichste und aussichtsreichste für das nächste Handeln hält.

Das gelingt ihm mithilfe von *Sinn.* Sinn bedeutet, die Überfülle von Möglichkeiten auf ein bestimmtes Maß zu *reduzieren,* was impliziert, dass Möglichkeiten ausgeschlossen werden, zumindest aktuell. Sinn ist also immer mit *Selektion* verbunden und richtet sich insofern immer nur auf einen Ausschnitt aus der Wirklichkeit. Mittels Sinn wird jeweils eine aktuelle komplexe und kontingente soziale Situation *strukturiert.* Das heißt aber nicht, dass sich der Sinn damit feststellt auf nur die eine aktuell probate Möglichkeit. Im Gegenteil: Sinn ist ein Prozess. Sinn reduziert Komplexität, indem er selegiert, aber gleichzeitig erhält er sie auch, da keine der potenziellen Möglichkeiten verloren geht. Sinn, als *aktuelle* (und nur einen Teil betreffende!) Reduzierung von Komplexität, ist insofern also kontingent. Sinn verweist immer auf weiteren Sinn: „Mit *jedem* Sinn, mit *beliebigem* Sinn wird unfassbar hohe Komplexität (Weltkomplexität) appräsentiert.[1] (…) Jeder bestimmte Sinn qualifiziert sich dadurch, dass er bestimmte Anschlussmöglichkeiten nahelegt und andere unwahrscheinlich oder schwierig oder weitläufig macht oder (vorläufig) ausschließt." (vgl. Luhmann 1984, S. 93 f.) Das Besondere sinnhafter Erlebnisverarbeitung liegt darin, Komplexität zu reduzieren und zugleich zu erhalten!

Sinn dient der Erzeugung einer „dynamischen Stabilität", und insofern ist er „basal instabil". Ihm ist grundsätzlich ein „Moment der Unruhe eingebaut". (Luhmann 1984, S. 79 und 98 f.). Sinn ist „laufendes Aktualisieren von Möglichkeiten. (…) Sinn haben heißt, dass eine der anschließbaren Möglichkeiten als Nachfolgeaktualität gewählt werden kann und gewählt werden muss". (Luhmann 1984, S. 100) Die laufende Aktualisierung von Möglichkeiten erfolgt in einem *selbstreferentiellen* Prozess, d. h. dass sich Systeme „in der Konstitution ihrer Elemente und ihrer elementaren Operationen auf sich selbst" beziehen

---

[1] Im Sinne von „vergegenwärtigen".

(Luhmann 1984, S. 25) und *sich selbst steuern.* Diesen Prozess der ständigen Produktion und Reproduktion seiner Elemente, d. h. im Falle eines sozialen Systems seiner „Ereignisse" (Luhmann 1984, S. 507) durch das System *selbst,* nennt Luhmann *Autopoiesis.*[2] Insofern ist Sinn ein selbstreferenzieller Prozess, der Möglichkeiten auf ihre „operative Verwendbarkeit" prüft. Man kann auch sagen: Der Sinn schafft sich die Voraussetzungen, anderen Sinn zu finden, *selbst.*

15.3   Generalisierung von Erwartungen

Soziale Systeme als Handlungssysteme leben davon, dass ego und alter eine *gemeinsame* und *verbindliche* Reduktion von Komplexität vornehmen. Zumindest sollte die Reduktion so sein, dass sich ihre Handlungen aneinander anschließen lassen. Das beinhaltet auch, dass es Mechanismen gibt, durch die kontingentes Handeln und Erleben verstanden werden kann. Dies leisten nicht die Handlungen selbst, sondern die ihnen zugrunde liegenden *Erwartungen.* Dieser Begriff hat vor allem durch die Rollentheorie von Parsons Eingang in die soziologische Literatur gefunden. Seinen theoretischen Hintergrund sieht Luhmann aber schon bei Webers These angelegt, dass soziales Handeln sich am „gemeinten" Sinn des Verhaltens anderer orientiert (vgl. Luhmann 1984, S. 139 Anm. 73).

Luhmann knüpft die Erklärung, wie Erwartungen zustande kommen und was sie bewirken, an seine gerade behandelte These der Reduktion von Komplexität durch Sinn an. Sinn ist darauf angelegt, aus einer kontingenten Welt aussichtsreiche Selektionen zu treffen und Anschlüsse für weitere Kommunikationen zu schaffen. Wie das erfolgt, erklärt Luhmann so: „Die Form, in der ein individuelles psychisches System sich der Kontingenz seiner Umwelt aussetzt, kann in ganz allgemeiner Weise als *Erwartung* bezeichnet werden." (Luhmann 1984, S. 362) Da die Fülle aller Möglichkeiten des Handelns nicht auszuhalten ist, wählen wir aus. Wir verleihen der Situation also einen bestimmten Sinn, wohl wissend, dass es auch anders sein könnte, aber nach aller Erfahrung nicht anders sein wird. Wir setzen das Mögliche in Klammern und beschränken uns stattdessen auf wahrscheinlich zu Erwartendes. Wenn wir z. B. den neuen Nachbarn am Strand zuwinken, erwarten wir, dass sie – wie die anderen Nachbarn all die Jahre zuvor – zurückwinken. Tun sie es, verfestigt sich unsere Erwartung als übliche Erwartung in allen ähnlichen Situationen, und damit ist auch das weitere Handeln vorstrukturiert.

---

[2] Griechisch autos – selbst, poiein – schaffen, herstellen.

In Erwartungen kommen die eigenen Erfahrungen im Umgang mit Komplexität zum Ausdruck, aber auch die typischen sozialen Reaktionen auf diese individuelle Reduktion von Komplexität. Die Komplexität einer neuen Situation reduzieren wir, indem wir sie mit alten Erfahrungen zusammenbringen; wir bringen Situationen zusammen und unterlegen ihnen einen verbindenden *Sinn*. Die Kontingenz bewältigen wir, indem wir aus der Fülle von Möglichkeiten diejenigen *selegieren*, die sich aus Erfahrung als üblich und aussichtsreich für weiteres Handeln erwiesen haben.

Wie kommen Erwartungen zustande? Luhmanns Antwort ist verblüffend:

> „Erwartungen bilden ist eine Primitivtechnik schlechthin. Sie kann nahezu voraussetzungslos gehandhabt werden. Sie setzt nicht voraus, dass man weiß (oder gar: beschreiben kann), wer man ist, und auch nicht, dass man sich in der Umwelt auskennt. Man kann eine Erwartung ansetzen, ohne die Welt zu kennen – auf gut Glück hin. Unerlässlich ist nur, dass die Erwartung autopoietisch verwendbar ist, das heißt den Zugang zu Anschlussvorstellungen hinreichend vorstrukturiert."

Das Folgeerlebnis, als Erwartungserfüllung oder als Erwartungsenttäuschung, strukturiert wiederum das „Repertoire weiterer Verhaltensmöglichkeiten" vor. „Nach einiger Zeit bewusster, durch soziale Erfahrungen angereicherter Lebensführung kommen völlig willkürliche Erwartungen nicht mehr vor. Man wird in der normalen Sukzession des Fortschreitens von Vorstellung zu Vorstellung nicht auf ganz Abseitiges verfallen", sondern orientiert sich an „sozial standardisierten Typen". (Luhmann 1984, S. 363) Die Individuen lernen voneinander und klinken sich sozusagen in den stummen Konsens gemeinsamer Erwartungen ein.

Erwartung ist auch die Form, die „zur Bildung sozialer Strukturen benutzt wird". (Luhmann 1984, S. 362) Wenn typische Erwartungen immer wieder *sozial* bestätigt werden, sich also bewähren, werden sie *generalisiert*. „Soziale Systeme gewinnen eine über die Situation hinausreichende, die Systemgrenzen definierende Systemstruktur durch Generalisierung der Erwartungen für systemzugehöriges Verhalten." (Luhmann 1967, S. 121) Die Identifizierung des Zusammenhangs generalisierter Erwartungen an Verhalten in typischen sozialen Systemen, insonderheit Interaktionen, kann man im Begriff der *Rolle* fassen (vgl. Luhmann 1984, S. 430)

Wenn eine Vielzahl von Sinnaspekten unter einem Symbol zusammengefasst wird, spricht Luhmann von *symbolischen Generalisierungen*. Sie gestatten, eine Vielheit in gleicher Weise zu behandeln (vgl. Luhmann 1984, S. 135). Insofern sie von allen oder vielen Mitgliedern der Gesellschaft geteilt werden, erlauben sie, Situationen und Prozesse einheitlich zu beschreiben und zu verstehen. Generalisierte Erwartungen sind auch dann noch brauchbar, „wenn die

Situation sich geändert hat: Das gebrannte Kind scheut jedes Feuer." (Luhmann 1984, S. 140)

„Erwartungen sind, und insofern sind sie Strukturen, das autopoietische Erfordernis für die Reproduktion von Handlungen. Ohne sie würde das System in einer gegebenen Umwelt mangels innerer Anschlussfähigkeit schlicht aufhören, und zwar: von selbst aufhören. (…) Die Elemente müssen, da zeitgebunden, laufend erneuert werden; sonst würde das System aufhören zu existieren. Die Gegenwart entschwände in die Vergangenheit, und nichts würde folgen. Dies ist nur zu verhindern dadurch, dass der Handlungssinn in einem Horizont der Erwartung weiteren Handelns konstituiert wird. (…) Es scheint dann so, als ob das Handeln sich selbst einer momenthaften Vergänglichkeit entzieht, sich über sich hinausschwingt." (Luhmann 1984, S. 392)

Erwartungen zeigen an, „was eine gegebene Sinnlage in Aussicht stellt". (Luhmann 1984, S. 139) Sie selegieren aus einer Fülle von Möglichkeiten des Handelns diejenigen, die sich aus Erfahrung als *typisch* und normal erwiesen haben. „Erwartung entsteht durch Einschränkung des Möglichkeitsspielraums", ja „sie ist letztlich nichts anderes als diese Einschränkung selbst", und soziale Strukturen sind „nichts anderes (…) als Erwartungsstrukturen". (Luhmann 1984, S. 397) Die strukturbildende Funktion von Erwartungen besteht darin, Handlungen aneinander anzuschließen, den Fortgang einer Kommunikation also zu ermöglichen. Soziale Systeme entstehen auf der Basis von Erwartungen.

Erwartungen ermöglichen und erleichtern Kommunikation. Es wäre allerdings falsch anzunehmen, dass mit genauer Festlegung von Erwartungen Sicherheit erhöht würde. Das Gegenteil ist der Fall: „Je eindeutiger die Erwartung festgelegt wird, desto unsicherer ist sie in der Regel." (Luhmann 1984, S. 418) Dafür gibt Luhmann ein gutes Beispiel: Man kann ziemlich sicher in Aussicht stellen, zwischen 5 und 6 nach Hause zu kommen. Das Versprechen, um 5.36 zu Hause zu sein, ist dagegen hochgradig unsicher und gegen Störungen aus der Umwelt anfällig. Eine gewisse Vagheit[3] ist für den Anschluss für Anschlusserwartungen förderlich. Um interne Störungen gar nicht erst aufkommen zu lassen, externe beiseite zu lassen und eine tragfähige *relative* Sicherheit herzustellen, wählen wir eine Strategie der *Ambiguisierung,* halten die Dinge und wie wir über sie reden also im Ungefähren. Diese Strategie schöpft „die logischen, gedanklichen, sprachlichen Detaillierungsmöglichkeiten" nicht aus und „präzisiert Erwartungen nur so weit, wie dies zur Sicherung von Anschlussverhalten unerlässlich ist."

---

[3] Vgl. oben Abschn. 12.7.3 *Der vage Kontext des Sprechens oder: Der Alltag verträgt keine Anstrengung des Begriffs.*

(Luhmann 1984, S. 418) „Ambiguisierung steigert die Leistungsfähigkeit von Ketten des Handelns und Erlebens in sozialen Systemen." (Miebach 2006, S. 261) So *müssen* wir nicht nur mit Komplexität und Kontingenz leben, sondern wir *können* es auch!

15.4   Die fortlaufende Institutionalisierung von Erwartungen

Erwartung, das habe ich bei der Generalisierung von Erwartungen schon angesprochen, ist auch die Form, die „zur Bildung sozialer Strukturen benutzt wird". (Luhmann 1984, S. 362) Konkret heißt das, dass Verhaltenserwartungen fortlaufend *institutionalisiert* werden, so Strukturen erzeugen und damit die Dynamik sozialer Systeme garantieren.

Den Gedanken der *Institutionalisierung* hat Luhmann schon in einer frühen Arbeit über „Grundrechte als Institution" (Luhmann 1965) ventiliert. Institutionen, schreibt er dort, dienen „der Erhaltung einer differenzierten Kommunikationsordnung". (Luhmann 1965, S. 25) Zu dieser *Differenzierung* ist es gekommen, weil sich in der Moderne funktional-spezifische, relativ autonome Untersysteme in der Gesellschaft ausgebildet haben (vgl. Luhmann 1965, S. 179). Angesichts „wachsender Differenzierung und Interdependenz" der Teilsysteme muss „Sozialordnung, will sie fortbestehen", Lösungen finden, wie Kommunikation möglich bleibt. „Soziale Differenzierung setzt Generalisierbarkeit von Kommunikationen voraus. Das heißt: Kommunikationen müssen einen Sinn vermitteln können, der allgemein ist insofern, als er in verschiedenen Situationen trotz Wechsels der Umstände als derselbe festgehalten werden kann. Daraus ergibt sich die Möglichkeit der Wiederholung von Erfahrungen, der Einprägung, des Lernens. Bestimmte Symbole, aber auch vage erfasste Hintergrundsvorstellungen oder Verhaltensmotive, sind in verschiedenen Situationen brauchbar und werden durch Wiederholung zu einem gefestigten Bestandteil der Erlebnisstruktur, die die Auswahl der täglichen Erlebnisthemen leitet und daher nicht leicht infrage gestellt werden kann. Elementarste Vorbedingung für die Generalisierung von Kommunikationen ist die Sprache", verstanden im Sinne von Parsons als der *code* „von allgemein feststehenden Bedeutungen". (Luhmann 1965, S. 30 f.)

„Nur durch eine solche Generalisierung kann die notwendige Komplementarität des menschlichen Rollenverhaltens gesichert werden." (Luhmann 1965, S. 65) Aus der Erfahrung, dass die Handelnden Situationen eine gleiche Bedeutung beimessen und dass sich Handlungen nach einem bestimmten Muster wiederholen, erwachsen allgemeine *Erwartungen* des Verhaltens. Sozial generalisierte Verhaltenserwartungen kann man als *Institutionen* bezeichnen. Ihre *Funktion* angesichts der sozialen Differenzierung definiert Luhmann so: „Soziale Institutionen müssen Verhaltensstützen gewährleisten. Aus sich selbst heraus würde der Einzelne solchen Anforderungen nicht genügen können, ständen nicht vorgeformte Rollen und Deutungsschablonen für ihn bereit, die ihm die Erfindung passender Verhaltensmöglichkeiten weitgehend abnehmen." (Luhmann 1965, S. 34)

In einfachen Sozialordnungen gibt es „nur wenige Rollentypen", die überdies „mangels Alternativen fest institutionalisiert und einverseelt" waren (Luhmann 1965, S. 84). Jeder wusste, wie *man* sich in bestimmten Situationen verhielt und was die Anderen erwarteten. Das änderte sich mit der *Differenzierung* der modernen Gesellschaft. In differenzierten Gesellschaften ist es eher so, dass die Anderen – wie wir auch selbst – in jeder Situation auch die Erfahrungen aus anderen, d. h. höchst eigenen und ganz verschiedenen, Situationen mitbringen, dass die Bedeutungen, die die Beteiligten der Situation und dem konkreten Handeln beimessen, durchaus unterschiedlich sind und dass deshalb auch die gegenseitigen Erwartungen nicht sicher sein können. Kurz: „Faktischer Konsens kann, wenn man darunter gleichzeitiges und gleichsinniges Erleben versteht, unter diesen Umständen nur ein sehr seltenes Ereignis sein." (Luhmann 1972, S. 67) Außerdem eröffnete die Differenzierung der modernen Gesellschaft *Wahlmöglichkeiten* in ganz vielen Bereichen: „Für den Einzelnen werden damit nicht nur seine eigenen Wahlen (…), sondern mehr noch die Wahlen seiner Partner zum Problem." (Luhmann 1965, S. 85)

Wie ist dann gemeinsames Handeln möglich? Die Lösung kann nach Luhmann nicht darin liegen, einen „faktischen Konsens wesentlich zu vermehren", denn das würde „das verfügbare Potential für Aufmerksamkeit von anderen Themen abziehen und rasch erschöpfen." (Luhmann 1972, S. 67) Kurz: Man kann nicht alles gleichzeitig bedenken, was in einer konkreten Situation möglich und wichtig sein könnte. Niemand kann auch wissen, wie weit Konsens besteht und wie tragfähig er ist. Außerdem dürfe sozialer Konsens nicht im Sinne eines „vorweg akzeptierten", normativen Rahmens richtigen Handelns missverstanden werden. „Genau genommen ist sozialer Konsens als *Variable* zu verstehen." (Luhmann 1965, S. 12 f und S. 203; Hervorhebung H. A.). Deshalb spricht Luhmann auch nicht von statischen Institutionen, sondern von einem fortlaufenden Prozess der *Institutionalisierung*.

Mit dem Begriff der Institutionalisierung ändert sich auch der Begriff der *Struktur*. „Normalerweise", schreibt Luhmann, „wird Struktur durch eine Eigenschaft definiert, nämlich durch relative Konstanz. Das ist nicht falsch, aber unscharf und unergiebig, verbaut nämlich die interessantere Frage, wozu man relative Konstanzen braucht." Die Antwort lautet: In einer „hochkomplexen und kontingenten Welt", in der also viele Verhaltensweisen und Entscheidungen *möglich* sind und Gewissheit deshalb nicht gegeben ist, begrenzen Strukturen „den Bereich der Wahlmöglichkeiten", und sie „festigen einen engeren Ausschnitt des Möglichen als erwartbar". Die Handelnden unterstellen einen Konsens, was der *Sinn* der Situation und des gemeinsamen Handelns ist, und gehen „ohne vorherige explizite Einigung" davon aus, „dass ein Mindestbestand von Verhaltenserwartungen allgemeine Zustimmung findet". Wie diese „für menschliches Zusammenleben unentbehrliche Leistung zustande kommt", erklärt Luhmann so: „Der Mechanismus der Institutionalisierung setzt dort an, wo das Problem seinen Ursprung hat: in der begrenzten Kapazität für Aufmerksamkeit. Jeder Sinn aber impliziert mehr, als durch Kommunikation expliziert werden kann. Man muss daher, um überhaupt sinnbezogen handeln zu können, eine akzeptierte Situationsdefinition voraussetzen." „Das Fortsetzen der Teilnahme" an der Kommunikation „wird dann, ob gewollt oder nicht, zur Darstellung von pauschal erteiltem Konsens, und Darstellungen binden, da die übrigen Teilnehmer entsprechende Erwartungen bilden". Schweigen wird als stummer Konsens angesehen. „So kommt es zum Engagement kraft Dabeiseins. Es bilden sich gemeinsam unterstellte, zunächst unartikulierte Selbstverständlichkeiten, welche die Vielfalt der an sich möglichen und an sich ausdrückbaren Ansichten scharf reduzieren." (Luhmann 1972, S. 40 f. und S. 68).

„Diese institutionelle Reduktion" von Möglichkeiten auf unartikulierte Selbstverständlichkeiten, wendet Luhmann gegen die normative Theorie von Parsons ein, „darf nicht vorschnell als sozialer Zwang oder gar als soziale Determination des Verhaltens begriffen werden. Sie passiert einfach. Sie stellt sich zwangsläufig ein." Das spezifische Merkmal der institutionellen Reduktion besteht darin, dass Erwartungen und Erwartungen von Erwartungen auf eine „vermutete Selbstverständlichkeit" bezogen werden. Diese stillschweigende wechselseitige Annahme macht die oben genannte „Erhaltung einer eingelebten sozialen Reduktion wahrscheinlich". (Luhmann 1972, S. 68 f.) An der Tatsache, dass die Welt *kontingent,* d. h. nie sicher, sondern nur möglich ist und bleibt, ändert sich nichts.

Wenn niemand in einer konkreten Kommunikation zwischen Anwesenden etwas Anderes verlauten lässt, kommt der „Eindruck einer einheitlichen Meinung" auf, und im häufigen Wiederholungsfall führt das dazu, dass sich Erwartungen „über das unmittelbare Interaktionssystem und die jeweils Anwesenden hinaus generalisieren. (…) Man erwartet entsprechende Erwartungen nicht nur von interessierten Anwesenden, sondern auch von unbeteiligten (…) Abwesenden", den von Luhmann so genannten „Dritten". (Luhmann 1972, S. 70) Darunter können konkrete, allen oder einigen Teilnehmern an einer Interaktion bekannte Personen,

auf die man sich bezieht, gemeint sein, aber auch, um einen Begriff von Mead zu
bemühen, der generalisierte Andere, d. i. die Vorstellung, wie *man* in der Gesellschaft allgemein oder in einer bestimmten Bezugsgruppe in einer ähnlichen Situation denkt und handelt.

15.5   Nicht die Handlung, sondern Kommunikation ist die basale Operation sozialer Systeme

Erwartung, habe ich eben Luhmann zitiert, ist auch die Form, die „zur Bildung
sozialer Strukturen benutzt wird". Im Falle sozialer Systeme wird sie „als Kommunikation aufgestellt." (Luhmann 1984, S. 362) Damit ist ein weiterer zentraler
Begriff der Luhmannschen Systemtheorie genannt: *Kommunikation.* Kommunikation ist die basale Operation sozialer Systeme.

Luhmann kritisiert, dass in der Soziologie die Entstehung und Erhaltung
sozialer Ordnung – auch der Ordnung einer Interaktion! – durchgängig mit dem
Handeln von *Individuen* zusammengebracht würden. Individuen bänden sich
aneinander, um gemeinsam den Unbilden der Natur zu trotzen, schlössen Verträge, um überhaupt ein friedliches Miteinander zu ermöglichen, und bildeten
schließlich gemeinsame Überzeugungen aus, wie jeder zu denken und zu handeln
hat; aufeinander abgestellte Handlungen brächten Ordnung in Gang und erhielten
sie. Dagegen wendet Luhmann ein, dass zuerst einmal gefragt werden müsse,
„wie Handlung möglich ist", und stellt die These auf, „dass Handlung selbst
schon Ordnung impliziert". (Luhmann 1981a, S. 263)

Soziale Systeme sind *Systeme* „durch den kommunikativen Sinn des Handelns", sie werden nicht durch Handlungen, sondern durch *Kommunikationen*
konstituiert: „Kommunikationen sind das systembildende Moment am faktischen
Handlungsvollzug." (Luhmann 1965, S. 20 f.) Eine Theorie des Sozialen dürfe
deshalb nicht beim Begriff der Handlung, sondern müsse beim Begriff der Kommunikation ansetzen, „denn nicht die Handlung, sondern nur die Kommunikation ist eine unausweichliche soziale Operation und zugleich eine Operation, die
zwangsläufig in Gang gesetzt wird, wenn immer sich soziale Situationen bilden."
(Luhmann 1987a, S. 113 f.)

Ich will Luhmanns wahrhaft komplizierten Begriff der Kommunikation etwas
aufhellen. In einer ersten Annäherung kann man sagen: Kommunikation ist ein
sozialer Prozess, in dem unabhängig von Erwartungen, Bewusstsein und Intentionen der Beteiligten Dinge und Personen wahrgenommen und eingeordnet werden,
und in dem Änderungen in einem ersten Zustand einer Situation mit Änderungen
in einem nächsten korrespondieren (vgl. Luhmann 1984, S. 64). Weniger abstrakt:

Kommunikation ereignet sich immer und einfach so, wo Menschen sich wahrnehmen, und bringen etwas zum Ausdruck, was diesen Menschen nicht immer bewusst sein muss. Kommunikation *kann* eine *Handlung* nach sich ziehen, *muss* es aber *nicht*. Menschen sehen sich, und das war's. Um ein Beispiel zu bringen: Zwei Frauen stehen auf dem zugigen Bahnsteig. Das ist noch keine soziale Situation. Die entsteht erst, wenn sie auf dem Bahnsteig auf- und abschreiten, sich auf ihrer Runde wahrnehmen und sich durch Blickkontakt zu verstehen geben, dass sie sich gegenseitig wahrnehmen. Dann setzt Kommunikation ein, die automatisch weitergeht, ohne dass sich die beiden dessen bewusst sein müssen, was sich zwischen ihnen auf dem Bahnsteig ereignet. Zu einer Handlung kommt es, wenn z. B. eine der beiden bei der nächsten Begegnung gequält die Augen verdreht. Bei der nächsten Runde bleiben beide stehen und tauschen sich über die notorische Unpünktlichkeit der Bahn aus. Damit beginnt eine Interaktion – und damit, wie gleich gezeigt wird, kommt ein *Interaktionssystem* in Gang.

Kommunikation versteht Luhmann nicht im üblichen Sinn als an konkrete Personen gebundene sprachliche *Verständigung* und auch nicht als Wechselspiel zwischen *intendierten*[4] *Handlungen* (vgl. Luhmann 1984, S. 209), sondern als Ereignis und Element sozialer Systeme. Kommunikation ist ein *selbstreferentieller* Prozess, der aus einer komplexen Situation *ihm sinnvoll* erscheinende Möglichkeiten selegiert und durch das „Prozessieren von Selektion" (Luhmann 1984, S. 194) die Bedingungen schafft, sich kontinuierlich *selbst zu konstituieren*. Kommunikation ist ein soziales System, das sich in der Konstitution seiner Elemente (sprich: Kommunikation) und seiner elementaren Operationen (sprich: Kommunikation) auf sich selbst bezieht und *sich selbst steuert* (vgl. Luhmann 1984, S. 25). Diesen Prozess, dass ein soziales System seine Elemente (Ereignisse oder Operationen) ständig selbst produziert und reproduziert, nennt Luhmann, wie gesagt, *Autopoiesis* (vgl. Luhmann 1984, S. 507). Nicht durch Handlungen also, sondern durch Kommunikation konstituieren und reproduzieren sich soziale Systeme und natürlich auch Interaktionssysteme *kontinuierlich selbst.*

Kommunikation kommt „durch eine Synthese von drei verschiedenen *Selektionen*" zustande, durch die Selektion einer *Information* (*was* wird mitgeteilt), durch die Selektion einer *Mitteilung* (*wie* wird die Information mitgeteilt, z. B. schriftlich oder mündlich oder in Form von Gesten) und schließlich durch die Selektion des *Verstehens* (die Interpretation des *Sinns* der Kommunikation)

---

[4] In einem Vortrag Anfang 1990 überraschte Luhmann uns, Studenten und Kollegen, mit der lapidaren These von der „Überschätzung des Subjektanteils an der Kommunikation". Auf Nachfrage meinte er, dass sich Systemprozesse hinter dem Rücken der Subjekte abspielen.

(vgl. Luhmann 1987a, S. 115). Im kommunikativen Ereignis sind immer alle drei Operationen zugleich *aufeinander bezogen:* Aus der Mitteilung einer Information allein resultiert noch keine Kommunikation, sie muss auch verstanden werden. Kommunikation ist „nur als selbstreferentieller Prozess möglich", d. h. „wenn auf eine kommunikative Handlung eine weitere folgt, wird jeweils mitgeprüft, ob die vorausgehende Kommunikation verstanden worden ist." (Luhmann 1984, S. 198) Die Kommunikation beobachtet sich also selbst: sie prüft retrospektiv die Verlässlichkeit der bisherigen Kommunikation und prospektiv, wie aussichtsreich die nächste Kommunikation ist. Dieser selbstreferenzielle Prozess läuft ab, ohne dass sich die handelnden Personen dessen bewusst wären.

Um einem möglichen Missverständnis gleich vorzubeugen: Luhmanns Forderung, eine Theorie des Sozialen müsse beim Begriff der Kommunikation und nicht beim Begriff der Handlung ansetzen, ist nicht als Ausschluss, sondern als zeitliche und logische Sequenz zu verstehen: „Kommunikation und Handlung (sind) in der Tat nicht zu trennen (wohl aber zu unterscheiden)". (Luhmann 1984, S. 193) Vielleicht kann man es so sagen: Kommunikation ist kein Prozess, der handelnden Personen zuzurechnen wäre, sondern eine automatische Operation, kontinuierlich einen *sinnvollen Zusammenhang* herzustellen und zu wahren, in dem *sinnvolle Handlungen* möglich werden. Kommunikation materialisiert sich sozusagen in Handlungen. Dieser Zusammenhang (und Differenz!) kommt auch in folgender zentraler These zum Ausdruck: „Sobald überhaupt Kommunikation unter Menschen stattfindet und Handlungen mehrerer Personen sinnhaft aufeinander bezogen werden", entstehen *soziale Systeme* (Luhmann 1975, S. 9). Kurz: „Soziale Systeme bestehen (…) aus Kommunikationen und aus deren Zurechnung als Handlung." (Luhmann 1984, S. 240)

Kommunikation ist „der elementare, Soziales als besondere Realität konstituierende Prozess." (Luhmann 1984, S. 193) Kommunikation ist die Operation, in der soziale Systeme die Komplexität und Kontingenz der sozialen Welt bewältigen. Auch soziale Systeme sehen sich permanent mit dem Problem konfrontiert, dass ein „Unterschied" besteht „zwischen dem, was tatsächlich existiert, und den vielen Möglichkeiten, die existieren könnten." (Münch 2004, Bd. 3, S. 192) Außerdem gibt es einen Unterschied zwischen der Bedeutung, die ein bestimmtes Ereignis oder eine bestimmte Situation hier und jetzt haben, und der Bedeutung, die ein solches Ereignis in einem der vielen anderen möglichen Kontexte haben könnte. „Kommunikationen müssen einen Sinn vermitteln können, der allgemein ist insofern, als er in verschiedenen Situationen trotz Wechsels der Umstände als derselbe festgehalten werden kann." (Luhmann 1965, S. 31)

Soziale Systeme bilden sich um „aussichtsreiche Kommunikationen" herum (Luhmann 1981d, S. 27). Das bedeutet zunächst einmal, dass Kommunikationen weiterlaufen, die bis dahin gelungen sind und die Anschlüsse für weitere Kommunikationen schaffen. Erwartungen *strukturieren* eine soziale Situation, und *soziale Strukturen* sind „nichts anderes (…) als Erwartungsstrukturen" (Luhmann 1984, S. 397) „Erwartungen", habe ich Luhmann oben referiert, „sind, und insofern sind sie Strukturen, das autopoietische Erfordernis für die Reproduktion von Handlungen. Ohne sie würde das System in einer gegebenen Umwelt mangels innerer Anschlussfähigkeit schlicht aufhören, und zwar: von selbst aufhören. (…) Dies ist nur dadurch zu verhindern, dass der Handlungssinn in einem Horizont der Erwartung weiteren Handelns (immer aufs Neue, Ergänzung H. A.) konstituiert wird. (…) Es scheint dann so, als ob das Handeln sich selbst einer momenthaften Vergänglichkeit entzieht, sich über sich hinausschwingt." (Luhmann 1984, S. 392)

Luhmann fasst seine Überlegungen zum Zusammenhang von Institutionalisierung von Erwartungsstrukturen und Autopoiesis sozialer Systeme in der These zusammen, „dass Strukturen sozialer Systeme in Erwartungen bestehen, dass sie *Erwartungsstrukturen* sind und dass es für soziale Systeme, weil sie ihre Elemente als Handlungsereignisse temporalisieren, *keine anderen Strukturbildungsmöglichkeiten gibt*. Das heißt: Strukturen gibt es nur als jeweils gegenwärtig." (Luhmann 1984, S. 398 f.)

Die strukturbildende Funktion von Erwartungen, hieß es oben, besteht darin, Handlungen aneinander anzuschließen, den Fortgang einer Kommunikation also zu ermöglichen. Damit wären wir beim Thema Interaktion gelandet, das Luhmann wie gesagt unter der Perspektive abhandelt, dass sie ein soziales System bildet und so auch funktioniert.

15.6 Interaktionssysteme kommen dadurch zustande, dass sich Anwesende wechselseitig wahrnehmen

In seinem Aufsatz „Interaktion, Organisation, Gesellschaft" (Luhmann 1975), in dem er nach eigener Aussage „Anwendungen der Systemtheorie" vorstellen wolle, hatte Luhmann geschrieben: „Von sozialen Systemen kann man immer dann sprechen, wenn Handlungen mehrerer Personen sinnhaft aufeinander bezogen werden und dadurch in ihrem Zusammenhang abgrenzbar sind von einer nichtdazugehörigen Umwelt. Sobald überhaupt Kommunikation unter Menschen stattfindet, entstehen soziale Systeme; denn mit jeder Kommunikation beginnt eine Geschichte, die sich durch aufeinander bezogene Selektionen ausdifferenziert, indem sie nur einige von vielen Möglichkeiten realisiert. Die Umwelt bietet immer mehr Möglichkeiten, als das System sich aneignen und verarbeiten kann. Sie ist insofern notwendig komplexer als das System selbst. Sozialsysteme konstituieren sich durch Prozesse der Selbstselektion (…). Sowohl ihre Bildung als auch ihre Erhaltung impliziert daher eine Reduktion der Komplexität des überhaupt Möglichen. Geht man von dieser These aus", fährt Luhmann fort, „dann liegt darin zugleich eine Regel für die Bildung besonderer Systemtypen. Soziale Systeme können sich auf verschiedene Weise bilden je nach dem, unter welchen Voraussetzungen der Prozess der Selbstselektion und der Grenzziehung abläuft." (Luhmann 1975, S. 9 f.) Betrachten wir vor dem Hintergrund dieser Definition, wie sich der Systemtypus „Interaktionssystem" bildet.

„Interaktionssysteme haben hinreichend bestimmbare Grenzen. Sie schließen alles ein, was als *anwesend* behandelt werden kann, und können gegebenenfalls unter Anwesenden darüber entscheiden, was als anwesend zu behandeln ist und was nicht." Luhmann fährt fort: „Mit dem Abgrenzungskriterium der Anwesenheit wird die besondere Bedeutung von Wahrnehmungsprozessen für die Konstitution von Interaktionsprozessen zur Geltung gebracht." (Luhmann 1984, S. 560) „*Interaktionssysteme* kommen dadurch zustande, *dass Anwesende sich wechselseitig wahrnehmen*. Das schließt die Wahrnehmung des Sich-Wahrnehmens ein." (Luhmann 1975, S. 10)

Wenden wir uns zunächst dem Begriff der Wahrnehmung zu. „Wahrnehmung ist, im Vergleich zu Kommunikation, eine anspruchslosere Form der Informationsgewinnung." Man registriert etwas in seiner Umwelt, und das ist es zunächst mal. „Wahrnehmung ist die primäre und verbreitetste Informationsweise, und nur in wenigen Fällen verdichtet sie sich zu Kommunikation. Wahrnehmung ist zunächst psychische Informationsgewinnung, sie wird jedoch zu einem sozialen Phänomen, das heißt, zu einer Artikulation *doppelter Kontingenz,* wenn wahrgenommen werden kann, dass wahrgenommen wird." (Luhmann 1984, S. 560) Um verständlich zu machen, was Luhmann unter doppelter Kontingenz versteht, skizziere ich das Problem, das schon oben bei der Frage durchschimmerte, wie Handeln angesichts von Komplexität und Kontingenz möglich ist: Was der Andere tun wird, ist kontingent; was ich tun werde, ist für den Anderen kontingent. Beide handeln wir also unter der Bedingung „doppelter Kontingenz". Wie sich Ego und Alter schon bei der ersten und der nächsten und wiederum der nächsten Reaktion entscheiden werden, wie ihre Handlungen ausfallen, ja wie sie sich überhaupt wahrnehmen, das alles ist offen, kontingent – doppelt kontingent. Wie ist das Dilemma zu lösen? Wie können Interaktionen überhaupt in Gang kommen und wie bleiben sie in Gang? Parsons' Lösung, dass ego und alter sich doch auf gemeinsame Werte beziehen, scheidet nach Luhmann ja aus. Also geht es um die Frage, wie ego und alter die Erfahrung bewältigen, dass sie wechselseitig kontingente Selektionen treffen. Luhmanns

Antwort lautete: Ein Mechanismus, Komplexität zu reduzieren und Kontingenz aushaltbar zu machen, besteht, wie oben dargestellt, in der *Generalisierung von Erwartungen.*

Damit ist aber noch nicht geklärt, wie die doppelte Kontingenz in Interaktionsprozessen *kommuniziert* wird bzw. – wie gerade schon angedeutet – was die Wahrnehmung, wahrgenommen zu werden, für Konsequenzen hat. „In sozialen Situationen kann Ego sehen, dass Alter sieht, und kann in etwa auch sehen, was Alter sieht. Die explizite Kommunikation kann an diese reflexive Wahrnehmung anknüpfen, kann sie ergänzen, sie klären und abgrenzen." (Luhmann 1984, S. 560) Ich sehe, wie der Andere auf eine Blume blickt, und sage „ist das nicht eine herrliche Farbe?", der antwortet, „ja, aber noch mehr beeindruckt mich die Anordnung der Blütenblätter", um gleich einen kleinen Vortrag über den Zusammenhang von Bestäubung und Artensterben anzuschließen. Die Tatsache, dass wir nicht nur einander wahrnehmen, sondern auch wahrnehmen, dass wir wahrgenommen werden, zwingt zu Kommunikation: „Wenn Alter wahrnimmt, dass er wahrgenommen wird und dass auch sein Wahrnehmen des Wahrgenommenwerdens wahrgenommen wird, muss er davon ausgehen, dass sein Verhalten als darauf eingestellt interpretiert wird; es wird dann, ob ihm das passt oder nicht, als Kommunikation aufgefasst, und das zwingt ihn fast unausweichlich dazu, es auch als Kommunikation zu kontrollieren. Selbst die Kommunikation, nicht kommunizieren zu wollen, ist dann noch Kommunikation." (Luhmann 1984, S. 560 f.) In unserem Beispiel: Alter sagt gar nichts, sondern verlässt den Raum.

Auch wenn alle in einer Interaktionssituation anwesend bleiben, kann jemand kommunizieren, dass er nicht kommunizieren will, indem er sich z. B. „angelegentlich mit seinen Fingernägeln beschäftigt, aus dem Fenster hinausschaut oder sich hinter eine Zeitung zurückzieht". Für solche Fälle muss das Interaktionssystem Vorkehrungen treffen, sei es, dass eine explizite Erlaubnis (der Abgang Petras wird damit erklärt, ihre hänge das Thema zum Hals raus) kommuniziert wird, sich auf diese Weise zeitweilig zu absentieren, sei es, dass man den Austritt in stiller Nachsicht überspielt. Anwesende können aus einer direkten face-to-face Interaktion austreten, nicht aber aus der Kommunikation. „Praktisch gilt, dass man in Interaktionssystemen *nicht nicht kommunizieren kann.* Man muss Abwesenheit wählen, wenn man Kommunikation vermeiden will." (Luhmann 1984, S. 561 f.)

Doch auch das *endgültige Sichentfernen* aus der Interaktion ist kein geringes Problem und bedarf sozial akzeptierter Formen. Wer unter wüstem Geschimpfe abhaut, lässt Betroffene, Beschämte oder Ratlose zurück, die erst nach langem Schweigen wieder zu einem Thema finden oder gleich auseinandergehen. Umgekehrt muss man „auch an Formen denken, mit denen man ein *Sicheinlassen* auf Interaktion *vermeiden* kann in Situationen, die an sich eine Interaktion nahe-legen würden: Man trifft jemanden, den man kennt, und man grüßt – um vorbei-zukommen." (Luhmann 1984, S. 562)

Diese Beispiele kleiner Dramen dürfen nicht über die Tatsache hinweg-täuschen, dass „viele Interaktionssysteme unter Anwesenden einfache Sozial-systeme" sind, d. h. sie weisen in der Regel keine innere Differenzierung in Teilsysteme auf. Zwar kommt es „gelegentlich zu Flüstergesprächen oder auch zum bloßen Zusammenstehen oder Nebeneinandersitzen von Leuten, die sich mögen. Auch interne Konflikte können sich zeitweise ausdifferenzieren. Es gibt also Ansatzpunkte für weitere Differenzierung, aber sie können, allein schon aus Geräuschgründen nicht sehr weit entwickelt werden." (Luhmann 1984, S. 263 f.)

Typisch für Interaktionssysteme ist weiterhin, dass jeder Teilnehmer die ganze Zeit in die Kommunikation *eingeschlossen* ist, auch wenn er sich abseits stellt, mit der Nachbarin ein Nebengespräch führt oder einfach nur schweigt. Interaktion bedeutet immer auch undifferenzierte *Inklusion:* Was geschieht, geschieht unter den Augen und unter Einbeziehung aller Anwesenden: jeder wird in seiner ganzen Erscheinung wahrgenommen, und jeder reagiert in seiner ganzen Erscheinung auf den Anderen. „In der Interaktion gibt es keine Geheimnisse. Es gibt freilich auch keine Privatheit, nämlich keine Möglichkeit, dem ‚Kleben der Blicke' (Luhmann) auszuweichen." (Kieserling 1999, S. 48) Die Interaktion ist deshalb auch erst dann zu Ende, wenn man sich nicht mehr wechselseitig beobachten kann.

Soziale Systeme, das ist bei der ersten Klärung, worin Kommunikation besteht und was sie bewirkt, schon deutlich geworden, „bestehen keineswegs nur aus sprachlicher Kommunikation", und andererseits verwendet Luhmann „Sprachlichkeit auch nicht zur Definition des Kommunikationsbegriffs". Er stellt stattdessen auf ein „Differenzbewusstsein ab: auf die in alle Kommunikation ein-gebaute Differenz von Information und Mitteilung." (Luhmann 1984, S. 209 f.) Im Klartext: Die Teilnehmer an einer Interaktion informieren einander mit sprachlichen Mitteln, aber sie teilen auch – bewusst oder unbewusst – noch etwas anderes mit den Mitteln der Sprache oder auf andere Weise, z. B. durch Gesten, mit. Und wichtig ist, dass diese Mitteilung durchaus auch *wahrgenommen* wird. Jede einzelne Kommunikation, so kurz und beiläufig sie auch sein mag, schließt erst mit der *Reaktion* ab, „und erst an ihr kann man ablesen, was als Einheit (von Information, Mitteilung und Verstehen, Ergänzung H. A.) zustande gekommen ist." (vgl. Luhmann 1984, S. 212)

Angesichts der Kontingenz der möglichen Bedeutungen von Dingen und Ereignissen, von möglichen Interpretationen und Bezügen auf andere Kon-texte, müssen die Teilnehmer an einer Interaktion kommunikativ „Abstimmung suchen und finden". Kommunikation muss fortlaufend beobachtet werden. „Das Interaktionssystem der jeweils Anwesenden garantiert in praktisch ausreichendem

Maße Aufmerksamkeit für Kommunikation." Aber es darf nicht übersehen werden, *„dass Kommunikation nicht direkt beobachtet, sondern nur erschlossen werden kann."* (Luhmann 1984, S. 217 f. und S. 226)

15.7 Die Synchronisation von Reden und Schweigen, thematische Konzentration

In der Interaktion kommt *Anwesenden* naturgemäß eine hohe Bedeutung zu; auf Nichtanwesende braucht man vergleichsweise wenig Rücksicht zu nehmen. „Diese Systemgrenze zeigt sich darin, dass man nur *mit* Anwesenden, aber nicht *über* Anwesende sprechen kann; und umgekehrt nur *über* Abwesende, aber nicht *mit* ihnen." (Luhmann 1975, S. 10) Die Systemgrenze anwesend/nicht anwesend bedarf allerdings einer Differenzierung: Zwar geht es in erster Linie um die Anwesenheit von konkreten *Personen,* aber es geht im übertragenen Sinne auch darum, dass sich Personen auf etwas *außerhalb* der aktuellen Interaktion beziehen, z. B. auf einen abwesenden Dritten, der in einer solcher Situation das und das zu tun pflegte und insofern anwesend ist.

Ein weiteres Merkmal einer gelingenden Kommunikation unter Anwesenden ist, dass Reden und Schweigen *synchronisiert* werden müssen (vgl. Kieserling 1999, S. 40). Wer redet, darf nicht den Eindruck erwecken, dass er nie mehr aufhört, wer schweigt, darf nicht den Eindruck vermitteln, ihn ginge das alles gar nichts an. Reden erfolgt und wird zugelassen unter den Bedingungen knapper Zeit und des Rechtes, damit eine bestimmte Ordnung des Interaktionssystems zu definieren. Also: Wer kurz und knapp „Ruhe!" schreit, sagt, welches Programm angesagt ist und wer als nächster reden darf (in diesem Fall wahrscheinlich ebendieser!), wer folgt, akzeptiert das Programm. Umgekehrt: Wer redet, mutet Anderen währenddessen eine bestimmte Passivität zu. Das ist auch notwendig, weil eben nicht alle gleichzeitig reden können. Damit die Anderen sich nicht innerlich absentieren, muss er nicht nur seine Rede interessant machen, sondern auch signalisieren, dass sie ebenfalls das Wort bekommen werden.

Etwas komplizierter wird es, wenn plötzlich alle schweigen. Je länger das andauert, umso wahrscheinlicher ist es, dass die Teilnehmer über ihre Inklusion in das Interaktionssystem reflektieren und auf ein Thema oder ein Ereignis hoffen, das an das gerade abgebrochene Thema angeschlossen werden kann. Da alle in der strukturell diffusen Interaktion immer potenzielle Sprecher sind, hängt die Anschlussfähigkeit der Kommunikation auch von jedem Einzelnen ab. Maßnahmen, die Peinlichkeit zu überbrücken, reichen vom verlegenen Hüsteln bis zum flüchtigen Blickkontakt, und schließlich wird jedes Ereignis dankbar begrüßt, das das Eis bricht. In solchen Situationen ist oft zu beobachten, dass es zu einem

Themenwechsel kommt. Dadurch wird eine *neue* Interaktionsordnung definiert, und sie muss für möglichst alle anschlussfähig sein.

Die Kommunikation in so definierten Interaktionssystemen ist strukturell beschränkt: Es können nicht alle gleichzeitig reden, sondern die *sprachlichen* Interaktionen müssen nacheinander erfolgen. „Interaktionssysteme müssen sich bei höheren Ansprüchen auf innere Ordnung auf jeweils ein Thema konzentrieren, das im Zentrum gemeinsamer Aufmerksamkeit steht." Die Teilnehmer können und dürfen nicht gleichzeitig über alles sprechen. Stehen mehrere Themen im Raum, so können sie nur nacheinander behandelt werden. Ein Themenwechsel kann sich zufällig ergeben, aber er kann auch von einem oder mehreren durchgesetzt werden. Letzteres kann „zu stillen Machtkämpfen, zu Kämpfen um den Mittelpunkt der Szene und um die Aufmerksamkeit der Anderen führen". Und Luhmann führt lapidar hinzu: „Es gibt schon auf der ursprünglichsten Ebene elementarer Interaktion von Angesicht zu Angesicht keine Sozialsysteme mit gleichverteilten Chancen." (vgl. Luhmann 1975, S. 10 f.)

Beschränkt sind Interaktionssysteme auch wegen des „sehr zeitraubenden Strukturprinzips (…) der Erfordernis thematischer Konzentration. (…) Alle Beiträge werden in die Form des Nacheinander gezwungen. Das kostet Zeit. Außerdem ist die lineare Form der Sequenz ungünstig für die Koordination sachlich sehr komplexer Kommunikationen." Wenn z. B. eine kontroverse Diskussion über das Für und Wider der Sterbehilfe keine Zwischenfragen und Einwürfe zulässt, sondern nur eine ellenlange Liste von Wortmeldungen abgearbeitet wird, sinken Aufmerksamkeit und Interesse, und spontane Anregungen, in eine neue Richtung zu denken, fallen unter den Tisch. „Alles in allem können Systeme, die unter diesen strukturellen Beschränkungen operieren, keine sehr hohe Komplexität erreichen." (Luhmann 1975, S. 11) Diese Komplexität können und brauchen Interaktionssysteme normalerweise auch nicht zu erreichen, denn sie sind von kurzer Dauer und handeln deshalb nur einige wenige Themen ab, die Zahl der Beteiligten ist überschaubar und, da die Beteiligten sich face-to-face begegnen, können auch alle Aktionen und Reaktionen unmittelbar beobachtet, interpretiert und zur Not auch erklärt werden.

15.8   Interaktionen sind gebunden an die Formen gesellschaftlichen Zusammenlebens

Interaktionssysteme kommen nicht einfach so zustande, und die Interaktionen funktionieren auch nicht nach eigenem gusto der Teilnehmer, im Gegenteil: jede Interaktion ist gebunden an die Formen des „gesellschaftlichen Zusammenlebens".

„Zeitlich gesehen könnte die Interaktion nicht anfangen und nicht aufhören, wäre sie nicht selbst als Episode, als Fortsetzung des gesellschaftlichen Zusammenlebens und im Kontext einer Weiterführung der gesellschaftlichen Reproduktion begreifbar. Die Erwartungsstrukturen, die man für rasche Reproduktion, für unmittelbares Anschlusshandeln braucht, könnten in der nötigen Vielfalt nicht in der laufenden Interaktion entwickelt werden." (Luhmann 1984, S. 568 f.) Ohne dass wir nicht in gemeinsamen Sozialisationsprozessen gemeinsame kulturelle Erwartungen und soziale Regeln gelernt und verinnerlicht hätten, würden wir uns nicht auf Anhieb verstehen und auch nicht angemessen auf den Verlauf einer Interaktion reagieren können.

Der Zusammenhang zwischen Formen des gesellschaftlichen Zusammenlebens und der Ordnung der Interaktionen zwischen einer überschaubaren Anzahl von Individuen, die sich nicht zufällig in einem überschaubaren Raum begegnen, zeigt sich noch auf andere Weise. Da ist zunächst einmal festzuhalten, dass sich die Teilnehmer an einer solchen intendierten Situation auf das *Typenprogramm,* also auf den Sinn der Zusammenkunft verständigen müssen (vgl. Kieserling 1999, S. 18). Man kann davon ausgehen, dass es dazu normalerweise keiner expliziten Verhandlung bedarf, denn wer auf eine Party geht, kann unterstellen, dass keiner sie zum Anlass nehmen wird, über den Sinn der Enthaltsamkeit zu referieren. Typenprogramme dienen der Reduktion von Komplexität. Eine ähnliche Funktion hat das *Thema* einer Interaktion. Wenn ein Lehrer zwei Streithähne ins Gebet nimmt, geht es nur um dieses Thema, und der Lehrer sollte sie nicht auch noch ermahnen, beim Diktat sauberer zu schreiben.

15.9 Beanspruchung und Anspruch der Person in der Interaktion

Kommen wir nun zur *Beanspruchung* und zum *Anspruch* der Personen in der Interaktion. Wenn es heißt, dass sich alle Interaktionsteilnehmer wechselseitig *als* Teilnehmer wahrnehmen, bedeutet das nicht, dass damit auch die *ganze* Person beansprucht würde, damit das Interaktionssystem funktioniert. Natürlich weiß jeder Teilnehmer, dass jeder Teilnehmer außerhalb dieses Interaktionssystems noch ein Anderer ist. Doch diese individuelle Besonderheit darf nur dann aufgerufen werden, wenn alle Beteiligten sie als zum Typenprogramm und zum Thema passend ansehen. Es würde das Interaktionssystem aber auch stören, wenn ein Teilnehmer Facetten seiner Person zeigen würde, die mit dem gemeinsamen Thema nichts zu tun haben. Wer z. B. in der brennenden Diskussion, warum wer wo einen Elfer verschossen hat, dezent einfließen lässt, dass er als Richter gelernt habe, knifflige Situationen zu entscheiden, bringt ein anderes Typenprogramm ins Spiel und wirkt peinlich. Andererseits verlangt die thematische Situationsdefinition sogar eine *Einschränkung individueller Besonderheiten*. Manche Teilnehmer mögen sich persönlich sehr nahe stehen und das junge Paar mag noch so verliebt sein, es wäre störend, die Intimität vor den Augen der Anderen auszuleben (vgl. Kieserling 1999, S. 50).

Die Tatsache, dass in jeder Interaktion jeder Teilnehmer spezifische Außenbindungen hat und einen spezifischen Kontext außerhalb der Grenze der Anwesenheit repräsentiert, hat Konsequenzen für Erwartungen, Ansprüche und Verhalten. „Jeder Teilnehmer findet sich außerhalb des Interaktionssystems andersartigen Erwartungen ausgesetzt, und jeder muss Verständnis dafür aufbringen, dass es jedem so geht. Zugleich führen diese Außenbindungen, wenn sie in der Interaktion präsent sind, auch zur Selbstkontrolle jedes einzelnen Teilnehmers; denn ihm wird zugemutet, dass auch er selbst Rollenkonsistenz wahrt. (…) Mit ihren anderen Bindungen und anderen Rollenverpflichtungen sind die Teilnehmer gewissermaßen auch andere Personen, weil sich mit ihrer persönlichen Identität anderswo eine andere Geschichte und andere Erwartungen verbinden." In dieser Differenz von System und Umwelt, die jeder Interaktion inhärent ist, kommt einerseits Bindung zum Ausdruck, andererseits wird dadurch aber auch Freiheit gewährt: „Jeder Teilnehmer kann in der Interaktion Rücksicht darauf verlangen, dass er noch weitere Verpflichtung zu erfüllen hat, und kann damit Distanz gewinnen." (Luhmann 1984, S. 569 f.)

15.10 Interaktionssysteme können und müssen laufend aufgegeben und neu begonnen werden

Zeitlich sind Interaktionen „Episoden" im Ablauf des Sozialen. Während aber die *Gesellschaft als das umfassendste soziale System* seit je besteht und ohne Unterbrechung immer weiter fortdauert, „können und müssen Interaktionssysteme laufend aufgegeben und neu begonnen werden." (Luhmann 1984, S. 553 und S. 588) Ein Skatspiel ist keine Dauerveranstaltung, sondern findet nur an einem bestimmten Tag statt; das Bezahlen an der Kasse ereignet sich alle paar Tage und darf auch nicht über Gebühr lange dauern, und Mittagessen heißt sich jeden Tag zusammenzufinden.

Interaktionssysteme sind, wie oben schon zitiert, „einfache Sozialsysteme", d. h. sie weisen in der Regel keine innere Differenzierung in Teilsysteme auf (Luhmann 1984, S. 263). Wie auch andere sozialen Systeme orientieren sie sich an sich selbst – „an sich selbst in Differenz zu ihrer Umwelt". Diese Form der

Selbstreferenz nennt Luhmann „Reflexion". Normalerweise kommen Interaktionssysteme „ohne Reflexion ihrer Einheit aus", doch aus zwei Gründen können sie zur Reflexion gebracht werden: „wenn sie 1) als System handeln müssen,
also einzelne Handlungen als das System bindend auszeichnen müssen und 2)
wenn sie den Kontakt der Anwesenden unterbrechen und ihr Wiederzusammen-
treffen einrichten, also ihre Identität über latente[5] Phasen durchhalten müssen."
(vgl. Luhmann 1984, S. 617) Ersteres bedeutet, kommunikativ festzustellen, welche Handlungen auf keinen Fall zugelassen sind, weil sie entweder Interaktion
gar nicht erst aufkommen lassen (jemand eröffnet ein Gespräch mit den Worten,
nur er habe ein Rederecht) oder sie nicht in Gang halten (jemand unterbricht
sofort und andauernd jeden anderen); das zweite bedeutet, sich wechselseitig zu
versichern, dass die Unterbrechung nur eine temporäre Auszeit ist, und in Aussicht zu stellen, dass man sich im gleichen Geist wieder zusammenfinden werde.

Diesen Gedanken kann man so verlängern: Interaktionen sind nicht auf Dauer
gestellt. Sie dauern nur solange an, wie Menschen sich face-to-face wahrnehmen
und Kommunikation stattfindet. Aber in jedem Ende einer Interaktion, wenn sie
nicht gerade im Streit abgebrochen wird, ist auch Zukunft in Aussicht gestellt. Ob
im Alltag oder in Arbeitszusammenhängen, immer gehen wir unbewusst davon
aus, dass wir mit den Anderen, mit denen wir es bis eben zu tun hatten, gleich
morgen in eine neue Interaktion unter bekannten Regeln eintreten könnten!

Literatur

Kieserling, A. (1999). *Kommunikation unter Anwesenden. Studien über Interaktions-
systeme*. Frankfurt a. M.: Suhrkamp.
Luhmann, N. (1965). *Grundrechte als Institution. Ein Beitrag zur politischen Soziologie*.
Berlin: Duncker & Humblot.
Luhmann, N. (1967). *Soziologie als Theorie sozialer Systeme*. In: N. Luhmann (1970a).
Soziologische Aufklärung 1. Aufsätze zu einer Theorie sozialer Systeme. Opladen: West-
deutscher Verlag (5. Aufl. 1984).
Luhmann, N. (1968). *Vertrauen. Ein Mechanismus der Reduktion sozialer Komplexität*.
Stuttgart: Enke (3. Aufl. 1989).

---

[5] Das erinnert natürlich an die von Parsons sogenannte Systemfunktion der *latent pattern
maintenance:* Das System muss in der Lage sein, eine spezifische Sinnstruktur aufzubauen
und über konkrete Situationen und aktuell beteiligte Personen hinaus zu erhalten (vgl. oben
Abschn. 8.3 *Vier Funktionen, die ein soziales System erfüllen muss, um Bestand zu haben
und leistungsfähig zu bleiben*).

Luhmann, N. (1971). *Sinn als Grundbegriff der Soziologie.* In: J. Habermas & N. Luhmann (1971): *Theorie der Gesellschaft oder Sozialtechnologie – Was leistet die Systemforschung?* Frankfurt a. M.: Suhrkamp.

Luhmann, N. (1972). *Rechtssoziologie.* Reinbek: Rowohlt.

Luhmann, N. (1975c). *Interaktion, Organisation, Gesellschaft.* In: N. Luhmann (1975). *Soziologische Aufklärung 2. Aufsätze zur Theorie der Gesellschaft.* Opladen: Westdeutscher Verlag.

Luhmann, N. (1981a). *Wie ist soziale Ordnung möglich?* In: N. Luhmann (1981). *Gesellschaftsstruktur und Semantik. Studien zur Wissenssoziologie der modernen Gesellschaft, Bd. 2.* Frankfurt a. M.: Suhrkamp.

Luhmann, N. (1981b). *Soziologische Aufklärung 3. Soziales System, Gesellschaft, Organisation.* Opladen: Westdeutscher Verlag (3. Aufl. 1993).

Luhmann, N. (1981c). *Vorbemerkungen zu einer Theorie sozialer Systeme.* In: N. Luhmann (1981b).

Luhmann, N. (1981d). *Die Unwahrscheinlichkeit der Kommunikation.* In: N. Luhmann (1981b).

Luhmann, N. (1984). *Soziale Systeme. Grundriss einer allgemeinen Theorie.* Frankfurt a. M.: Suhrkamp.

Luhmann, N. (1987a). *Was ist Kommunikation?* In: N. Luhmann (1995). *Soziologische Aufklärung 6: Die Soziologie und der Mensch.* Opladen: Westdeutscher Verlag.

Luhmann, N. (1997). *Die Gesellschaft der Gesellschaft, 2 Bde.* Frankfurt a. M.: Suhrkamp.

Miebach, B. (2006). *Soziologische Handlungstheorie. Eine Einführung.* Wiesbaden: VS Verlag (2., grundlegend überarbeitete und aktualisierte Aufl.).

Münch, R. (2004). *Soziologische Theorie. Bd. 3*: Gesellschaftstheorie, Frankfurt a. M.: Campus.

Kommunikatives Handeln und Diskurs (Jürgen Habermas)

16

Inhaltsverzeichnis

16.1 Die quasi dingliche Existenz von Rollen und die Entäußerung der Person. 328
16.2 Exkurs über Ich-Identität und Verständigung über eine Handlungssituation. . . . 332
16.3 Vier Handlungsbegriffe: teleologisches, normenorientiertes, dramaturgisches
und kommunikatives Handeln 335
16.4 Kommunikatives Handeln und Diskurs 337
16.5 Geltungsansprüche beim kommunikativen Handeln 341
16.6 Ideale Sprechsituation als Bedingung einer symmetrischen Interaktion 343
16.7 Autonomie des Subjekts in und gegen Rollen, Ich-Identität als Balance 345
16.8 Versöhnung in einer zerfallenen Moderne und die Vorstellung von geglückter
Interaktion 348
Literatur. 349

JÜRGEN HABERMAS (*1929), der über drei Jahrzehnte eine Professur für Philosophie und Soziologie an der Universität Frankfurt am Main innehatte, ist sicher der bekannteste Vertreter der Neuen Kritischen Theorie. Seine internationale Reputation verdankt sich der Übersetzung seiner wichtigsten Werke in alle Weltsprachen und den regelmäßigen Einladungen zu Gastdozenturen an renommierten ausländischen Hochschulen. In Deutschland genießt er den Ruhm eines öffentlichen Intellektuellen, der sich dezidiert zu den brennenden Fragen einer „unübersichtlichen Moderne" äußert. Als sein Hauptwerk gilt die *Theorie des kommunikativen Handelns* (1981). Im Vorwort deklariert Habermas das voluminöse Werk als „Anfang einer Gesellschaftstheorie", und die entwirft er in der Tat, indem er die gesellschaftliche Rationalisierung historisch und in allen theoretischen Facetten analysiert und die funktionalistische Vernunft, die das Handeln der Menschen in der Moderne und auch die soziologischen Theorien durchzieht, kritisiert. Die *Theorie des kommunikativen Handelns* enthält denn auch eine Art Anleitung zum richtigen Handeln in der Moderne. Dabei kommt der Sprache als Verständigungsmittel eine zentrale Rolle zu. In einem Interview hat Habermas einmal gesagt, ihm ginge es um „die Versöhnung der mit sich selber zerfallenen Moderne" und darum, „Formen des Zusammenlebens" zu finden, „in denen wirklich Autonomie und Abhängigkeit in ein befriedetes Verhältnis treten" und „unversehrte Intersubjektivität" garantiert ist. Wo immer solche Vorstellungen angedacht worden sind, reiht Habermas sein Anliegen in die klassischen Entwürfe in der Philosophie oder in der Soziologie ein, „es sind immer Vorstellungen von geglückter Interaktion. Gegenseitigkeiten und Distanz, Entfernungen und gelingende, nicht verfehlte Nähe, Verletzbarkeiten und komplementäre Behutsamkeit – all diese Bilder von Schutz, Exponiertheit und Mitleid, von Hingabe und Widerstand steigen aus einem Erfahrungshorizont des, um es mit Brecht zu sagen, freundlichen Zusammenlebens auf." (Habermas 1985, S. 202 f.)

16.1 Die quasi dingliche Existenz von Rollen und die Entäußerung der Person

Habermas löste im Jahr 1968 mit seiner Vorlesung „Stichworte zu einer Theorie der Sozialisation", deren Mitschrift in kürzester Zeit an allen deutschen Universitäten kursierte, fast schlagartig eine öffentliche kritische Diskussion über Inhalte und Ziele einer *gelingenden Sozialisation* aus. Die Hauptkritik galt der normativen Rollentheorie von Parsons[1], der er vorwarf, sie verstünde Sozialisation rein als einen „Vorgang der Integration (…) in bestehende Rollensysteme", betrachte das Individuum nur „als Funktion" vorgegebener sozialer Strukturen (Habermas 1968, S. 118 f.) und führe letztlich zur Entäußerung des Individuums in verdinglichten Rollen. Mit dieser Kritik verband Habermas Überlegungen zu Grundqualifikationen des Handelns in Interaktionen und zu der Frage, welcher persönlichen Kompetenz es bedarf, dass sich das Individuum in Interaktionen mit Anderen seiner selbst bewusst wird und diesen wiederum andeutet, als wer es von ihnen angesehen werden will.

Die Kritik an der Rollentheorie von Parsons hatte Habermas in einer früheren Schrift schon vorbereitet, wo er die gängigen Vorstellungen von Rolle grundsätzlich infrage stellte. Dass es Rollen gibt und dass wir uns ihnen entsprechend verhalten müssen, bestritt Habermas nicht, aber er wies die glatten Erklärungen der

---

[1] Vgl. Abschn. 8.5 *Rollen: Die Bedingung des Handelns durch normative Erwartungen.*

normativen Rollentheorie zurück, warum das Individuum eigentlich keine Probleme mit den Rollen haben sollte. Habermas behauptete dagegen, dass im Begriff der Rolle die *Entfremdung* des Menschen unter gegebenen Verhältnissen zum Ausdruck komme.

Dabei berief er sich auf Max Weber, der die Moderne durch eine Rationalisierung und Standardisierung aller Verhältnisse gekennzeichnet sah. Habermas stellt eine Verbindung zwischen Webers Erklärung und der Rollentheorie so her: „In einem fortgeschrittenen Stadium der industriellen Gesellschaft ist mit dem, was Weber die Rationalisierung ihrer Verhältnisse genannt hat, die funktionelle Interdependenz der Institutionen so gewachsen, dass die Subjekte, ihrerseits von einer zunehmenden und beweglichen Vielfalt gesellschaftlicher Funktionen beansprucht, als Schnittpunktexistenzen sozialer Verpflichtungen gedeutet werden können. Die Vervielfältigung, die Verselbständigung und der beschleunigte Umsatz abgelöster Verhaltensmuster gibt erst den ‚Rollen‘ eine quasi dingliche Existenz gegenüber den Personen, die sich darin ‚entäußern‘ (…).“ (Habermas 1963, S. 238 f.)

Neben Webers Erklärung, dass die unaufhaltsame Rationalisierung aller Verhältnisse zu abstrakten Verhaltensmustern geführt habe, die wiederum unabweislich die Unterwerfung der Individuen erzwingen, stellt Habermas die Erklärung von Karl Marx: „Marx war überzeugt, die Verdinglichung der Verhaltensweisen auf die Ausdehnung der Tauschverhältnisse, letzten Endes auf die kapitalistische Produktionsweise zurückführen zu können. Das mag dahingestellt sein; so viel ist jedenfalls gewiss, dass die analytische Fruchtbarkeit der Rollenkategorie nicht unabhängig von dem Entwicklungsstand der Gesellschaft ist, an deren Beziehungen sie sich zunächst einmal bewährt. Wird sie aber in der Anwendung auf gesellschaftliche Verhältnisse schlechthin zu einer universalhistorischen Kategorie verallgemeinert, muss die Rollenanalyse mit ihrer eigenen geschichtlichen Bedingtheit überhaupt gesellschaftliche Entwicklung als eine geschichtliche ignorieren – so, als sei es den Individuen äußerlich, ob sie, wie der Leibeigene des hohen Mittelalters, einigen wenigen naturwüchsigen Rollen, oder aber, wie etwa der Angestellte in der industriell fortgeschrittenen Zivilisation, vervielfältigten und beschleunigt wechselnden, in gewissem Sinn abgelösten Rollen subsumiert sind. In dieser Dimension der Entwicklung wächst, etwa mit der Chance, sich zu Rollen als solchen verhalten zu können, sowohl die Freiheit des Bewegungsspielraums in der Disposition der Rollenübernahme und des Rollenwechsels, als auch eine neue Art Unfreiheit, soweit man sich unter äußerlich diktierte Rollen genötigt sieht; vielleicht müssen sogar Rollen umso tiefer verinnerlicht werden, je äußerlicher sie werden. Eine auf Rollenanalyse verpflichtete Soziologie wird diese Dimension überspringen, und damit geschichtliche Entwicklung auf die gesellschaftliche Abwandlung immer gleicher Grundverhältnisse reduzieren müssen. Die Rollen als solche sind in ihrer Konstellation zu den Rollenträgern konstant gesetzt, als sei der gesellschaftliche Lebenszusammenhang dem Leben der Menschen selbst auf immer die gleiche Weise (…) äußerlich." (Habermas 1963, S. 239) In den Rollen kommt der stumme Zwang der Verhältnisse zum Ausdruck, und indem die Subjekte diese von der Gesellschaft festgelegten (und eingeforderten!) Rollen fest verinnerlichen, laufen sie Gefahr, dass sie nicht mehr aus freien Stücken, d. h. aus eigenem Interesse und nach selbstgewählten Zielen handeln.

Vor diesem theoretischen Hintergrund nahm Habermas (1968) dann die normative Sozialisationstheorie von Parsons und die darin verortete *Theorie des Subjekts* genauer aufs Korn. Der Hauptvorwurf lautete, die normative Rollentheorie *fördere* keine reflexive Kompetenz und *fordere* sie auch nicht, im Gegenteil: sie propagiere Normbefolgung und Anpassung. Von Autonomie und wirklicher Identität des Individuums könne keine Rede sein.

Aufgabe der Sozialisation müsse dagegen sein, die *Autonomie des Subjektes* in und gegen Rollen auszubilden. Diese Forderung präzisierte Habermas, durch *drei fundamentale Einwände* gegen die Rollentheorie und durch die Formulierung von *drei Grundqualifikationen des Handelns*. Ich fasse die Argumentation zusammen.

Die Rollentheorie gehe erstens von der Annahme aus, „dass in stabil eingespielten Interaktionen auf beiden Seiten eine Kongruenz zwischen Wertorientierungen und Bedürfnisdispositionen besteht." (Habermas 1968, S. 125) Das habe Parsons damit erklärt, dass die Individuen – bei einer gelungenen Wertbindung – nur das zu tun wünschen, was sich in der Gesellschaft als wünschenswert durchgesetzt hat; wer anderes wünscht, ist potenziell abweichend. Habermas nimmt dagegen an, „dass in allen bisher bekannten Gesellschaften ein fundamentales Missverhältnis zwischen der Masse der interpretierten Bedürfnisse und den gesellschaftlich lizenzierten, als Rollen institutionalisierten Wertorientierungen bestanden hat. Unter dieser Voraussetzung (gelte), dass vollständige Komplementarität der Erwartungen nur unter Zwang, auf der Basis fehlender Reziprozität, hergestellt werden kann." (Habermas 1968, S. 125) Tatsächlich müssten aber in jedem Rollenhandeln immer einige Bedürfnisse unterdrückt werden.

Die klassische Rollentheorie – so die Kritik von Habermas – nehme zweitens an, dass „in stabil eingespielten Interaktionen auf beiden Seiten eine Kongruenz zwischen Rollendefinitionen und Rolleninterpretationen besteht." (Habermas 1968, S. 126) Deshalb würden die Teilnehmer an einer Interaktion auch die Rollen *gleich definieren* und deshalb in gleicher Weise annehmen *(role-taking)*. Doch das sei nicht der Fall, denn soziale Rollen seien mehrdeutig *(ambigue)* und würden, wie Goffman gezeigt habe, von den Handelnden unterschiedlich interpretiert und nach eigener Intention gespielt. Hier bezieht sich Habermas besonders auf Ralph Turner, wonach jedes role-taking immer auch ein role-making ist.[2] „Eine vollständige Definition der Rolle, die die deckungsgleiche Interpretation aller Beteiligten präjudiziert, ist allein in verdinglichten, nämlich Selbstrepräsentation ausschließenden Beziehungen zu realisieren." (Habermas 1968, S. 126)

Schließlich kritisiert Habermas eine dritte Annahme der klassischen Rollentheorie, wonach „eine stabil eingespielte Interaktion auf einer Kongruenz zwischen geltenden Normen und wirksamen Verhaltenskontrollen" beruhe; „eine institutionalisierte Wertorientierung (Rolle)" entspreche „einem internalisierten Wert (Motiv)." (Habermas 1968, S. 126) Erklärt werde das damit, dass die Individuen in einem erfolgreichen Sozialisationsprozess die Normen so sehr internalisiert hätten, dass sie sie zu ihrem eigenen Willen machen und sich konform verhalten. Dieser Annahme setzt Habermas entgegen, das Individuum verhielte sich keineswegs immer konform, sondern bringe sich auch *gegen* Rollenzumutungen ins Spiel. Es müsse deshalb unterschieden werden zwischen einer „reflexiven Anwendung flexibel verinnerlichter Normen von einer konditionierten Verhaltensreaktion" auf der einen Seite und einer „zwanghaft automatischen Anwendung rigide verinnerlichter Normen andererseits." (Habermas 1968, S. 127) Der Grad der Repressivität eines Rollensystems bemisst sich an der Möglichkeit eines „autonomen Rollenspiels" oder – in den Worten von Goffman[3] – der *Rollendistanz,* mit der das Subjekt sein Verhalten kontrollieren kann.

Aus den von Goffman beschriebenen Belegen für diese Haltung der Rollendistanz lassen sich übrigens drei Schlüsse ziehen, erstens dass Rollen nicht vollständig internalisiert werden, zweitens dass sie das auch gar nicht sein müssen, um erfolgreich miteinander handeln zu können, und drittens das auch gar nicht sein sollten, um die eigene Individualität im Spiel zu halten: „Autonomes Rollenspiel setzt beides voraus: die Internalisierung der Rolle ebenso wie eine nachträgliche Distanzierung von ihr." (Habermas 1968, S. 127)

Was ist also der zentrale Vorwurf an die normative Rollentheorie? Habermas sagt es ganz deutlich: Sie vernachlässigt „drei Dimensionen möglicher Freiheitsgrade des Handelns." (Habermas 1968, S. 127) 1) Die Annahme, dass es eine „Kongruenz zwischen (kulturellen) Wertorientierungen und (individuellen) Bedürfnisdispositionen" und eine „Reziprozität der Bedürfnisbefriedigung" gibt, schließt aus, dass wir das Ausmaß der Repressivität in einer Interaktion

---

[2] Vgl. Abschn. 8.7 *Über zwei Modelle zum Gelingen von Interaktion und über Fähigkeiten, die man braucht, um Interaktionen fortzuführen. (b) Das interaktionistische Rollenmodell.*
[3] Vgl. Abschn. 13.3 *Rollendistanz.*

durchschauen. 2) Die Annahme, dass in stabil eingespielten Interaktionen eine „Kongruenz zwischen Rollendefinitionen und Rolleninterpretationen" besteht, sieht nicht vor, dass wir die Rigidität der Rollendefinitionen durchschauen. 3) Die Annahme, dass die Stabilität einer Interaktion auf „einer Kongruenz zwischen geltenden Normen" und institutionalisierten und vor allem wirksamen internalisierten „Verhaltenskontrollen" beruht, sieht nicht vor, dass die Handelnden ihre mögliche Autonomie erkennen (vgl. Habermas 1968, S. 125 ff.; Klammerzusätze H. A.). Mit dieser Frage nach möglichen Freiheitsgraden des Handelns verschiebt Habermas die Kritik an der Rollentheorie auf die Ebene des Bewusstseins und der Grundqualifikationen des handelnden Subjekts in konkreten Interaktionen.

Habermas bemisst denn auch die Grundqualifikationen erstens danach, ob der Handelnde der Widersprüchlichkeit von Rollen und Erwartungen gewachsen ist, also Frustrationstoleranz hat, oder ob er umgekehrt „die Komplementarität der Erwartungen in offenem Rollenkonflikt" bewusst abwehrt und verletzt oder sogar sich und Anderen vorspiegelt, seine Bedürfnisse würden in Wahrheit befriedigt, und so die Komplementarität zwanghaft aufrechterhält. Er bewertet sie zweitens danach, ob der Handelnde die Zweideutigkeit einer Rolle (Rollenambiguität) „durch ein angemessenes Verhältnis von Rollenübernahme und (eigenem, Ergänzung H. A.) Rollenentwurf zu balancieren" versteht und zu einer „kontrollierten Selbstdarstellung nutzt", oder sich selbst diffus präsentiert oder sich gar restriktiven Rollendefinitionen ohne Widerstand unterwirft. Schließlich bewertet Habermas die Grundqualifikationen daran, ob der Handelnde „sich relativ autonom verhält und gut verinnerlichte Normen reflexiv anwendet" oder ob er dazu neigt, auf auferlegte Normen gehorsam zu reagieren oder sie gar zwanghaft anzuwenden (vgl. Habermas 1968, S. 128 f.).

Mit der Bewertung des Handelns in konkreten Interaktionen öffnet Habermas auch den Blick auf die Identität des Subjekts, in der es sich selbst wahrnimmt und von Anderen wahrgenommen werden möchte, aus der heraus es sich aber auch mit diesen Anderen arrangiert. Das will ich in einem kurzen Exkurs skizzieren, der auch schon überleitet zu seiner Theorie des kommunikativen Handelns.

16.2 Exkurs über Ich-Identität und Verständigung über eine Handlungssituation

Man kann mit Fug und Recht sagen, dass mit der breiten Diskussion über die „Stichworte zur Theorie der Sozialisation" in Deutschland der Übergang von einer Ordnungstheorie der Rolle zu Theorien der *Interaktion* begann. Ein mindestens gleichwichtiger Effekt bestand darin, dass Habermas mit dem Begriff der *Grundqualifikationen* die Frage der *Ich-Identität* und der *Kompetenzen* des handelnden *Subjekts* in Interaktionen in den Fokus soziologischer Aufmerksamkeit rückte.

Die gerade genannten „Grundqualifikationen des Rollenhandelns", schreibt Habermas, eignen sich auch als Kategorien „für einen soziologischen Begriff von Ich-Identität". (vgl. Habermas 1968, S. 175 und 129) Diesen Begriff der Ich-Identität legt Habermas im Sinne des Symbolischen Interaktionismus als *Handlungsbegriff* (vgl. Habermas 1976, S. 66 f.) an und benennt damit sozusagen die zweite Funktion (nach der, autonomes Rollenhandeln zu begründen) gelingender Sozialisation: Sie soll bestimmte *Kompetenzen* der *Ich-Identität* ausbilden. Er schreibt: „Ich-Identität (besteht) in einer Kompetenz, die sich in sozialen Interaktionen bildet. Die Identität wird durch *Vergesellschaftung* erzeugt, d. h. dadurch, dass sich der Heranwachsende über die Aneignung symbolischer Allgemeinheiten in ein bestimmtes soziales System erst einmal integriert, während sie später durch *Individuierung, d. h.* gerade durch eine wachsende Unabhängigkeit gegenüber sozialen Systemen gesichert und entfaltet wird." (Habermas 1976, S. 68)

Ich-Identität darf nun nicht im Sinne eines *festen, endgültigen* Ergebnisses gelungener Reflexion missverstanden werden, sondern der Begriff steht für einen *Prozess,* in dem sich das Individuum in der *Interaktion* mit den Anderen seiner selbst bewusst wird und diesen wiederum andeutet, als wer es von ihnen angesehen werden will. Ich-Identität ist eine Kompetenz, die sich in der Strukturierung einer Interaktion bildet und bewährt.

Personen geraten immer wieder in Situationen, in denen sie sich ihrer persönlichen Identität nicht mehr gewiss sind (z. B. in der Pubertät), wo ihre soziale Identität unsicher ist (z. B. bei einem Statusübergang oder bei der gleichzeitigen Konfrontation mit unterschiedlichen Bezugsgruppen) oder gar bedroht wird (z. B. durch Stigmatisierung). „In dem Maße wie Personen solchen Situationen dadurch begegnen, dass sie sich ‚umorientieren', d. h. neue Interpretationen, neue Kategorien entwickeln, die eigene Identität neu definieren und eine Lösung für die Divergenz ihrer Bezugsgruppen finden, bewahren sie einen relativen Grad von Ich-Identität." Ich-Identität hängt ab von den oben genannten Grundqualifikationen des Rollenspiels, „nämlich von der Fähigkeit, Rollenambivalenzen bewusst zu ertragen, eine angemessene Repräsentation des Selbst zu finden und verinnerlichte Normen auf neue Lagen flexibel anzuwenden." (Habermas 1968, S 130 f.)

In Anlehnung an Goffman, der zwischen einer persönlichen Identität bzw. Individualität und einer sozialen Identität unterscheidet, schreibt Habermas: „Die persönliche Identität kommt zum Ausdruck in einer unverwechselbaren Biografie, die soziale Identität in der Zugehörigkeit ein und derselben Person zu verschiedenen, oft inkompatiblen Bezugsgruppen. Während persönliche Identität so etwas wie die Kontinuität des Ich in der Folge der wechselnden Zustände der Lebensgeschichte garantiert, wahrt soziale Identität die Einheit in der Mannigfaltigkeit verschiedener Rollensysteme, die zur gleichen Zeit ‚gekonnt' sein müssen. (…) Ich-Identität kann dann als die Balance zwischen der Aufrechterhaltung beider Identitäten (…) aufgefasst werden." (Habermas 1968, S. 131)

Wir halten eine soziale Identität aufrecht, fährt Habermas fort, indem wir in der Interaktion mit den Anderen „im Hinblick auf die normierten Verhaltenserwartungen ‚identisch' zu sein versuchen und gleichwohl Anstrengungen unternehmen, um diese ‚Identität' mit den Anderen als eine Scheinnormalität *(phantom normalcy[4])* sichtbar zu machen." Gleichzeitig versuchen wir, eine persönliche Identität aufrechtzuerhalten, indem wir gegenüber den Anderen „den sozialen Abstand einer ausdrücklichen Nicht-Identität" wahren und diese Nicht-Gleichheit als „fiktive Einzigartigkeit *(phantom uniqueness)* sichtbar zu machen." (Habermas 1968, S. 131 f.)

Diese Balance zwischen persönlicher und sozialer Identität steht letztlich in jeder Interaktionssituation an, auch wenn sie selten zum Problem und noch seltener bewusst wird. Dennoch: die Balance muss in Interaktionen erbracht werden – und sie ist abhängig von der *Kommunikation,* genauer davon, wie sich die Teilnehmer einer Interaktion darüber *verständigen,* wer sie sind und als wer sie von den Anderen angesehen werden wollen.

Das ist auch der Grund, weshalb Habermas später in seiner „Theorie des kommunikativen Handelns" den Begriff der *Persönlichkeit* mit einer *Theorie der Verständigung* zusammenbringt. Er schreibt: „Unter *Persönlichkeit* verstehe ich die *Kompetenzen,* die ein Subjekt sprach- und handlungsfähig machen, also instandsetzen, an Verständigungsprozessen teilzunehmen und dabei die eigene Identität zu behaupten." (Habermas 1981, Bd. 2, S. 209) Verständigung ist Form und Ziel *kommunikativen* Handelns. In deutlicher Anlehnung an Meads These von der fortlaufenden wechselseitigen Rollenübernahme und den interpretativen Ansatz des Symbolischen Interaktionismus definiert Habermas kommunikatives Handeln als „Interaktion von (…) Subjekten", die fortlaufend eine „Verständigung über die

---

[4] Diesen Begriff übernimmt Habermas von Goffman (vgl. Abschn. 13.4.2 *Stigma*), der ihn allerdings in einem ganz anderen Sinne, nämlich dass „Normale" Stigmatisierten vorspielen, als ob sie sie als „Normale" akzeptieren (phantom normalcy), verwendet; die Stigmatisierten nehmen diese vorgespielte Normalität wohl oder übel hin.

Handlungssituation" suchen, „um ihre Handlungspläne und damit ihre Handlungen einvernehmlich zu koordinieren." (Habermas 1981, Bd. 1, S. 128)

Kommunikatives Handeln hat eine dreifache Funktion: „Unter dem funktionalen *Aspekt der Verständigung* dient kommunikatives Handeln der Tradition und der
Erneuerung kulturellen Wissens; unter dem *Aspekt der Handlungskoordinierung*
dient es der sozialen Integration und der Herstellung von Solidarität; unter dem
Aspekt der Sozialisation schließlich dient kommunikatives Handeln der Ausbildung von personalen Identitäten." (Habermas 1981, Bd. 2, S. 208)

Bevor ich auf diese Funktionen des kommunikativen Handelns genauer eingehe, will ich kurz zeigen, wo Habermas seine Theorie des Handelns verortet.

16.3   Vier Handlungsbegriffe: teleologisches, normenorientiertes, dramaturgisches und kommunikatives Handeln

Habermas stellt vier Handlungsbegriffe nebeneinander. Wiewohl sich konkretes Handeln immer als Mischform darstellt – und Interaktion sowieso! –, unterscheidet er analytisch zwischen einem *teleologischen,* einem *normenregulierten,*
einem *dramaturgischen* und einem *kommunikativen* Handlungsbegriff.

1. Teleologisches Handeln: Entscheidung

> „Der Begriff des *teleologischen*[5] *Handelns* steht seit Aristoteles im Mittelpunkt der
> philosophischen Handlungstheorie. Der Aktor verwirklicht einen Zweck bzw. bewirkt
> das Eintreten eines erwünschten Zustandes, indem er die in der gegebenen Situation
> erfolgversprechenden Mittel wählt und in geeigneter Weise anwendet. Der zentrale
> Begriff ist die auf die Realisierung eines Zwecks gerichtete, von Maximen geleitete
> und auf eine Situationsdeutung gestützte *Entscheidung* zwischen Handlungsalter-
> nativen. Das teleologische wird zum *strategischen* Handlungsmodell erweitert,
> wenn in das Erfolgskalkül des Handelnden die Erwartung von Entscheidungen
> mindestens eines weiteren zielgerichtet handelnden Aktors eingehen kann. Dieses
> Handlungsmodell wird oft utilitaristisch gedeutet; dann wird unterstellt, dass der
> Aktor Mittel und Zwecke unter Gesichtspunkten der Maximierung von Nutzen bzw.
> Nutzenerwartungen wählt und kalkuliert." (Habermas 1981, Band 1, S. 126 f.)

---

[5] Telos – griech. Ziel.

Um teleologisches Handeln ging es in der Theorie von Max Weber. Das ist am augenfälligsten beim zweckrationalen Handeln, dem Weber ja die größte Aufmerksamkeit geschenkt hat.[6] Dieser Handlungsbegriff scheint auch in den individualistischen Theorien des Verhaltens auf, die Handeln als Nutzenkalkulation verstehen.[7]

2. Normenreguliertes Handeln: Normbefolgung

„Der Begriff des *normenregulierten* Handelns bezieht sich nicht auf das Verhalten eines prinzipiell einsamen Aktors, der in seiner Umwelt andere Aktoren vorfindet, sondern auf Mitglieder einer sozialen Gruppe, die ihr Handeln an gemeinsamen Werten orientieren. Der einzelne Aktor befolgt eine Norm (oder verstößt gegen sie), sobald in einer gegebenen Situation die Bedingungen vorliegen, auf die die Norm Anwendung findet. Normen drücken ein in einer sozialen Gruppe bestehendes Einverständnis aus. Alle Mitglieder einer Gruppe, für die eine bestimmte Norm gilt, dürfen voneinander erwarten, dass sie in bestimmten Situationen die jeweils gebotenen Handlungen ausführen bzw. unterlassen. Der zentrale Begriff der *Normbefolgung* bedeutet die Erfüllung einer generalisierten Verhaltenserwartung. Verhaltenserwartung hat nicht den kognitiven Sinn der Erwartung eines prognostizierten Ereignisses, sondern den normativen Sinn, dass die Angehörigen zur Erwartung eines Verhaltens berechtigt sind. Dieses normative Handlungsmoment liegt der Rollentheorie zugrunde." (Habermas 1981, Band 1, S. 127)

Der Begriff des *normenregulierten Handelns* steht im Zentrum der Gesellschaftstheorien von Emile Durkheim und Talcott Parsons. Durkheims Theorie der Sozialisation[8] setzte dem Handeln des Individuums ebenso wie die gerade referierte Rollentheorie von Parsons den verbindlichen Rahmen.

3. Dramaturgisches Handeln: Selbstrepräsentation

„Der Begriff des *dramaturgischen* Handelns bezieht sich primär weder auf den einsamen Aktor noch auf das Mitglied einer sozialen Gruppe, sondern auf Interaktionsteilnehmer, die füreinander ein Publikum bilden, vor dessen Augen sie sich darstellen. Der Aktor ruft in seinem Publikum ein bestimmtes Bild, einen Eindruck von sich selbst hervor, indem er seine Subjektivität mehr oder weniger gezielt enthüllt. Jeder Handelnde kann den öffentlichen Zugang zur Sphäre seiner eigenen Absichten, Gedanken, Einstellungen, Wünsche, Gefühle usw., zu der nur er einen privilegierten Zugang hat, kontrollieren. Im dramaturgischen Handeln machen sich die Beteiligten diesen Umstand zunutze und steuern ihre Interaktion über die

---

[6] Vgl. Abschn. 5.2 *Bestimmungsgründe des Handelns: zweckrational, wertrational, affektuell, traditional.*

[7] Vgl. zu entsprechenden Theorien Abels (2019), Band 2 Abschn. 4.4 *Rationale Wahl, gerechter Tausch, symbolische Transaktion* und Abschn. 4.6 *Rationale Wahl trotz habits und frames.*

[8] Zu Durkheim vgl. Abschn. 3.3 *Kollektivbewusstsein – die gemeinsame Vorstellung des Verbindenden und des Verbindlichen.*

Regulierung des gegenseitigen Zugangs zur jeweils eigenen Subjektivität. Der zentrale Begriff der *Selbstrepräsentation* bedeutet deshalb nicht ein spontanes Ausdrucksverhalten, sondern die zuschauerbezogene Stilisierung des Ausdrucks eigener Erlebnisse." (Habermas 1981, Band 1, S. 128)

Der prominenteste Vertreter einer Theorie des *dramaturgischen Handelns* ist Erving Goffman.[9] eingehen. Handeln ist ein Schauspiel, das Individuen voreinander und miteinander aufführen. Dazu gehört die Inszenierung des Auftritts, die Präsentation in bestimmten Fassaden, aber auch der bedachte Rückzug in die Kulissen. Und manchmal ist es auch der verzweifelte Versuch, sich gegen den Druck der Anderen über Wasser zu halten.

4. Kommunikatives Handeln: Interpretation

„Der Begriff des *kommunikativen* Handelns schließlich bezieht sich auf die Interaktion von mindestens zwei sprach- und handlungsfähigen Subjekten, die (sei es mit verbalen oder extraverbalen Mitteln) eine interpersonale Beziehung eingehen. Die Aktoren suchen eine Verständigung über die Handlungssituation, um ihre Handlungspläne und damit ihre Handlungen einvernehmlich zu koordinieren. Der zentrale Begriff der *Interpretation* bezieht sich in erster Linie auf das Aushandeln konsensfähiger Situationsdefinitionen. In diesem Handlungsmodell erhält die Sprache (…) einen prominenten Stellenwert." (Habermas 1981, Band 1, S. 128)

Der *kommunikative Handlungsbegriff* steht im Zentrum der Theorie des Symbolischen Interaktionismus nach George Herbert Mead und Herbert Blumer und in der Ethnomethodologie nach Harold Garfinkel.[10] Habermas selbst rückt diesen Handlungsbegriff in den Mittelpunkt seiner Theorie des kommunikativen Handelns, verbindet ihn allerdings mit einer kritischen Variante, die auf die Reflexion und Sicherung des Handelns zielt. Diese Variante nennt er Diskurs oder diskursive Verständigung. Um diesen *kommunikativen Handlungsbegriff,* der sich ganz eindeutig einer *Theorie der Interaktion* verdankt, geht es nun.

16.4 Kommunikatives Handeln und Diskurs

Mit den gerade noch einmal angesprochenen Ansätzen der symbolischen Interaktion stimmt Habermas insofern überein, dass er *Interpretation* als Form und Mittel der Verständigung betrachtet, in der eine konsensfähige Definition der

---

[9] Vgl. Abschn. 13.2 *The presentation of self in everyday life.*
[10] Zu Mead siehe Abschn. 6.6 *Rollenübernahme und die Verschränkung der Perspektiven*; zu Blumer Kap. 7 *Symbolische Interaktion*; zur Ethnomethodologie Abschn. 12.2 *Was jedermann weiß, ist die Basis wechselseitigen Verstehens und des richtigen Handelns.*

Situation ausgehandelt wird. Vor diesem Hintergrund stellt er die Frage, was notwendige Voraussetzungen für jegliche Interaktion sind, und sagt auch, was zu tun ist, wenn Interaktion misslungen ist oder zu misslingen droht.

Obwohl Habermas den Begriff des *kommunikativen Handelns* oft synonym mit dem Begriff der *Interaktion* verwendet, darf man nicht übersehen, dass die Begriffe streng genommen Unterschiedliches bezeichnen: Interaktion ist das soziale Ereignis oder das Zusammenspiel von handelnden Personen, kommunikatives Handeln ist die besondere, von Habermas als unabdingbar bezeichnete *Form* des Handelns, in der die Beteiligten die Interaktion strukturieren.

Bevor ich diese Form darstelle, muss ich Habermas' Definition des kommunikativen Handelns noch einmal in Erinnerung rufen: Der Begriff des *kommunikativen* Handelns „bezieht sich auf die Interaktion von mindestens zwei sprach- und handlungsfähigen Subjekten, die (sei es mit verbalen oder extraverbalen Mitteln) eine interpersonale Beziehung eingehen. Die Aktoren suchen eine Verständigung über die Handlungssituation, um ihre Handlungspläne und damit ihre Handlungen einvernehmlich zu koordinieren" (Habermas 1981, Band 1, S. 128). Die Koordinierung der Handlungen erfolgt nach der Theorie des kommunikativen Handelns als „Verständigung im Sinne eines kooperativen Deutungsprozesses". (Habermas 1981, Band 1, S. 151) Wo ein grundsätzliches Interesse an Verständigung nicht unterstellt werden kann, ist kommunikatives Handeln als Inter-Aktion nicht möglich.

Das klingt zunächst paradox, doch wenn Inter-Aktion mehr als ein einmaliges Zusammentreffen mit abschließender Reaktion ist, dann ist diese These nicht zu widerlegen. Eine Interaktion, die weitergeht, setzt voraus, dass man vom Anderen verstanden werden will und dass man ihn selbst auch verstehen will. Statt einer komplizierten Erklärung ein Beispiel: Stellen Sie sich vor, jemand sagt „Du kannst sagen, was Du willst, aber ich sage Dir ganz klar, ich will Dich nicht verstehen!"; von da an ist kein Austausch vernünftiger Stellungnahmen mehr möglich. Verständigung ist prinzipiell ausgeschlossen.

Dass Individuen sich tatsächlich oft genug gerade nicht verständigen, sieht Habermas natürlich auch, aber er findet dafür eine Erklärung, die dem *prinzipiellen* Interesse an Verständigung nicht widerspricht. Die Erklärung wird aus einer kritischen Theorie der Gesellschaft abgeleitet. Habermas geht nämlich davon aus, dass alles Handeln in der Gesellschaft unter das Prinzip der *Zweckrationalität* geraten ist und die *Rationalität der Verständigung* unterdrückt. Mit dieser Kritik knüpft er an die These von Max Weber an, der von der *Rationalisierung* des modernen Lebens gesprochen hatte. Zweckrationalität als Prinzip des Handelns findet ihren auffälligsten Ausdruck in der kapitalistischen Wirtschaft. In der

„Protestantischen Ethik" hat Weber die Konsequenz dieses Handlungsprinzips beschrieben: „Die heutige kapitalistische Wirtschaftsordnung ist ein ungeheurer Kosmos, in den der Einzelne hineingeboren wird und der für ihn, wenigstens als Einzelnen, als faktisch unabänderliches Gehäuse, in dem er zu leben hat, gegeben ist." (Weber 1905, S. 165) Zweckrationalität ist das Prinzip des Handelns in der Wirtschaft, auf dem Markt, im Beruf. Inzwischen durchdringt sie allerdings auch das Handeln außerhalb dieser Bereiche. An die Stelle einer subjektiv gefühlten Verbundenheit tritt in der Moderne ein rationales Handeln, das auf Interessen basiert (vgl. Weber 1920, S. 695).

Hier nun schließt Habermas seine kritische Theorie der Moderne an. Er stellt fest, dass die Zweckrationalität heute alle Bereiche des Lebens durchdringt. Die Gesellschaft hat sich aufgespalten in Subsysteme, die sich mehr und mehr verselbstständigen und alle ihrer eigenen zweckrationalen Logik folgen. Wo wir mit ihnen in Berührung kommen, beanspruchen sie uns nach Maßgabe ihrer Logik und nur unter spezifischen Rollenerwartungen. Sie erzwingen jeweils eigene Formen des Denkens und Handelns. Parallel und gegeneinander dringen sie in das Bewusstsein ein und spalten es in abgetrennte Bereiche auf. Nicht das falsche Bewusstsein, das sich nach der These von Marx der Widersprüche einer antagonistischen Gesellschaft nicht innewird, sondern das *fragmentierte Bewusstsein* ist nach Habermas das eigentliche Problem der Moderne (Habermas 1981, Band 2, S. 522). Die Imperative der verselbstständigten Subsysteme und die aus ihnen herrührenden Diktate der Zweckrationalität, der Sachlichkeit und der Standardisierung dringen in unsere Alltagswelt ein.

Der in der fortgeschrittenen Moderne vorherrschende Grundzug der Zweckrationalität, führt Habermas seine Kritik weiter, zerstört die *Lebenswelt.* Darunter versteht er mit Schütz[11] die Welt, die uns fraglos gegeben, selbstverständlich und vertraut ist. Wir nehmen an, dass wir sie mit Anderen teilen, die sie in der gleichen Weise sehen wie wir. Sie bildet so etwas wie den Horizont für unser Erleben und Wissen, in dem alles, was wir uns vorstellen können, beschlossen ist. Diese Lebenswelt gerät mehr und mehr unter die Imperative der Zweckrationalität, die sich von allen Seiten fordernd bemerkbar machen. Es ist, als wenn Kolonialherren in die natürliche Ordnung einer Stammesgesellschaft eindringen und dort bestimmen, wie die Menschen von nun an zu denken und zu handeln haben. So spricht Habermas auch von einer „Kolonialisierung der Lebenswelt." (Habermas 1981, Band 2, S. 522)

---

[11] Vgl. Abschn. 10.4 *Die Lebenswelt des Alltags und die natürliche Einstellung zu ihr.*

Das ist der Hintergrund, vor dem Habermas seine Theorie des kommunikativen Handelns entwickelt. Um die Konsequenzen dieser strukturellen Veränderung der Lebenswelt für die Interaktionen des normalen Alltags aufzuzeigen, verbindet er Webers kritische Theorie der Rationalisierung mit zwei Thesen: mit Meads These, dass Interaktion in der wechselseitigen Rollenübernahme besteht, und mit der These von Schütz, dass wir die Lebenswelt, in der wir uns bewegen, für selbstverständlich halten. Nach *Mead* gelingt Interaktion, weil sich ego und alter auf gemeinsame Symbole beziehen und sie identisch interpretieren. Dadurch dass sie sich wechselseitig in ihre Rollen versetzen, blicken sie auch auf sich selbst und werden sich der Gründe ihres Handelns gewahr. Nach *Schütz* ist die Lebenswelt über eine gemeinsame Sprache organisiert, durch deren Verwendung uns laufend die Muster normalen Denkens und Handelns bestätigt werden.

Im Zentrum der Theorie des Kommunikativen Handelns steht natürlich die *Sprache*. Und hier unterscheidet sich Habermas deutlich von Mead: Mead interessiere „sich für sprachliche (…) Symbole nur insoweit, wie sie Interaktionen, Verhaltensweisen und Handlungen mehrerer Individuen vermitteln", und betrachte „sprachliche Kommunikation beinahe ausschließlich" unter dem Aspekt „der sozialen Integration zielgerichtet handelnder" Subjekte und dem Aspekt, wie sich handlungsfähige Subjekte wechselseitig vergesellschaften. „Die Verständigungsleistungen und die interne Struktur der Sprache" würde Mead vernachlässigen. „Im kommunikativen Handeln übernimmt Sprache, über die Funktion der Verständigung hinaus, die Rolle der Koordinierung von zielgerichteten Aktivitäten verschiedener Handlungssubjekte sowie die Rolle eines Mediums der Vergesellschaftung dieser Handlungssubjekte selbst." (Habermas 1981, Band 2, S. 14)

Habermas betrachtet Sprache als kommunikativen Akt, d. h. Sprache ist *Handlung* und dient in einer Interaktion der *Verständigung, der Handlungskoordinierung* und der *Vergesellschaftung von Individuen* (vgl. Habermas 1981, Band 2, S. 41).

Wenden wir uns zunächst der *Verständigung* zu. Die Sprache ist uns durch die Lebenswelt natürlich gegeben. Jede Interaktion ist durch sprachliche Kommunikation vermittelt; durch die Sprache zeigen sich die Beteiligten an, wie sie die gemeinsame Situation verstehen, welche Bedeutung sie ihrem Sprechen und Handeln beimessen und wie sie vom Anderen verstanden werden wollen. Die Sprache dient der Verständigung über das Gesagte, Gemeinte und Verstandene. „Verständigung wohnt als Telos der menschlichen Sprache inne." (Habermas 1981, Band 1, S. 387) *Kommunikatives* Handeln im Wortsinn funktioniert nur, wenn alle Sprecher dieses Ziel verfolgen, also sich verständigen *wollen*.

Diese Bedingung gesetzt, stellt sich die Frage, wieso die Teilnehmer an einer sprachlichen Interaktion überhaupt mit einer Verständigung rechnen können. Habermas erklärt es so: Im kommunikativen Handeln „wird die Geltung von Sinnzusammenhängen naiv vorausgesetzt, um Informationen (handlungsbezogene Erfahrungen) auszutauschen." (Habermas 1971, S. 115) Die Geltung kann deshalb naiv vorausgesetzt werden, weil wir ein gemeinsames Alltagswissen besitzen. Es besteht aus „elementaren Wirklichkeitsdefinitionen, die für alle Mitglieder einer gegebenen Gesellschaft, einer Kultur, mit der Unterstellung versehen sind, dass auch jeder Andere über sie verfügen oder zumindest mühelos Zugang zu ihnen gewinnen kann." (Matthes u. a. 1981, KE 1, S. 92) Indem wir dieses gemeinsame Alltagswissen unterstellen, unterstellen wir auch, dass wir eine Situation gleich definieren.[12]

16.5 Geltungsansprüche beim kommunikativen Handeln

Neben diesem stillen Einverständnis über das, was jeder weiß, muss noch eine weitere Erklärung, warum wir naiv Verständigung für möglich halten, genannt werden: Beim kommunikativen Handeln richten wir unausgesprochen *Geltungsansprüche* aneinander. Habermas nennt drei: 1) Was wir über die *objektive* Welt sagen, muss *wahr* sein; 2) was wir in einer gemeinsamen, *sozialen* Welt sagen, muss *richtig* sein, also den Normen entsprechen; 3) was wir über unsere *subjektive* Welt sagen, muss *wahrhaftig* sein (vgl. Habermas 1981, Band 1, S. 26 und 35). Um es an einem Beispiel zu verdeutlichen: Wenn Z. behauptet, ihm habe man gerade das Hörnchen Eis aus der Hand gerissen, beansprucht er, einen objektiven Tatbestand zu konstatieren, also die *Wahrheit* zu sagen. Wenn Z. sagt, dass dieses Verhalten strafbar ist, dann beansprucht er, dass diese Aussage in unserer Gesellschaft *richtig* ist. Und wenn Z. dabei lauthals seine Empörung über die Jugend von heute zum Ausdruck bringt, beansprucht er, *wahrhaftig* zu sein. Es liegt auf der Hand, dass diese Geltungsansprüche nicht nur von ego an alter gerichtet sind, sondern dass umgekehrt alter eben diese auch unterstellen muss. Ergo: Beansprucht der Andere unausgesprochen, die Wahrheit zu sagen, unterstellen wir bis zum Beweis des Gegenteils auch, dass er das tut. Hält er seine

---

[12] Schütz hat das die Idealisierung der Vertauschbarkeit der Standpunkte genannt; vgl. oben Abschn. 10.4.3 *Idealisierungen*.

Aussage für richtig, sehen wir das so lange auch so, wie wir nichts Gegenteiliges wissen. Beansprucht er, wahrhaftig zu sein, glauben wir ihm das, solange sich Form und Ziel seiner Empörung im Rahmen des Üblichen bewegen.

Interaktion, in der Form des kommunikativen Handelns, ist Wechselwirkung, und die drei Ansprüche gelten ebenso wechselseitig. Nur indem beide Seiten auf diese einander bedingenden Geltungen bauen, können sie kommunikativ handeln und sich wechselseitig ihr Handeln zurechnen: Als *zurechnungsfähig* kann denn auch nur gelten, „wer als Angehöriger einer Kommunikationsgemeinschaft sein Handeln an intersubjektiv anerkannten Geltungsansprüchen orientieren kann." (Habermas 1981, Band 1, S. 34)

Habermas hatte schon früher gezeigt, dass noch andere implizite Erwartungen logisch zwingend sind, gleichwohl im bewussten Handeln ausgeblendet sind. Im kommunikativen Handeln hegen wir nämlich unausgesprochen die Erwartung, dass die Anderen wissen, was sie tun und warum sie das tun. Habermas unterscheidet deshalb zwischen einer *Intentionalitätserwartung* (Subjekte folgen den Normen, nach denen sie handeln, intentional) und einer *Legitimitätserwartung* (Subjekte folgen nur Normen, die ihnen gerechtfertigt erscheinen) (vgl. Habermas 1971, S. 118 f.). Wir unterstellen – und müssen unterstellen! –, dass der Andere uns sagen könnte, warum er sich so und nicht anders verhält. Um es an einem drastischen Beispiel klar zu machen: Würde jemand seine Rede mit den Worten einleiten „Ich weiß nicht, warum ich etwas sage", wäre eine Kommunikation im Grunde nicht möglich. In Wirklichkeit sind diese Erwartungen der Intentionalität und der Legitimität natürlich „kontrafaktisch", aber wenn wir nicht so täten, als ob sie sich auf ein Faktum bezögen, könnte man im strengen Sinn nicht kommunizieren. Ähnliche Faktizität messen wir auch einer gemeinsamen Sicht auf die Welt bei. Im kommunikativen Handeln unterstellen wir stillschweigend, ich wiederhole es, dass jeder die Dinge so sieht wie wir. Das betrifft auch die Absichten und Ziele gemeinsamen Handelns.

Wo dieses Einverständnis aus welchen Gründen auch immer nicht mehr herrscht, Verständigung also hakt, das Interesse am Fortgang der Interaktion aber bestehen bleibt, muss eine neue Form der Kommunikation gefunden werden, die auf die Herstellung eines neuen Einverständnisses zielt. Um diese Strategie geht es im *Diskurs*. Der Diskurs ist ein analytisches Sprechen über die Bedingungen der Kommunikation, also eine Metakommunikation. Den Unterschied zwischen kommunikativem Handeln und Diskurs kann man sich mit folgendem Beispiel klar machen: Herr J. behauptet gegenüber seiner Tochter C., es gebe zwei unumstößliche Wahrheiten. Erstens, die Erde sei eine Scheibe, und zweitens, Frauen seien dümmer als Männer. Zieht Tochter C. nur die Brauen hoch, ansonsten geht das Gespräch aber weiter, ist es kommunikatives Handeln. Bestreitet Tochter C.

aber wenigstens eine der Behauptungen und verlangt eine rationale Begründung, beginnt der Diskurs. „In Diskursen suchen wir ein problematisiertes Einverständnis, das im kommunikativen Handeln bestanden hat, durch Begründung wiederherzustellen." (Habermas 1971, S. 115)

Der Diskurs ist ein „Abarbeiten der unterschiedlichen Perspektiven mit rationalen Mitteln" (Matthes u. a. 1981, KE 1, S. 133), sein Ziel ist, einen neuen *Konsens* über Absichten und Ziele der Verständigung herzustellen. Die Frage ist aber, unter welchen Voraussetzungen es überhaupt nur zu einem Diskurs kommen kann. Die wichtigste ist, dass die Interaktionsteilnehmer sich als gleiche betrachten und sich gleiche Rechte einräumen. Jeder Teilnehmer muss die gleiche Chance haben zu handeln, sein Handeln zu erklären und vom Anderen Erklärungen für dessen Handeln einzufordern. Eine Interaktion, in der diese Bedingung erfüllt ist, nennt Habermas eine *symmetrische* Interaktion.

16.6   Ideale Sprechsituation als Bedingung einer symmetrischen Interaktion

Dass die Wahrnehmung dieser Chancen nur im Medium der Sprache erfolgen kann, liegt auf der Hand. Deshalb nennt Habermas als implizite Bedingung für diese symmetrische Interaktion des Diskurses die Unterstellung einer *idealen Sprechsituation*:

> „Ideal nennen wir im Hinblick auf die Unterscheidung des wahren vom falschen Konsensus eine Sprechsituation, in der die Kommunikation nicht nur nicht durch äußere kontingente Einwirkungen, sondern auch nicht durch Zwänge behindert wird, die aus der Struktur der Kommunikation selbst sich ergeben. Die ideale Sprechsituation schließt systematische Verzerrung der Kommunikation aus. Nur dann herrscht ausschließlich der eigentümlich zwanglose Zwang des besseren Argumentes, der die methodische Überprüfung von Behauptungen sachverständig zum Zuge kommen lässt und die Entscheidung praktischer Fragen rational motivieren kann." (Habermas 1971, S. 137)

Auf diese ideale Sprechsituation greifen wir vor, obwohl sie de facto nicht da ist. Was paradox klingt, kann man so auflösen: Unbewusst unterstellen wir, wenn wir nur wollten, könnten wir den Anderen fragen, warum er dies und das gesagt oder getan hat, und selbstverständlich hätten wir das Recht, genau so frei die Gründe für unser Verhalten darzulegen. „Der Vorgriff auf die ideale Sprechsituation ist Gewähr dafür, dass wir mit einem faktisch erzielten Konsensus den Anspruch des wahren Konsensus verbinden dürfen." (Habermas 1971, S. 136)

Das wiederum heißt: Wenn wir wollten, könnten wir nachfragen, ob das, worauf wir uns zwischenzeitlich verständigt haben, wirklich die ganze Wahrheit ist. Deshalb muss auch eine ideale Sprechsituation jegliche Verzerrung der Kommunikation ausschließen.

Eine ideale Sprechsituation ist durch eine vierfache Symmetrie gekennzeichnet: Jeder hat das gleiche Recht, 1) Kommunikation herbeizuführen, 2) Deutungen, Behauptungen, Erklärungen aufzustellen und ihre Geltungsansprüche zu begründen und zu widerlegen, 3) auf ungekränkte Selbstdarstellung und 4) zu befehlen und sich zu widersetzen, Rechenschaft abzugeben und zu verlangen.

Die ideale Sprechsituation ist also *herrschaftsfrei,* sodass jeder Interaktionspartner jederzeit die Möglichkeit hat, aus der Interaktion heraus- und in Diskurse einzutreten. Damit es nun zu einem wirklichen Diskurs kommt, muss zusätzlich angenommen werden, „dass die Sprecher weder sich noch Andere über ihre Intentionen täuschen dürfen (Habermas 1971, S. 138). Dann – und nur dann! – ist der Diskurs das letzte und entscheidende Mittel, die Freiheit aller beteiligten Individuen in der Interaktion zu garantieren. Nur durch den Diskurs kann so auch der wahre von einem falschen Konsens unterschieden werden." (vgl. Habermas 1971, S. 134) Der wahre Konsens ist das Ergebnis einer Kommunikation, in der die vier genannten Bedingungen einer idealen Sprechsituation von Anfang bis Ende erfüllt sind.

Die Verständigungsprozesse, die in der Metakommunikation des Diskurses ablaufen, zielen genau wie das kommunikative Handeln selbst „auf ein Einverständnis, welches den Bedingungen einer rational motivierten Zustimmung zum Inhalt einer Äußerung genügt. Ein kommunikativ erzieltes Einverständnis hat eine rationale Grundlage." (Habermas 1981, Band 1, S. 387) Es muss also im Prinzip von allen Beteiligten in rationalen Worten formuliert werden können und auf einem rationalen Konsens basieren. Damit ist sowohl der Fall, dass jemand es aufgibt, den anderen zu überzeugen, als auch der Fall, dass jemand den Anderen überredet, ausgeschlossen. Der Diskurs ist anstrengend, aber ohne ihn ist die Wahrheit über die Bedingungen, unter denen wir kommunikativ handeln, wohl nicht zu haben. Dass manche diese Bedingungen gar nicht so genau wissen wollen, steht auf einem anderen Blatt, und dass genau so das meiste im Alltag auch problemlos funktioniert, steht auf dem Blatt, das Garfinkel beschrieben hat.

Zum Schluss eine kritische Überlegung: Habermas unterstellt, dass wir prinzipiell an Verständigung interessiert sind. Würde man das nicht sicher annehmen können, wäre Handeln überhaupt nicht möglich. Das ist – als Axiom der Logik – zwingend und insofern nicht zu widerlegen. Allerdings hat das Interesse in der konkreten Interaktion – und darum geht es in der Soziologie – seine Grenzen: Wo eine Verständigung einen zu schweren Kompromiss tatsächlich nach sich ziehen würde, sind wir nicht an einer Verständigung interessiert, und wo eine Verständigung unseren Wunsch nach Bedürfnisbefriedigung vollständig zunichte zu machen droht, lassen wir es durchaus auf einen Bruch der Interaktion ankommen.

Aus soziologischer Sicht muss man auch noch ein anderes, mit dem ersten untrennbar verbundenes Axiom skeptisch betrachten. Habermas unterstellt nämlich, dass wir nach der Wahrheit brennen. In einem abstrakten Sinn, nämlich insofern Inter-Aktion sonst nicht möglich wäre, ist das sicher richtig. Nimmt man aber die konkrete Situation in der ganz normalen Alltagsinteraktion, dann kann man seine Zweifel haben. Zumindest die Figuren in Goffmans Schauspiel nehmen es, wie oben[13] gezeigt wurde, mit der Wahrheit ja nicht ganz so genau. Und auch die These der Ethnomethodologie, dass das Alltagshandeln davon lebt, dass die Dinge gerade nicht präzise definiert werden, nimmt der Wahrheitsbedingung von Interaktion etwas von ihrem Gewicht.

Warum hat Habermas sie dennoch aufgestellt? Ich meine, dass er damit die *prinzipielle* Voraussetzung und das *prinzipielle* letzte Ziel jeglicher Interaktion benennen wollte. Um es etwas weniger abstrakt zu formulieren: Im Alltag reicht uns, dass wir irgendwie miteinander auskommen, und solange es klappt, fragen wir auch nicht, warum es klappt. Genau solche Fragen muss aber der Soziologe stellen, denn er will wissen, wie kommunikatives Handeln normalerweise gewährleistet ist und was die Gründe sind, wenn es zum Problem wird. In diesem letzten Fall müssen wir Alltagshandelnden – und die Soziologin natürlich auch – ein Kriterium haben, nach dem wir letztlich beurteilen können, was die wirklichen Gründe des Handelns sind und wie sie mit Blick auf die Freiheit und die gleichen Rechte aller an der Interaktion Beteiligten zu bewerten sind.

16.7 Autonomie des Subjekts in und gegen Rollen, Ich-Identität als Balance

Zum Schluss muss ich noch kurz eine Diskussion zum Zusammenhang von *Interaktion* und *Identität* erwähnen, die eng mit den kritischen Überlegungen von Habermas verbunden ist. Zur Erinnerung: Habermas hatte gegen die normative Rollentheorie von Parsons eingewandt, sie fordere die *willige Anpassung* des Individuums an gesellschaftliche Verhältnisse und verstünde Identität nur als persönliches Arrangement in *gegebenen* Rollen. Habermas wies mit der

---

[13] Abschn. 13.2.3 *Unwahre Darstellungen, Mystifikation und Geheimnisse.*

Skizzierung einer Theorie des *Subjektes* die Identitätsdiskussion dann in eine ganz neue Richtung. Er rückte nämlich die Frage in den Vordergrund, wie sich das *Individuum* in und *gegenüber* bestehenden sozialen Verhältnissen und entsprechenden Rollenerwartungen *selbstbewusst* und *autonom* behaupten kann. Die Antwort gab er mit der Formulierung von *Grundqualifikationen des Handelns* zur Ausbildung einer *Ich-Identität*.

Auf diesen Zusammenhang hat der oben schon zitierte Identitätsforscher Lothar Krappmann in seinem Buch „Soziologische Dimensionen der Identität" vor allem abgehoben, in dem „identitätsfördernde Fähigkeiten" als strukturell notwendig für die Fortführung einer Interaktion bezeichnet werden (vgl. Krappmann 1969, S. 132).

Dem Geist der Zeit entsprechend setzte sich auch Krappmann von der *normativen* Rollentheorie ab und verband sein Identitätskonzept ausdrücklich mit einem kritischen Blick auf die *gesellschaftlichen Verhältnisse*. Deshalb beschreibt er seinen Ansatz so:

> „Dieses Identitätskonzept will das Individuum nicht an vorgegebene Verhältnisse anpassen, obwohl in die Identitätsbalance Normen und Bedürfnisse der Anderen eingehen. Dem Individuum wird nicht die falsche Sicherheit einer festen Position – sei es im Versuch vollständiger Übernahme angesonnener Erwartungen, sei es durch die Bemühung um völligen Rückzug aus Handlungssystemen, in denen divergierende Erwartungen auftreten – empfohlen. Vor den widersprüchlichen Anforderungen einer in sich zerstrittenen Gesellschaft kann es sich nicht schützen. Der hier entwickelte Identitätsbegriff versucht vielmehr dem Erfordernis Raum zu geben, kreativ die Normen, unter denen Interaktionen stattfinden, zu verändern. Dieses kritische Potenzial des Individuums zieht seine Kraft aus der strukturellen Notwendigkeit, nicht übereinstimmende Normen negierend zu überschreiten. Tatsächlich kann das Individuum nicht jede ihm erwünschte Neuinterpretation vorgegebener Normen bei seinen Interaktionspartnern durchsetzen, denn es stößt auf widerstrebende Interessen der Anderen. Auch sind die Chancen, einer Identitätsbehauptung Anerkennung zu sichern, ungleich, weil von den verschiedenen Positionen eines sozialen Systems aus unterschiedliche Einflussmöglichkeiten bestehen. Nur eine Analyse der jeweiligen sozialen Verhältnisse kann zeigen, welche Interpretationsmöglichkeiten dem Individuum offenstehen und welche Grenzen seiner Bemühung um Identität in einem gegebenen System sozialer Ungleichheit gesetzt sind." (Krappmann 1969, S. 208 f.)

Blicken wir genauer auf die Möglichkeit und die Notwendigkeit, Identität in der Interaktion mit Anderen zu finden und zum Ausdruck zu bringen. Mit George Herbert Mead stimmt Krappmann überein, dass sich das Individuum seiner selbst bewusst wird, indem es sich mit den Augen des Anderen betrachtet, und mit Erik

H. Erikson[14], dass das Selbstbild in Auseinandersetzung mit konkreten Bezugspersonen gewonnen wird und der Anerkennung durch sie bedarf. Identität ist also eine ständige *Balance* (Krappmann 1969, S. 70).

Diese Balance in einer konkreten Interaktion zu leisten, aber auch auszuhalten, sind bestimmte „identitätsfördernde Fähigkeiten"[15] vonnöten (Krappmann 1969, S. 132). Krappmann, nennt vier: 1) Da ist zunächst die Fähigkeit, Rollenerwartungen bis zu einem gewissen Maße infrage zu stellen. Krappmann nennt diese Fähigkeit mit Goffman *Rollendistanz.* 2) Die zweite Fähigkeit besteht darin, sich in die Situation des Partners hineinzuversetzen, ihn von seinem Standpunkt aus zu verstehen. Das wird als *Empathie* bezeichnet. 3) Drittens muss man auch aushalten können, dass Rollen zweideutig (lat. ambiguus) sind und die Motivationsstrukturen einander widerstreben, weshalb auch nicht alle Bedürfnisse in einer Situation befriedigt werden können. Krappmann bezeichnet diese Fähigkeit als *Ambiguitätstoleranz.* 4) Schließlich muss man auch zeigen, wer man ist, was impliziert, dass man ein persönliches Profil sowohl gegenüber den Normalitätserwartungen der Anderen als auch in der Kontinuität der eigenen Biografie zeigt. Diese Fähigkeit wird als *Identitätsdarstellung* bezeichnet (vgl. Krappmann 1969, S. 133 ff., 142 ff., 150 ff., und 168 ff.).

Um in der Interaktion bleiben zu können, muss sich das Individuum in gewisser Weise so normal geben wie alle anderen; um seine Individualität ins Spiel zu bringen, muss es sich von anderen normalen Erwartungen distanzieren. Das Bewusstsein, in dieser Balance zu stehen, bezeichnet Krappmann – wie Erikson und auch Habermas – als *Ich-Identität.* Man muss Ich-Identität aber auch als Kompetenz verstehen, in jeder Interaktion diese Balance aufs Neue zu finden und seine Identität darzustellen (vgl. Krappmann 1969, S. 79 und 208).

Krappmann hat, wie gesagt, sein Konzept der Identität ursprünglich unter dem Aspekt entworfen, dass sie eine strukturelle Bedingung für die Teilnahme an Interaktionsprozessen ist. Später hat er dann, in kritischer Würdigung der Identitätstheorie von Erikson, die Frage gestellt, wie denn heutzutage die Bedingungen sind, sich seiner Identität bewusst zu werden und sie vor den Anderen auch zum Ausdruck zu bringen. Dazu knüpft er an Eriksons Gedanken an, dass sich Identität in der *Adoleszenz* entscheidet und dass jedes Individuum seine Identität entwirft, „indem es auf Erwartungen der Anderen, der Menschen in engeren und weiteren Bezugskreisen, antwortet. Diese Bezugskreise müssen den Identitätsentwurf akzeptieren, in dem aufgebaute Identifikationen und Bedürfnisse

---

[14] Vgl. zur Identitätstheorie von Erikson Abels (2019), Band 2 Abschn. 8.5 *Erfahrung eigener Gleichheit, Grundhaltung zur Welt.*

[15] Vgl. Abschn. 8.7 *Über zwei Modelle zum Gelingen von Interaktion und über Fähigkeiten, die man braucht, um Interaktionen fortzuführen. (b) Das interaktionistische Rollenmodell.*

des Heranwachsenden mit den Mustern der Lebensführung, die in einer Gesellschaft angeboten werden, zusammengefügt werden." (Krappmann 1997, S. 67) Diese Muster haben sich vervielfältigt, sind diffus und widersprüchlich, und auch die Bezugsgruppen, an denen sich Jugendliche orientieren und von denen sie Anerkennung erwarten, sind zahlreicher und flüchtiger geworden.

Auf der Suche nach Identität findet der Jugendliche keinen festen Halt mehr, sondern muss zwischen Unklarheiten, widersprüchlichen Erwartungen und flüchtigen Chancen ständig neu vermitteln. „Nicht Inhalte machen diese Identität aus, sondern bestimmt wird sie durch die Art, das Verschiedenartige, Widersprüchliche und Sich-Verändernde wahrzunehmen, es mit Sinn zu füllen und zusammenzuhalten." Erreicht wird in der rasanten Moderne „trotz dieses Aufwands keine ein für alle Mal gesicherte Identität, sondern lediglich, sich trotz einer immer problematischen Identität die weitere Beteiligung an Interaktionen zu sichern." (Krappmann 1997, S. 81)

16.8 Versöhnung in einer zerfallenen Moderne und die Vorstellung von geglückter Interaktion

Was Krappmann hier über die Probleme von Jugendlichen, Identität zu gewinnen und vor Anderen auch durchzuhalten, sagt, trifft natürlich jeden Erwachsenen mehr oder weniger auch. Die Probleme sind eingewoben in die von Habermas so bezeichnete „Neue Unübersichtlichkeit" der Moderne.

Die „Theorie des kommunikativen Handelns", hatte Habermas geschrieben, ist „der Anfang einer Gesellschaftstheorie". (Habermas 1981, Band 1, S. 7) Bezogen darauf und mit Blick auf den Zusammenhang von Interaktion und Identität nennt Habermas in einem Interview die Antriebe und die Motive all seiner Arbeiten: „Der motivbildende Gedanke ist die Versöhnung der mit sich selber zerfallenen Moderne, die Vorstellung also, dass man ohne Preisgabe der Differenzierungen, die die Moderne sowohl im kulturellen wie im sozialen und ökonomischen Bereich möglich gemacht haben, Formen des Zusammenlebens findet, in denen wirklich Autonomie und Abhängigkeit in ein befriedetes Verhältnis treten." Diese grundlegende Intuition, führt er weiter aus, „stammt aus dem Bereich des Umgangs mit Anderen; sie zielt auf Erfahrungen einer unversehrten Intersubjektivität, fragiler als alles, was bisher die Geschichte an Kommunikationsstrukturen aus sich hervorgetrieben hat – ein immer dichter, immer feiner gesponnenes Netz von intersubjektiven Beziehungen, das gleichwohl ein Verhältnis zwischen Freiheit und Abhängigkeit ermöglicht, wie man es sich immer nur unter interaktiven Modellen vorstellen kann." (Habermas 1985, S. 202)

Wo immer solche Vorstellungen angedacht worden sind, ob in der Philosophie oder in der Soziologie, „es sind immer Vorstellungen von geglückter Interaktion. Gegenseitigkeiten und Distanz, Entfernungen und gelingende, nicht verfehlte Nähe, Verletzbarkeiten und komplementäre Behutsamkeit – all diese Bilder von Schutz, Exponiertheit und Mitleid, von Hingabe und Widerstand steigen aus einem Erfahrungshorizont des, um es mit Brecht zu sagen, freundlichen Zusammenlebens auf." (Habermas 1985, S. 202 f.)

Es sind die Bilder, die Habermas bei seiner Theorie des kommunikativen Handelns vor Augen standen und die ihm bis heute, kurz nach seinem 90. Geburtstag, vor Augen stehen, wenn er die Moderne in all ihren Facetten kritisch beobachtet und wortgewaltig kommentiert!

Literatur

Abels, H. (2019). *Einführung in die Soziologie, Bd. 2: Die Individuen in ihrer Gesellschaft*. Wiesbaden: Springer VS (5., grundlegend überarbeitete und aktualisierte Aufl.).

Habermas, J. (1963). *Zwischen Philosophie und Wissenschaft: Marxismus als Kritik*. In: J. Habermas (1963a). *Theorie und Praxis*. Frankfurt a. M.: Suhrkamp (1. Aufl. 1978).

Habermas, J. (1968). *Stichworte zur Theorie der Sozialisation*. In: J. Habermas (1973). *Kultur und Kritik*. Frankfurt a. M.: Suhrkamp.

Habermas, J. (1971). *Vorbereitende Bemerkungen zu einer Theorie der kommunikativen Kompetenz*. In: J. Habermas & N. Luhmann (1971). *Theorie der Gesellschaft oder Sozialtechnologie – Was leistet die Systemforschung?* Frankfurt a. M.: Suhrkamp.

Habermas, J. (1974). *Notizen zur Entwicklung der Interaktionskompetenz*. In: J. Habermas (1984). *Vorstudien und Ergänzungen zur Theorie des kommunikativen Handelns*. Frankfurt a. M.: Suhrkamp.

Habermas, J. (1976). *Moralentwicklung und Ich-Identität*. In J. Habermas (1976). *Zur Rekonstruktion des Historischen Materialismus*. Frankfurt a. M.: Suhrkamp.

Habermas, J. (1981). *Theorie des kommunikativen Handelns, 2 Bde*. Frankfurt a. M.: Suhrkamp.

Habermas, J. (1985). *Die Neue Unübersichtlichkeit*. Frankfurt a. M.: Suhrkamp.

Krappmann, L. (1969). *Soziologische Dimensionen der Identität. Strukturelle Bedingungen für die Teilnahme an Interaktionsprozessen*. Stuttgart: Klett (1. Aufl. 1971).

Krappmann, L. (1997). *Die Identitätsproblematik nach Erikson aus einer interaktionistischen Sicht*. In: H. Keupp & R. Höfer (Hrsg.) (1997). *Identitätsarbeit heute. Klassische und aktuelle Perspektiven der Identitätsforschung*. Frankfurt a. M.: Suhrkamp.

Matthes, J., et al. (1981). *Kommunikatives Handeln*. Hagen: FernUniversität.

Weber, M. (1905). *Die protestantische Ethik und der ‚Geist' des Kapitalismus*. In: M. Weber (2002).

Weber, M. (1920). *Soziologische Grundbegriffe*. In: M. Weber (2002).

Weber, M. (2002). *Schriften 1894–1922*. Ausgewählt von D. Kaesler. Stuttgart: Kröner.

Theorie der Praxis: Über die Einverleibung eines Habitus (Pierre Bourdieu)

17

Inhaltsverzeichnis

17.1 Was das Soziale ist, wie es zusammenhängt und was es bewirkt 352
17.2 Zur Theorie einer *Theorie* der Praxis................................. 355
17.3 Die Dialektik von objektiven und einverleibten Strukturen................. 359
17.4 Ein Subjekt in Anführungszeichen.................................... 363
Literatur.. 365

Die Forschungen des französischen Soziologen PIERRE BOURDIEU (1930–2002) erstreckten sich über ein weites Spektrum, von der Kultur über die Kunst bis zur Erziehung, von der Religion über die Arbeit bis zur sozialen Ungleichheit. Mit seinen oft provokanten Thesen griff er in die Debatten der Soziologie nicht nur in Frankreich ein und trat wortgewaltig öffentliche politische Diskussionen los. Für den Zusammenhang von Interaktion und Identität, sind vor allem zwei Thesen von Belang. Zum einen sagt Bourdieu, dass das Individuum unter dem Einfluss seiner objektiven sozialen Verhältnisse von Anfang an typische Wahrnehmungen, Einstellungen und Handlungsstrategien ausbildet. Diese unbewusste Disposition, die auch das Bewusstsein des Individuums von sich selbst in der Interaktion mit den Anderen bestimmt, nennt Bourdieu „Habitus". Zum anderen behauptet er, dass das Individuum der Gesellschaft *nicht gegenübersteht,* sondern dass es Gesellschaft „verkörpert", Gesellschaft also *ist.* Diese These wirft die Frage auf, wer oder was sind dann die *Individuen,* die – im Sinne aller anderen soziologischen Theorien – in dem ganzen sozialen Geschehen *interagieren?* Um es gleich vorwegzusagen: Beim Begriff des Individuums, genauer: des handelnden Subjekts, hat Bourdieu Zweifel, ob man wegen des strukturellen Zwangs des Habitus und der unausweichlichen Einverleibung der gesellschaftlichen Verhältnisse überhaupt

© Springer Fachmedien Wiesbaden GmbH, ein Teil von Springer Nature 2020
H. Abels, *Soziale Interaktion,* https://doi.org/10.1007/978-3-658-26429-1_17

von einem „Subjekt" sprechen könne. Und was Interaktionen angeht, so hat Bourdieu eine ganz andere Erklärung, wodurch sie bestimmt sind und wie sie ablaufen, als alle bisher behandelten Ansätze. Um den theoretischen Hintergrund wenigstens ansatzweise zu skizzieren, werde ich vorab zentrale Begriffe wie „Feld und Relationen", „Kapitalsorten", „sozialer Raum und Positionen" und – als Vorgriff – „Habitus" kurz erläutern.

17.1   Was das Soziale ist, wie es zusammenhängt und was es bewirkt

Auf die Frage, was das Soziale ist, hat Bourdieu in einer Vorlesung, die er zusammen mit seinem früheren Mitarbeiter Loïc Wacquant in Chicago gehalten hat, geantwortet: „Was in der sozialen Welt existiert, sind Relationen – nicht Interaktionen oder intersubjektive Beziehungen zwischen Akteuren, sondern objektive Relationen." (Bourdieu und Wacquant 1987, S. 127) Mit dem Begriff der Relation will Bourdieu zum Ausdruck bringen, dass die Elemente der sozialen Welt (Individuum, Gruppe, Interaktionen) nicht als isolierte Substanzen und aus sich heraus verstanden werden dürfen, sondern „dass jedes Element durch die Beziehungen zu charakterisieren (ist), die es zu anderen Elementen innerhalb eines Systems unterhält und aus denen sich sein Sinn und seine Funktion ergeben." (Bourdieu 1980a, S. 12) Um es gleich auf das Thema Interaktion zu beziehen: Interaktionen dürfen nicht in eine „Folge abstrakter Situationen" aufgelöst werden, sondern der *soziale Raum,* in dem sie sich ereignen, muss als ein *„objektiver* Raum" angesehen werden, „als eine Struktur objektiver Relationen, *die die mögliche Form der Interaktionen wie die Vorstellungen der Interagierenden determiniert."* (Bourdieu 1979, S. 378 f.) Alles steht in einem strukturellen Kontext, den Bourdieu als *Feld,* manchmal auch als *sozialen Raum* bezeichnet. Unter ausdrücklichem Bezug auf Norbert Elias, der mit dem Begriff der *Figuration* die soziologische Aufmerksamkeit auf die strukturellen *Interdependenzen* und objektiven, also nicht vom Wissen und Wollen der Akteure abhängenden Verflechtungen der Menschen gelenkt hat (vgl. Elias 1970, S. 144), definiert Bourdieu „ein Feld als ein Netz oder eine Konfiguration von objektiven Relationen zwischen Positionen." (Bourdieu und Wacquant 1987, S. 127)

Der soziale Raum besteht aus objektiven sozialen *Positionen,* worunter Bourdieu die statistisch erfassbare ökonomische, kulturelle und soziale Lage versteht, und aus objektiven *Relationen,* womit soziale Strukturen gemeint sind, „die ‚unabhängig vom Bewusstsein und Willen der Individuen' bestehen, wie Marx gesagt hat." (Bourdieu und Wacquant 1987, S. 127) Der soziale Raum ist der allgemeine Rahmen der Erfahrungen und der täglichen Praxis. Was zwischen Personen passiert, wie sie denken und handeln, welche Einstellungen sie haben und wie sie sich gegenseitig ansehen, das alles steht in Relation zu objektiven, strukturellen Bedingungen *außerhalb*.

Eine entscheidende Bedingung besteht für Bourdieu, der die modernen Gesellschaften westlicher Prägung als Klassengesellschaften bezeichnet, in der Verfügung über bestimmte *Kapitalien*. Mit Karl Marx teilt er die Überzeugung, dass ökonomisches Kapital ein wichtiges Merkmal zur Bestimmung von Klassen ist, und er nimmt auch an, dass es typische Formen des Denkens und Handelns in jeder Klasse gibt. Doch anders als Marx hält Bourdieu die Verfügung über die Produktionsmittel nicht für das alleinige Kriterium zur Unterscheidung der Klassen und er sieht auch nicht den antagonistischen Gegensatz, in dem sich Klassen unversöhnlich gegenüberstünden. Es ist vielmehr so, dass die Klassen sich zwar ökonomisch unterscheiden, dass der eigentliche Unterschied aber darin besteht, dass sie sich von oben nach unten voneinander absetzen und Grenzen durch Vorstellungen markieren, was sich in ihren Kreisen geziemt. Bourdieu teilt mit Theorien sozialer Schichtung die Auffassung, soziale Ungleichheit nach Indizes wie Beruf, Bildungsabschluss und Einkommen, daneben aber auch Sozialprestige, Selbsteinordnung, Wertvorstellungen und Lebensweisen zu bemessen. Und er greift auch auf Max Weber zurück, der den ökonomischen Bedingungen und den typischen Interessenlagen, die sich aus „den Beziehungen zur Produktion und zum Erwerb der Güter" ergeben, zwar eine wichtige Bedeutung zumisst, aber noch auf eine andere Dimension abhebt: auf die standesgemäße Lebensführung, die eng mit dem Beruf und seiner öffentlichen Wertschätzung verbunden ist (vgl. Weber 1922, S. 177 und 639). Während die *Klasse* rein ökonomisch bestimmt ist, zeichnet sich der *Stand* durch eine spezifische Lebensführung aus. Das wird Bourdieu als *Habitus* bezeichnen.

Betrachten wir zunächst die drei Kapitalsorten. 1) Das ökonomische Kapital besteht vor allem in Geld, Eigentum und Besitz. 2) „Das Sozialkapital ist die Gesamtheit der aktuellen und potentiellen Ressourcen", meint also das dauerhafte Netz „sozialer Beziehungen" und die „Zugehörigkeit zu sozialen Gruppen", in denen das Individuum Anerkennung findet und auf deren Unterstützung es zählen kann (Bourdieu 1983b, S. 190 f.). Im weitesten Sinne kann man unter sozialem Kapital den Wert sozialer Kontakte verstehen. „Das soziale Kapital besteht aus Möglichkeiten, andere um Hilfe, Rat oder Information zu bitten", und in der „gegenseitigen Anerkennung und Wertschätzung" (Fuchs-Heinritz und König 2014, S. 133), die man in diesen Kreisen erfährt. Der Wert des sozialen Kapitals besteht darüber hinaus im Vertrauen, auf das man in diesen Kreisen bauen kann. Ein gewisses soziales Kapital fällt einem in den Schoß: Familie, Verwandtschaft,

Nachbarschaft oder Arbeitskollegen hat man nun mal. Anderes muss man gezielt aufbauen: Vereine, Interessengemeinschaften, Parteien. Das soziale Kapital erhält sich nicht von selbst, sondern muss gepflegt werden. Es „ist das Produkt individueller oder kollektiver Investitionsstrategien, die bewusst oder unbewusst auf die Schaffung und Erhaltung von Sozialbeziehungen gerichtet sind, die früher oder später einen unmittelbaren Nutzen versprechen." (Bourdieu 1983b, S. 192) 3) Das bei weitem wichtigste Kapital ist das kulturelle. Es besteht in Wissen und Qualifikationen, aber auch in Handlungsformen und Einstellungen, die in der Familie und im Ausbildungssystem erworben wurden. Das kulturelle Kapital kommt auch in bestimmten Kompetenzen (ästhetische Einstellung, Geschmack, Lebensstil, Auftreten) zum Ausdruck. In dieser Haltung präsentiert sich das Individuum den Anderen, und so wird es auch von den Anderen wahrgenommen. Über sein kulturelles Kapital identifiziert sich das Individuum selbst im Vergleich zu den Anderen, sucht und findet Gemeinsamkeit mit ihnen, distanziert sich aber auch von ihnen. Dieses Kapital trägt entscheidend zur Klassendifferenzierung bei.

In einem Interview hat Bourdieu einmal gesagt, es gehe ihm in seinem Buch „Die feinen Unterschiede" (Bourdieu 1979) nicht bloß darum, „unterschiedliche Formen der Lebensführung mit der Zugehörigkeit zu dieser oder jener gesellschaftlichen Klasse zu verknüpfen", und „statt wie so häufig in Begriffen von sozialen Klassen zu denken, d. h. von säuberlich geschiedenen, neben- oder übereinander stehenden gesellschaftlichen Gruppen, sollte man eher von einem *sozialen Raum* ausgehen." Unbeschadet der neuen Begrifflichkeit will Bourdieu aber auf jeden Fall zeigen, „dass zwischen der Position, die der einzelne innerhalb eines gesellschaftlichen Raums einnimmt, und seinem Lebensstil ein Zusammenhang besteht." (Bourdieu 1983a, S. 131 f. und 134 f.)

Es gibt eine Wechselbeziehung zwischen der statistisch erfassbaren objektiven ökonomischen, kulturellen und sozialen Lage, also zwischen strukturellen Bedingungen wie Einkommen, Geschlecht, Alter und Berufsstand auf der einen Seite und praktischen Handlungsweisen wie Einstellungen, Wahrnehmungen, Lebensstil oder politischem Verhalten auf der anderen Seite. Von diesem Wechselzusammenhang ist das Denken und Handeln des Individuums geprägt. Der soziale Raum zeichnet sich durch gemeinsame kulturelle Orientierungen und kollektive Vorstellungen des richtigen Verhaltens aus. Der soziale Raum ist eine *symbolische Ordnung,* nach der die Menschen Dinge, Situationen, sich selbst, die Angehörigen des eigenen sozialen Raumes und auch die, die nicht dazugehören, einordnen und bewerten. Der soziale Raum ist durch „eine allgemeine Grundhaltung, eine Disposition gegenüber der Welt" gekennzeichnet, die Bourdieu als *Habitus* bezeichnet (Bourdieu 1983a, S. 132). Darunter kann man die für einen sozialen Raum oder eine Klasse *typische* Art zu denken und zu handeln verstehen.

Der Habitus wird „auf dem Wege der sozialen Vererbung" weitergegeben und durch gemeinsame Praxis immer wieder bestätigt (Bourdieu 1983b, S. 187).

Der soziale Raum ist als Struktur objektiver Relationen zu sehen, die aus klassenspezifischen Handlungsweisen und Einstellungen resultiert und *„die die mögliche Form der Interaktionen wie die Vorstellungen der Interagierenden determiniert."* (vgl. Bourdieu 1979, S. 378 f., Hervorhebungen im Original)

Damit sind wir bei Bourdieus „Entwurf einer Theorie der Praxis" (Bourdieu 1972/1976[1]) angelangt.

17.2 Zur Theorie einer *Theorie* der Praxis

Bourdieu war Mitte der 1950er Jahre zum Militärdienst in Algerien eingezogen worden und blieb danach dort bis 1960 als Assistent für Philosophie an der Universität in Algier. Während dieser Zeit begann sein ethnologisches und soziologisches Interesse. So nahm er Kontakt auf zu den Kabylen, einem landwirtschaftlich geprägten Bergvolk, und beobachtete und beschrieb ihre traditionelle Lebensform, die nicht von einem kodifizierten Recht geleitet war, sondern auf einem „intuitiven Gespür für Gerechtigkeit und Angemessenheit des Handelns" beruhte. „Damit", schreiben Fuchs-Heinritz und König in ihrer Einführung in das Werk von Bourdieu, „ist ein Handlungsregulativ angesprochen, das Bourdieu später *doxa* nennen wird, also die ohne Nachdenken und ohne Abstimmung wirksame ‚Koinzidenz zwischen objektiver Ordnung und subjektiven Organisationsprinzipien', durch die ‚die natürliche und soziale Welt schließlich als selbstverständlich vorgegebene' erscheint." (Fuchs-Heinritz und König 2014, S. 15 unter Bezug auf Bourdieu 1976)

Ich habe diesen Einstieg in das Denken Bourdieus über Handeln und Interaktion gewählt, weil in dem eingeschobenen Zitat schon deutlich wird, wo er seine Theorie der Praxis theoretisch verorten wird und worin die Koinzidenz zwischen objektiven sozialen Verhältnissen und der subjektiven Organisation angemessenen Handelns zum Ausdruck kommt, nämlich in einem spezifischen *Habitus*. Das werde ich gleich weiter ausführen. Vorher will ich aber zeigen, wie sich Bourdieu dem Thema *Interaktion* nähert. Er betrachtet die scheinbar

---

[1] Die beiden Jahreszahlen werden nur hier genannt, denn der *Entwurf einer Theorie der Praxis* wurde erstmals 1972 veröffentlicht. Für die deutsche (und auch englische) Übersetzung wurde aber der zweite Teil, auf den ich mich ausschließlich beziehe, erheblich umformuliert und erweitert und wird deshalb als Bourdieu (1976) zitiert.

ritualisierten Formen der Kabylen, Ehre zu erweisen und einzufordern und Gaben auszutauschen, und schreibt:

> „Nichts ist besser als etwa die ‚obligatorische Konversation' dazu angetan, gerade bei dem, der sie von außen betrachtet (also dem beobachtenden Soziologen, Ergänzung H. A.), die Illusion einer mechanischen Notwendigkeit zu nähren, muss jene doch, um in Gang zu bleiben, fortwährend die Beziehung zwischen den Gesprächsteilnehmern wieder erzeugen – und zuweilen gänzlich neu stiften –, indem sie diese sich entfernen lässt und wieder nahebringt, sie zwingt, in gleichermaßen ehrlicher wie vergeblicher Überzeugung gemeinsame wie auseinanderstrebende Punkte zu suchen, sie abwechselnd unterliegen wie triumphieren lässt und Auseinandersetzungen hervorruft, die, obgleich gespielt, immer auf der Kippe stehen, in Ernst abzugleiten und die dann sofort durch Kompromisse oder durch den Rekurs auf das sichere Terrain gemeinsamer Überzeugungen geregelt werden müssen."

Dieses ganze „Ineinandergreifen von Gesten und Worten" darf aber nicht als mechanischer Automatismus oder gar als Anwendung einer zugrundliegenden Theorie der Praxis missverstanden werden, sondern es ist eine flexible Praxis, die sich „als *Praxis* konstituiert", d. h. aus der Situation heraus praktische Handlungsformen entwickelt, die gemeinsame Überzeugungen von angemessenem Handeln mit situativen Chancen und aktuellen Anforderungen vermitteln und so fortlaufend eine nächste Praxis strukturieren (vgl. Bourdieu 1976, S. 143).

Ersetzen wir den Begriff der Konversation durch den allgemeineren Begriff der Interaktion, kann man sagen, dass die Praxis darauf beruht, „fortwährend die nur flüchtig wahrgenommenen Hinweise" des Anderen zu erkennen und zu entschlüsseln, wie er auf „schon vollzogene Handlungen" reagiert. Dieses „praktische Erkennen (…) vollzieht unaufhörlich die Kontrollen und Korrekturen, die die Anpassung der Praktiken und Expressionen an die Erwartungen und Reaktionen der anderen Handlungssubjekte zu gewährleisten bestimmt sind. Dabei entspricht die Funktionsweise dieser (praktischen) Erkenntnis dem Mechanismus der Selbststeuerung, dessen Aufgabe es ist, abhängig von übermittelten Informationen hinsichtlich der Aufnahme ausgesendeter Signale und der von ihnen erzeugten Wirkungen die Handlungsorientierungen jeweils neu zu definieren." In dem Zusammenhang stellt Bourdieu ausdrücklich fest, dass das „typisch hermeneutische Paradigma des Austauschs von Worten zweifellos weniger angemessen ist als das des Schlagabtauschs", wie ihn Mead am Beispiel der kämpfenden Hunde beschrieben habe.[2] Die Hunde reagieren auf die kleinste

---

[2] Vgl. Abschn. 6.2 *Die Orientierung an Zeichen, Gesten und signifikanten Symbolen.*

Andeutung einer Geste und organisieren so fortlaufend ihr nächstes Verhalten. Im Boxkampf ist es sogar so, dass die Boxer aus einer kaum eingesetzten Bewegung deren Gegenbewegung schon antizipieren und ihr zuvor zu kommen versuchen (Bourdieu 1976, S. 145 f.). Bezogen auf eine ganz normale Interaktion heißt das zweierlei: indem die Handelnden eine Geste erkennen und ihre Bedeutung entschlüsseln, antizipieren sie die nächsten Handlungen des Anderen und ihre Replik auf diese Reaktionen; das wiederum heißt, dass sie nicht nur ihr eigenes Handeln steuern, sondern auch das des Anderen.

Damit stellt sich für Bourdieu die Frage, auf welche soziologischen Erkenntnisweisen man herausfinden kann, wie Menschen ihre Welt und sich selbst als Handelnde in dieser Welt erfahren. Da ist 1) die Erkenntnisweise, die Bourdieu als die *„phänomenologische"*[3] oder auch *„interaktionistische"*[4] oder *„ethnomethodologische"*[5] bezeichnet. In diesen Theorien wird unterstellt, dass die Erfahrung mit der sozialen Welt auf einer *Vertrautheit* beruht. Die soziale Welt wird als eine natürliche und als selbstverständlich vorgegebene Welt betrachtet. 2) Eine *„objektivistische"* Erkenntnisweise zielt auf ökonomische Verhältnisse und objektive Beziehungen *(Relationen),* „die die verschiedenen Praxisformen und deren Repräsentationen, d. h. im besonderen die praktische und stillschweigende primäre Erfahrung der vertrauten Welt, strukturieren". 3) Gegenstand der Erkenntnisweise schließlich, die Bourdieu als seine vertritt und die er die *„praxeologische"* nennt, „ist nicht allein das von der objektivistischen Erkenntnisweise entworfene System der objektiven Relationen, sondern (sind) des Weiteren die *dialektischen* Beziehungen zwischen diesen objektiven Strukturen und den strukturierten *Dispositionen,* die diese zu aktualisieren und zu reproduzieren trachten."[6] (vgl. Bourdieu 1976, S. 147)

Bourdieu erhebt mit seiner Theorie der Praxis den Anspruch, die *Theorie* aufzudecken, mit der die Menschen ihre Welt wahrnehmen und konstruieren, und die objektiven Bedingungen aufzuzeigen, unter denen diese Theorie zustande gekommen ist und sich als *Praxis* fortlaufend erhält. Dabei übernimmt er ausdrücklich Erkenntnisse der eben genannten phänomenologischen und interaktionistischen Theorien, setzt sich aber in entscheidenden Punkten auch von

---

[3] Vgl. Abschn. 6.2 *Die Orientierung an Zeichen, Gesten und signifikanten Symbolen.*

[4] Vgl. Abschn. 6.3 *Symbolisierung von Erfahrungen, Generalisierung von Erwartungen, Sprache und Denken* und Kap. 7 *Symbolische Interaktion.*

[5] Vgl. Kap. 12 *Praktische Methoden, alltägliche Interaktionen in Gang zu halten.*

[6] Nehmen Sie diese wie auch andere Aussagen für's erste nur hin. Ich hoffe, dass ich das meiste gleich aufklären kann.

ihnen ab. So nehme der Interaktionismus nur das in den Blick, womit die Handlungssubjekte in der symbolischen Interaktion unmittelbar konfrontiert sind, z. B. Gesten, Sprache oder Positionen, aber er schließe stillschweigend all das aus, „was die Interaktionen und deren Repräsentationen in den Individuen diesen Strukturen schulden". Im Grunde vertrete der Interaktionismus eine „Spontantheorie des Handelns, die das Handlungssubjekt und dessen Repräsentationen (gemeint Äußerungen, Ergänzung H. A.) zum letzten Prinzip all der Strategien erhebt, die die soziale Welt hervorzubringen und zu verändern in der Lage sind." (vgl. Bourdieu 1976, S. 149 f.) Im Grunde wirft Bourdieu dem Interaktionismus vor, er vertrete einen *Subjektbegriff*, nach dem das Subjekt in der Interaktion mit den Anderen und seiner gesamten sozialen Welt die Situation des Handelns selbst, und das heißt: mehr oder weniger nach eigenem Wissen und Wollen, herstellt.

Der Ethnomethodologie wirft Bourdieu vor, sie überhöhe die gemeinsame Alltagserfahrung als „konstitutives Vermögen", die Welt wahrzunehmen und zum Ausdruck zu bringen, und nehme die Sprache als „krud Gegebenes" und Repräsentation einer „herrschenden Ordnung" hin. Gegen die von Garfinkel so bezeichneten „accounts"[7], also impliziten Erklärungen, die die Teilnehmer an einer Interaktion für ihr Verhalten anbieten, für das Verhalten der Anderen bereithalten und mit denen sie gemeinsam die Ordnung der Interaktion kontinuierlich definieren, wendet Bourdieu ein: „Das der Alltagssprache zugeschriebene konstitutive Vermögen liegt nicht in ihr selbst begründet, sondern in der Gruppe, die sie autorisiert und die ihr allererst Autorität verleiht." Die „autorisierte Sprache" ist die „Sprache der Autorität"! Durch sie wird bestimmt, was gedacht und gesagt werden darf. So trägt sie „ihren Teil zur Aufrechterhaltung der symbolischen wie der sozialen Ordnung, von der sie ihre Autorität erhält", bei (vgl. Bourdieu 1976, S. 150).

Neben diesen Kritiken darf man nicht übersehen, dass Bourdieu auch Theorien ablehnt, die das Handeln mit der Beherzigung sozialer Regeln (Durkheim) oder der Befolgung von Normen (Parsons) erklären (vgl. Bourdieu 1976, S. 159). Wenn man sich auf Regeln oder Normen als Erklärung der Praxisformen überhaupt einlasse, dann seien sie nur „im Sinne eines der Praxis immanenten *Schemas* (oder Prinzips)" zu verstehen, „das eher implizit als unbewusst zu bezeichnen ist aus dem einfachen Grunde, dass es sich innerhalb der Praxis der Handlungssubjekte in praktischem Zustand und nicht in deren Bewusstsein

---

[7] Vgl. Abschn. 12.4 *Durch ihr Handeln bringen die Individuen implizit Erklärungen für ihr eigenes Handeln und das der Anderen zum Ausdruck.*

vorfindet." (Bourdieu 1976, S. 159) Kurz: das Schema befindet sich nicht vorab im Kopf der Subjekte, sondern ist eine der Formen, in denen sich Praxis vollzieht.

Betrachten wir nach dieser ersten Skizze und theoretischen Verortung der Theorie der Praxis nun genauer, wie Bourdieu „die Theorie der Praxis oder, genauer gesagt, die Theorie des Erzeugungsmodus der Praxisformen" entwirft (Bourdieu 1976, S. 164).

17.3   Die Dialektik von objektiven und einverleibten Strukturen

Was das *Erzeugungsprinzip* einer bestimmten Ordnung der Praxis angeht, hebt Bourdieu gleich mit einer zentralen These an: Die für eine bestimmte soziale Lage oder Umgebung „konstitutiven Strukturen, etwa die eine Klasse charakte-risierenden materiellen Existenzbedingungen, (…) erzeugen *Habitusformen,* d. h. Systeme dauerhafter *Dispositionen."* Es sind

> „strukturierte Strukturen, die geeignet sind, als *strukturierende* (Hervor-hebung H. A.) Strukturen zu wirken, mit anderen Worten: als Erzeugungs- und Strukturierungsprinzip von Praxisformen und Repräsentationen, die objektiv ‚geregelt' und ‚regelmäßig' sein können, ohne im geringsten das Resultat einer gehorsamen Erfüllung von Regeln zu sein; die objektiv ihrem Zweck angepasst sein können, ohne das bewusste Anvisieren der Ziele und Zwecke und die explizite Beherrschung der zu ihrem Erreichen notwendigen Operationen vorauszusetzen, und die, dies alles vorausgesetzt, kollektiv abgestimmt sein können, ohne das Werk der planenden Tätigkeit eines ‚Dirigenten' zu sein." (Bourdieu 1976, S. 165)

Die Praxis ist „das Produkt der dialektischen Beziehungen zwischen einer (schon strukturierten, Ergänzung H. A.) Situation und einem als System dauerhafter (…) Dispositionen begriffenen *Habitus* (…), der, alle vergangenen Erfahrungen inte-grierend, wie eine *Handlungs-, Wahrnehmungs-* und *Denkmatrix* funktioniert". (Bourdieu 1976, S. 169) Der Habitus ist die Verinnerlichung der durch eine spezi-fische Klassenlage erzwungenen bzw. ermöglichten Handlungsformen und erzeugt als Schema selbst wiederum spezifische Praxisformen und Kriterien der unter-schiedlichen Bewertung der Produkte dieser Praxis (Bourdieu 1979, S. 279). Der Habitus ist „ein System verinnerlichter Muster (…), die es erlauben, alle typischen Gedanken, Wahrnehmungen und Handlungen einer Kultur zu erzeugen – und nur diese." (Bourdieu 1967, S. 143) Die Prinzipien, dies alles zu erzeugen, beherrscht das Subjekt intuitiv, es *kann* sie, aber es *weiß* nicht um sie. „Einen Habitus haben" heißt „sein Metier verstehen" (Bourdieu 1988, S. 279), aber das darf nicht im

Sinne einer *bewussten* Praxis verstanden werden: Der *individuelle* Habitus ist eine unbewusste *Theorie* der Praxis. „Die Fähigkeit zur Meisterung der Praxis, die in den Alltagshandlungen und Alltagsentscheidungen (…) sichtbar wird", ist „weniger in den expliziten Prinzipien eines pausenlos wachsamen und in jeder Hinsicht kompetenten Bewusstseins fundiert", sondern vielmehr „in den impliziten Denk- und Handlungsschemata des Klassenhabitus – oder (…): eher im Klassen-Unbewussten als im Klassenbewusstsein" begründet (Bourdieu 1979, S. 657).

Der Habitus ist die „zur Natur gewordene Geschichte", die vergessen ist, gleichwohl durch unser Denken und Handeln „als zweite Natur realisiert wird." Die Geschichte vollzieht sich praktisch hinter unserem Rücken, „indem sie die objektiven Strukturen, die sie erschafft" hat und fortwährend erschafft, in typischen Habitusformen „verkörpert". (Bourdieu 1976, S. 171) An dieser Stelle bezieht sich Bourdieu auf Durkheim, der diesen Zusammenhang so beschrieben hat: „In jedem von uns steckt (…) der Mensch von gestern; er sogar ist es, der, durch die Macht der Dinge, in uns vorherrscht, ist das Gegenwärtige doch nur ein Geringes gegenüber jener langen Vergangenheit, in deren Verlauf wir Gestalt gewannen und aus der heraus wir kommen. Allein, wir spüren diesen Menschen der Vergangenheit nicht, da er tief in uns Wurzeln gefasst hat; er bildete den unbewussten Teil unserer selbst."

Durch das tägliche Handeln wird der für einen sozialen Raum, eine Klasse oder eine soziale Lage typische Habitus als Muster des angemessenen und gebotenen Denkens und Handelns immer wieder verstärkt. Das Individuum verinnerlicht die „typischen Gedanken, Wahrnehmungen und Handlungen einer Kultur", d. h. *seiner* Kultur (Bourdieu 1967 S. 143). Sie werden *inkorporiert*. Wenn Bourdieu von *incorporation* spricht, so ist das wörtlich zu verstehen: Der Habitus wird durch die tägliche Praxis unmerklich und beständig „einverleibt". (Bourdieu 1983c, S. 92) Er geht uns in Fleisch und Blut über, wird selbstverständlich und als solcher nicht mehr reflektiert und letztlich sogar vergessen. Die Akteure *sind* (im Sinne von „verkörpern") Gesellschaft, indem sie deren Strukturen als Praxis reproduzieren. Die Gesellschaft ist mit all ihren Werten, Normen und Regeln längst in unseren Körper eingewandert und wirkt dort, ohne dass wir davon ein Bewusstsein hätten.

Nach Bourdieu steht dem Individuum die Gesellschaft nicht *gegenüber,* sondern die Gesellschaft ist seit seiner Geburt in seinen Kopf und seinen Körper eingegangen. Das Individuum *ist* sozusagen Gesellschaft. Der Habitus ist keine Leistung des Individuums, sondern Ergebnis einer kontinuierlichen Inkorporation der objektiven Strukturen eines *sozialen Raumes,* in dem es die Welt erfährt und in typische Formen des Denkens und Handelns hineinwächst – automatisch und ohne sich dessen bewusst zu werden.

Inkorporation erklärt auch, dass Habitusformen und Praktiken von Gruppen bzw. Klassen und Praxisformen objektiv übereinstimmen, ohne dass es eines „*unmittelbaren Wechselspiels*", gemeint wohl im Sinne einer face-to-face Interaktion, oder gar einer „expliziten Abstimmung" bedürfte. „Stehen die praktischen Handlungen der Mitglieder derselben Gruppe oder Klasse stets in größerer Übereinstimmung, als die Handelnden selbst es wissen oder auch wollen, so darum, weil (…) der Habitus nichts anderes ist als (das) durch die primäre Sozialisation jedem Individuum eingegebene immanente Gesetz." (Bourdieu 1976, S. 177 f.) Die Habitustheorie enthält eine dezidierte Sozialisationstheorie (vgl. Hillebrandt 2009, S. 378 f.; Abels und König 2016, Kap. 19). Im Prozess der Sozialisation werden dem Individuum Handlungs-, Wahrnehmungs- und Denkdispositionen eingeschrieben. Der Habitusbegriff darf nicht auf Bewusstseinsprozesse eingeengt werden, sondern meint die Einverleibung einer generellen *Hexis,* worunter Bourdieu „die dauerhafte Art und Weise, sich zu geben, zu sprechen, zu gehen", und damit auch „zu *fühlen* und zu *denken*" versteht (Bourdieu 1976, S. 195).

Der Habitus ist der modus operandi (lat. wirkendes Prinzip), der hinter dem sichtbaren Verhalten und dem Denken der Angehörigen einer sozialen Klasse als *generatives Prinzip* wirkt und typische Wahrnehmungen und Einstellungen, Motive und Bedürfnisse, Lebensstile und Handlungsformen erzeugt. Das wiederum erklärt, dass sich der Habitus immer wieder selbst generiert. Bourdieu zitiert dazu eine schöne Metapher: Der Habitus nährt sich „beständig – wie ein Zug, der seine eigenen Schienen mit sich führt – aus sich selbst." (Bourdieu 1976, S. 179) Wenn ich sagte, der Habitus wirke *hinter* dem sichtbaren Verhalten und dem Denken der Subjekte als generatives Prinzip, dann ist damit auch etwas über die Begrenztheit des handelnden Subjektes ausgesagt: Im eigentlichen Sinne *wissen* die Subjekte „nicht, was sie tun, weil das, was sie tun, mehr Sinn aufweist, als sie tun. Der Habitus stellt die universalisierende Vermittlung dar, kraft derer die Handlungen ohne ausdrücklichen Grund und ohne bedeutende Absicht eines einzelnen Handlungssubjekts gleichwohl ‚sinnhaft', ‚vernünftig' sind und objektiv übereinstimmen." (Bourdieu 1976, S. 179)

Und hier schlägt Bourdieu wieder einmal den Bogen zur Kritik an Theorien der Interaktion. Weil die Handlungen, schreibt er, „das Resultat von Dispositionen sind, die dank der Verinnerlichung der gleichen objektiven Strukturen objektiv übereinstimmen, weisen die Handlungen der Mitglieder ein und derselben Gruppe" (oder in differenzierten Gesellschaften derselben Klasse) eine einheitliche „und systematische objektive Bedeutung auf, die die subjektiven Absichten und die individuellen oder kollektiv bewussten Entwürfe transzendiert." Das heißt aber, „dass der Objektivierungsprozess nicht in der Sprache der

Interaktion und der wechselseitigen Anpassung" beschrieben werden kann, „insofern die Interaktion ihre Form selbst den objektiven Strukturen verdankt, die die Dispositionen der Interagierenden geschaffen haben." (Bourdieu 1976, S. 179 f.) Interaktionen werden nicht vom bewussten Denken, Wollen und Handeln konkreter Personen, die sich darin objektivieren würden, getragen, sondern sie vollziehen sich vermittels spezifischer, objektiver Habitusformen. Um es drastisch zu formulieren: in Interaktionen sind nicht physische Subjekte *willentlich* am Werk, sondern sie repräsentieren *unbewusst* und *unausweichlich* Motive und Handlungsformen, die ihnen durch den Habitus ihrer Klasse oder Gruppe eingeschrieben wurden. Darauf komme ich noch einmal zurück, wenn ich erkläre, warum Bourdieu von einem „Subjekt in Anführungszeichen" spricht!

Die – von Bourdieu ironisierend so bezeichneten – „interpersonalen" Beziehungen in einer Interaktion sind „niemals (…) Beziehungen eines *Individuums zu* einem anderen *Individuum*", und „die Wahrheit der Interaktion" gründet „nie gänzlich in dieser selbst". Dieses Faktum hätten „die Sozialpsychologie und der Interaktionismus oder die Ethnomethodologie vergessen, wenn sie (…) die objektive Struktur der Beziehung zwischen den versammelten Individuen auf die den Umständen geschuldete Struktur ihrer Interaktion reduzieren oder alles, was sich innerhalb einer (…) beobachteten Interaktion vollzieht, (…) mit der räumlichen Anordnung der Beteiligten oder der Natur der verwendeten Kommunikationskanäle zu erklären trachten." Diese Ansätze blendeten aus, dass die Individuen „überall und allezeit" die *extern* generierten Dispositionen und Habitusformen mit sich tragen. Bis hin zu den Formen intimer, „intentionaler Einfühlung (…) wie Sympathie, Freundschaft oder Liebe" – es findet „sich keine einzige Interaktionsform, die nicht immer noch (…) durch die Habitusformen hindurch (…) durch die (externe, Ergänzung H. A.) objektive Struktur (…) beherrscht wäre." (Bourdieu 1976, S. 181 f.)

> „Kurz, der Habitus, dieses Produkt der (kollektiven, Ergänzung H. A.) Geschichte, erzeugt entsprechend den von der Geschichte hervorgebrachten Schemata individuelle und kollektive Praxisformen – folglich Geschichte. Als Vergangenes, das im Aktuellen weiterlebt und sich bis in die Zukunft hinein zu verlängern trachtet, indem es sich in den entsprechend seinen Prinzipien strukturierten Praxisformen aktualisiert, als inneres Gesetz, durch das hindurch sich fortgesetzt der Zwang externer Notwendigkeiten auswirkt, die sich auf die unmittelbaren Zwänge der jeweiligen Lage nicht zurückführen lassen." (Bourdieu 1976, S. 182)

Der Habitus ist das unausweichliche Programm des sozialen Lebens, ein Schema, nach dem wir unsere Welt ordnen und auch uns selbst verstehen. Durch das tägliche Handeln wird das einem sozialen Raum oder einer bestimmten Situation

angemessene Prinzip des Denkens und Handelns immer wieder verstärkt. Aber
es verfestigen sich auch die Prinzipien, wie man sich selbst wahrnimmt und ein-
ordnet und wie man seine Welt wahrnimmt und zu ihr Stellung nimmt. Man weiß,
wer man ist und zu wem man nicht gehört. Bourdieu fährt deshalb fort:

> „Die Wahrnehmungskategorien resultieren wesentlich aus der Inkorporierung der
> objektiven Strukturen des sozialen Raums. Sie sind es folglich, die die Akteure
> dazu bringen, die soziale Welt so wie sie ist hinzunehmen, als fraglos gegebene,
> statt sich gegen sie aufzulehnen und ihr andere, wenn nicht sogar vollkommen kon-
> träre Möglichkeiten entgegenzusetzen: Der Sinn für die eigene soziale Stellung
> als Gespür dafür, was man ‚sich erlauben‘ darf und was nicht, schließt das still-
> schweigende Akzeptieren der Stellung ein, einen Sinn für Grenzen (‚das ist nichts
> für uns‘), oder, in anderen Worten, aber das gleiche meinend: einen Sinn für Dis-
> tanz, für Nähe und Ferne, die es zu signalisieren, selber wie von Seiten der Anderen
> einzuhalten und zu respektieren gilt – und dies sicher umso stärker, je rigider die
> Lebensbedingungen sind und je rigider das Realitätsprinzip vorherrscht.“ (Bourdieu
> 1984, S. 17 f.)

17.4   Ein Subjekt in Anführungszeichen

Nach den bis hierhin vorgetragenen Thesen Bourdieus, dass das Denken, Wollen
und Handeln der Subjekte nicht aus freien Stücken entstehen, sondern durch die
Geschichte eines kollektiven Habitus, der ihnen unausweichlich eingeschrieben
wurde, bestimmt sind, drängt sich natürlich die Frage auf, ob man dann überhaupt
von einem „Subjekt“ im Sinne von *Selbst*denken, *Selbst*entscheidung und *Selbst*-
zurechnung eines eigenen Handelns sprechen kann. Und hier zieht er über Intellektuelle (zu denen selbstredend auch die Soziologen gehörten!) vom Leder, die
seit je für Verstand, Psyche und Bewusstsein voreingenommen seien. Sie über-
sähen, „dass wir Menschen laut Leibniz ‚in Dreiviertel unserer Handlungen Automaten sind‘, und dass die, wie es so schön heißt, ‚letzten Werte‘ nichts weiter
sind als erste und ursprüngliche Dispositionen des Körpers.“ (Bourdieu 1979,
S. 740) Die Meisterung des Alltags, habe ich oben schon zitiert, ist weniger in
einem „pausenlos wachsamen und in jeder Hinsicht kompetenten (individuellen,
Ergänzung H. A.) Bewusstsein“, als vielmehr „im Klassen-Unbewussten“ fundiert! (Bourdieu 1979, S. 657)

Man kann sich gut vorstellen, warum bei vielen der Eindruck entstanden ist,
Bourdieu vertrete einen ausweglosen Determinismus, der Individualität gar nicht
zulasse! Diesen Eindruck hat er auch in einem Interview, in dem ihm vorgehalten
wurde, er habe eigentlich keinen Subjektbegriff, nicht ausgeräumt. Bourdieu antwortete nämlich:

„Ich habe versucht zu sagen, dass das ‚*Subjekt*‘ sozialer Handlungen, ich verwende dieses Wort in Anführungszeichen, kein Subjekt ist, kein bewusstes ‚*Ich*‘, das sich explizite Ziele setzt, seine Mittel in Abhängigkeit von diesen explizit gesetzten Zielen kalkuliert etc., es ist kein rationaler Akteur – was nicht heißen soll, dass er ein Mechanismus ist, der automatisch wie eine Maschine auf äußere *Stimuli* reagiert – also das, was ich einen *Habitus* nenne, ist eine inkorporierte Geschichte, eine Körper gewordene Geschichte, eingeschrieben in das Gehirn, aber auch in die Falten des Körpers, die Gesten, die Sprechweisen, den Akzent, in die Aussprache, die Ticks, in alles, was wir sind. Diese inkorporierte Geschichte ist der Ursprung, von dem aus wir antworten." (Bourdieu 2000, S. 165)

In diesem deterministischen Sinne kann man den Satz von den Automaten auch als die *Sozialgeschichte der Individualität* lesen. Das Individuum spricht, aber es spricht in klassenspezifischer Weise. So fällt auch Bourdieus Einschätzung der *individuellen* Ausgestaltung eines Klassenhabitus verhalten aus: „Zwar ist ausgeschlossen, dass *alle* Mitglieder derselben (oder auch nur zwei davon) *dieselben Erfahrungen* gemacht haben, und dazu noch in *derselben Reihenfolge,* doch ist gewiss, dass jedes Mitglied einer Klasse sehr viel größere Aussichten als ein Mitglied irgendeiner anderen Klasse hat, mit den für seinen Klassengenossen häufigsten Situationen konfrontiert zu werden." (Bourdieu 1980, S. 112)

Natürlich berücksichtigt Bourdieu, dass die Individuen im Leben unterschiedliche Erfahrungen machen, aber sie machen sie auf einer *sozialen Bahn (trajectoire),* und deshalb sind sie strukturell ähnlich. Auch der Einwand, Individualität sei allein schon dadurch gegeben, dass die Kombination aus biologischer Ausstattung, Verfügung über Kapitalien und Erfahrungen in einem sozialen Raum kein zweites Mal auftritt, kann angesichts der Habitustheorie nicht überzeugen. Zwar gewährt der Habitus einen Spielraum, den das Individuum individuell nutzen kann. Aber bei dem, was das Individuum tut und denkt, wird es erkannt und will es anerkannt werden, und die Kriterien der Erkennung und der Anerkennung sind Kriterien seines sozialen Raumes! Der Habitus erzeugt als Schema nämlich nicht nur spezifische Praxisformen, sondern auch „Wahrnehmungs- und Beurteilungsschemata" (Bourdieu 1979, S. 279). Das wiederum generiert eine soziale Praxis, in der eine *soziale* Identität zum Ausdruck gebracht, erkannt und als einzige auch anerkannt wird. Das Bewusstsein sozialer Identität gibt jedem Individuum auch den Rahmen seiner Individualität vor.

„Die Identität jedes Akteurs ist (…) eine soziale, also eine relationale Identität." (Papilloud 2003, S. 31 f.) Nach der Habitustheorie ist das von Bourdieu so qualifizierte „Subjekt in Anführungszeichen" auch gar nicht anders denkbar, und wenn Bourdieu das Verhältnis zwischen Individuum und Gesellschaft definiert, dann unter der klaren Annahme, dass diese sich in jenem äußert: „Der sozialisierte Körper (was man Individuum oder Person nennt) steht nicht im Gegensatz zur Gesellschaft: er *ist* eine ihrer Existenzformen." (Bourdieu 1980a, S. 28, Klammerzusatz im Original, Hervorhebung H. A.)

Schlägt man von hier noch einmal den Bogen zu der Frage, was die Praxistheorie von Bourdieu für eine Theorie der Interaktion hergibt, so kann man positiv herausstellen: sie hat gezeigt, dass das Handeln der beteiligten Individuen auch von dem bestimmt ist, was objektive soziale Verhältnisse ihnen als die in ihren Kreisen gebotene und akzeptierte *Theorie* des Denkens und Handelns eingeschrieben hat. Negativ kann man sagen: Bourdieu konzentriert sich auf makrosoziale Strukturen wie Felder, Relationen oder Ungleichheiten und erklärt, worin sich Klassen oder auch einzelne Gruppen voneinander unterscheiden und wie ihr spezifischer Habitus die Unterscheidung auch zum Ausdruck bringt. Wenn er deshalb von Interaktionen spricht, so hat er vornehmlich *Interaktionen zwischen Kollektiven* vor Augen. Hillebrandt hat Bourdieu denn auch „ein unterkomplexes Verständnis von Interaktionen" vorgeworfen. Statt nur zu untersuchen, „wie sich makrosoziale Strukturen durch Interaktionen reproduzieren und stabilisieren", müsse eine neue Soziologie der Praxis aber auch der Frage nachgehen, „wie sich aus Interaktionen, also aus sozialen Praktiken, die nur zwischen mindestens zwei sozialen Akteuren entstehen können, neue Schemata und Symbole der Praxis bilden können." (Hillebrandt 2009, S. 390 f.) Aber das hat Bourdieu, wie oben gezeigt, dem Interaktionismus ja genau vorgeworfen: er vertrete eine „Spontantheorie des Handelns", die das Subjekt und seine Äußerungen „zum letzten Prinzip all der Strategien erhebt", mit denen sie ihre soziale Welt entwerfen (Bourdieu 1976, S. 149 f.).

Literatur

Abels, H. & König, A. (2016). *Sozialisation. Über die Vermittlung von Gesellschaft und Individuum und die Bedingungen von Identität.* Wiesbaden: Springer VS (2., überarbeitete und erweiterte Aufl.).

Bourdieu, P. (1967). *Der Habitus als Vermittlung zwischen Struktur und Praxis.* In: P. Bourdieu (1970). *Zur Soziologie der Symbolischen Formen.* Frankfurt a. M.: Suhrkamp (1. Aufl. 1974).

Bourdieu, P. (1976). *Struktur, Habitus, Praxis.* In: P. Bourdieu (1972/1976). *Entwurf einer Theorie der Praxis auf der ethnologischen Grundlage der kabylischen Gesellschaft.* Frankfurt a. M.: Suhrkamp (1976).

Bourdieu, P. (1979). *Die feinen Unterschiede. Kritik der gesellschaftlichen Urteilskraft.* Frankfurt a. M.: Suhrkamp (Nachdruck 1999).

Bourdieu, P. (1980). *Sozialer Sinn.* Frankfurt a. M.: Suhrkamp (3. Aufl. 1999).

Bourdieu, P. (1980a). *Eine störende und verstörende Wissenschaft.* In: P. Bourdieu (1980b). *Soziologische Fragen.* Frankfurt a. M.: Suhrkamp (1993).

Bourdieu, P. (1983a). [Gespräch], siehe Zimmermann (1983).

Bourdieu, P. (1983b). *Ökonomisches Kapital, kulturelles Kapital, soziales Kapital.* In: R. Kreckel (Hrsg.) (1983). *Soziale Ungleichheiten.* (Soziale Welt, Sonderband 2) Göttingen: Schwartz.

Bourdieu, P. (1983c). *Für einen anderen Begriff von Ökonomie.* In: P. Bourdieu (1985a). *Der Tote packt den Lebenden. Schriften zu Politik & Kultur 2.* Hamburg: VSA (1997).

Bourdieu, P. (1984). *Sozialer Raum und „Klassen".* In: P. Bourdieu (1985b). *Sozialer Raum und „Klassen".* Frankfurt a. M.: Suhrkamp.

Bourdieu, P. (1988). *Inzwischen kenne ich alle Krankheiten der soziologischen Vernunft. Pierre Bourdieu im Gespräch mit Beate Krais.* In: P. Bourdieu et al. (1968). *Soziologie als Beruf. Wissenschaftstheoretische Voraussetzungen soziologischer Erkenntnis.* Berlin: de Gruyter (1991).

Bourdieu, P. (2000). *Habitus, Herrschaft und Freiheit.* In: P. Bourdieu (2001). *Wie die Kultur zum Bauern kommt: Schriften zu Politik & Kultur 4.* Hamburg: VSA.

Bourdieu, P. & Wacquant, L. J. D. (1987). *Die Ziele der reflexiven Soziologie.* In: P. Bourdieu & L. J. D. Wacquant (1992). *Reflexive Anthropologie.* Frankfurt a. M.: Suhrkamp (1996).

Elias, N. (1970). *Was ist Soziologie?* München: Juventa (4. Aufl. 1981).

Fuchs-Heinritz, W. & König, A. (2014). *Pierre Bourdieu.* Konstanz: UVK (3., überarbeitete Aufl.).

Hillebrandt, F. (2009). *Praxistheorie.* In: G. Kneer & M. Schroer (Hrsg.) (2009). *Handbuch der soziologischen Theorien.* Wiesbaden: VS.

Papilloud, C. (2003). *Bourdieu lesen. Einführung in eine Soziologie des Unterschieds.* Bielefeld: transcript.

Weber, M. (1922). *Wirtschaft und Gesellschaft.* Tübingen: Mohr (3. Aufl. 1947).

Zimmermann, H. D. (1983). *Die feinen Unterschiede oder: Die Abhängigkeit aller Lebensäußerungen vom sozialen Status. Ein Gespräch mit dem französischen Soziologen Pierre Bourdieu.* In: L'80. Demokratie und Sozialismus, 28, 131-143. Köln: Verlagsgesellschaft.

If you have any concerns about our products,
you can contact us on
ProductSafety@springernature.com

In case Publisher is established outside the EU,
the EU authorized representative is:
Springer Nature Customer Service Center GmbH
Europaplatz 3, 69115 Heidelberg, Germany

Printed by Libri Plureos GmbH
in Hamburg, Germany